普通高等教育系列教材

电子商务安全

第 2 版

张　波　朱艳娜　编著

机械工业出版社

本书基本保留了第 1 版的体系结构，但对其中一些陈旧内容和错漏之处进行了修改、补充和完善，同时根据电子商务发展态势涉及的安全问题、知识与技术等，增补了一些新的知识内容。本书主要内容包括电子商务安全导论、数据加密与密钥管理技术、公钥基础设施与数字证书、数字签名与身份认证技术、安全协议与安全标准、网络安全技术、数据库系统安全、云安全技术、大数据安全技术和电子商务安全评估与管理 10 个方面的内容。其中云安全技术和大数据安全技术属于新增章节，其结构跟第 1 版各章结构相同，并根据每章具体内容也安排了相应的思考题、实战题等实践模块。

本书内容新颖，结构严谨，深入浅出，实用性强，强调对基本理论和业务技能的掌握以及对技术应用能力的培养和训练，可作为高等院校电子商务专业、信息管理与信息系统专业、经济管理类相关专业、计算机类相关专业的教学用书，也可作为电子商务业务培训用书和电子商务从业人员的安全管理参考用书。

本书配套有电子课件，读者可登录 www.cmpedu.com 免费注册，审核通过后下载，或联系编辑索取（微信：15910938545，电话：010-88379739）。

图书在版编目（CIP）数据

电子商务安全 / 张波，朱艳娜编著. —2 版. —北京：机械工业出版社，2020.3（2025.1 重印）
普通高等教育系列教材
ISBN 978-7-111-65306-6

Ⅰ. ①电⋯ Ⅱ. ①张⋯ ②朱⋯ Ⅲ. ①电子商务-安全技术-高等学校-教材 Ⅳ. ①F713.363

中国版本图书馆 CIP 数据核字（2020）第 059526 号

机械工业出版社（北京市百万庄大街 22 号　邮政编码 100037）
策划编辑：王　斌　　责任编辑：王　斌　孙　业
责任校对：张艳霞　　责任印制：常天培

北京机工印刷厂有限公司印刷

2025 年 1 月第 2 版・第 4 次印刷
184mm×260mm・19.25 印张・474 千字
标准书号：ISBN 978-7-111-65306-6
定价：59.90 元

电话服务　　　　　　　　网络服务
客服电话：010-88361066　　机　工　官　网：www.cmpbook.com
　　　　　010-88379833　　机　工　官　博：weibo.com/cmp1952
　　　　　010-68326294　　金　书　网：www.golden-book.com
封底无防伪标均为盗版　　　机工教育服务网：www.cmpedu.com

前　言

由于电子商务的飞速发展，伴随而来的开放性、共享性和无序性使得电子商务面临着多种多样的难以预期的风险、挑战和威胁。为了保障和提高电子商务活动的安全性，必须从技术、管理和法规等方面着手，全面营造一个安全、有序、高效的电子商务发展环境。

在电子商务人才培养上，应该更突出安全能力。电子商务安全是电子商务专业关键且重要的主干课程之一，它是人、技术和管理的合理均衡，需要从多层面、多角度进行深度的阐述，不仅要向学生系统地解析电子商务面临的安全形势及问题，而且要深入剖析问题产生的根源及其相应的解决思路和措施。

因此，在第 1 版教材的思路和体系结构上，继续本着安全这一主题进行了本书的修编工作。在涵盖当前电子商务安全涉及的主要领域和内容的同时，着力突出这样一条主线：安全导论—安全技术与应用—安全管理与法规。根据电子商务安全相关领域的发展，本书对第 1 版教材中的部分知识内容进行了更新，并补充了一些新的理论知识和技术内容。考虑到云计算、大数据经过多年的发展，已经成为电子商务安全管理中一个重要的应用领域，本书增加了云安全技术和大数据安全技术两部分内容。

本书共分为十章内容。第 1~5 章和第 8 章由安徽理工大学张波修订编写，第 6、7、9、10 章由安徽理工大学朱艳娜修订编写。其中第 1 章为安全导论部分，第 2~9 章为安全技术与应用部分，第 10 章为安全管理与法规部分。第 1 章主要是电子商务安全导论，第 2 章讲述了数据加密与密钥管理技术，第 3 章阐述了公钥基础设施与数字证书，第 4 章是关于数字签名与身份认证技术方面的知识，第 5 章介绍了重要的安全协议与安全标准，第 6 章是关于网络安全技术方面的内容，第 7 章着重介绍了数据库系统安全知识，第 8 章解析了云安全技术，第 9 章介绍了大数据安全技术，第 10 章从评估、立法与管理的角度阐述了电子商务安全评估与管理的内容。

电子商务安全作为一个不仅重要而且发展迅速的知识领域，仍然还有很多待开拓和研究的内容，要编写出一部结构合理、内容精炼的教材，需要不断地探索和研究。在本书编写过程中，参阅了大量的著作和教材、著名 IT 公司的理念和解决方案、互联网上相关的文献资料等，在此向参考文献的作者们表示最诚挚的感谢！同时，希望本书提供的知识内容能够满足当前电子商务安全课程教学的需要，也恳请广大读者们批评指正，不断反馈教材使用中的意见和建议，以便再次修订时进一步修补完善。

机械工业出版社的编辑不仅为本书的出版付出了辛勤劳动，而且也提出了许多很好的意见和建议；许多院校的同行或同事也对本教材及课程给予了很多的关心与支持，在教材编写过程中给出了很好的建议，特在此一并表示衷心的感谢！

编者

2019 年 9 月

目 录

前言
第1章 电子商务安全导论 ... 1
1.1 电子商务安全概况 ... 2
1.1.1 电子商务安全概念与特点 ... 3
1.1.2 电子商务面临的安全威胁 ... 5
1.1.3 电子商务安全要素 ... 8
1.2 电子商务安全体系 ... 10
1.2.1 电子商务安全框架 ... 10
1.2.2 电子商务安全体系结构 ... 11
1.2.3 电子商务安全基础环境 ... 12
1.3 电子商务安全技术 ... 13
1.3.1 密码技术 ... 14
1.3.2 网络安全技术 ... 14
1.3.3 安全协议 ... 15
1.3.4 PKI 技术 ... 16
1.4 电子商务安全应用 ... 16
1.4.1 网络层安全服务 ... 16
1.4.2 传输层安全服务 ... 16
1.4.3 应用层安全服务 ... 16
1.4.4 信息安全服务组织 ... 16
本章小结 ... 17
专业或关键术语 ... 17
思考题 ... 17
实战题 ... 17

第2章 数据加密与密钥管理技术 ... 18
2.1 密码技术基础 ... 19
2.1.1 密码基本概念 ... 19
2.1.2 密码技术的分类 ... 20
2.1.3 密码系统的设计原则 ... 22
2.2 传统密码技术 ... 22
2.2.1 换位密码 ... 22
2.2.2 代替密码 ... 23
2.2.3 转轮机 ... 25
2.2.4 一次一密密码 ... 27

2.3 现代密码技术 ··· 28
   2.3.1 对称密码技术 ·· 28
   2.3.2 非对称密码技术 ··· 39
2.4 网络加密技术 ··· 49
   2.4.1 链路加密 ·· 49
   2.4.2 节点加密 ·· 51
   2.4.3 端对端加密 ··· 51
2.5 密钥管理技术 ··· 52
   2.5.1 密钥管理 ·· 53
   2.5.2 密钥交换协议 ·· 64
   2.5.3 PGP 密钥管理技术 ··· 65
本章小结 ·· 68
专业或关键术语 ·· 69
思考题 ··· 69
实战题 ··· 69

第3章 公钥基础设施与数字证书 ··· 70
3.1 公钥基础设施概述 ·· 71
   3.1.1 PKI 的基本概念 ··· 71
   3.1.2 PKI 的基本组成 ··· 71
   3.1.3 PKI 的基本服务 ··· 73
   3.1.4 PKI 的相关标准 ··· 74
3.2 PKI 系统的常用信任模型 ··· 75
   3.2.1 认证机构的严格层次结构模型 ·· 75
   3.2.2 分布式信任结构模型 ··· 76
   3.2.3 Web 模型 ··· 77
   3.2.4 以用户为中心的信任模型 ·· 77
3.3 PKI 管理机构——认证中心 ·· 78
   3.3.1 CA 的功能 ·· 78
   3.3.2 CA 的组成 ·· 79
   3.3.3 CA 的体系结构 ·· 79
3.4 PKI 核心产品——数字证书 ·· 80
   3.4.1 数字证书的构成 ··· 81
   3.4.2 X.509 证书标准 ··· 82
   3.4.3 数字证书的功能 ··· 83
   3.4.4 数字证书的格式 ··· 84
   3.4.5 数字证书的管理 ··· 84
   3.4.6 数字证书的应用 ··· 86
本章小结 ·· 87
专业或关键术语 ·· 87

思考题 ... 87
实战题 ... 87

第4章 数字签名与身份认证技术 ... 88
4.1 数字签名技术 ... 89
4.1.1 数字签名基本原理 ... 90
4.1.2 常规数字签名体制 ... 94
4.1.3 特殊数字签名体制 ... 97
4.2 身份认证技术 ... 100
4.2.1 身份认证的概念 ... 100
4.2.2 身份认证的主要方法 ... 102
4.2.3 身份认证的识别过程 ... 110
4.2.4 身份识别系统的选择 ... 110
4.2.5 身份认证的协议 ... 111

本章小结 ... 113
专业或关键术语 ... 113
思考题 ... 114
实战题 ... 114

第5章 安全协议与安全标准 ... 115
5.1 概述 ... 116
5.2 电子商务安全协议 ... 117
5.2.1 安全套接层协议 ... 117
5.2.2 安全电子交易协议 ... 123
5.2.3 电子支付专用协议 ... 127
5.2.4 安全超文本传输协议 ... 128
5.2.5 安全电子邮件协议 ... 130
5.2.6 电子数据交换协议 ... 131
5.2.7 IPSec安全协议 ... 133
5.3 信息安全标准与电子商务安全标准 ... 140
5.3.1 常用信息安全标准 ... 140
5.3.2 电子商务安全标准 ... 144

本章小结 ... 147
专业或关键术语 ... 147
思考题 ... 147
实战题 ... 148

第6章 网络安全技术 ... 149
6.1 网络安全概述 ... 150
6.1.1 网络安全定义及特征 ... 150
6.1.2 网络安全层次与机制 ... 153
6.1.3 网络安全的风险防控 ... 158

6.2 防火墙技术 ··· 160
　6.2.1 防火墙的功能与特征 ··· 161
　6.2.2 防火墙的基本类型 ··· 163
　6.2.3 防火墙的基本技术 ··· 165
　6.2.4 防火墙的安全策略与缺陷 ·· 166
6.3 VPN 技术 ··· 167
　6.3.1 VPN 的功能特征 ·· 168
　6.3.2 VPN 的基本类型 ·· 169
　6.3.3 VPN 的基本技术 ·· 171
　6.3.4 VPN 的安全问题及安全策略设计 ······································· 172
　6.3.5 VPN 的价值体现 ·· 174
6.4 网络入侵检测 ··· 176
　6.4.1 入侵检测的概念 ·· 176
　6.4.2 入侵检测的原理 ·· 177
　6.4.3 入侵检测的分类 ·· 179
　6.4.4 入侵检测的方法 ·· 180
6.5 计算机病毒防治 ··· 181
　6.5.1 计算机病毒的定义 ·· 181
　6.5.2 计算机病毒的特点 ·· 182
　6.5.3 计算机病毒的类型 ·· 183
　6.5.4 计算机病毒的传播途径 ·· 185
　6.5.5 计算机病毒的预防 ·· 186
本章小结 ·· 187
专业或关键术语 ··· 188
思考题 ·· 188
实战题 ·· 188

第7章 数据库系统安全 ··· 189
7.1 数据库安全内涵 ··· 190
7.2 数据库安全面临的威胁 ··· 192
　7.2.1 数据库安全性分析 ·· 192
　7.2.2 数据库安全漏洞与缺陷 ·· 194
7.3 数据库的数据安全 ··· 196
　7.3.1 数据库系统的主要安全特点 ·· 196
　7.3.2 数据库系统的安全要求 ·· 196
　7.3.3 数据库系统的安全对策 ·· 199
7.4 数据库备份与恢复 ··· 203
　7.4.1 数据库的备份 ·· 203
　7.4.2 数据库的恢复 ·· 204
本章小结 ·· 206

Ⅶ

专业或关键术语 · 206
思考题 · 206
实战题 · 206

第8章 云安全技术 · 208

8.1 云安全及其关键技术 · 209
- 8.1.1 云安全的概念与特点 · 209
- 8.1.2 云安全的思想来源与关键技术 · 211

8.2 云安全问题与责任 · 213
- 8.2.1 云安全主要问题 · 213
- 8.2.2 云安全风险类型 · 213
- 8.2.3 云安全责任模式 · 215

8.3 云安全架构 · 222
- 8.3.1 云安全指南与标准 · 222
- 8.3.2 云安全参考架构 · 225

8.4 云数据安全 · 227
- 8.4.1 云数据安全生命周期管理 · 228
- 8.4.2 云数据安全防护技术 · 230

8.5 云应用安全 · 231
- 8.5.1 用户认证与管理 · 231
- 8.5.2 内容安全检测 · 232
- 8.5.3 云Web应用安全 · 235
- 8.5.4 云App安全 · 240

本章小结 · 244
专业或关键术语 · 244
思考题 · 245
实战题 · 245

第9章 大数据安全技术 · 246

9.1 大数据安全及其管理体系 · 247
- 9.1.1 大数据安全概述 · 247
- 9.1.2 大数据安全面临的问题及挑战 · 250
- 9.1.3 大数据安全管理体系 · 252

9.2 大数据平台安全防护 · 253
- 9.2.1 大数据安全防护现状 · 253
- 9.2.2 大数据平台安全防护体系 · 254
- 9.2.3 大数据平台安全防护技术 · 257

9.3 大数据存储安全策略 · 259

9.4 大数据隐私保护 · 260
- 9.4.1 大数据隐私保护生命周期模型 · 260
- 9.4.2 大数据隐私保护技术 · 261

9.4.3 大数据隐私保护对策 ········· 263
本章小结 ········· 265
专业或关键术语 ········· 265
思考题 ········· 265
实战题 ········· 265

第10章 电子商务安全评估与管理 ········· 266

10.1 电子商务安全评估 ········· 267
10.1.1 风险管理 ········· 267
10.1.2 安全成熟度模型 ········· 272
10.1.3 威胁的处理 ········· 274
10.1.4 安全评估方法 ········· 277

10.2 电子商务安全立法 ········· 280
10.2.1 与网络相关的法律法规 ········· 280
10.2.2 网络安全管理的相关法律法规 ········· 282
10.2.3 网络用户的法律规范 ········· 284
10.2.4 互联网信息传播安全管理制度 ········· 284
10.2.5 其他法律法规 ········· 286

10.3 电子商务安全管理 ········· 291
10.3.1 安全管理的概念 ········· 291
10.3.2 安全管理的重要性 ········· 292
10.3.3 安全管理模型 ········· 293
10.3.4 安全管理策略 ········· 294

本章小结 ········· 297
专业或关键术语 ········· 297
思考题 ········· 297
实战题 ········· 297

第1章 电子商务安全导论

本章要点

- 了解电子商务安全的基本概念与安全现状。
- 掌握电子商务面临的安全威胁及安全需求。
- 了解电子商务中常用的安全技术。
- 掌握电子商务安全体系结构。
- 了解电子商务的安全服务及相关安全协议。

引例

电商 Gearbest 被曝泄露信息：含数百万用户信息和订单数据

2019 年 3 月 15 日，美国科技媒体 TechCrunch 报道，安全研究员 Noam Rotem 在进行网络扫描时，发现一个没有密码保护的 Elasticsearch 服务器，可直接访问，每周都会暴露数百万条记录，包括客户数据、订单和付款记录。由于没有密码保护，任何人都可通过这个服务器搜索数据。调查显示，这个数据库来自 Gearbest，是中国环球易购（Globalegrow）旗下的自营网站。

Rotem 在 VPNMentor 上发布了其调查报告。报告称，该数据库泄露的数据包括：

- 订单数据：购买的产品、邮寄地址与邮编、用户姓名、电子邮件地址、电话号码。
- 支付与收据信息：订单号、支付类型、支付详情、电子邮件地址、名称、IP 地址。
- 用户信息：姓名、地址、生日、电话号码、电子邮件地址、IP 地址、身份证号码及护照信息、账户密码等。

Rotem 在报告中声称其在 3 月初发现这个不安全的数据库，泄露的记录约有 150 万条。这些数据并没有什么加密措施，有些甚至完全没有加密。他表示，这些泄露的信息不仅侵犯了客户隐私，还可能危及世界上特定地区的客户。例如，购买一些私密产品，可能会在某些国家引起法律问题，甚至可能会被判刑。

此外，Rotem 还在同一 IP 地址上发现了一个单独的基于 Web 的数据库管理系统，利用这个系统，可以操纵或破坏 Gearbest 母公司环球易购所运行的数据库。Gearbest 总部位于深圳，位列全球 250 强网站之一，服务于华硕、华为、英特尔和联想等顶级品牌。该公司在欧洲也拥有大量业务，在西班牙、波兰、捷克等国设有仓库，而这些国家都适用欧盟数据保护和隐私法。任何违反欧盟《通用数据保护条例》（General Data Protection Regulation，GDPR）的企业都有可能面临最多相当于全球年营收 4% 的罚款。

事实上，这已经是 Gearbest 近年来发生的第二起安全事故了。2017 年 12 月，Gearbest 也曾因为撞库攻击而导致账号信息泄露。

电子商务（Electronic Commerce）是指政府、企业和个人利用现代电子计算机与网络技术实现商业交换的全过程。它是一种基于互联网，以交易双方为主体，以银行电子支付结算为手段，以客户数据为依托的全新商务模式。电子商务的参与者包括企业、消费者和中介机构等。它的本质是建立一种全社会的"网络计算环境"或"数字化神经系统"，以实现资源在国民经济和大众生活中的全方位应用。

时至今日，电子商务已经逐渐深入人们的日常生活中，越来越多的人通过互联网进行电子商务活动。电子商务的发展给人们的工作和生活带来了新的体验和更多便利，前景十分诱人，也为人们带来了无限商机。但仍有许多商业机构对电子商务持观望态度，主要原因是对网上运作的安全问题存有疑虑。在竞争激烈的市场环境下，电子商务的一些信息属于商业机密，一旦信息失窃，企业的损失将不可估量。因此，在运用电子商务模式进行贸易的过程中，安全问题就成为电子商务最核心的问题。电子商务安全包括有效保障通信网络和信息系统的安全，确保信息的真实性、保密性、完整性、不可否认性和不可更改性等方面。

本章主要介绍电子商务安全概念，以及电子商务面临的安全威胁、安全特点、安全环境、安全技术、安全体系结构和安全服务及安全协议等。

1.1 电子商务安全概况

近年来，网络技术和电子商务迅猛发展，人们在互联网上进行商务活动的范围和数量与日俱增，例如，日常生活用品、书籍的购买，家具、汽车、房产交易，股票、期货、资金运作。在这一过程中，电子商务赖以运行的互联网的安全问题，成为人们持续关注的话题，电子商务安全的重要性已不言而喻。网络安全问题是电子商务推进中的关键因素，营造信誉良好、安全可靠的网络交易环境才能让众多的企业和消费者支持电子商务，否则消费者不信任网上交易，企业没有把握在网上营销，电子商务便只能是"水中花、镜中月"。尽管政府以及一些企业已意识到这一问题，但因为一直缺乏一个网络安全保护的完整概念，所以很多人在安全认知上仅限于对网络"防火墙"的了解，而网络防火墙只是网络安全保护的一个方面，绝不是全部，这也正是很多个人或企业在实施了防火墙后网络仍有漏洞存在的原因。

网络安全事件在国内外时有发生。2000 年 2 月 7 日、8 日、9 日这三天，美国许多著名的网站先后遭到互联网历史上最严重的计算机黑客攻击，在美国社会引起了强烈震动。

当时，黑客三天的袭击造成的直接和间接经济损失达 10 亿美元。2 月 7 日，除了免费电子邮件和三个站点未受影响外，雅虎的大部分网络服务及站点陷于瘫痪。雅虎是当时全球第二大搜索引擎网站，每天被浏览页次达 465 亿次，其股市价值达 930 亿美元；8 日上午，先是当天股票交易公司网站瘫痪，再接着是网上电子拍卖网站电子港湾（ebay）和网上书店及商品销售网站亚马逊（Amazon）告急。ebay 的注册用户达 1000 万，是每月浏览达 15 亿次的网上拍卖网站，8 日下午 6 时，该网站的商品买卖一度停止数小时。当晚，美国有线电视新闻网（CNN）宣布，其网站因负荷超载，从下午 7 时至 8 时 45 分信息传送被阻断；2 月 9 日，一些电子交易类网站再度遭袭，在股市开市前遭到持续 1 小时的攻击，科技新闻网站 ZDNet 约有 70% 的内容中断 2 小时，上网者无法接触到包括网站新闻和产品浏览等内容的信息。

引人注目的是，这也是互联网历史上第一次有黑客大规模、有目的地袭击商业网站。美国联邦计算机案件处理中心主任大卫·加诺说："全美至少有数百台计算机受到袭击。所幸的是，黑客并未进入这些网络内部，窃取业务和客户资料。如此众多的大型网站，特别是新兴的电子商务网站，在三天的短时间内连续遭到黑客攻击，这在互联网历史上还是第一次。"

2006年12月初，我国互联网上大规模爆发了"熊猫烧香"计算机病毒及其变种。一只憨态可掬、颔首敬香的"熊猫"在互联网上疯狂"作案"，在病毒卡通化的外表下，隐藏着巨大的传染潜力，短短三四个月，"烧香"潮波及上千万个人用户、网吧及企业局域网用户，造成直接和间接损失超过1亿元。

作为高科技犯罪的典型代表之一，银行网络安全事故近十年来在国内频频发生。2010年年末，互联网上连续出现的假银行网站事件曾经轰动一时。一个行标、栏目、新闻、图片样样齐全的假冒中国银行网站，竟然成功划走了呼和浩特一名市民银行卡里的2.5万元。且随后不久，假工行、假农行、假银联网站也相继跟风出现。而早在2003年下半年，我国香港地区也曾出现不法分子伪冒东亚、花旗、汇丰、宝源投资及中银国际网站骗取用户钱财。

有一些黑客，专门盗窃大量的游戏装备、账号，虽然这些游戏装备、账号并不能马上兑换成各种货币，但通过网上交易，这些盗来的游戏装备、QQ账号甚至银行卡号资料被中间批发商全部放在网上游戏交易平台公开叫卖，一番讨价还价后，虚拟货币得以兑现，网友们通过网上银行将现金转账，就能获得那些盗来的网络虚拟货币。

在我们身边也时常发生一些网络安全问题，例如，不断有用户抱怨QQ密码被更改，邮箱邮件被别人收走，网站栏目信息被入侵者修改。

2014年4月8日，安全协议OpenSSL（Open Secure Sockets Layer）被曝出现严重安全漏洞，这个漏洞被黑客命名为"heartbleed"，意思是"心脏流血"——表示最致命的内伤。黑客利用该漏洞，坐在自己家里的计算机前，就可以实时获取约30%以HTTPS（Hypertext Transfer Protocol over Secure Socket Layer）开头网址的用户登录账号和密码，包括大批网银、购物网站、电子邮件等。这个事件更加引起了全球对网络安全问题的极大关注。

2017年2月，谷歌破解了广泛应用于文件数字证书中的SHA-1算法。以至于有人说，"人们怀疑，以人类的才智无法构造人类自身不可破解的密码"。而早在1999年，传统加密算法RSA512被破解；2009年，RSA768被破解；"尚未被破解"的RSA1024，也被认为"被破解是早晚的事"。至于所谓下一代标准密码——"配对密码"，则在2012年就已经被破解。

由以上案例可见，电子商务安全是一个不容忽视、涉及范围极广的社会问题，这些问题将长期存在，并时刻干扰电子商务的正常健康运行。

1.1.1 电子商务安全概念与特点

1. 电子商务安全的定义

电子商务的一个重要技术特征是利用计算机网络来传输和处理商业信息，因此，电子商务安全从整体上可分为两大部分：计算机网络安全和商务交易安全。

计算机网络安全的内容包括：计算机网络设备安全、计算机网络系统安全、数据库安全等。其特征是针对计算机网络本身可能存在的安全问题，实施网络安全增强方案，以保证计算机网络自身的安全为目标。

商务交易安全则紧紧围绕传统商务在互联网上应用时产生的各种安全问题，在计算机网络安全的基础上，保障以电子交易和电子支付为核心的电子商务的顺利进行。即实现电子商务保密性、完整性、可鉴别性、不可伪造性和不可抵赖性等。

计算机网络安全与商务交易安全实际上是密不可分的，两者相辅相成，缺一不可。没有计算机网络安全作为基础，商务交易安全就犹如空中楼阁，无从谈起；没有商务交易安全保障，即使计算机网络本身再安全，仍然无法达到电子商务所特有的安全要求。

电子商务安全以网络安全为基础，但是，电子商务安全与网络安全又是有区别的。首先，网络不可能绝对安全，在这种情况下，还需要在其之上运行安全的电子商务；其次，即使网络绝对安全，也不能保障电子商务的安全。所以，电子商务安全除了基础要求之外，还有特殊要求。

从安全等级来说，由下至上有密码安全、局域网安全、互联网安全和信息安全之分，而电子商务安全属于信息安全的范畴，涉及信息的机密性、完整性、认证性等方面。这几个安全概念之间的关系如图 1-1 所示。同时，电子商务安全又有它自身的特殊性，即以电子交易安全和电子支付安全为核心，有更复杂的机密性概念，更严格的身份认证功能，对不可拒绝性有新的要求，有法律依据性和货币直接流通性特点，还有网络特有的其他服务功能（如数字时间戳服务）等。

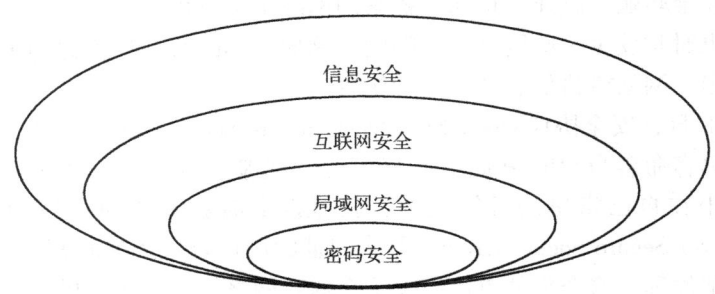

图 1-1　电子商务安全基本关系示意图

2. 电子商务安全特点

电子商务安全具有如下 4 大特点。

（1）电子商务安全是一个系统概念

电子商务安全问题不仅仅是个技术性的问题，更重要的是管理问题，而且它还与社会道德、行业管理以及人们的行为模式紧密地联系在一起。

（2）电子商务安全是相对的

就像家里的房子安上防盗门后，一般说来就相对安全了，但是小偷用专门的工具去破坏或打开，那防盗门也就不安全了，但人们不会因为防盗门能被小偷破坏或打开而怀疑它的安全性，防止小偷破坏或打开防盗门还需要相应的管理机制。同样，不能追求一个永远也攻不破的安全系统，安全与管理始终是联系在一起的。也就是说，安全是相对的，而不是绝对的，要想网站永远不受攻击、不遇到安全问题是不可能的。

（3）电子商务安全是有代价的

要维护电子商务安全，就必须有一定的资金投入，包括购买安全设备、安装安全软件等。作为一个电子商务应用者，应该综合考虑安全技术的成本；作为安全技术提供者，在研发技术时也要考虑到成本代价问题。

（4）电子商务安全是发展的、动态的

今天安全，明天不一定安全，因为网络的攻防是此消彼长、道高一尺魔高一丈的事情，尤其是网络安全技术，它的敏感性、竞争性以及对抗性很强，需要不断地检查、评估和调整相应的安全策略。没有一劳永逸的电子商务安全，也没有一蹴而就的电子商务安全。

1.1.2 电子商务面临的安全威胁

要了解电子商务面临的安全威胁，需要考查从客户机到电子商务服务器的整个过程。在考查"电子商务链"上每个逻辑链条时，可以看出，必须保护的资产包括客户机、在通信信道上传输的消息、Web和电子商务服务器（包括服务器端所有的硬件）等。

1. 对客户机的安全威胁

在实时的、动态的、可交互的Web内容出现前，网页是静态的。静态页面是用Web标准页面描述语言HTML编制的，其作用只是向客户机提供显示内容并链接到其他页面。为了增加页面的生动性以及客户机与服务器之间的交互能力，同时也为了分担服务器端的负载，动态网页技术得以广泛应用，相应地网页的安全状态也随之发生了变化。客户机面临的安全威胁主要是以动态页面形式从网上传来的活动内容带来的安全威胁，还有一些非法网站，伪装成合法网站，诱骗用户提供敏感信息，使得用户信息被盗取等。此外，一些其他的相关技术也成为威胁客户机安全的不确定性因素，如被Java、JavaScript、ActiveX等控件恶意利用，也会招致病毒、蠕虫等感染。

（1）动态网页内容

动态网页内容是指在页面上嵌入一段对用户透明的程序，它可实现一些动态的效果，例如显示动态图像、下载和播放音乐或实现基于Web的电子表格程序、客户机中的表单数据提交等交互操作。动态网页内容扩展了HTML的功能，使页面更为生动活泼。同时，动态网页内容还将原来要在服务器上完成的某些辅助性处理任务转给在多数情况下处于闲置状态的客户机来完成，均衡了服务器的负载。

动态网页有多种形式，最著名的动态网页形式包括JavaScript和VBScript、Java Applet和ActiveX控件等。这些程序经常被企图破坏客户机的人伪装成无害的内容，一旦触发运行，就会对客户机带来安全威胁。这种隐藏在程序或页面里而掩盖其真实目的的程序统称为"特洛伊木马"。它可窃听计算机上的保密信息，并将这些信息传给它的远程Web服务器，从而构成保密性侵害。而且，特洛伊木马还可改变或删除客户机上的信息，构成完整性和不可拒绝性侵害。

（2）相关技术或机制

能够威胁客户机安全的因素，除了动态网页内容，还包括其他一些相关技术或机制。这些技术或机制和动态网页内容相呼应，使得其对客户机的安全威胁势态扩大，使得后果更加严重。

1）Cookie。因为互联网是无状态的连接，它不能记忆从一个页面到另一个页面间的响应，所以网站设计时利用Cookie进行服务器与客户机之间的连续连接（也称公开会话），目的是解决需要记忆关于顾客订单信息、用户名与口令、购物车与结算处理软件的公开会话等问题。Cookie的使用给有些恶意的动态内容提供了可乘之机，一些页面嵌入的恶意代码也使存放在Cookie里的信用卡号、用户名和口令等敏感信息容易暴露。

2）邮件通信簿。使用邮件客户端收发邮件的用户通常在电子邮件通信簿上存放联系人的信息，一些计算机病毒可以成功地检测到这些内容，并通过互联网把自己发给这些联系人，其传播难以得到有效的扼制。

3）信息隐蔽。一般情况下，计算机文件中都有冗余的或能为其他信息所替代的无关信息。黑客会利用信息隐蔽技术隐藏他们在网络上的活动，甚至能不被杀毒软件检测出来。信息隐蔽是指隐藏在另一段信息中的信息，它提供将加密的文件隐藏在另一个文件中的保护方式，粗心的观察者看不到其中含有的重要信息。

2. 对通信信道的安全威胁

互联网是将客户机和电子商务服务器连接起来的电子通道。在已了解对客户机的安全威胁后，所要考虑的第二个环节就是将客户机连到服务器上的传输信道，即互联网。

虽然互联网起源于军事网络，但美国国防部高级研究项目中心建造这个网络的主要目的不是为了安全传输，而是为防止一个或多个通信线路被切断之后仍有通信信道可供使用，即提供冗余传输。互联网发展到今天，其不安全状态与最初相比并没有多大改观。在互联网上传输的信息，从起始节点经由若干中间节点到目标节点之间的路径是随机选择的。在同一起始节点和目标节点之间发送信息时，每次所用的路径也都是不同的，所以根本无法控制信息的传输路径，也不知道信息包曾到过哪里，因而无法保证信息传输时所通过的每台计算机都是安全的和无恶意的。如果在信息包传递途中被任意一个中间节点窃取、篡改甚至删除了用户的信息，那么客户所遭受的损失将是无法弥补的。

（1）搭线窃听

电子商务的一个很大的安全威胁就是敏感信息或个人真实信息被窃。在互联网上，有种叫作"嗅探器"的特殊软件能够记录下通过某个网关或路由器的信息。它类似于在电话线上搭线并录下一段对话。嗅探器可以截获并阅读电子邮件信息，也可记录敏感信息或个人真实信息，或者用来攻击相邻的网络，并且能够做到不留痕迹。

（2）IP欺骗

所谓IP欺骗，就是伪装成合法主机的IP地址与目标主机建立连接关系。通过这种欺骗方法可以把某个服务器的访问者引到一个虚假网站，或者假冒合法用户主机名进入目标服务器。

当用户主机与目标服务器之间建立了传输控制协议（Transmission Control Protocol，TCP）连接后，通过双方信息包的不断交互取得用户主机或服务器的信息。入侵者猜测出信息包的序列号，就能够向用户主机或服务器发出伪造的、看上去是来自合法主机的数据包，构成对完整性的威胁。

此外，用户主机与服务器之间建立网络连接时经常需要某种形式的认证，发生在应用层上的认证是不透明的，如进行FTP或Telnet连接时需要用户输入密码和账号。IP地址欺骗可以针对非应用层的、通常是自发的、无须用户参与的认证，从而达到非法入侵的目的。

（3）IP源端路由选择

IP数据包在互联网上传输到达最终目的主机之前通常要经过许多路由器。路由器动态决定了IP数据包的传输路线。允许源端路由选择就是允许IP数据包向经过的路由器声明到达目标主机所希望经过的路由。

入侵者利用 IP 数据包源端路由选择避开那些包含过滤路由器、防火墙以及其他安全检查机制的路由，就可以访问在正常情况下所不能访问的主机。另外，如果目标主机的访问控制机制是认证源主机的 IP 地址，入侵者使用 IP 源端路由选择就可以有效地通过目标主机的认证。

（4）目标扫描

入侵者在确定扫描目标系统后，利用一些扫描程序和安全分析工具，如 IIS（Internet Information Server）漏洞扫描器、SATAN（Security Administrator Tool For Analyzing Networks）网络分析工具，寻求该系统的安全漏洞或弱点，并试图找到安全性最弱的主机作为入侵的对象。如果目标主机的管理员系统配置不当，或者未能及时发现并更新针对产品或系统安全漏洞的补丁程序，安全薄弱的主机就极易被攻破，继而造成对与本机建立了访问链接和信任关系的其他网络计算机被攻破的连锁反应，最终威胁到整个系统。

3. 对服务器的安全威胁

客户机、互联网和服务器的电子商务链上第三个环节是服务器。企业借助各种服务器软件设置自己的 Web 服务器、FTP 服务器、E-Mail 服务器等。对企图破坏或非法获取信息的人来说，服务器有很多弱点可被利用。其中的攻击入口是 Web 服务器及其软件、数据库和数据库服务器以及通用网关接口（Common Gateway Interface，CGI）程序或其他工具程序。

（1）Web 服务器

Web 服务器软件是用来响应 HTTP 请求并传送 HTML 格式的页面的，其主要设计目标是支持 Web 服务和方便使用。通常该类软件比较复杂，包含错误代码的概率也较高，因此含有许多已知的和未知的安全漏洞。而这些漏洞经常被攻击者利用，加之系统管理员的一些不当管理行为，极易造成系统的瘫痪或信息的泄露等严重后果。

（2）数据库服务器

电子商务系统用数据库存储用户数据，并可从 Web 服务器所连接的数据库中检索产品信息。数据库除存储产品信息外，还可能保存有价值的信息或隐私信息，如果被更改或泄露会对公司带来无法弥补的损失。

现在多数大型数据库都使用基于用户名和口令的权限安全措施，一旦用户获准访问数据库，就可查看数据库中相关内容。而有些数据库没有以安全方式存储用户名与口令，或没有对数据库进行安全保护，仅仅依赖 Web 服务器的安全措施。如果有人得到用户的认证信息，他就能伪装成合法的数据库用户来下载保密的信息。

此外，隐藏在数据库系统里的恶意程序可将数据权限降级，把敏感信息发到未保护的区域。这样，所有用户都可访问这些信息，其中当然包括那些潜在的入侵者。

（3）CGI

通用网关接口 CGI 可实现从 Web 服务器到另一个程序（如数据库程序）的信息传输。CGI 和接收它所传输数据的程序为网页提供了动态内容。同 Web 服务器一样，CGI 脚本是能以高权限运行的程序，并且运行起来不受 Java 运行程序安全的限制，如果滥用就会带来安全威胁。因此，恶意的 CGI 程序能自由访问系统资源，使系统失效、调用删除文件的系统程序或查看顾客的保密信息。

（4）ASP

活动服务器页面（Active Server Pages，ASP）是微软推出的工具软件，可以在服务器端运行脚本语言 VbScript 和 JavaScript 编写的程序。ASP 简单实用、灵活而强大，可实现与客户端交互信息和数据库访问等操作。但 ASP 也存在安全漏洞，通过 ASP 可以入侵 Web 服务器，窃取服务器上的文件，捕获 Web 数据库等系统的用户口令，删除服务器上的文件，直到造成系统损坏。

（5）邮件炸弹

邮件炸弹是将大量的消息发给同一个电子邮件地址，目标电子邮件地址收到的大量邮件超出了所允许的邮件区域限制，导致邮件系统堵塞或失效。邮件炸弹通常会导致邮件服务器拒绝服务。

（6）溢出攻击

通过客户机传输给 Web 服务器或直接驻留在服务器上的 Java 或 C++ 程序需要经常使用缓存。缓存中存放了从文件或数据库中读取的数据，是数据进出的临时存放区域。但是向缓存发送数据的程序如果出错，就会导致数据或指令替代了内存指定区域外的内容，即缓存溢出。缓存溢出的后果就是，程序运行遇到意外然后死机，从而破坏服务器的"不可拒绝性"。互联网"蠕虫"病毒就是这样的程序，它引起的溢出会消耗所有系统资源，直到主机停止运行。

另一种溢出攻击就是将指令写在关键的内存位置上，使侵入的程序在完成了覆盖缓存内容后进入系统保留区。保留区内存储着关键性信息，如 CPU 寄存器的内容和控制权移交前程序的计算状态。当控制权返还给原程序时，保留区的内容就会重新载入 CPU 寄存器，将控制权交给程序的下一条指令。但在攻击发生时，控制权将返还给攻击程序，而不是让出控制权的原程序。Web 服务器通过载入记录攻击程序地址的内部寄存器来恢复运行。恢复运行的攻击程序将会获得很高的超级用户权限，这就使每个程序都可能被侵入的程序泄密或破坏。

（7）口令破译

用户所选的口令不当或者攻击者使用一些工具软件窃取口令，也会构成安全威胁。有的用户所选的口令非常简单或者规律性很强，极易被猜出。再者是有人通过使用字典攻击程序，按电子字典里的每个单词来验证口令，那些较短并缺少变化的口令就能被攻破。另外，攻击者使用网络监听工具软件也可以监视网络上传输的数据包，从而使口令等关键信息被截获。用户口令的泄露往往会使非法者以合法的身份进入服务器敏感区域，并且可能长时间不会被发现。

1.1.3 电子商务安全要素

由于电子商务系统面临以上所述的威胁，这导致了对电子商务安全的迫切需求。电子商务安全要素是电子商务系统的中心内容，电子商务安全的要素有：保密性、完整性、认证性、不可否认性、不可拒绝性、访问控制性，如图 1-2 所示。

1. 保密性

商务数据的保密性（Confidentiality）是指信息在网络上传输或存储的过程中不被他人窃取、不被泄露给未经授权的人或组织，或者经过加密伪装后，使未经授权者无法了解其内容。

在商务活动的过程中，交易信息直接代表着个人、企业或国家的商业机密，如信用卡账

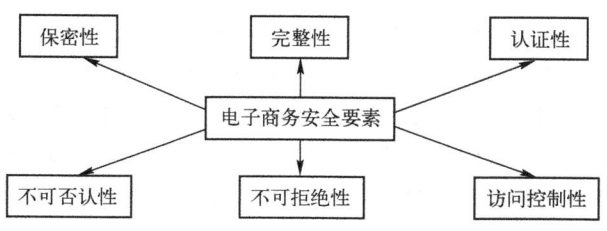

图 1-2 电子商务的安全要素

号及密码、定货单和内部报价单。传统的纸面贸易都是通过邮寄封装的信件或通过可靠的通信渠道发送商业报文来达到保守机密的目的。而电子商务是建立在一个较为开放的网络环境上的，必须采用必要的技术手段来保证发送方和接收方之间交换信息的保密性，要预防非法的信息存取和信息在传输过程中被非法窃取，确保只有合法用户才能看到数据，防止发生泄密事件。

保密性可用信息加密技术实现，使信息截获者不能解读加密信息的内容。另外，保密性还要求保护通信流特性，如通信源与目的、流量和频率，以防止被分析，从而丧失有价值的商业情报。

2. 完整性

商务数据的完整性（Integrity）是指保护数据的一致性，防止数据被未授权者修改、建立、嵌入、删除、重复发送或由于其他原因使原始数据被更改。

加密的信息在传输过程中，虽能保证其保密性，但并不能保证不被修改。电子商务系统应充分保证数据传输、存储及电子商务完整性检查的正确性和可靠性。首先，为保证数据传输的完整性，网络传输所使用的协议必须具有查错纠错功能，并且应具有消息投递的确认与通知信息，以保证传送准确无误，防止数据的丢失和篡改；其次，为保证数据存储的完整性，电子商务系统信息存储必须保证正确无误。作为存储介质的磁盘，可采用容错磁盘和磁盘的热修补技术；第三，对电子商务报文进行完整性检查，抛弃不完整的电子商务文件。对接收的电子商务报文数据要进行扫描，按电子商务所规定的语法规则进行上下文检查，不符合语法规则的非法字符将从数据流中移走。

贸易各方信息的完整性将影响到贸易各方的交易和经营策略，保持贸易各方信息的完整性是电子商务应用的基础。因此，要预防对信息的随意生成、修改和删除，同时要防止数据传送过程中信息的丢失和重复，并保证信息传送次序的统一。

3. 认证性

商务对象的认证性（Authentication）或称真实性是指网络两端的使用者在通信之前相互确认对方的身份，保证交易方确实存在，而并非有人假冒。

认证性所解决的问题是，确定要进行交易的贸易方正是进行交易所期望的贸易方这一问题。传统的纸介质贸易通过双方在合同、契约或单据等书面文件上手写签名或盖章来鉴别。在无纸化的电子商务方式下，要保证交易双方身份的正确性，分辨参与者所声称身份的真伪，防止伪装攻击，须为参与实体提供可靠的标识。其中，往往需要第三方的介入。认证性用数字签名和身份认证技术实现。

4. 不可否认性

商务服务的不可否认性（Non-repudiation）或称不可抵赖性是指信息的发送方不能否认已

发送的信息,接收方不能否认已收到的信息,这是一种法律有效性要求。通过这一特性,建立有效的责任机制,防止实体否认其行为。交易一旦达成就不能否认,否则会损害另一方的利益。信息的不可否认性是用来保护通信用户对付来自其他合法用户的威胁,比如发送方对其所发消息的否认,接收方对其所收消息的否认。这种威胁并非来自未知身份的攻击者。不可否认性能够提供充分的证据迅速辨别出谁是谁非,实现不可否认性采用的技术有数字签名等。

5. 不可拒绝性

商务服务的不可拒绝性或称可靠性是指保证授权用户在正常访问信息和资源时不被拒绝,即为用户提供稳定可靠的服务。

电子商务交易过程中的数据延迟到达,或服务器拒绝服务都会把自己的顾客和贸易伙伴推向竞争对手那里,甚至在竞争性交易中错过商机。如果不对一些网络故障、应用程序错误、硬件故障、系统软件错误及计算机病毒甚至自然灾害所产生的潜在威胁加以控制和预防,这些都会导致贸易数据不能准确传送,无法为用户提供可靠的服务。

6. 访问控制性

访问控制性(Access Control)或称可控性规定了主体访问客体的操作权力限制,以及限制进入物理区域(出入控制)和限制使用计算机系统和计算机存储数据的过程(存取控制)。访问控制包括人员限制、数据标识、权限控制、控制类型和风险分析等。在这里主要指能控制使用资源的人或实体的使用方式,在网络上限制和控制通信信道对主机系统和应用的访问,保护计算机系统的资源不被未经授权的人或以未授权方式接入、使用、修改、破坏、发出指令或植入程序等,即防止未授权的数据暴露。访问控制性可用防火墙等技术及相关制度措施等实现。

电子商务除了以上 6 个主要的安全要素外,还有匿名服务(隐匿参与者身份、保护个人或组织隐私)等要素,以及一些特殊环境的特殊要素。

1.2 电子商务安全体系

1.2.1 电子商务安全框架

一个安全的电子商务系统应构建以策略为指导、技术为基础、管理为核心的安全框架。在安全策略指导下,建立统一的安全管理平台,提供全面的安全服务,形成一个互为协作的统一体,使整个系统覆盖从物理通信到网络、系统平台直至数据和应用平台的各个层面的安全需求,从而形成完整的电子商务安全框架。安全策略是电子商务安全系统的灵魂与核心,任何可靠的安全系统框架都是构建在各种安全策略与安全技术基础上的,而电子商务的安全框架正是为了实现各种技术的集成。

1. 安全策略

电子商务系统通常需要应用安全策略的环节如下。

1)物理结构:同互联网物理隔离,同内部局域网逻辑隔离。

2)敏感信息:链路加密、文件加密传输、重要数据加密存储。

3)安全认证:建立 PKI/CA 系统和授权管理。

4)适度安全防护:从技术安全中选择适当防护措施。

5）安全管理与审计：加强安全审计，建立统一的安全管理平台。

2. 安全框架

（1）物理与线路传输安全框架

物理与线路传输安全框架主要包括系统的物理安全框架以及通信线路的安全框架，其中物理安全主要是指防止物理通路的损坏、对物理通路的攻击（干扰）、物理环境安全、网络设备及主机的物理安全等；线路传输安全需要保证通过网络链路传送的数据不被窃听。

（2）网络安全防御框架

网络安全防御框架体系主要解决网络互联时在网络通信层的安全问题，采用的安全技术和措施包括：网络设备安全、网络访问控制、拨号网络的安全、网络和链路层数据加密、网络隔离、防火墙、入侵检测、安全审计等。

（3）主机与系统安全框架

主机与系统安全框架主要解决主机操作系统的访问控制安全以及主机存在的漏洞隐患等，采用的安全技术和措施包括：病毒防范、漏洞检测、操作系统的安全配置、操作系统安全加固等。

（4）数据与应用安全框架

数据与应用安全框架主要考虑应用服务能与系统层和网络层的安全服务无缝连接。对建立在操作系统之上的应用软件服务，如数据库服务、电子邮件服务、Web服务以及各种业务系统，需要采取安全技术与措施来保证身份认证、访问控制、数据保密性和完整性（安全通信）、内容审计、数据备份等。

（5）统一安全管理框架

安全管理框架贯穿在安全的各个层次实施，可以从不同的视角加以描述：从全局管理角度审视，要制订全局的安全管理框架；从用户管理角度审视，要实现统一的用户角色划分框架；从资源管理角度审视，要实现资源的分布配置和统一的资源目录管理框架；从技术管理角度审视，要针对各个层面的要求实现统一的安全监管框架。

1.2.2 电子商务安全体系结构

电子商务安全体系结构是保证电子商务中数据安全的一个完整的逻辑结构，由五个部分组成，见表1-1。

表1-1 电子商务安全体系结构

名　　称	含　　义
应用系统层	包括保密性、完整性、匿名性、抗否认性、有效性、可靠性等
安全协议层	包括Netbill协议、SET协议、SSL协议等
安全认证层	包括数字摘要、数字签名、数字凭证、CA认证等
加密技术层	包括对称加密、非对称加密等
网络服务层	包括网络隐患扫描、网络安全监控、内容识别、病毒防治、防火墙等

在表1-1中，电子商务安全体系结构由网络服务层、加密技术层、安全认证层、安全协议层和应用系统层组成。

电子商务系统是依赖网络实现的商务系统，需要利用Internet基础设施和标准，所以构成电子商务安全框架的底层是网络服务层，它提供信息传送的载体和用户接入的手段，是各种电子商务应用系统的基础，为电子商务系统提供了基本、灵活的网络服务。

为确保电子商务系统全面安全，必须建立完善的加密技术和认证机制。在表1-1所示的电子商务安全体系结构中，加密技术层、安全认证层、安全协议层，即为电子交易数据的安全而构筑。其中，安全协议层是加密技术层和安全认证层的安全控制技术的综合运用和完善。

电子商务安全是一个人们普遍关注的系统问题，用于保护电子商务的安全控制技术有很多，但是并非把这些技术简单地组合就可以得到安全。只有通过合理应用安全控制技术，并进行有机结合，才能从技术上实现系统、有效的电子商务安全。

1.2.3 电子商务安全基础环境

电子商务安全基础环境是指从整体电子商务系统或网络支付系统的角度进行安全防护，它与网络系统硬件平台、操作系统、各种应用软件等互相关联。电子商务安全基础环境包括行政管理、基于网络设施的基本安全防御、基于PKI的CA安全认证、数据加密、容灾备份、统一安全管理等基础环境。

1. 行政管理

1）核心设备的密码由双人管理。核心设备有服务器、存储器、交换机、路由器等。

2）对用户的注册、退网、用网等有严格的管理规章制度。

3）对数据交换中心核心信息的增加、删除和备份要严格实行登记制度。

4）对系统的运行要有监控和应急处理措施，特别是门户网站的24小时监控、预警和快速恢复。

5）网络中心机房的屏蔽技术，要经当地保密部门测试和认可。

6）网络中心机房的双路供电和不间断电源条件应满足实际需要。

2. 基于网络设施的基本安全防御系统

网络设施的基本安全防御包括防火墙、入侵检测系统、病毒防护、漏洞扫描、物理隔离、链路加密和VPN以及入网认证与审计等。

（1）防火墙

防火墙的作用是保护内部网络资源、控制用户对网络的访问权限，认证并过滤外来用户访问的请求和信息流。防火墙是一个以隔离为目的的安全网关设备，能安全地监控网络之间、用户和网站之间的任何活动，保证了内部网络的安全。

（2）入侵检测系统

入侵检测系统（Intrusion Detection System，IDS）它从计算机网络系统中的关键点收集信息，并分析这些信息，检查网络中是否有违反安全策略的行为和遭到袭击的迹象。入侵检测被认为是防火墙之后的第二道安全闸门。

（3）病毒防护

病毒是一种具有自我复制能力，能够在隐蔽情况下执行编写者意图的非法程序。与其他程序相同，病毒只有运行之后才会发挥其功能。由于用户不会故意运行病毒，因此病毒必须依附于用户要运行的文件当中。计算机病毒将自己的代码写入宿主程序的代码中（大部分是附加在头、尾），以感染宿主程序，每当运行受感染的宿主程序时也将运行计算机病毒，病毒就自我复制，执行创造者的意图并感染其他程序。

(4) 漏洞扫描

漏洞扫描是一个全面的针对电子商务系统与网络安全性、脆弱性进行分析和评估的技术，主要是利用目前所发现和公布的危害系统和网络的方法，对待测网络目标进行扫描分析，检查并报告系统存在的安全脆弱性和漏洞所在，评价安全脆弱性对网络系统的危害程度，并且提出相应的安全防护措施和应实施的安全策略，最终达到增强网络安全性的目的。

(5) 物理隔离

内外两个网络物理隔离，但逻辑上实现数据交换。物理隔离的一个特征，就是内网与外网永不连接，内网和外网在同一时间最多只有一个同隔离设备建立非 TCP/IP 协议的数据连接。其数据传输机制是存储和转发。

(6) 链路加密和 VPN

采用链路加密或网络 VPN 使系统内部网络用户与其他用户之间隔离，以提高信息的安全度。

(7) 入网认证与审计

对电子商务中一些安全保密度要求高的应用系统的用户实行入网认证和审计，将用户名、密码、IP、MAC、VLAN、PORT 等进行捆绑，为用户颁发入网证书。只有合法用户才能注册网络。而且，系统能对用户用网情况实施跟踪，对系统安全状况进行适时审计。

3. 基于 PKI 的 CA 安全认证

基于 PKI 的 CA 安全认证包括电子身份认证、授权、密码管理、密钥管理、可信任时间戳管理等。建立认证授权中心，对公众网络用户实行安全证书发放、入网认证、授权服务和管理。

4. 数字加密

数字加密是研究利用数学算法将明文转变为不可能理解的密文和反过来将密文转变为可理解形式的明文的方法、手段和理论的一门科学。利用数字加密可以将敏感信息加密并通过并不安全的途径传递，只有指定的收件人才能解读原始信息。

5. 容灾备份

容灾备份中心是电子商务系统不可缺少的组成部分，是确保电子商务信息安全和在灾难性故障发生时无间断服务的重要措施。

容灾备份中心的主要功能有：定期备份数据交换中心的数据；在灾难性故障发生的时候临时提供服务。容灾备份中心的主要设备包括：服务器、交换机、路由器和大容量光盘存储器。

6. 统一安全管理

多数的电子商务系统涉及大量的网络设备、主机设备、安全设备以及其他设施和人员，对安全的要求较高，造成管理的复杂度很高。某些分散的管理降低了管理的效率和效果。所以需要建立一个统一的安全管理平台，对整个网络进行统一的安全管理。

1.3 电子商务安全技术

电子商务安全是信息安全的上层应用，它包括的技术范围比较广，主要分为密码技术、网络安全技术、安全协议、公钥基础设施（Public Key Infrastructure，PKI）技术四大类。实际上安全协议和 PKI 技术都是源于密码技术。

1.3.1 密码技术

密码技术是保证电子商务安全的重要手段，是信息安全的核心技术。它主要包括加密技术、签名认证技术和密钥管理技术三大技术。

1. 加密技术

加密技术是保证电子商务安全的重要手段。所谓加密就是使用数学方法来重新组织数据，使得除了合法的接收者外，任何其他人要想恢复原先的"报文"或读懂变化后的"报文"是非常困难的。许多密码算法现已成为网络安全和商务信息安全的基础。密码算法利用秘密密钥（Private Keys）来对敏感信息进行加密，然后把加密好的数据和密钥（要通过安全方式）发送给接收者，接收者可利用同样的算法和传递来的密钥对数据进行解密，从而获取敏感信息并保证了网络数据的机密性。

2. 密钥管理技术

密钥管理包括密钥的产生、存储、装入、分配、保护、丢失、销毁以及保密等内容。其中分配和存储是最棘手的问题。密钥管理不仅影响系统的安全性，而且涉及系统的可靠性、有效性和经济性。在用密码技术保护的现代信息系统中，密码算法安全主要取决于对密钥的保护，而不是对算法或硬件本身的保护，即密码算法的安全性完全寓于密钥中。

3. 数字签名

数字签名（Digital Signature）是公开密钥加密技术的一种应用，是指用发送方的私有密钥加密报文摘要，然后将其与原始的信息附加在一起，合称为数字签名。通过数字签名能够实现对原始报文的鉴别与验证，保证报文的完整性、权威性和发送者对所发报文的不可抵赖性。数字签名机制提供了一种鉴别方法，保证了网络数据的完整性和真实性。数字签名普遍用于银行电子支付、电子贸易等领域，以解决伪造、抵赖、冒充、篡改等问题。

1.3.2 网络安全技术

网络安全是电子商务安全的基础，一个完整的电子商务系统应建立在安全的网络基础设施之上。网络安全涉及的方面比较多，如操作系统安全、防火墙技术、虚拟专用网（Virtual Private Network，VPN）技术、各种反黑客技术和漏洞检测技术，其中最重要的就是防火墙技术。

防火墙是建立在通信技术和信息安全技术之上，它用于在网络之间建立一个安全屏障，根据指定的策略对网络数据进行过滤、分析和审计，并对各种攻击提供有效的防范，主要用于 Internet 接入和专用网与公用网之间的安全连接。

VPN 也是一项保证网络安全的技术之一。它是指在公共网络中建立一个专用网络，数据通过建立好的虚拟安全通道在公共网络中传播。企业只需要租用本地的数据专线，连接上本地的公众信息网，其各地的分支机构就可以互相安全地传递信息；同时，企业还可以利用公众信息网的拨号接入设备，让自己的用户拨号到公众信息网上，就可以进入企业网中。使用 VPN 有节省成本、提供远程访问、扩展性强、便于管理和实现全面控制等好处，是目前和今后企业网络发展的趋势。

1.3.3 安全协议

安全协议是许多分布式系统安全的基础，是电子商务系统运行的安全通信标准。目前国际上流行的电子商务所采用的协议主要包括以下四个方面。

1. 电子支付协议

电子支付协议是指在电子交易过程中实现交易各方支付信息正确、安全、保密地进行网络通信的规范和约定。这些协议分为不同的类型。一方面，对应不同的支付工具，有不同的协议，例如，基于银行卡的支付协议、基于支票的支付协议以及基于电子货币的支付协议；另一方面，对应 TCP/IP 的各层也有不同的安全协议。

目前在电子支付中常用的安全协议有：安全套接层协议（Secure Sockets Layer，SSL）和安全电子交易协议（Secure Electronic Transaction，SET）。SSL 协议提供的服务有认证用户和服务器；确保数据发送到正确的客户机和服务器；提供数据加密防止数据中途被窃取；维护数据的完整性，确保数据在传输过程中不被改变。SET 协议是以银行卡为基础进行在线交易的安全标准，为交易涉及的各方之间提供安全的通信信道服务；通过采用公钥密码体制和 X.509 数字证书标准信任服务；提供交易各方信息的机密性服务。

2. 安全超文本传输协议（S-HTTP）

超文本传输协议（Hypertext Transfer Protocol，HTTP）是一种详细规定了浏览器和万维网服务器之间互相通信的规则，按照特定的方式，浏览器与服务器之间通过该协议传送相关数据。

安全超文本传输协议（Secure Hypertext Transfer Protocol，S-HTTP）是一种结合 HTTP 而设计的安全通信协议。S-HTTP 能与 HTTP 信息模型共存，并易于与 HTTP 应用程序相整合。不仅为 HTTP 客户机和服务器提供了多种安全机制，而且为客户机和服务器提供了相同的性能（同等对待请求和应答，也同等对待客户机和服务器），同时维持了 HTTP 的事务模型和实施特征。

S-HTTP 客户机和服务器能与某些加密信息格式标准相结合，支持多种兼容方案并且与 HTTP 相兼容。使用 S-HTTP 的客户机能够与没有使用 S-HTTP 的服务器连接，反之亦然。S-HTTP 不需要客户端公用密钥认证（或公用密钥），但它支持对称密钥的操作模式，支持端对端安全事务通信。S-HTTP 还提供了完整且灵活的加密算法、模态及相关参数。

3. 安全电子邮件协议

安全电子邮件协议（PEM）是指通过网络发送信件通信的规范和约定。安全多媒体 Internet 邮件扩展协议 S/MIME，主要用于保障电子邮件的安全传输。例如，微软的 Outlook Express 使用该协议，采用数字标识、数字凭证、数字签名以及非对称密钥系统等技术，构成一种签名加密的邮件收发方式。

4. Internet EDI 协议

还有用于公对公交易的 Internet EDI（UN/EDIFACT）协议，它将贸易、运输、保险、银行和海关等行业的信息，用一种国际公认的标准格式，形成结构化的事务处理的报文数据格式，通过计算机通信网络，使各有关部门、公司与企业之间进行数据交换与处理，并完成以贸易为中心的全部业务过程。

此外，也可以在 Internet 上建设虚拟专网，利用 VPN 为企业、政府提供一些基本的安全服务，如企业、政府间的公文、报表传送、电子报税业务等。这些协议分别在不同的协议层上进行，在 Internet 上提供安全的电子商务服务。

1.3.4　PKI 技术

PKI（Public Key Infrastructure）是利用公钥算法原理和技术为网上通信提供通用安全服务的基础设施。它为电子商务、电子政务、网上银行证券等提供一整套安全基础平台。

PKI 采用证书管理公钥，通过第三方的可信机构 CA，把用户的公钥和用户的其他标识信息捆绑在一起，在互联网上验证用户的身份。PKI 把公钥密码和对称密码结合起来，在互联网上实现密钥的自动管理，保证网上数据的机密性、完整性。

PKI 的核心元素是数字证书，核心执行者是认证机构。数字证书服务的应用和实施是广泛开展电子商务的前提，电子商务的深入开展离不开数字证书技术和认证机构的正确督导。

1.4　电子商务安全应用

为保障电子商务交易安全和规范电子交易过程，人们在电子商务规范方面做了大量的工作，制定了一系列电子商务安全服务标准。特别是在网络层、传输层和应用层设计了一些常用的、著名的安全服务方案与协议来保障电子商务信息系统的安全。

1.4.1　网络层安全服务

网络层的安全服务主要保障安全的通信服务。一般使用 IPSec 方案，IPSec 可以使一个系统选择需要的安全协议，确定服务使用的算法，并在适当的位置放置所请求服务所需要的任意加密密钥，从而在 IP 层提供安全服务，防止窃听、篡改、伪造、拒绝服务攻击等。

1.4.2　传输层安全服务

传输层的安全服务主要保障客户端和服务器之间的安全通信，提供保密性和数据完整性，一般使用 SSL/TLS 方案。SSL 是在客户和服务器通信之前，在 Internet 上建立的一个秘密传输信息的信道，提供加密、认证服务和报文的完整性验证；安全传输层协议（TLS）用于在两个通信应用程序之间提供保密性和数据完整性。

1.4.3　应用层安全服务

应用层的安全服务，通常都是对每个应用（包括应用协议）分别进行修改和扩充，集成到应用协议上。常用的应用层安全协议有：安全超文本传输协议（S-HTTP）、安全电子交易协议（SET）、Kerberos 协议、S/MIME 和 PGP 安全电子邮件协议等。

1.4.4　信息安全服务组织

信息安全服务是指适应整个安全管理的需要，为企业、政府提供全面或部分信息安全解决方案的服务。信息安全服务提供包含从高端的全面安全体系到细节的技术解决措施。

自从在 1988 年莫里斯"蠕虫"病毒横扫互联网之后，各国 IT 行业陆续出现了一些提供信息安全服务的组织，彼此分享计算机系统威胁的信息。这些组织认为共享攻击及防卫信息可以帮助大家提高计算机安全。这些组织有些由大学组建,有些由政府机构组建。第一个计算机安全应急响应组(Computer Emergency Response Team,CERT)是在美国联邦政府资助下,在卡内基梅隆大学成立的。目前一些国家级的CERT组织有:卡内基梅隆大学CERT(Coordination Center)、美国国土安全部(US-CERT)、中国国家计算机网络应急技术处理协调中心(国家互联网应急中心,CNCERT/CC)等。

随着我国信息化和信息安全保障工作的不断深入推进,以应急处理、风险评估、灾难恢复、系统测评、安全运维、安全审计、安全培训和安全咨询等为主要内容的信息安全服务在信息安全保障中的作用日益突出。

本章小结

电子商务会受到各种安全威胁。攻击电子商务系统会使信息泄密或滥用,对用户财产造成损失。电子商务企业需要保护的常规资产是客户机、电子商务通道和电子商务服务器。对电子商务链上各部分进行安全保护的关键是:保密性、完整性、认证性、不可否认性、不可拒绝性和访问控制性。所有的安全威胁都是针对这六项内容的某一部分,所有的安全框架体系、安全基础环境及安全技术设计都是为了保证这六项内容。

专业或关键术语

保密性;完整性;认证性;不可否认性;不可拒绝性;访问控制性;客户机;服务器;动态网页Cookie;信息隐藏;IP欺骗;PKI;HTTP;S-HTTP;IPsec协议;Kerberos协议;SSL协议;SET协议

思考题

1. 什么是电子商务安全?电子商务安全有何特点?
2. 电子商务面临哪些安全威胁?
3. 简述电子商务的安全要素。
4. 与电子商务相关的安全技术有哪些?
5. 试述电子商务安全体系结构。
6. 简述与电子商务安全相关的协议。

实战题

1. 以网上购书为例,分析网上购书过程中客户端、服务器端会面临哪些安全威胁。
2. 选取一个电子商务网站,围绕网站提供的服务、曾经发生的安全事件、目前主要采用的安全保障措施,写一篇3000字左右的调研报告。

第2章　数据加密与密钥管理技术

本章要点

- 密码的基本概念及其设计原则。
- 密码技术及其典型类型。
- 密钥管理技术的基本概念及其类型。
- 典型的密钥交换协议和PGP密钥管理技术。

引例

密码技术的发展

早在公元前2000年前，古埃及人为了保障信息安全，就使用特别的象形文字作为信息编码。往后，巴比伦、中国和古希腊等文明古国都对书面消息的发送采用过"加密"法。公元前400年，斯巴达人就发明了"塞塔式密码"，即把长条纸螺旋形地斜绕在一个多棱棒上，将文字沿棒的水平方向从左到右书写，写完一行再另起一行从左到右写，直到写完。解下来后，纸条上的文字消息杂乱无章、无法理解，这就是密文，但将它绕在另一个同等尺寸的棒子上后，就能看到原始的消息。古罗马的恺撒也曾使用信息加密，以防止敌方了解自己的战争计划。

20世纪初，第一次世界大战进行到关键时刻，英国破译密码的专门机构"40号房间"利用缴获的德国密码本破译了著名的"齐默尔曼电报"，促使美国放弃中立参战，改变了战争进程。在第二次世界大战期间，德国人创建了加密信息的机器——Enigma编码机。最后，由于Alan Turing等人的努力，英国情报部门在波兰人的帮助下，于1940年破译了德国直至1944年还自认为是可靠的转轮机密码系统，使德方遭受重大损失。

1977年，美国的Ronald Rivest、Adi Shamir和Len Adleman提出第一个较完善的公钥密码体制——RSA体制，这是一种建立在大数因子分解基础上的算法。1985年，美国的Bennet根据他关于量子密码术的协议，在实验室第一次实现了量子密码加密信息的通信。尽管通信距离只有30cm，但它证明了量子密码技术的实用性。与一次性便笺密码结合，同样利用量子的神奇物理特性，可产生连量子计算机也无法破译的绝对安全的密码。1989年，R Mathews，D Wheeler，L M Pecora和Carroll等人首次把混沌理论使用到序列密码及保密通信理论中，为序列密码研究开辟了新途径。2000年，欧盟启动了新欧洲数据加密、数字签名、数据完整性计划NESSIE（New European Schemes for Signatures，Integrity，and Encryption），探究适应于21世纪信息安全发展全面需求的序列密码、分组密码、公开密钥密码、生物密码、Hash函数以及随机噪声发生器等技术，主要还在研究探索阶段，尚未大规模实际应用。其中，生物密码是目前最受欢迎的一种高科技密码，它的密保能力很强，种类繁多，适用范围也相当广，可以被用来作为计算机、智能手机等各种日常设备的密保措施。

随着计算机及互联网技术的普及，以及人们日益担忧个人隐私信息被盗窃，一个大有前途的新兴产业正在迅猛发展，这个新兴产业就是互联网保密技术产业。而该产业的核心就是密码技术。

随着计算机网络不断渗透到各个领域，密码学的应用也随之不断扩展，其主要的应用集中在网络安全领域中，这是密码学应用的最主要的方面，也是密码学研究成为热点的主要原因之一。众所周知，Internet 具有固有的安全弱点，因此网络安全面临诸多威胁，我们熟知的有计算机病毒、黑客入侵、机密文件泄露、垃圾邮件、僵尸网络和 DDoS（Distributed Denial-of-Service，分布式拒绝服务攻击）等。信息化和网络化是当今世界经济和社会发展的大趋势，但是在世界范围内，对计算机网络的攻击手段层出不穷，网络犯罪日益严重，而密码学的应用可以进一步保护每个公民的隐私和国家的安全，因此我们可以预见到，随着信息化的发展，密码学的发展和应用将会越来越广泛和深入。

2.1 密码技术基础

公元前 440 年的古希腊战争中，为了安全传送军事情报，奴隶主剃光奴隶的头发，将情报写在奴隶的光头上，待头发长长后将奴隶送到另一个部落，再次剃光头发，原有的信息就显现出来，从而实现这两个部落之间的秘密通信。

随着时间的推移，密码技术紧跟科学技术前进的步伐，经历了手工阶段、机械阶段，发展到今天的高级阶段，即电子与计算机阶段。随着计算机网络的迅猛发展，计算机信息本身的保密问题显得越来越重要。加密技术成为计算机信息保护的最实用和最可靠的方法。

2.1.1 密码基本概念

计算机网络与分布式系统的安全主要涉及高速信道中传输的数据和系统中存储的数据的安全问题。这里的安全问题包含四个主要内容：一是数据的保密性，也即防止非法地获悉数据；二是数据的完整性，即防止非法地修改数据；三是数据来源的可鉴别性，即数据的接收者应该能够确认数据的来源，入侵者不可能伪装成发送者；四是抗抵赖性，即发送者事后不可能虚假地否认他发送的消息。

解决上述问题的基础是现代密码学。保密学研究的是改变消息和信号的形式以隐蔽和复现其含义的规律，而在保密学中着重研究消息的变形及其合法复现的学科称为密码学。密码学是研究密码分析和密码编制的一门科学，它涉及数学、物理、计算机科学、电子学、系统工程、语言学等学科内容。

现代密码学所采用的加密方法通常是用一定的数学计算来改变原始信息。用某种方法伪装消息并隐藏它的内容的方法称作加密（Encryption）。待加密的消息称作明文（Plaintext），所有明文的集合称为明文空间；被加密以后的消息称为密文（Ciphertext），所有密文的集合称为密文空间；而把密文转变成明文的过程称为解密（Decryption）。加密体制中的加密运算由一个算法类组成，这些算法类的不同运算可用不同的参数表示，不同的参数分别代表不同的算法，称作密钥，密钥空间是所有密钥的集合。

任何一个密码系统都包含明文空间、密文空间、密钥空间和算法四部分。密码系统的两个基本单元是算法和密钥,其中算法是相对稳定的,视为常量,密钥则是不固定的,视为变量。密钥安全性是系统安全的关键,因此为了密码系统的安全,频繁更换密钥是必要的,在密钥分发和存储时应当特别小心。

发送方用加密密钥,通过加密设备或算法,将信息加密后发送出去。接收方在收到密文后,用解密密钥将密文解密,恢复为明文。如果传输中有人窃取,窃密者只能得到无法理解的密文,从而对信息起到保密作用。简单加密、解密过程如图2-1所示。

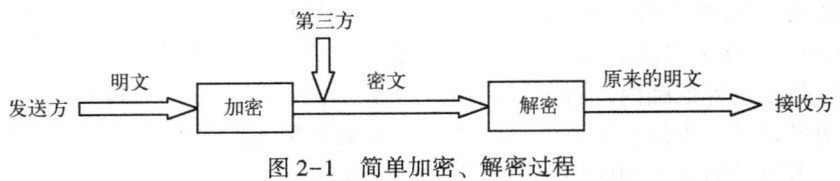

图 2-1 简单加密、解密过程

密码体制一般是指密钥空间与相应的加密运算结构,同时还包括了明文和密文的结构特征。

2.1.2 密码技术的分类

密码是实现秘密通信的主要手段,是隐蔽语言、文字、图像的特殊符号。凡是用特殊符号按照通信双方约定的方法把电文的原型隐蔽起来,不为第三者所识别的通信方式称为密码通信。在计算机通信中,采用密码技术将信息隐蔽起来,再将隐蔽后的信息传输出去,使信息在传输过程中即使被窃取或截获,窃取者也不能了解信息的内容,从而保证信息传输的安全。

密码体制一般可分为传统密码体制和现代密码机制。传统密码体制包括换位密码、代替密码、转轮机密码等;现代密码体制又包括序列密码、分组密码、公钥密码、量子密码等。现代密码体制已经广泛应用于军事、商业经济、网络间的通信、电子商务、电子政务等领域。从不同的角度根据不同的标准,可以把密码分成若干类。

1. 按应用技术或历史发展阶段划分

1)手工密码。以手工完成加密作业,或者以简单器具辅助操作的密码,叫作手工密码。第一次世界大战前的密码主要是这种作业形式。

2)机械密码。以机械密码机或电动密码机来完成加解密作业的密码,叫作机械密码。这种密码在第一次世界大战出现,到第二次世界大战中得到了普遍应用。

3)电子机内乱密码。通过电子电路,以严格的程序进行逻辑运算,以少量制乱元素生产大量的加密乱数,因为其制乱是在加解密过程中完成的而不需预先制作,所以称为电子机内乱密码。电子机内乱密码从20世纪50年代末期出现,到20世纪70年代广泛应用。

4)计算机密码。计算机密码是以计算机编程进行算法加密为特点,适用于计算机数据保护和网络通信等广泛用途的密码。计算机密码从20世纪70年代出现,到现在广泛应用。

2. 按保密程度划分

1)理论上保密的密码。不管获取多少密文和有多大的计算能力,对明文始终不能得到唯一解的密码,叫作理论上保密的密码,也叫作理论不可破的密码,如一次一密的密码体制。

2）实际上保密的密码。在理论上可破，但在现有客观条件下，无法通过计算来确定唯一解的密码，叫作实际上保密的密码。

3）不保密的密码。在获取一定数量的密文后可以得到唯一解的密码，叫作不保密密码，如早期单表代替密码。

3. 按密钥方式划分

1）对称式密码。收发双方使用相同密钥的密码，叫作对称式密码。传统的密码都属此类，现代密码中的分组码和序列密码也属于这一类。

2）非对称式密码。收发双方使用不同密钥的密码，叫作非对称式密码，如现代密码中的公开密钥密码就属此类。

4. 按明文形态分

1）模拟型密码。用以加密模拟信息，如对动态范围之内连续变化的语音信号加密的密码，叫作模拟式密码。

2）数字型密码。用于加密数字信息，对两个离散电平构成0、1二进制关系的电报信息加密的密码，叫作数字型密码。

5. 按编制原理划分

按编制原理，可将密码分为移位、代替和置换三种。古今中外的密码，不论其形态多么繁杂，变化多么巧妙，都是按照这三种基本原理编制出来的。移位、代替和置换这三种原理在密码编制和使用中相互结合，灵活应用。

密码学发展至今，产生了很多密码算法。有的算法已在学术刊物中披露，而更多的却作为军事、商业及贸易等秘密被严加保密。与电子商务密切相关的安全理论主要有以下三大类。

（1）分组密码

将明文按一定的位长分组，输出也是固定长度的密文，明文组和密钥组经过加密运算得到密文组，解密时密文组和密钥组经过解密运算还原成明文组。其优点是：密钥可以在一定时间内固定，不必每次变换，因此给密钥配发带来了方便。但是，由于分组密码存在着密文传输错误在明文中扩散的问题，因此在信道质量较差的情况下无法使用。

DES密码就是1977年由美国国家标准局公布的第一个分组密码。

（2）公开密钥密码

加密密钥和解密密钥分离，将加密密钥和算法公之于众，而只保密解密密钥。这样，任何人利用这个加密密钥和算法向某用户发送的加密信息，该用户均可以将之还原。其优点是不需要经过安全渠道传递密钥，大大简化了密钥管理。而且能够满足日益膨胀的数字签名的需要。公开密钥密码的应用主要包括加密和解密、数字签名及密钥交换三个方面。

（3）非数学的加密理论和技术

非数学的加密理论和技术包括信息隐形、量子密码和基于生物特征的识别理论与技术等。其中，信息隐形是指在网络环境下把机密信息隐藏在大量信息中不让对方发觉的一种方法；量子密码技术是将量子力学和密码技术相结合产生的一种加密技术；基于生物特征的识别理论与技术是以生物技术为基础，以信息技术为手段，将生物技术和信息技术交汇融合为一体的一种技术。这些技术都受到了广泛关注，发达国家都投入巨资进行研究，且获得了重大进展。

2.1.3 密码系统的设计原则

在密码系统的设计和评价中要考虑到以下一些基本原则。

1）易操作原则。对合法的通信双方来说加密和解密变换是容易的。

2）不可破原则。指该密码体制在理论上或实际上是不可破解的，对密码分析员来说由密文推导明文是困难的。

3）整体安全原则。部分信息丢失不会影响整个系统的安全性。即硬件设备、加密算法或全部密文与部分明文这些信息的丢失不会危及整个系统的安全。

4）柯克霍夫斯原则。密码系统中的算法即使为密码分析员所知，也应该无助于用来推导明文或密钥。

5）与计算机、通信系统匹配原则。即要求密码系统不是独立存在的，而可以在计算机或通信系统中使用。

2.2 传统密码技术

以上讨论了密码技术的基本概念，本节将对传统密码学的典型方法进行简要的论述和总结，使读者对密码学的全貌有一个完整的印象，理解现代密码学产生的背景，为今后比较传统密码学和现代密码学，研究和改进现代密码系统的途径打下基础。

2.2.1 换位密码

换位密码根据一定的规则重新安排明文字母，使之成为密文。常用的换位密码有两种，一种是列换位密码，另一种是周期换位密码。下面给出两个例子，分别说明它们的工作情况。

【例2-1】假定有一个密钥是 type 的列换位密码，我们把明文 can you believe her 写成4行4列矩阵，如表2-1所示。

表2-1 明文矩阵

密钥	type
顺序	3 4 2 1
	C a n y
	O u b e
	L I e v
	E h e r

按照密钥 type 所确定的顺序，按列写出该矩阵中的字母，就得出密文：

$$YEVR\ NBEE\ COLE\ AUIH$$

【例2-2】假设有一个周期是4的换位密码，其密钥是 $i=1, 2, 3, 4$ 的一个置换 $f(i)=3, 4, 2, 1$。明文同上例，加密时先将明文分组，每组4个字母，然后根据密钥所规定的顺序变换如下：

明文：M=c a n y o u b e l i e v e h e r
密文：C=N Y A C B E U O E V I L E R H E

2.2.2 代替密码

代替密码就是明文中每一个字符被替换成密文中的另一个字符,接收者对密文进行逆替换就恢复出明文来。在经典的密码学中,有以下几种类型的代替密码。

1. 简单代替密码(Simple Substitution Cipher)

简单代替密码就是将明文字母表 M 中的每个字母用密文字母表 C 中的相应字母来代替。这一类密码包括移位密码、乘数密码、仿射密码、多项式代替密码以及密钥短语密码等。加密前一般首先要对字母表中的每个字母按照其位置进行编号,如用 0,1,2,$\cdots$,25 分别表示英文字母 a,b,c,$\cdots$,z。

(1)移位密码

将明文字母表 M 的字母右移 k 个位置并对明文字母表长度 q 取模得到密文字母,是最简单的一类代替密码,其加密变换可表示为:$e_k(m)=(k+m) \bmod q=c$,解密变换为:$d_k(c)=(m-k) \bmod q=m$。其中,q 为字母表 M 的长度,m 为明文字符在字母表 M 中的位置,c 为密文字母在字母表 C 中的位置。移位密码就是对英文 26 个字母进行移位代替的密码,其中 $q=26$。这种密码又被称为恺撒密码,因为古罗马的恺撒曾使用过 $k=3$ 时的这种密码。例如,使用恺撒密码加密,可将明文 university 加密成密文 qlyhuvlwb。

(2)乘数密码

将明文字母乘以密钥 k 并对 q 取模得到密文字母。加密过程可表示为:

$$e_k(m)=km \bmod q=c$$

其中,k 和 q 为互素的,这样字母表中的字母会产生一个复杂的剩余集合。若 k 和 q 不互素,则会有一些明文字母被加密成相同的密文字母,而且不是所有的字母都会出现在密文字母表中。

(3)仿射密码

明文字母经过线性变换得到密文字母,加密的形式为:

$$e_k(m)=(k_1m+k_2) \bmod q=c$$

其中,要求 k_1 和 q 是互素的,理由同上。

简单代替密码由于使用从明文到密文的单一映射,所以明文中单字母出现频率分布与密文中相同,可以很容易地通过使用字母频率分析法进行破译。

2. 多名或同音代替密码(Homophonic Substitution Cipher)

在同音代替中,一个明文字母表的字母 a,可以变换为若干个密文字母 $f(a)$,称为同音字母,因此,从明文到密文的映射 f 的形式是 $f: A \rightarrow 2C$,其中,A 和 C 分别为明文和密文的字母表。

【例 2-3】假定一个同音代替密码的密钥是一段短文,该文及其中各个单词的编号如下所示。

(1)Canada's large land mass and
(6)Scattered population make efficient communication
(11)a necessity. Extensive railway, road
(16)and other transportation systems, as
(21)well as telephone, telegraph, and

(26) cablenetworks, have helped to

(31) link communities and have played

(36) a vital part in the

(41) country's development for future

在上表中，每一个单词的首字母都和一个数字对应，例如字母 C 与数字 1，10，26，32，41 对应；字母 M 和数字 4，8 对应，加密时可以用与字母对应的任何一个数字代替字母。例如，如果明文为 I Love her forever，则密文可能是：

39 2 17 37 9 28 9 14 43 17 14 13 37 13 14

3. 多表代替密码（Polyalphabetic Substitution Cipher）

大多数多表代替密码是周期代替密码，当周期为 1 时，就是单表代替密码。多表代替密码的种类很多，这里只介绍其中的 Vigenere 密码和游动钥密码。

在 Vigenere 密码中，用户钥是一个有限序列 $k=(k_1,k_2,k_3,\cdots,k_d)$，我们可以通过周期性（周期为 d）将 k 扩展为无限序列 k_i，其中 $Ki=K(i \bmod d), 1 \leqslant i \leqslant \infty$，从而得到工作钥 $K=(K_1,K_2,K_3,\cdots)$。

如果用 Φ 和 θ 分别表示密文和明文字母，则 Vigenere 密码的变换公式为

$$\Phi \equiv (\theta + k_i)(\bmod n)$$

该密码体制有一个参数 n。在加解密时，同样把英文字母映射为 0~25 的数字再进行运算，并按 n 个字母一组进行变换。明文空间、密文空间及密钥空间都是长度为 n 的英文字母串的集合。

【例 2-4】 在用户钥为 cat 的 Vigenere 密码（周期为 3）中，加密明文 Vigenere cipher 的过程如下（$n=26$）：

明　文　　M = vig ene rec iph er

工作钥　　K = cat cat cat cat ca

密　文　　C = XIZ GNX TEV KPA GR

在这个例子中，每个三字母组中的第一个、第二个和第三个字母分别移动（mod 26）2 个、0 个和 19 个位置。

游动钥密码是一种非周期性的 Vigenere 密码，它的密钥和明文信息一样长，而且不重复。

【例 2-5】 假定一个游动钥密码的密钥是美国 1776 年 7 月 4 日发布的独立宣言，从第一段开始，因此，明文 the object of …

明文：　M = t h e o b j e c t o f …

密钥：　K = w h e n I n t h e c o …

密文：　C = P O I B J W X J X Q T …

4. 多字母代替密码（Polygram Substitution Cipher）

多字母代替密码即明文中的字符块成组被加密。这里介绍一种第一次世界大战使用过的二字母组代替密码（Playfair 密码），它的密钥是由 25 个英文字母（J 被除去）组成的五阶方阵，如表 2-2 所示。

每一对明文字母 m_1 和 m_2，都根据以下五条规则进

表 2-2　Playfair 密码的密钥方阵

H	A	R	P	S
I	C	O	D	B
E	F	G	K	L
M	N	Q	T	U
V	W	X	Y	Z

行加密。

1）若 m_1 和 m_2 在密钥方阵中的同一行，则密文字母 C_1 和 C_2 分别是 m_1 和 m_2 右边字母（第一列看作在第五列的右边）。

2）若 m_1 和 m_2 在同一列，则 C_1 和 C_2 分别是 m_1 和 m_2 下边的字母（第一行看作在第五行的下边）。

3）若 m_1 和 m_2 在密钥方阵中的不同行和列，密文字母 C_1 和 C_2 分别是以 m_1 和 m_2 为顶点组成的长方形中的另两个顶点，其中 C_1 和 m_1、C_2 和 m_2 分别在同一行。

4）若 $m_1 = m_2$，则在 m_1 和 m_2 之间插进一个无效字母，例如 x。

5）若明文信息共有奇数个字母，则在明文末尾附加一个无效字母。

【例 2-6】用 Playfair 密码加密明文 bookstore，有：

明文　M＝bo　　xo　　ks　　to　　re
密文　C＝ID　　RG　　LP　　QD　　HG

2.2.3 转轮机

20 世纪 20 年代，出现了转轮密码，而由德国发明家亚瑟·谢尔比乌斯发明的 Enigma 密码机最为著名。它主要由经电线相连的键盘、转子和显示器组成，转子本身也集成了 26 条线路（如图 2-2 所示中显示了 6 条），把键盘的信号对应到显示器不同的小灯上去。在图 2-2 中可以看到，如果按下 a 键，那么灯 B 就会亮，这意味着 a 被加密成了 B。同样可以看到，b 被加密成了 A，c 被加密成了 D，d 被加密成了 F，e 被加密成了 E，f 被加密成了 C。于是如果在键盘上依次键入 cafe（咖啡），显示器上就会依次显示 DBCE，这是最简单的加密方法之一——简单替换密码。

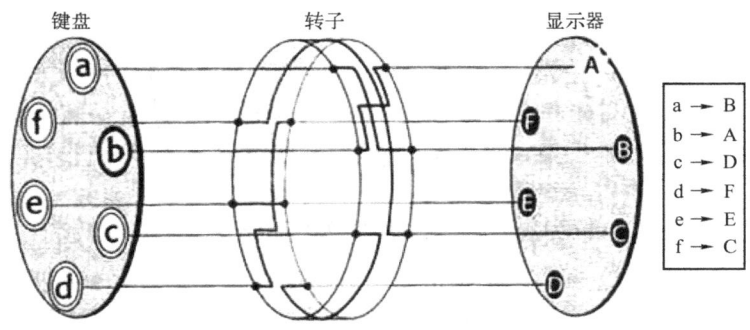

图 2-2　Enigma 密码机原理图 1

不仅仅如此，因为当键盘上一个键被按下时，相应的密文在显示器上显示，然后转子的方向就自动地转动一个字母的位置（在图中就是转动 1/6 圈，而在实际中转动 1/26 圈）。如图 2-3 所示，它表示了连续键入 3 个 b 的情况。

当第一次键入 b 时，信号通过转子中的连线，灯 A 亮起来，放开键后，转子转动一格，各字母所对应的密码就改变了；第二次键入 b 时，它所对应的字母就变成了 C；同样地，第三次键入 b 时，灯 E 闪亮。

为使机器更安全，可以把几种转轮和移动的齿轮结合起来。因为所有转轮以不同的速度移动，n 个转轮的机器的周期是 $26n$。为进一步阻止密码分析，有些转轮机在每个转轮上还有不同的位置号。

德国人为了战时使用，大大加强了其基本设计。军用的 Enigma 密码机有 3 个转轮，因此只有在 26×26×26 = 17576 个字母后才会重复原来的编码。同时还在 3 个转轮的一侧加了 1 个反射器，导致每个转轮对每一个明文字母操作两次，结构如图 2-4 所示。

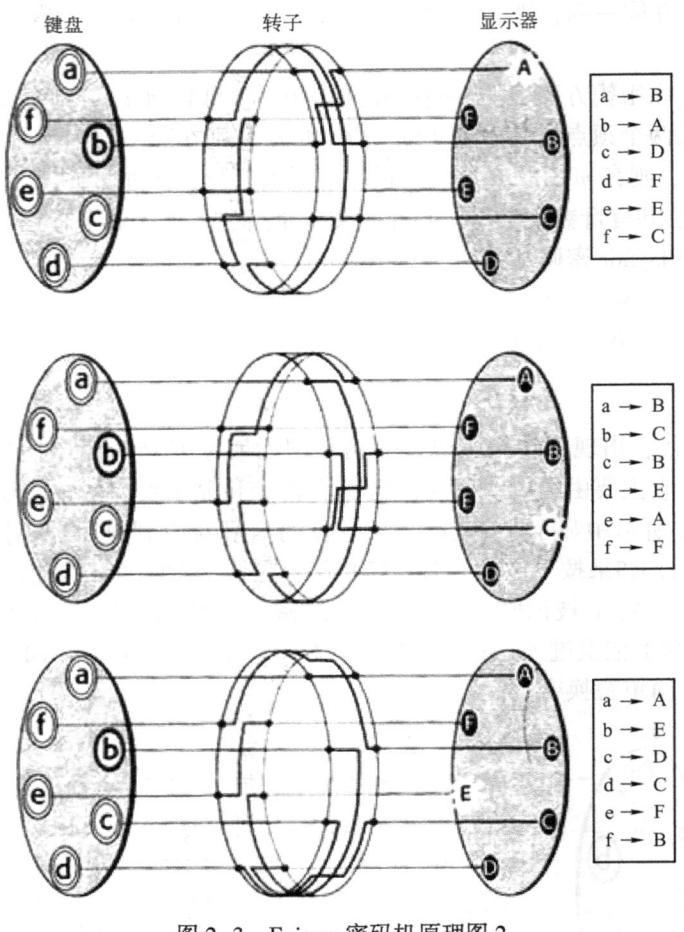

图 2-3　Enigma 密码机原理图 2

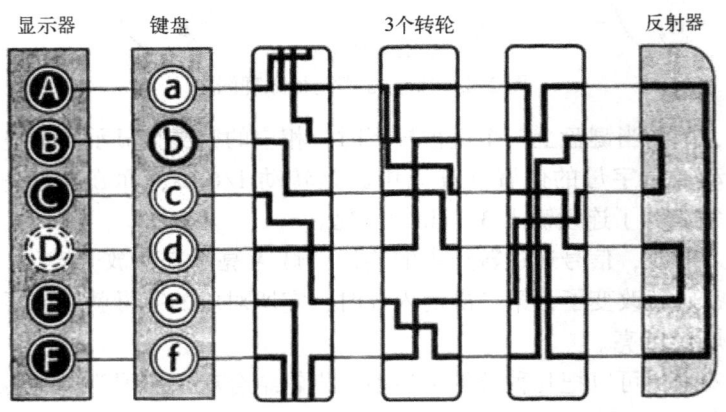

图 2-4　军用 Enigma 密码机原理图

但如此复杂的密码机在第二次世界大战中还是被破解了。首先是波兰人利用德军电报中前几个字母的重复出现，破解了早期的 Enigma 密码机，而后又将破译的方法告诉了法国人和英国人。英国人在计算机理论之父——图灵的带领下，通过寻找德国人在密钥选择上的失误，并成功夺取德军的部分 Enigma 密码机的密码本，获得密钥，以及进行选择明文攻击等手段，破解出相当多非常重要的德军情报。

2.2.4 一次一密密码

1917 年，Joseph Mauborgne 少校和 AT&T 公司的 Gilbert Vernam 发明了一次一密乱码本的加密方案。通常，一次一密乱码本是一个大的不重复的真随机密钥字母集，这个密钥字母集被写在几张纸上，并一起粘成一个乱码本，它最初用于电传打字机。发方用乱码本中的每一密钥字母准确地加密一个明文字符。加密是明文字符和一次一密乱码本密钥字符的模 26 加法。

每个密钥仅对一个消息使用一次。发方对所发的消息加密，然后销毁乱码本中用过的一页或用过的磁带部分。收方有一个同样的乱码本，并依次使用乱码本上的每个密钥去解密密文的每个字符。收方在解密消息后销毁乱码本中用过的一页或用过的磁带部分。新的消息则用乱码本中新的密钥加密。

例如，如果消息是 ONETIMEPAD，而取自乱码本的密钥序列是 TBFRGFARFM，那么密文就是 IPKLPSFHGQ，因为

$$(O+T) \bmod 26 = I$$
$$(N+B) \bmod 26 = P$$
$$(E+F) \bmod 26 = K$$
$$\cdots$$

如果窃听者不能得到用来加密消息的一次一密乱码本，这个方案是完全保密的。由于给出的密文消息相当于同样长度的任何可能的明文消息，且每一密钥序列都是等概率的（记住，密钥是以随机方式产生的），破译者没有任何信息用来对密文进行密码分析，密钥序列也可能是 POYYAEAAZX，解密出来是 SALMONEGGS，或密钥序列为 BXFGBMTMXM，解密出来的明文为 GREENFLUID。

由于明文消息是等概率的，所以密码分析者没有办法确定哪一个明文消息是正确的。随机密钥序列异或一非随机的明文消息将产生完全随机的密文消息，即便现代的高速计算机对此也无能为力。

使用一次一密乱码本需要注意以下几点。

1) 密钥字母必须随机产生。对这种方案的攻击主要是针对用来产生密钥序列的方法。伪随机数发生器通常只有非随机性，所以不能用于产生随机密钥序列。采用真随机源，它才是安全的。

2) 密钥序列不能重复使用。如果密码分析者有多个密钥重叠的密文，那么即使你用多兆字节的乱码本，他也能重构明文。分析者可以把每排密文移来移去，并计算每个位置的适配量。如果排列正确，则适配的比例会突然升高（准确的百分比与明文的语种有关）。从这一点来说，密码分析是容易的，它类似于重合指数法，只不过用两个"周期"，所以千万别重复使用密钥序列。

一次一密乱码本的想法很容易推广到二进制数据的加密，只需用由二进制数字组成的乱码本代替由字母组成的密乱码本，用异或代替一次一密乱码本的明文字符加法即可。解密时用同样的乱码本对密文异或，其他保持不变。这种方法现在主要用于高度机密的低带宽信道，而在高速宽带通信信道上工作还有很大的困难：密钥比特必须随机，密钥序列的长度要等于消息的长度，并且绝不能重复使用；必须准确地复制两份随机数比特，且销毁已经使用过的比特；要确保发方和收方完全同步，一旦收方有一比特的偏移（或者一些比特在传送过程中丢失了），消息就变成了乱码；如果某些比特在传送中出现差错，则这些比特就不能正确地解密。因此，尽管一次一密乱码本不能破译，但只能局限于某些应用。

2.3 现代密码技术

加密技术经过几十年的发展已经趋于成熟，对于网络信息的加密技术也是多种多样，但从应用方面来讲大体分为两类：一类是对称密码技术，另一类是非对称密码技术。

2.3.1 对称密码技术

对称密钥密码系统使用的加密密钥和解密密钥是相同的，或者可以简单地相互推导出来。典型的对称密钥密码系统是数据加密标准（Data Encryption Standard，DES），此外还有国际数据加密算法（IDEA，International Data Encryption Algorithm）、高级加密标准（AES，Advanced Encryption Standard）等。

1. 数据加密标准（DES）

DES 加密算法的数据流程如图 2-5 所示。该算法输入的是 64 bit 的明文，在 64 bit 的密钥控制下，通过初始换位 IP 变成 $T_0 = \mathrm{IP}(T)$，再对 T_0 经过 16 层的加密变换，最后通过逆初始变换（也称最后变换）得到 64 bit 的密文。密文的每一位都是由明文的每一位和密钥的每一位联合确定的。DES 的加密过程可分为加密处理、加密变换及子密钥生成几个部分，如图 2-6 所示。下面，分别说明加密处理、加密变换、子密钥生成和解密处理几个过程。

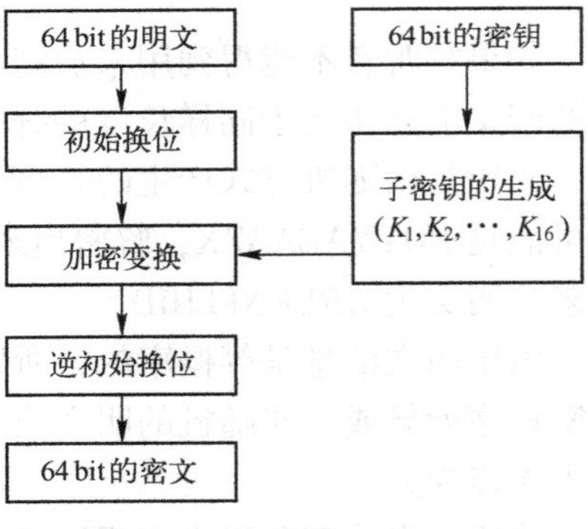

（1）加密处理

1）初始换位：加密处理首先要对 64 bit 的明文按照表 2-3 所示的初始换位表 IP 进行换位。

图 2-5 DES 加密算法的数据流程

表 2-3 初始换位表 IP

58	50	42	34	26	18	10	2
60	52	44	36	28	20	12	4
62	54	46	38	30	22	14	6
64	56	48	40	32	24	16	8
57	49	41	33	25	17	9	1
59	51	43	35	27	19	11	3
61	53	45	37	29	21	13	5
63	55	47	39	31	23	15	7

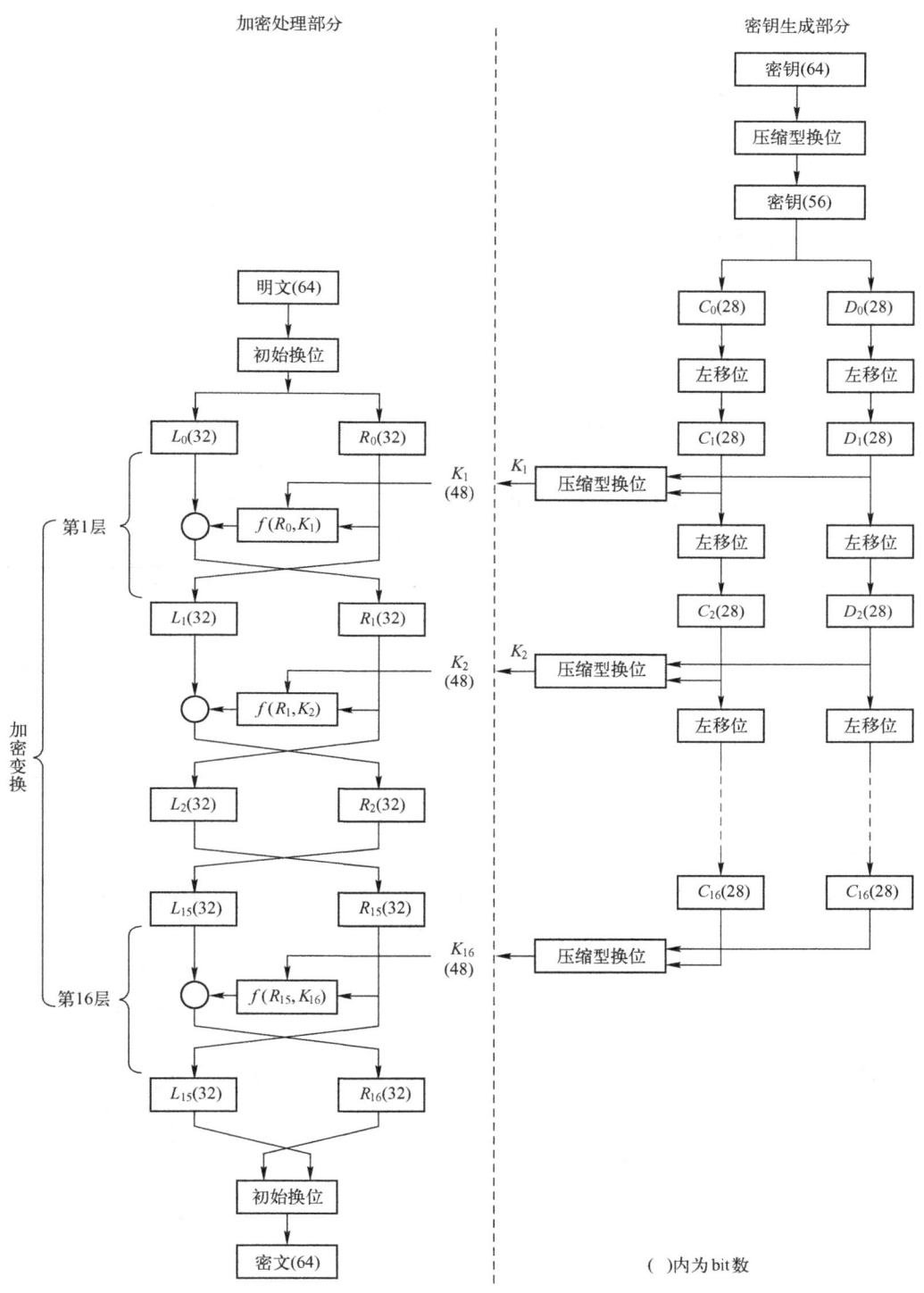

图 2-6 DES 算法的框图

表中的数值表示输入 bit 被置换后的新 bit 位置。例如，输入的第 58 bit，在输出时被置换到第 1 bit 的位置；输入的第 2 bit，在输出时被置换到第 8 bit 的位置；输入的第 1 bit，在输出时被置换到第 40 bit 的位置；输入的第 7 bit，在输出时被置换到第 64 bit 的位置上。

2）加密处理：上述换位处理的输出，中间要经过 16 层复杂的加密变换。经过初始换位的 64 bit 的输出变为下一步的输入，此 64 bit 分成左、右两个 32 bit，左为 L_0，右为 R_0，从 L_0 和 R_0 到 L_{16} 和 R_{16} 共进行了如图 2-7 所示的 16 层加密变换。变换之后，若经过第 n 层处理后的左、右 32 bit 分别为 L_n 和 R_n，则 L_n 和 R_n 可作如下的定义：

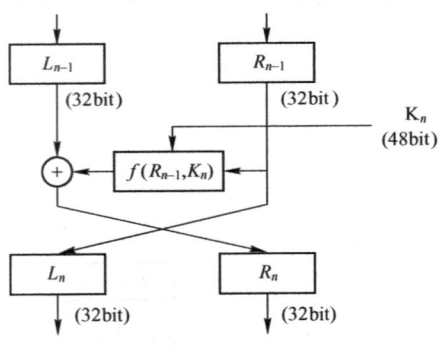

图 2-7 第 n 层的加密变换

$$L_n = R_{n-1}$$
$$R_n = L_{n-1} \oplus f(R_{n-1}, K_n)$$

这里，K_n 是向第 n 层输入的 48 bit 的密钥；L_{n-1} 和 R_{n-1} 分别是第 $n-1$ 层的输出；f 是以 R_{n-1} 和 K_n 为变量的输出 32 bit 的函数。

3）最后换位：进行 16 次加密变换之后，将 L_{16} 和 R_{16} 合成 64 bit 数据，再按照表 2-4 所示的最后换位表 IP^{-1} 进行换位，得到 64 bit 的密文，这就是 DES 加密的结果。

表 2-4 最后换位表 IP^{-1}

50	8	48	16	56	24	64	32
39	7	47	15	55	23	63	31
38	6	46	14	54	22	62	30
37	5	45	13	53	21	61	29
36	4	44	12	52	20	60	28
35	3	43	11	51	19	59	27
34	2	42	10	50	18	58	26
33	1	41	9	49	17	57	25

由图 2-8 可以看出，表 2-3 和表 2-4 是完全的逆变换。

（2）加密变换

计算 $f(R, K)$ 的方式如图 2-9 所示。在 DES 算法中，其他部分都是线性的，而这个 $f(R, K)$ 变换是非线性的，因此可以产生强度很高的密码。

32 bit 的 R 首先按照表 2-5 所示的扩展型换位表 E 进行换位，同时把一部分 bit 重复使用，便可扩大成 48 bit，这样得到 48 bit 的 R'。按照从头算起，每 4 bit 再加上后面的 2 bit，便形成每 6 bit 一组的 8 个分组，即

$$R_{32} R_1 R_2 R_3 R_4 R_5, R_4 R_5 R_6 R_7 R_8 R_9, \cdots\cdots, \cdots R_{28} R_{29}, R_{28} R_{29} R_{30} R_{31} R_{32} R_1$$

这 48 bit 的 R' 和 48 bit 的密钥 K 进行异或运算，并分成每组 6 bit 的 8 个分组，输入到 $S_1 \sim S_8$ 的 8 个 S 盒中去，$S_1 \sim S_8$ 称为选择函数（Selection Function）。这些 S 盒输入是 6 bit，输出是 4 bit。

如表 2-6 所示，此表列举的是一个 S 盒中 S_1 的代替表。一个 S 盒中备有 4 种代替表（行号为 0，1，2，3），究竟采用哪一种代替表，要通过输入的 6 bit 的开头和末尾两个 bit 选定，然后按选定的代替表将输入的 6 bit 的中间 4 bit 进行代替。

下面举一个例子予以说明。当向 S_1 输入一个二进制状态 011011 时，因开头的 0 和末尾的 1 合起来为 01（即十进制数 1），所以选中了编号为 1 的代替表；又因中间 4 个 bit 状态为 1101（十进制数 13），表示选第 13 列。第 1 行第 13 列所指示的值为 5，即输出状态为 0101，

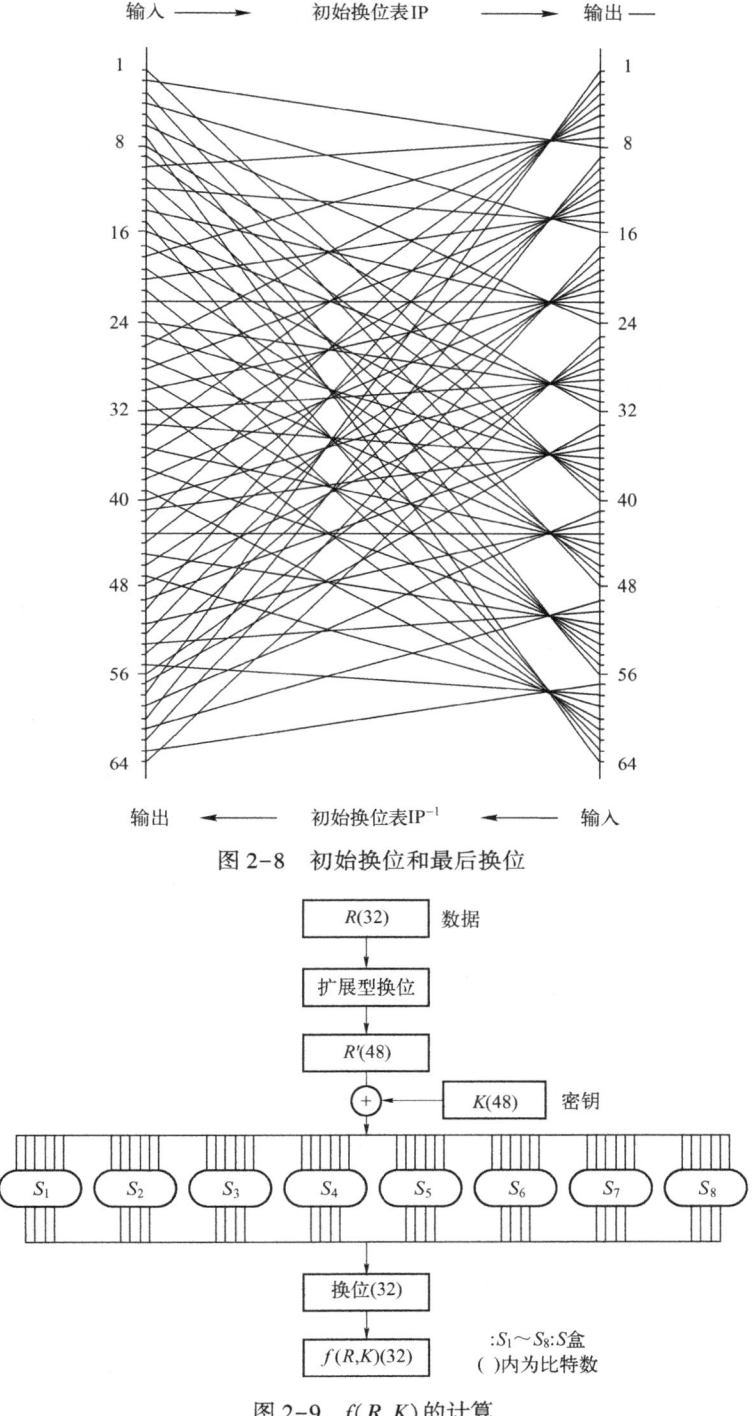

图 2-8 初始换位和最后换位

图 2-9 $f(R,K)$ 的计算

这 4 个 bit 就是经过代替之后的状态。如表 2-7 所示，此表给出了 $S_1 \sim S_8$ 的 S 盒代替表，其中的每一行代表一种代替表。接着，从 8 个 S 盒输出的 32 bit，按照表 2-8 所示的单纯换位表 P 进行换位，这样便实现了 $f(R,K)$ 的变换。

表 2-5 扩展型换位表 E

32	1	2	3	4	5
4	5	6	7	8	9
8	9	10	11	12	13
12	13	14	15	16	17
16	17	18	19	20	21
20	21	22	23	24	25
24	25	26	27	28	29
28	29	30	31	32	1

表 2-6 S 盒的代替表（S_1）

行\列	0	1	2	3	4	5	6	7	8	9	10	11	12	13	14	15
0	14	4	13	1	2	15	11	8	3	10	6	12	5	9	0	7
1	15	7	4	14	2	13	1	10	6	12	12	9	5	3	8	
4	1	14	8	13	6	2	11	15	12	9	7	3	10	5	0	
15	12	8	2	4	9	1	7	5	11	3	14	10	0	6	13	

表 2-7 S 盒代替表

	行\列	0	1	2	3	4	5	6	7	8	9	10	11	12	13	14	15
S_1	0	14	4	13	1	2	15	11	8	3	10	6	12	5	9	0	7
	1	0	15	7	4	14	2	13	1	10	6	12	11	9	5	3	8
	2	4	1	14	8	13	6	2	14	15	12	9	7	3	10	5	0
	3	15	12	8	2	4	9	1	7	5	11	3	14	10	0	6	13
S_2	0	15	1	8	14	6	11	3	4	9	7	2	13	12	0	5	10
	1	3	13	4	7	15	2	8	14	12	0	1	10	6	9	11	5
	2	0	14	7	11	10	4	13	1	5	8	12	6	9	3	2	15
	3	3	8	10	1	3	15	4	2	11	6	7	12	0	5	14	9
S_3	0	10	0	9	14	6	3	15	5	1	13	12	7	11	4	2	8
	1	13	7	0	9	3	4	6	10	2	8	5	14	12	11	15	1
	2	13	6	4	9	8	15	3	0	11	1	2	12	5	10	14	7
	3	1	10	13	0	6	9	8	7	4	15	14	3	11	5	2	12
S_4	0	7	13	14	3	0	6	9	10	1	2	8	5	11	12	4	15
	1	13	8	11	5	6	15	0	3	4	7	2	12	1	10	14	9
	2	10	6	9	0	12	11	7	13	15	1	3	14	5	2	8	4
	3	3	15	0	6	10	1	13	8	9	4	5	11	12	7	2	14
S_5	0	2	12	4	1	7	10	11	6	8	5	3	15	13	0	14	9
	1	14	11	2	12	4	7	13	1	5	0	15	10	3	9	8	6
	2	4	2	1	11	10	13	7	8	15	9	12	5	6	3	0	14
	3	11	9	12	7	1	14	2	13	6	15	0	9	10	4	5	3
S_6	0	12	1	10	15	9	2	6	8	0	13	3	4	14	7	5	11
	1	10	15	4	2	7	12	9	5	6	1	13	11	0	14	3	8
	2	9	14	15	5	2	8	12	3	7	0	4	10	1	13	11	6
	3	4	3	2	12	9	5	15	10	11	14	1	7	6	0	8	13
S_7	0	4	11	2	14	15	0	8	13	3	12	9	7	5	10	6	1
	1	13	0	11	7	4	9	1	10	14	3	5	12	2	15	8	6
	2	1	4	11	13	12	3	7	14	10	15	6	8	0	5	9	2
	3	6	11	13	8	1	4	10	7	9	5	0	15	14	2	3	12
S_8	0	13	2	8	4	6	15	11	1	10	9	3	14	5	0	12	7
	1	1	15	13	8	10	3	7	4	12	5	6	11	0	14	9	2
	2	7	11	4	1	9	12	14	2	0	6	10	13	15	3	6	8
	3	2	1	14	7	4	10	8	13	15	12	9	0	3	5	6	11

表 2-8　单纯换位表 P

16	7	20	21
29	12	28	17
1	15	23	26
5	18	31	10
2	8	24	14
32	27	3	9
19	13	30	6
22	11	4	25

（3）子密钥生成

下面说明子密钥 $K_1 \sim K_{16}$ 的 16 层子密钥的生成过程。在 64 bit 的密钥里包含了 8 位的奇偶校验位，所以实际密钥长度是 56 bit，而每层要生成 48 bit 的子密钥。

输入 64 bit 的密钥，首先通过压缩型换位 PC-1（Permuted Choice 1）去掉奇偶校验位，再将不含奇偶校验位的 56 bit 进行输出，而每层要分成两部分，上部分的 28 bit 为 C_0，下部分的 28 bit 为 D_0，如表 2-9 所示。C_0 和 D_0 依次进行循环左移位，这样就生成了 C_1 和 D_1，然后将 C_1 和 D_1 合成 56 位，再通过压缩型换位 PC-2（如表 2-10 所示），输出的结果即为 48 位的子密钥 K_1。再将 C_1 和 D_1 进行循环左移位和 PC-2 的转换，即得子密钥 K_2……依此类推，就可以得出 16 层的子密钥 K_1，K_2，…，K_{16}。16 层子密钥的生成过程如图 2-6 右半部所示。值得注意的是，在产生 16 层子密钥的过程中，L_1、L_2、L_9、L_{16} 是循环左移 1 位的变换，而其余的 L_n 都是循环左移 2 位的变换。16 层变换中的循环左移位次数如表 2-11 所示。

表 2-9　密钥的压缩型变换 PC-1

57	49	41	33	25	17	9
1	58	50	42	34	26	18
10	2	59	51	42	35	27
19	11	3	60	52	44	36
63	55	46	39	31	23	15
7	62	54	46	38	30	22
14	6	61	53	45	37	29
21	13	5	28	20	12	4

表 2-10　密钥的压缩型变换 PC-2

14	17	11	24	1	5
3	28	15	5	21	10
23	19	12	4	26	8
16	7	27	20	13	2
41	52	31	37	47	55
30	40	51	45	33	48
44	49	39	56	34	53
46	42	50	36	29	32

表 2-11　密钥生成中的循环左移位次数

密钥层次	循环左移位次数	密钥层次	循环左移位次数
1	1	9	1
2	1	10	2
3	2	11	2
4	2	12	2
5	2	13	2
6	2	14	2
7	2	15	2
8	2	16	1

（4）解密处理

从密文到明文的解密处理可采用与加密算法完全相同的算法。不过，解密要用加密的逆变换，也就是把上述的最后换位表 IP^{-1} 和初始换位表 IP 完全倒过来变换。另外，在 16 层的变换处理中，由于 $R_{n-1}=L_n$ 和 $L_{n-1}=R_n \oplus f(L_n, K_n)$，因此要求出 R_{n-1} 和 L_{n-1}，只要知道 L_n、R_n 和 K_n，并使用同一个函数 f 所表示的变换便可以实现，从而在各层变换中，如果采用与加密时相同的 K_n 来处理，就能实现解密。具体地说，输入 DES 算法中的密文，经过初始换位可得到 L_{16} 和 R_{16}，第 1 层处理时的密钥是逆序的，用 K_{16} 可以求出 L_{15} 和 R_{15}，其中 $f(R,K)$ 即使不可逆也没有关系；然后用 K_{15} 进行变换求出 L_{14} 和 R_{14}。依此类推，经过 16 层的变换即可得到 L_0 和 R_0。

（5）DES 加密的评价

DES 加密法的保密性到底如何？早在 DES 被正式公布为数据加密标准之前，就展开了热烈的讨论。由于目前尚无一个评价加密系统性能的统一标准和严格的理论，因此人们只能从一个密码系统抵抗现有解密手段的能力来评价它的好坏。

自 1975 年以来，美国的许多机构、公司和学者，包括美国国家安全局（NSA）、标准局、IBM 公司、DELL 实验室和一大批著名的密码学专家都对 DES 进行了大量的研究，但迄今尚未找到破译 DES 的一种行之有效的方法。因此，认为 DES 具有良好的保密性能和抗分析破译性能，并已广泛地应用于金融业。不仅在美国，而且日本和西欧多国也使用 DES。

20 世纪 80 年代中期，人们看到 DES 算法迭代次数少，密钥长度短，其代替函数 Si 中可能有不安全因素，因而曾经有过不少批评，有人甚至还想取消它，但是 DES 以它顽强的生命力至今仍占据着加密技术的重要地位。

DES 的研究和应用还在不断发展，出现了一些增强 DES 的设想，如增长密钥长度和改进代替函数 Si 等，对 DES 的分析和研究还在继续深入。虽然 1984 年美国国家安全局决定研制新的数据加密标准 CCEP，但从发展趋势上看，CCEP 是按封闭的原则管理的，应用范围很有限，它不再具有技术上的开放性和使用上的灵活性，因此受到金融界的强烈反对。由于反对的呼声很高，美国政府不得不于 1987 年初废除了 1984 年签署的用 CCEP 取代 DES 加密标准的命令，所以它很难取代 DES 的广泛应用。

然而，1997 年，在一项"DES 挑战赛"的活动中，志愿者 4 次分别用 4 个月、41 天、56 个小时和 22 个小时破解了 RSA 数据安全公司用 56 bit DES 算法加密的密文。这说明，DES 加密算法在计算机运算速度提升后被认为是不安全的。另外，有一些分析报告也提出了 DES 算法理论上的弱点，如不能对抗差分和线性密码分析等。在 2001 年，DES 作为一个标准已经被取代。DES 也不再作为美国国家标准科技协会（前美国国家标准局）的一个标准。不过，DES 作为密码学史上影响最大、应用最广的数据加密算法，其成功是当之无愧的。

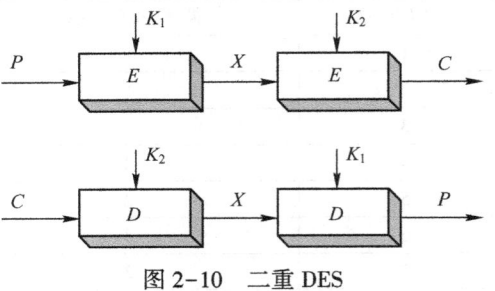

图 2-10 二重 DES

（6）二重 DES

为了提高 DES 的安全性，并利用实现 DES 的现有软硬件，可将 DES 算法在多密钥下多重使用。如图 2-10 所示为二重 DES。

二重 DES 是多重使用 DES 时最简单的形式，其中明文为 P，两个加密密钥为 K_1 和 K_2，密文为 $C=E_{K_2}[E_{K_1}[P]]$，解密时，以相反顺序使用两个密钥：$P=D_{K_1}[D_{K_2}[C]]$。因此，二重 DES 所用密钥长度为 112 bit，强度大增。然而，如果对任意两个密钥 K_1 和 K_2，能够找出

另一密钥 K_3，使得 $E_{K_2}[E_{K_1}[P]]=E_{K_3}[P]$。那么，二重 DES 以及多重 DES 都没有意义，因为它们与 56 bit 密钥的单重 DES 等价。

但上式对 DES 并不成立。将 DES 加密过程 64 bit 分组到 64 bit 分组的映射看作一个置换，如果考虑 2^{64} 个所有可能的输入分组，则密钥给定后，DES 的加密将把每个输入分组映射到一个唯一的输出分组。否则，如果有两个输入分组被映射到同一分组，则解密过程就无法实施。对 2^{64} 个输入分组，总映射个数为 $(2^{64})!>(10^{20})$。

另一方面，对每个不同的密钥，DES 都定义了一个映射，总映射数为 $2^{56}<10^{17}$。

因此，可假定用两个不同的密钥两次使用 DES，可得一个新映射，而且这一新映射不出现在单重 DES 定义的映射中。这一假定已于 1992 年被证明。所以使用二重 DES 产生的映射不会等价于单重 DES 加密。但对二重 DES 有以下一种称为"中途相遇攻击"的攻击方案，这种攻击不依赖于 DES 的任何特性，因而可用于攻击任何分组密码。其基本思想如下：

如果有 $C=E_{K_2}[E_{K_1}[P]]$，那么 $X=E_{K_1}[P]=D_{K_2}[C]$（参见图 2-10）。

如果已知一个明—密文对 (P,C)，可实施以下攻击：首先，用 2^{56} 个所有可能的 K_1 对 P 加密，将加密结果存入一个表中，并对该表按 X 排序，然后用 2^{56} 个所有可能的 K_2 对 C 解密，在上述表中查找与 C 解密结果匹配的项，如果找到，则记下相应的 K_1 和 K_2。最后再用一新的明—密文对 (P',C') 检验上面找到的 K_1 和 K_2，用 K_1 和 K_2 对 P' 两次加密，若结果等于 C'，就可确定 K_1 和 K_2 是所要找的密钥。

对已知的明文 P，二重 DES 能产生 2^{64} 个可能的密文。而可能的密钥个数为 2^{112}，所以平均来说，对一个已知的明文，有 $2^{112}/2^{64}=2^{48}$ 个密钥可产生已知的密文。而再经过另外一对明—密文的检验，误报率将下降到 $2^{48-64}=2^{-16}$。所以在实施"中途相遇攻击"时，如果已知两对明—密文，则找到正确密钥的概率为 $1-2^{-16}$。

（7）两个密钥的三重 DES

抵抗"中途相遇攻击"的一种方法是使用三个不同的密钥做三次加密，从而可使已知明文攻击的代价增加到 2^{112}。然而又会使密钥长度增加到 $56×3=168$ bit，因而过于笨重。一种实用的方法是仅使用两个密钥做三次加密，实现方式为加密—解密—加密，简记为 EDE（Encrypt-Decrypt-Encrypt），如图 2-11 所示。

$$C=E_{K_1}[D_{K_2}[E_{K_1}[P]]] \quad P=D_{K_1}[EK_2[D_{K_1}[C]]]$$

第二步解密的目的仅在于使得用户可对一重 DES 加密的数据解密。此方案已在密钥管理标准 ANS X.917 和 ISO 8732 中采用。

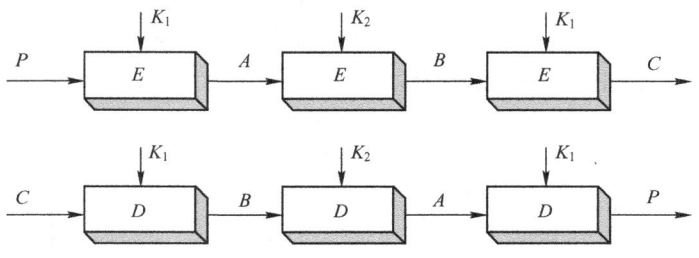

图 2-11 两个密钥的三重 DES

（8）三个密钥的三重 DES

三个密钥的三重 DES 密钥长度为 168 bit，加密方式为 $C=E_{K_3}[D_{K_2}[E_{K_1}[P]]]$，令 $K_3=K_2$

或 $K_1=K_2$，则变为一重 DES。

三个密钥的三重 DES 已在互联网的许多应用（如 PGP 和 S/MIME）中采用。

2. 国际数据加密算法（IDEA）

国际数据加密算法 IDEA 是瑞士的学者提出的。1990 年 XueJia Lai 和 Massey 开发出 IDEA 加密算法雏形，称为 PES，即"建议的加密标准"。第二年，根据有关专家对这一密码算法的分析结果，设计者对该算法进行了强化并称之为 IPES，即"改进的建议加密标准"。该算法于 1992 年更名为 IDEA，即"国际加密标准"。这种算法是在 DES 算法的基础上发展出来的，类似于三重 DES。发展 IDEA 也是因为感到 DES 具有密钥太短等缺点。

IDEA 算法的密钥长度为 128 位，针对 64 位的数据进行加密或解密操作。XueJia Lai 已证明 IDEA 算法在其 8 轮迭代的第 4 圈之后便不受差分密码分析的影响了。假定穷举法攻击有效的话，那么即使设计一种每秒钟可以试验 10 亿个密钥的专用芯片，并将 10 亿片这样的芯片用于此项工作，仍需 10^{23} 年才能解决问题；另一方面，若用 10^{24} 片这样的芯片，有可能在一天内找到密钥，不过人们还无法找到足够的硅原子来制造这样一台机器。目前，尚无公开发表的试图对 IDEA 进行密码分析的文章。因此，就现在来看，应当说 IDEA 是非常安全的。

IDEA 有大量的弱密钥，这些弱密钥是否会威胁它的安全性还是一个谜。IDEA 密码能够抵抗差分分析和线性分析。设计者 Lai 认为 IDEA 不是一个群，但目前仍未得到证实。

类似于 DES，IDEA 算法也是一种数据块加密算法，它设计了一系列加密轮次，每轮加密都使用从完整的加密密钥中生成的一个子密钥。与 DES 的不同处在于，它采用软件实现和采用硬件实现同样快速。

由于 IDEA 是在美国之外提出并发展起来的，避开了美国法律上对加密技术的诸多限制，因此，有关 IDEA 算法和实现技术的书籍都可以自由出版和交流，可极大地促进 IDEA 的发展和完善。但由于该算法出现的时间不长，针对它的攻击也还不多，还未经过较长时间的考验。因此，尚不能判断出它的优势和缺陷。

3. 高级加密标准（AES）

数据加密标准（DES）作为 20 世纪 70 年代的加密标准，其加密强度越来越不能满足人们的要求。DES 的密钥长度只有 56 bit，随着计算能力的不断提高，利用穷搜索的方法攻破 DES 是完全可能的，特别是在政府或者其他组织的支持下使用专门设计的硬件来攻击 DES 已经是轻而易举的事情。在这种情况下，美国国家标准技术局（NIST）在 1997 年开始倡导制定高级加密标准（AES）替代 DES，以满足 21 世纪的信息加密需求。经过几年的招标、筛选，NIST 于 2000 年底最终确定了 AES（RIJNDAEL）标准。AES 是由比利时密码专家 Joan Daemen 和 Vincent Rijmen 共同设计的。下面简单地介绍 AES。

AES 的信息块长度和加密密钥长度都是可变的，它们都可以是 128 bit、192 bit 和 256 bit。为了方便数据的计算和算法的描述，首先把信息块做如下的处理。以 192 bit 的信息块为例，假设信息块是 $m_0 m_1 \cdots m_{191}$，写成字节形式就是 $a_{00}\ a_{01} \cdots a_{05}\ a_{10}\ a_{11} \cdots a_{15} \cdots a_{30}\ a_{31} \cdots a_{35}$，或者写成字的形式就是 $w_0 w_1 \cdots w_5$，如图 2-12 所示。

也可以对加密密钥做类似的处理。设 N_b 为信

a_{00}	a_{01}	a_{02}	a_{03}	a_{04}	a_{05}
a_{10}	a_{11}	a_{12}	a_{13}	a_{14}	a_{15}
a_{20}	a_{21}	a_{22}	a_{23}	a_{24}	a_{25}
a_{30}	a_{31}	a_{32}	a_{33}	a_{34}	a_{35}
↑	↑	↑	↑	↑	↑
w_0	w_1	w_2	w_3	w_4	w_5

图 2-12　192 bit 信息的字表示

息块经过上述处理后得到的字的个数，N_k 为加密密钥经过上述处理后得到的字的个数。那么根据信息块的长度，$N_b=4$，6，8，根据加密密钥的长度，$N_k=4$，6，8，加密的轮数 N_r 如表 2-12 所示，由 N_b 和 N_k 控制。

表 2-12　N_r 的取值

N_k \ N_r \ N_b	4	6	8
4	10	12	14
6	12	12	14
8	14	14	14

整个算法包括加密过程与轮密钥生成两个独立的部分。

（1）加密过程

设信息块是 M，轮密钥分别是 $K_0, K_1, \cdots, K_{N_r-1}$，加密过程如图 2-13 所示。解密过程把加密过程完全反过来即可。

1）ByteSub 函数。

把每个 8bit 的字节看成有限域 $GF(2^8)$ 中的一个元素，那么函数 ByteSub 是作用在每个字节上的非线性变换，它定义为：$\text{ByteSub}: GF(2^8) \to GF(2^8)$

$$X \to \begin{bmatrix} 1 & 0 & 0 & 0 & 1 & 1 & 1 & 1 \\ 1 & 1 & 0 & 0 & 0 & 1 & 1 & 1 \\ 1 & 1 & 1 & 0 & 0 & 0 & 1 & 1 \\ 1 & 1 & 1 & 1 & 0 & 0 & 0 & 1 \\ 1 & 1 & 1 & 1 & 1 & 0 & 0 & 0 \\ 0 & 1 & 1 & 1 & 1 & 1 & 0 & 0 \\ 0 & 0 & 1 & 1 & 1 & 1 & 1 & 0 \\ 0 & 0 & 0 & 1 & 1 & 1 & 1 & 1 \end{bmatrix} \cdot X^{-1} + \begin{bmatrix} 1 \\ 1 \\ 0 \\ 0 \\ 0 \\ 1 \\ 1 \\ 0 \end{bmatrix}$$

如图 2-14 所示，描述了信息块长度是 192bit 时，函数 ByteSub 的作用情况。

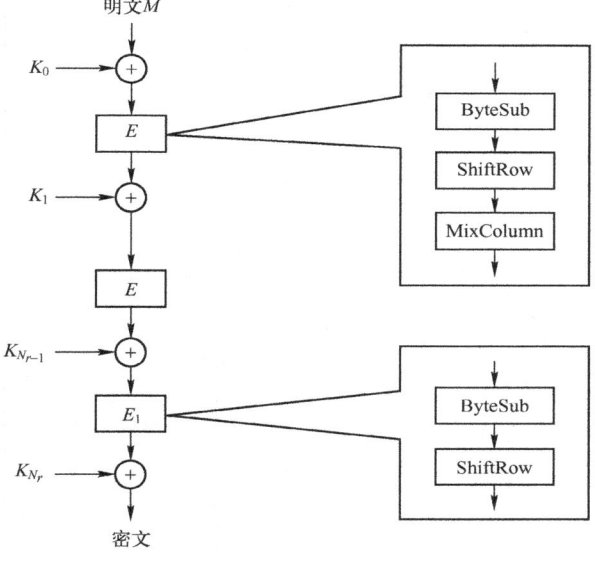

图 2-13　AES 的加密过程

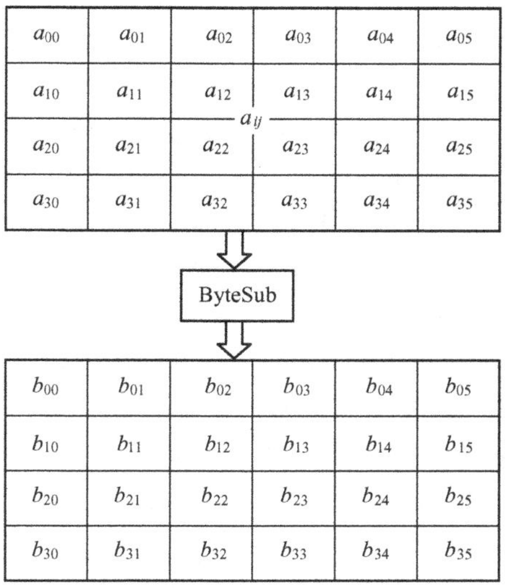

图 2-14　函数 ByteSub

2）ShiftRow 函数。

把信息块记为 4 行、N_b 列的矩阵形式，函数 ShiftRow 就是对每行实行不同的左移位，每行的左移位数 C_1、C_2、C_3 分别由 N_b 决定，见表 2-13。

表 2-13　左移位函数的确定

N_b	C_1	C_2	C_3
4	1	2	3
6	1	2	3
8	1	3	4

函数 ShiftRow 的作用如图 2-15 所示。

图 2-15　函数 ShiftRow

3）MixColumn 函数。

MixColumn 函数是 $GF(2^8)^4$ 上的一个线性变换，变换矩阵 C 定义为：

$$C = \begin{bmatrix} 02 & 03 & 01 & 01 \\ 01 & 02 & 03 & 01 \\ 01 & 01 & 02 & 03 \\ 03 & 01 & 01 & 02 \end{bmatrix}$$

其中的运算均为在 $GF(2^8)$ 中进行。如图 2-16 所示，描述了信息块长度是 192 bit 时，MixColumn 函数的作用情况。此处矩阵 C 中的元素理解为两个 4 bit 长的二进制数的串接，比如 02 理解为 0000 0010。

（2）轮密钥生成

轮密钥的生成过程包括加密密钥的扩张和轮密钥的选取两个部分。

1）加密密钥的扩张。

假设信息块的长度是 N_b 个 32 bit 字，由于整个加密过程需要 N_r+1 个轮密钥，每个轮密钥的长度是 N_b 个 32 bit 字，因此密钥的扩张过程需要产生 $N_b(N_r+1)$ 个 32 bit 字，记为 $w_0, w_1, \cdots, w_{N_b(N_r+1)-1}$。加密密钥的扩张根据密钥长度 N_k 的不同，有两种不同的扩张方式。假设加密密钥为 $wk_0\ wk_1 \cdots wk_{N_r-1}$，令 $w_0 = wk_0$，$w_1 = wk_1 \cdots w_{N_r-1} = wk_{N_r-1}$。

当 $N_r \leq 6$ 时，对于 $N_k \leq i < N_b(N_r+1)$，如图 2-17a 所示。

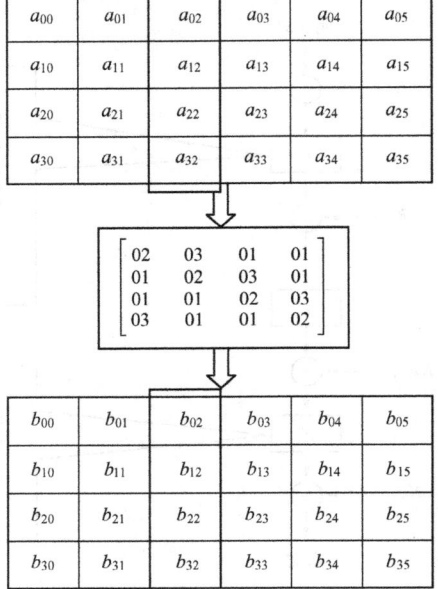

图 2-16　函数 MixColumn

当 $N_r>6$ 时,对于 $N_k \leq i < N_b(N_r+1)$,如图 2-17b 所示。

其中,RotByte 把 (a, b, c, d) 变为 (b, c, d, a),a, b, c, d 是 8 bit。

$\text{Rcont}[i]=(RC[i],00,00,00)$;$RC[1]=1$,$RC[i]=xRC[i-1]=x^{i-1}$,即 $RC[i]$ 表示有限域 $GF(2^8)$ 中值为 x^{i-1} 的元素。$\text{Rcont}[i/N_k]$ 为轮常数,其值与 N_k 无关。

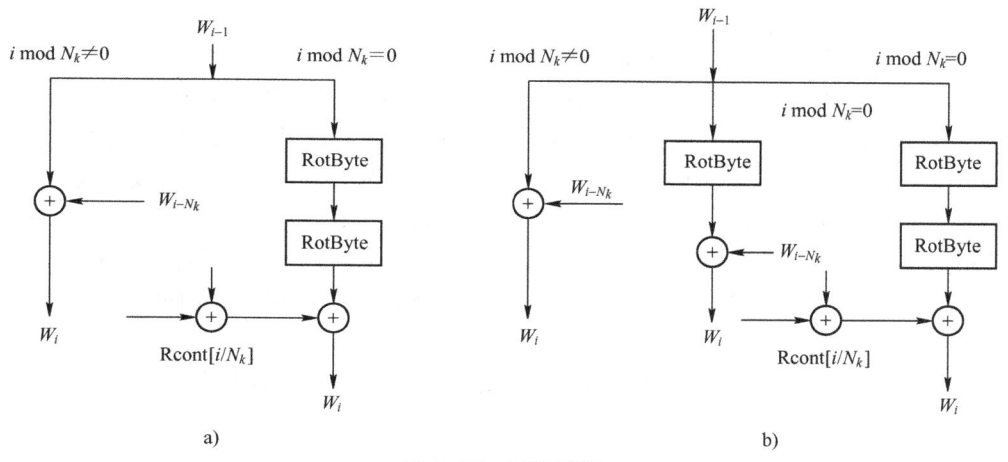

图 2-17 密钥扩张
a) $N_r \leq 6$ 时密钥的扩张 b) $N_r>6$ 时密钥的扩张

2) 轮密钥的选取。

加密密钥经过扩张产生了 $N_b(N_r+1)$ 个 32 bit 字,把它们等分成 N_r+1 块,每块包含 N_b 个 32 bit 字,那么第一个轮密钥就是第一个块,第二个轮密钥就是第二个块,依此类推得到所有的轮密钥。

(3) 关于 AES 的讨论

AES 的原型是 Square 算法,它的设计策略是宽轨迹策略(Wide Trail Strategy)。这种策略是针对差分分析和线性分析提出来的,它是一个分组迭代密码,具有可变的分组长度和密钥长度。2000 年 10 月,AES 选择 Rijndael 加密算法作为自己的算法,Rijndael 具备了安全、性能好、效率高、易实现和灵活等优点,Rijndael 对内存的需求非常低,也使它很适合用于受限制的环境中,Rijndael 操作简单,并可抵御强大和实时的攻击,此外,它还有许多未被特别强调的防御性。

与其他分组码相比,AES 具有如下特点:①可变的密钥长度;②混合的运算方式;③数据相关的圈数;④密钥相关的圈数;⑤密钥相关的 S 盒;⑥长密钥调度算法;⑦可变长明文/密文块长度;⑧可变圈数;⑨每圈操作作用于全部数据。

2.3.2 非对称密码技术

20 世纪 70 年代,一个数学上的突破震惊了世界密码学家,这就是公钥加密技术。与传统的加密方法不同,它使用两把密钥:一把公开密钥和一把秘密密钥。前者用于加密,后者用于解密,它也称为"非对称式"加密方法。公钥加密技术解决了对称加密方法的根本性缺陷,极大地简化了密钥分发过程。它若与对称加密方法结合,可以进一步增强对称加密方法的可靠性。此外,还可能利用公钥加密技术来进行数字签名。

1. 公钥加密技术原理概述

1976 年 Diffie 和 Hellman 在其划时代的文献 New Directions in Cryptography（密码学新方向）中提出公钥加密的概念，公钥加密是基于单向陷门（trap door）函数来实现的，单向陷门函数是指满足下列条件的函数 $f(x)$：

1) 给定 x，计算 $y=f(x)$ 是容易的。
2) 给定 y，计算 $x=f^{-1}(y)$ 是困难的。
3) 存在 δ，已知 δ 时，对给定的任何 y，若相应的 x 存在，则计算 $x=f^{-1}(y)$ 是容易的。

仅满足第 1) 条、第 2) 条的称为单向函数，第 3) 条称为陷门性，δ 称为陷门信息。当用陷门函数 $f(x)$ 作为加密函数时可将 $f(x)$ 公开，这相当于公钥。$f(x)$ 函数的设计者将 δ 保密，用作解密密钥，这相当于私钥。由于加密函数是公开的，任何人都可以将信息 x 加密成 $y=f(x)$，然后送给函数的设计者，当然可以通过不安全信道传送，由于设计者拥有 δ（私钥），他可以容易地解出 $x=f^{-1}(y)$。单向陷门函数的第 2) 条性质表明窃听者由截获的密文 $y=f(x)$ 推测 x 是不可行的。

目前公钥密码系统单向陷门函数的设计主要依赖下面 3 个数学难题：

1) 背包问题。
2) 大整数因子分解问题。
3) 离散对数问题。

第 1 类公钥系统的安全性依赖于背包问题的 NP 完全性。背包问题可以这样描述：已知一容积为 C 的背包及体积分别为 k_1，k_2，$\cdots$，k_n 的 n 个物品，若从这些物品中选出若干个正好装满这个背包，那么究竟选哪些物品？即求 $m_i(1 \leq i \leq n)$，使得 $C=k_1m_1+k_2m_2+\cdots+k_nm_n$，其中 k_i 和 C 都是正整数，m_i 取 0 或 1。背包问题是著名的 NP 完全问题，至今没有很好的求解方法。穷举搜索的复杂度为 $O(2^n)$。第一个背包公钥算法是由 Merkle 和 Hellman 于 1978 年提出的 MH 算法。选取正整数 k_1，k_2，$\cdots$，k_n 作为密钥，设明文分组位串为 $M=m_1m_2\cdots m_n$，则加密后的密文为 $C=k_1m_1+k_2m_2+\cdots+k_nm_n$。那么如何进行解密呢？奥妙在于存在一类特殊的背包问题，其物品体积序列 k_1，k_2，$\cdots$，k_n 的每一项都大于它之前的所有项之和，这就是著名的超递增背包问题，超递增背包问题的复杂度为 $O(n)$（读者可想一想为什么）。Merkle 和 Hellman 设计了一种可以将超递增背包问题转换为同解非超递增背包问题的方法。MH 算法用超递增背包问题的体积序列作私钥，而用同解的非超递增背包问题的体积序列作公钥，这样就很容易用私钥进行解密了。MH 算法后来被证明是不安全的，但这种算法首次将 NP 完全问题用于公钥密码学，在密码学史上具有开创意义。

第 2 类公钥系统是由麻省理工学院的三位科学家 Ron L. Rivest，Adi Shamir 和 Leonard M. Adleman 于 1978 年提出的，简称为 RSA 系统。它的安全性是基于大整数因子分解的困难性，其公钥和私钥是一对大素数（100 到 200 位的十进制数或更大）的函数。从一个公钥和密文中恢复出明文的难度等价于分解两个大素数之积的难度，而大整数因子分解问题是数学上的著名难题，因而可以确保 RSA 算法的安全性。RSA 系统是公钥系统的最具有典型意义的方法，自提出以来就一直是人们研究的焦点，经受住了多年来许多资深密码学家的密码分析，说明该算法是有相当的可信度的。本节将重点介绍 RSA 算法。

第 3 类公钥系统的安全性依赖于离散对数的计算困难性。离散对数问题可细分为两类：一类为有限域上的离散对数问题，一类为椭圆曲线上的离散对数问题。下面举一个简单的有限域上离散对数的例子,设 p 为素数,g 小于 p,如果对每个 b 从 1 到 $p-1$ 都存在 x,使得 $g^x \equiv b \bmod p$,则称 g 为模 p 的原根(primitive root)。例如 5 是模 7 的原根,这是因为:

$5^1 \equiv 5 (\bmod\ 7)$

$5^2 = 5 \times 5 \equiv 4 (\bmod\ 7)$

$5^3 = 4 \times 5 \equiv 6 (\bmod\ 7)$

$5^4 = 6 \times 5 \equiv 2 (\bmod\ 7)$

$5^5 = 2 \times 5 \equiv 3 (\bmod\ 7)$

$5^6 = 3 \times 5 \equiv 1 (\bmod\ 7)$

如果 g 为模 p 的原根,则对任意 y,总是可以找出 $y = g^x \bmod p$ 的解,x 称为 y 模 p 的离散对数解(形如 $g^x \bmod p$ 的运算称为模乘运算)。当 p 很小时,已知 y 和 p 可以用观察法求出 x,但是当 p 为很大的随机素数时,就很难计算了。所以,可以认为 $y = g^x \bmod p$ 是一个单向函数。

著名的椭圆曲线加密算法 ECC(Elliptic Curve Cryptography)的安全性就是依赖于定义在椭圆曲线点上的离散对数问题的难解性。ECC 算法由 Neal Koblit 和 Victor Miller 于 1985 年首先提出,从那时起 ECC 的安全性和实现效率就被众多的数学家和密码学家所广泛研究。所得的结果表明,较之 RSA 算法,ECC 具有密钥长度短,加解密速度快,对计算环境要求低,在需要通信时,对带宽要求低等特点。近年来,ECC 被广泛应用于商用密码领域,这可由 ECC 被许多著名的国际标准组织所采纳佐证,如 ANSI、IEEE、ISO、NIST。此外,基于离散对数的公钥系统还有 Massey-Omura 公钥系统和 ElGamal 公钥系统等。

2. RSA 加密算法

RSA 算法因其创始人 Ronald L. Rivest、Adi Shamir 和 Leonard M. Adleman 而得名。RSA 的基础是数论的欧拉定理,它的安全性依赖于大数的因数。

RSA 算法研制的最初理念与目标是努力使互联网安全可靠,旨在解决 DES 算法秘密密钥的利用公开信道传输分发不安全的难题。而实际结果,RSA 不但很好地解决了这个难题,还可利用它来完成对电文的数字签名以对抗对电文的否认与抵赖,同时还可以利用数字签名较容易地发现攻击者对电文的非法篡改,以保护数据信息的完整性。

RSA 是第一个比较完善的公开密钥算法,它既能用于加密,也能用于数字签名。在已公开的公钥算法中,RSA 是最容易理解和实现的。

(1)RSA 算法的描述

RSA 算法的实现步骤如下(B 为实现者):

1)B 寻找出两个大素数 p 和 q。

2)B 计算出 $n = pq$ 和 $f(n) = (p-1)(q-1)$。

3)B 选择一个随机数 $e(0 < e < f(n))$,满足 $(e, f(n)) = 1$。

4)B 使用辗转相除法计算 $d = e^{-1} (\bmod f(n))$。

5)B 在目录中公开 n 和 e 作为他的公开密钥,保密 p、q 和 d。

密码分析者攻击 RSA 体制的关键在于如何分解 n。若分解成功使 $n = pq$,则可以算出 $f(n) = (p-1)(q-1)$,然后由公开的 e 解出秘密的 d。

加密时,对每一明文分组如下计算:$c_i = m_i^e (\bmod n)$

解密时，取每一密文分组 c 并计算：$m_i = c_i^d (\bmod n)$

RSA 算法主要用于数据加密和数字签名。RSA 算法用于数字签名时，公钥和私钥的角色变换即可。即将消息用 d 加密签名，用 e 验证签名。

（2）RSA 算法实例

若 B 选择了 $p=101$ 和 $q=113$，那么，$n=11413$，$f(n)=100 \times 112 = 11200$；再用辗转相除法（Euclidean 算法）来求得 e，使 $(e, f(n))=1$。假设 B 选择了 $e=3533$，那么用辗转相除法将求得：$d=e^{-1}(\bmod 11200)$，于是 B 的解密密钥 $d=6597$。

B 公开 $n=11413$ 和 $e=3533$，现假设 A 想发送明文 9726 给 B，他计算：$9726^{3533}(\bmod 11413) = 5761$，且在一个信道上发送密文 5761。当 B 接收到密文 5761 时，他用他的秘密解密指数（私钥）$d=6597$ 进行解密：

$$5761^{6597}(\bmod 11413) = 9726$$

（3）关于 RSA 算法的讨论

RSA 的发明者 Rivest、Shamir 和 Adleman 建议取 p 和 q 为 100 位以上的十进制数，这样，n 为 200 位的十进制数。按每秒 10^9 次运算的高速计算机也要计算 106 年。

三种可能攻击 RSA 算法的方法如下。

1）强行攻击。这包含对所有的私有密钥都进行尝试。

2）数学攻击。有几种方法，实际上都等效于对两个素数的乘积的因子分解。

3）定时攻击。这依赖于解密算法的运行时间。

对 RSA 强行攻击的防范方式与其他秘密系统采用的方法相同，即采用一个大的密钥，因而 e 和 d 的比特数越多越好。然而因为在密钥产生和加密解密中包含的计算很复杂，密钥越大则系统运行越慢。

基于安全性考虑，一般在应用 RSA 时，必须做到以下几点。

1）绝对不要对陌生人提交的随机消息进行签名。

2）不要在一组用户间共享 n。

3）加密之前要用随机值填充消息，以确保 m 和 n 的大小一样。

4）目前，129 位十进制数字的模数是能够分解的临界数，因此，n 应该大于这个数。

RSA 技术既可用于加密通信，又能用于数字签名和认证。由于 RSA 的速度大大逊于 DES 等分组算法，因此 RSA 多用于加密会话密钥、数字签名和认证。RSA 以其算法的简单性和高度的抗攻击性在实际通信中得到了广泛的应用。许多操作平台（如 Windows、Sun 和 Novell 等）都应用了 RSA 算法。另外，几乎所有的网络安全通信协议（如 SSL 和 IPsec 等）也都应用了 RSA 算法。ISO 几乎已指定 RSA 用作数字签名标准。在 ISO 9796 中，RSA 已成为其信息附件。法国银行界和澳大利亚银行界已使 RSA 标准化，ANSI 银行标准的草案也利用了 RSA。许多公司都采用了 RSA 安全公司的 PKCS。RSA 在目前和可预见的未来若干年内，在信息安全领域的地位是不可替代的，在没有良好的分解大数因子的方法以及不能证明 RSA 的不安全性的时候，RSA 的应用领域会越来越广泛。但是一旦分解大数因子不再困难，那么，RSA 的时代也会成为历史。如今只有短的 RSA 钥匙才可能被强力方式解破。迄今为止，世界上还没有任何可靠的攻击 RSA 算法的方式。只要其钥匙的长度足够长，用 RSA 加密的信息实际上是不能被解破的。但在分布式计算和量子计算机理论日趋成熟的今天，RSA 加密安全性受到了挑战。

针对 RSA 最流行的攻击一般是基于大数因数分解。1999 年，RSA-155（512 bits）被成功分解，花了五个月时间（约 8000 MIPS 年）和 224 CPU hours，在一台有 3.2 GB 中央内存的 Cray C916 计算机上完成。2002 年，RSA-158 也被成功因数分解。2009 年 12 月 12 日，编号为 RSA-768（768 bits，232 digits）数也被成功分解。2013 年 2 月 15 日，《纽约时报》报道，欧美数学家和密码学家偶然发现，被全世界广泛应用的公钥加密算法 RSA 存在漏洞。他们发现，在 700 万个实验样本中有 2.7 万个公钥并不是按理论随机产生的。也就是说，或许有人可以找出产生公钥的秘密质数。该研究项目是由美国独立密码学家 James P. Hughes 和荷兰数学家 Arjen K. Lenstra 牵头的。他们的报告称："我们发现绝大多数公钥都是按理论产生的，但是每一千个公钥中会有两个存在安全隐患。为防止有人利用该漏洞，有问题的公钥已从公众访问的数据库中移除。为确保系统的安全性，网站需要在终端做出改变。"

3. Rabin 加密算法

Rabin 方案的安全性基于求合数的模平方根的难度。这个问题等价于因子分解。下面是该方案的描述。

（1）Rabin 加密方案

首先选取两个质数 p 和 q，两个质数都同余 3 模 4。将这两个质数作为私人密钥，$n=pq$ 作为公开密钥。

加密一个信息 M（M 必须小于 n）时，只需计算：

$$C = M^2 \bmod n$$

解密信息一样容易，但稍微麻烦一些。由于接收者知道 p 和 q，故可以用中国剩余定理解两个同余式。计算：

$$m_1 = C^{(p+1)/4} \bmod p$$
$$m_2 = (p - C^{(p+1)/4}) \bmod p$$
$$m_3 = C^{(q+1)/4} \bmod q$$
$$m_4 = (q - C^{(q+1)/4}) \bmod q$$

然后选择整数 $a = q(q^{-1} \bmod p)$ 和整数 $b = p(p^{-1} \bmod q)$。四个可能的等式为：

$$M_1 = (am_1 + bm_3) \bmod n$$
$$M_2 = (am_1 + bm_4) \bmod n$$
$$M_3 = (am_2 + bm_3) \bmod n$$
$$M_4 = (am_2 + bm_4) \bmod n$$

这四个结果 M_1、M_2、M_3 和 M_4 中之一等于 M。如果信息是英语文本，很容易选择正确的 M_i。另一方面，如果信息是一个随机位流（比如，密钥产生或数字签名），就没有办法决定哪一个 M_i 是正确的。解决这一问题的方法是在信息加密前加入一个已知的标题。

（2）Williams 加密方案

Hugh Williams 重新定义了 Rabin 方案以消除其缺陷。在他的方案中，p 和 q 这样选取：

$$p \equiv 3 \bmod 8$$
$$q \equiv 7 \bmod 8$$

且

$$N = pq$$

还有一个小整数 S，满足 $J(S,N)=-1$（J 是雅可比符号）。N 和 S 公开。私人密钥 k 满足：
$$k=1/2\times(1/4\times(p-1)\times(q-1)+1)$$

为了加密信息 M，计算 C_1 使之满足 $J(M,N)=(-1)^{C_1}$。然后，计算 $M'=(S^{C_1}\times M)\bmod N$。类似于 Rabin 方案，$C=M'^2\bmod N$，$C_2=M'\bmod 2$。最后的密文是三重组：$(C,C_1,C_2)$。

解密 C 时，接收者利用：
$$C^k\equiv\pm M''\pmod{N}$$

计算 M''。M'' 的符号由 C_2 给出。最后：
$$M=(S^{C_1}\times(-1)^{C_1}\times M'')\bmod N$$

Williams 后来进一步改进了这个方案：将信息平方代之以立方。大质数必须同余 1 模 3，否则公开密钥和私人密钥相同。更好的是，对每个加密仅有唯一的解密。

Rabin 和 Williams 算法在证明其安全性取决于大数因子分解上较 RSA 算法有优势。然而，它们对选择密文攻击是不安全的。如果你打算在攻击者能攻击的地方（例如，在数字签名算法中，攻击者选择签名的信息的地方）使用这些算法，要保证在签名前使用单向散列函数。Rabin 提出了另一种抵抗这种攻击的方法：在每条信息散列运算和签名前添加一个不同的随机串。不幸的是，一旦你将单向散列函数添加到系统中，其安全性将不再依赖于因子分解，尽管添加的散列值在实际意义上对系统没有任何削弱。

4. ElGamal 加密算法

ElGamal 算法既可用于数字签名，又可用于加密，其安全性依赖于计算有限域上离散对数这一难题。

（1）密钥对产生方法

密钥对产生办法如下。

1）选择一个素数 p，两个随机数 g 和 x，要求 g 和 x 都小于 p。

2）计算 $y=g^x\bmod p$，则其公钥为 y、g 和 p；私钥是 x。g 和 p 可由一组用户共享。

（2）ElGamal 用于加密

假定被加密信息为 M，首先选择一个随机数 k，只要 k 与 $p-1$ 互质，然后计算：
$$a=g^k\bmod p,\quad b=y^kM\bmod p$$

(a,b) 为密文对，密文是明文的两倍长。解密时计算：$M=b/a^x\pmod{p}$

因为 $a^x\equiv g^{kx}\bmod p$ 以及 $b/a^x\equiv y^kM/a^x\equiv g^{xk}M/g^{xk}\equiv M\bmod p$ 都成立（如表 2-14 所示），除了 y 是密钥的一部分以及加密是和 y^k 相乘得来。

表 2-14 ElGamal 加密

公开密钥	p：质数（可由一组用户共享）
	$g<p$（可由一组用户共享）
	$y=g^x\pmod{p}$
私人密钥	$x<p$ 加密
	k：随机选择，与 $p-1$ 互质
	a（密文）$=g^k\bmod p$
	b（密文）$=y^kM\bmod p$
解密	M（明文）$=b/a^x\pmod{p}$

（3）ElGamal 用于数字签名

ElGamal 主要用于数字签名。假定被签信息为 M，首先选择一个随机数 k，k 与 $p-1$ 互质，然后计算：$a = g^k \mod p$，再用扩展 Euclidean 算法对下面方程求解 b：

$$M = (xa + kb) \mod (p-1)$$

签名就是 (a, b)。随机数 k 必须保密。

要验证签名时，只要验证下式：

$$y^a a^b \mod p = g^M \mod p$$

同时一定要检验是否满足 $1 \leq a < p$，否则签名容易伪造。

每个 ElGamal 签名或加密都需要一个新的 k 值，该值必须随机选取。表 2-15 总结了这种方法。

表 2-15　ElGamal 签名

公开密钥	p：质数（可由一组用户共享）
	$g < p$（可由一组用户共享）
	$y = g^x (\mod p)$
私人密钥	$x < p$ 签名
	k：随机选择，与 $p-1$ 互质
	$a(\text{签名}) = g^k (\mod p)$
	$b(\text{签名})$ 满足 $M = (xa + kb) \mod (p-1)$
验证	如果 $y^a a^b (\mod p) = g^M (\mod p)$ 认可签名有效

例如，选择 $p=11$ 和 $g=2$，私人密钥 $x=8$，计算：

$$y = g^x (\mod p) = 2^8 (\mod 11) = 3$$

公开密钥是 $y=3, g=2$ 和 $p=11$

为鉴别 $M=5$，首先选择随机数 $k=9$，验证 $gcd(9,10)=1$，计算：

$$a = g^k (\mod p) = 2^9 (\mod 11) = 6$$

利用 Euclidean 算法求 b：

$$M = (xa + kb) \mod (p-1)$$
$$5 = (8 \times 6 + 9 \times b) \mod 10$$

解是 $b=3$，签名是一对数：$a=6$ 和 $b=3$。

验证签名时，只需确保：

$$y^a a^b \mod p = g^M \mod p$$
$$3^6 6^3 (\mod 11) = 2^5 (\mod 11)$$

ElGamal 签名的安全性依赖于乘法群（IFp）* 上的离散对数计算。素数 p 必须足够大，且 $p-1$ 至少包含一个大素数因子以抵抗 Pohlig & Hellman 算法的攻击。M 一般都应采用信息的散列值（如 SHA 算法）。ElGamal 的安全性主要依赖于 p 和 g，若选取不当则签名容易伪造，应保证 e 对于 $p-1$ 的大素数因子不可约。D. Bleichenbache 在 *Generating ElGamal Signatures Without Knowing the Secret Key* 中提到了一些攻击方法和对策。ElGamal 的一个不足之处是它的密文成倍扩张。

美国的 DSS（Digital Signature Standard）的 DSA（Digital Signature Algorithm）算法是经 ElGamal 算法演变而来的。

5. 椭圆曲线密码算法

椭圆曲线第一次运用于公钥密码算法是在 1985 年由 Neal Koblitz 和 Victor Miller 分别独立提出来的。椭圆曲线数字签名算法（Elliptic Curve Digital Signature Algorithm，ECDSA）由 IEEE 工作组和 ANSI（American National Standards Institute）X9 组织开发。随即学者们展开了椭圆曲线密码学（Ellipse Curve Cryptography，ECC）研究。

除椭圆曲线外，还有人提出在其他类型的曲线如超椭圆曲线上实现公钥密码算法。其根据是有限域上的椭圆曲线上的点群中的离散对数问题（Ellipse Curve Discrete Logarithm Problem，ECDLP）。ECDLP 是比因子分解问题更难的问题，许多密码专家认为它有指数级的难度。

从目前已知的最好求解算法来看，相比 RSA，ECC 优势是可以使用更短的密钥，来实现与 RSA 相当或更高的安全。据研究表明，160 位 ECC 加密安全性相当于 1024 位 RSA 加密，210 位 ECC 加密安全性相当于 2048 位 RSA 加密。使用短密钥的好处在于加解密速度快、节省能源、节省带宽、存储空间。目前我国居民"二代身份证"正在使用 256 位的椭圆曲线密码，虚拟货币"比特币"也选择 ECC 作为加密算法。

此外，有人在椭圆曲线上实现了类似 ElGamal 的加密算法及可恢复明文的数字签名方案。除有限域上的椭圆曲线密码算法外，人们还探索了在椭圆曲线上实现 RSA 算法，如 KMOV。

（1）有限域上的椭圆曲线

数学上的椭圆曲线一般由如下形式给出：

$E: y^2 = x^3 + ax^2 + bx + c$，其中判别式

$$\Delta(E) = -4a^3c + a^2b^2 - 4b^3 - 27c^2 + 18abc \neq 0$$

椭圆曲线都是关于 X 轴对称的曲线。

典型的椭圆曲线如 $y^2 = x^3 - 4x^2 + 16$，其图像如下。

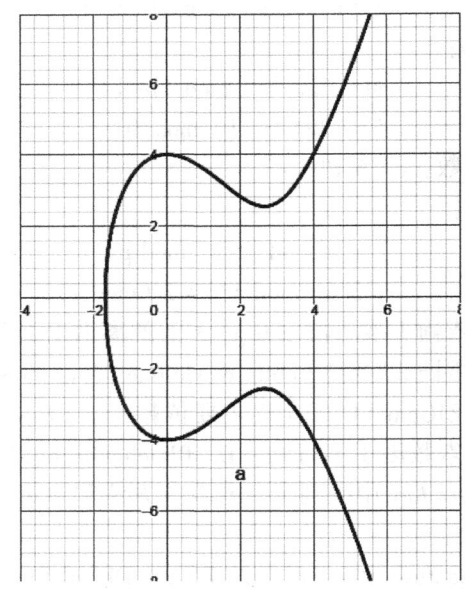

更多的椭圆曲线图像：

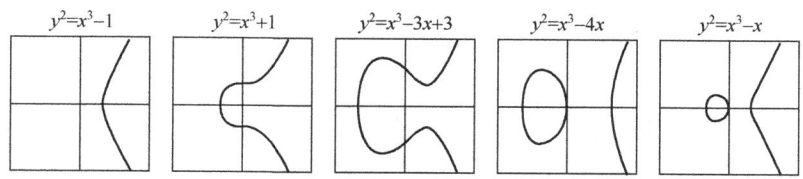

在密码学中用到的椭圆曲线方程一般限定为：
$$E: y^2 = x^3 + ax + b, \text{其中} 4a^3 + 27b^2 \neq 0。$$
也即是这里的二次项系数为0。

密码学中普遍采用的是有限域上的椭圆曲线，也即是变元和系数均在有限域中取值的椭圆曲线。使用模素数 p 的有限域 Zp，将模运算引入椭圆曲线算术中，变量和系数从集合 $0,1,2,\cdots,p-1$ 中取值而非是在实数上取值。

此时椭圆曲线形式如下：
$$y^2 \bmod p = (x^3 + ax + b) \bmod p$$
其中 $(4a^3 + 27b^2) \bmod p \neq 0 \bmod p$，变量和系数均在 Zp 中取值。

将满足上式的所有非负整数对和 O 点记为集合 $Ep(a,b)$，这是一个有限的离散点集。由此可知集合中的点分布在 $(0,0)$ 到 $(p-1, p-1)$ 的象限中，集合中的点有可能刚好也在椭圆曲线上，更多的可能是在椭圆曲线外。例如点 $(13,7)$ 是满足 $y^2 \bmod 23 = (x^3 + x + 1) \bmod 23$ 的点，但是 $(13,7)$ 并不在椭圆曲线上。

在后面的ECC加密算法过程中会有一个给定的基点 G（也就是生成元）生成一个子群，然后秘钥空间在此子群取得，一般会要求保证子群的阶会尽量大，基点及其子群的阶 n 都是公开的信息。

构造一个数学难题来保证加密的安全性是现代密码学中加密算法的主要思想。类似RSA算法中大数的质因子分解难题一样，椭圆曲线也有类似的数学难题。

考虑 $K = kG$，其中 $K, G \in Ep(a,b)$，$k < p$。

对于给定的 k 和 G，计算 K 是很容易的；反过来给定 K 和 G，计算 k 是相当困难的，这就是椭圆曲线的离散对数问题（这里之所以称之为离散对数问题，大概是为了与其他加密算法的说法保持一致，便于理解）。

正因为如此，可以将 K 作为公钥，公开出去；k 作为私钥，秘密保管，通过公钥来破解私钥十分困难。

（2）椭圆曲线加密算法ECC

假设私钥、公钥分别为 k 和 K。其中 $K = kG$，G 为基点。其中 K、G 为椭圆曲线 $Ep(a,b)$ 上的点，n 为 G 的阶（$nG = O\infty$），k 为小于 n 的整数。则给定 k 和 G，根据加法法则，计算 K 很容易；但反过来，给定 K 和 G，求 k 就非常困难。因为实际使用中的 ECC 原则上把 p 取得相当大，n 也相当大，要把 n 个解点逐一算出来是不可能的。

公钥加密过程：

① A 选定一条椭圆曲线 E，并取椭圆曲线上一点作为基点 G。

② A 选择一个私有密钥 $k(k<n)$，并生成公开密钥 $K = kG$。

③ A 将 E 和点 K、G 传给 B。

④ B 收到信息后,将待传输的明文编码为一个坐标点 M,并产生一个随机整数 $r(r<n,n$ 为 G 的阶数)。

⑤ B 计算点 $C1=M+rK$ 和 $C2=rG$。

⑥ B 将 $C1$、$C2$ 传给 A。

加密完成,可以看出加密需要公钥,加密将坐标点 M 加密为 $C1$、$C2$ 两个坐标点。加密者 B 只需发送 $C1$、$C2$ 给解密者 A 即可。

私钥解密过程:

① 由 $C1=M+rK$,可知 $M=C1-rK$。

② 由 $K=kG$,将 K 代入上式可得 $M=C1-rkG$。

③ 由 $C2=rG$ 带入上式,可得 $M=C1-k(rG)=C1-kC2$。

④ A 根据收到的 $C1$、$C2$,用自己的私钥 k,可以计算出加密坐标点 M。

参数要求:

① p 越大安全性越好,但会导致计算速度变慢,200 bit 左右可满足一般安全要求;

② n 应为质数。

实例:(具体计算过程遵循有限域椭圆曲线的运算法则)

公钥加密过程:

① 考虑参数 $a=0,b=-4,p=199,G=(2,2)$,椭圆曲线方程为 $E:y^2=x^3-4$。

② A 选定私钥 $k=119$,其公钥 $K=kG=119G=(183,173)$。

③ A 将 E、K、G 发给 B。

④ B 将明文消息编码为 $Ep(a,b)$ 中的坐标点 $M=(76,66)$,并随机选定 $r=133$。

⑤ B 计算 $C1=M+rK=(76,66)+133(183,173)=(180,163)$;

$C2=rG=133(2,2)=(40,147)$。

⑥ B 将 $C1$、$C2$ 发给 A。

私钥解密过程:

A 根据收到的 $C1$、$C2$,用自己的私钥 $k=119$ 进行解密:

$M=C1-kC2=(180,163)-119(40,147)=(180,163)-(98,52)=(76,66)$

由此,A 顺利解密得到明文消息 M,A 与 B 之间完成加密通信。

(3) 椭圆曲线签名算法 ECDSA

这里,依然假设私钥、公钥分别为 k 和 K。其中 $K=kG,G$ 为基点。

私钥签名过程:

A 选择随机数 r,计算点 $rG(x,y)$。

A 根据随机数 r、消息 M 的哈希 h、私钥 k,计算 $s=(h+kx)/r$。

A 将消息 M 和签名 $\{rG,s\}$ 发给接收方。

公钥验证过程:

B 收到消息 M 以及签名 $\{rG=(x,y),s\}$。

B 根据消息 M,求哈希 h。

使用发送方公钥 K 计算:$hG/s+xK/s$,并与 rG 比较,如相等即验签成功。

验证原理:

$$hG/s+xK/s=hG/s+x(kG)/s=(h+xk)G/s=r(h+xk)G/(h+kx)=rG$$

这里关键的一点是引入了随机数 r，提高了签名的安全性，即使同一条消息，只要改变随机数 r，所得到的签名也会随之改变。

2.4 网络加密技术

在计算机网络中，信息加密的目的是保护网内的数据、文件、口令和控制信息，保护网上传输的数据。信息加密可分为两种，在传输过程中的数据加密称为"通信加密"，将存储数据进行加密称为"文件加密"。

通信加密技术的目的是对传输中的数据流加密，以防止通信线路上的窃听、泄露、篡改和破坏。

如果以加密实现的通信层次来区分，加密可以在通信的三个不同层次来实现，即链路加密、节点加密和端到端加密。链路加密的目的是保护网络节点之间的链路信息安全。节点加密的目的是对源节点到目的节点之间的传输链路提供保护。端到端加密的目的是对源端用户到目的端用户的数据提供保护。用户可根据网络情况酌情选择这几种加密方式。

2.4.1 链路加密

链路加密是目前最常用的加密方法，通常用硬件在网络层以下的物理层实现，它用于保护通信节点间传输的数据。这种加密方式比较简单，实现起来比较容易，只要把一对密码设备安装在两个节点间的线路上，即把密码设备安装在节点和调制解调器之间，使用相同的密钥即可。用户没有选择的余地，也不需要了解加密技术的细节。一旦在一条线路上采用链路加密，往往需要在全网内都采用链路加密。图2-18是这种加密方式的原理图。

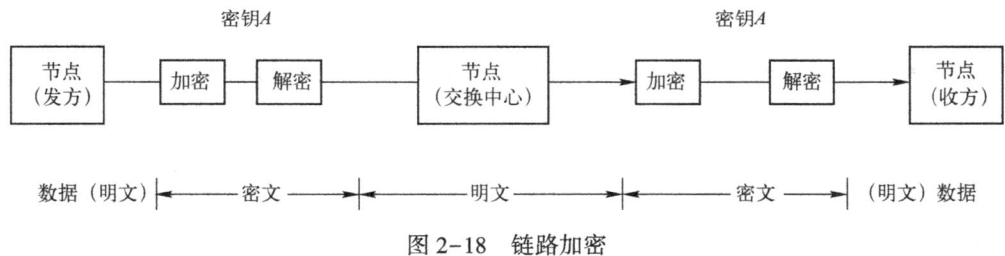

图 2-18 链路加密

链路加密方式对用户是透明的，即加密操作由网络自动进行，用户不能干预加密/解密过程。这种加密方式可以在物理层和链路层实施，主要以硬件完成，它用以对信道或链路中可能被截获的那一部分进行保护。这些链路主要包括专用线路、电话线、电缆、光缆、微波和卫星通道等。

链路加密按被传送的数字字符或位的同步方法不同，分为异步通信加密和同步通信加密两种，而同步通信按字节同步还是按位同步，又可分为两种。

（1）异步通信加密

异步通信时，发送字符中的各位都是按发方数据加密设备（DEE）的时钟所确定的不同时间间隔来发送的。收方的数据终端设备（DTE）产生一个频率与发方时钟脉冲相同，且具有一定相位关系的同步脉冲，并以此同步脉冲为时间基准来接收发送过来的字符，从而实现收发双方的通信同步。

异步通信的信息字符由 1 位起始位开始，其后是 5~8 位数据位，最后是 1 位或 2 位终止位，起始位和终止位对信息字符定界。对异步通信的加密，一般起始位不加密，数据位和奇偶校验位加密，终止位不加密。目前，数据位多用 8 位，以方便计算机操作。如果数据编码采用标准 ASCII 码，最高位固定为 0，低 7 位为数据，则可对 8 位全加密，也可以只加密低 7 位数据。如果数据编码采用 8 位扩充的二十一进制交换码（EBCDIC，Entended Binary Coded Decimal Interchange Code）或图像与汉字编码，因 8 位全表示数据，所以应对 8 位全加密。

（2）字节同步通信加密

字节同步通信不使用起始位和终止位实现同步，而是首先利用专用同步字符 SYN 建立最初的同步。传输开始后，收方从传送过来的信息序列中提取同步信息。

为了区别不同性质的报文（如信息报文和监控报文），以及标志报文的开始、结束等格式，各种基于字节同步的通信协议均提供一组控制字符，并规定了报文的格式。信息报文由 SOH、STX、ETX 和 BCC 四个传输控制字符构成，它有以下两种基本格式。

一个是有报头形式，如图 2-19 所示。

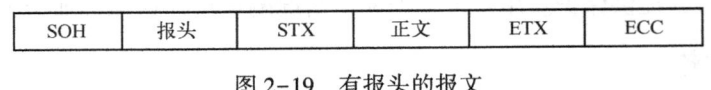

图 2-19　有报头的报文

一个是无报头形式，如图 2-20 所示。

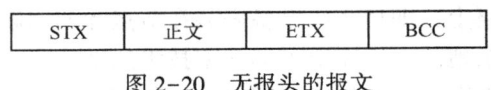

图 2-20　无报头的报文

其中，控制字符 SOH 表示信息报文的报头开始；STX 表示报头结束和正文开始；ETX 表示正文结束；BCC 表示校验字符。对字节同步通信信息报文的加密，一般只加密报头、报文正文和校验字符，而对控制字符不加密。

（3）位同步通信加密

基于位同步的通信协议有 ISO 推荐的 HDLC（High Level Data Link Control）、IBM 公司的 SDLC 和 ADCCP。除了所用术语和某些细节外，SDLC 和 ADCCP 与 HDLC 原理相同。HDLC 以帧作为信息传输的基本单位，无论是信息报文还是监控报文，都按帧的格式进行传输。帧的格式如图 2-21 所示。

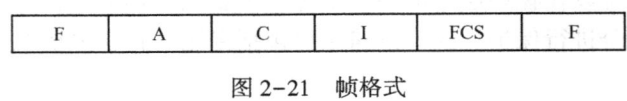

图 2-21　帧格式

其中，F 为标志，表示每帧的头和尾；A 为站地址；C 为控制命令和响应类别；I 为数据；FCS 为帧校验序列。HDLC 采用循环冗余校验。对位同步通信的加密，除标志 F 以外全部加密。

这种加密方式有两个缺点：一是全部报文都以明文形式通过各节点的计算机中央处理机，在这些节点上数据容易受到非法存取的危害；二是由于每条链路都要有一对加密/解密设备和一个独立的密钥，因此成本较高。

2.4.2 节点加密

节点加密是链路加密的改进，其目的是克服链路加密在节点处易遭非法存取的缺点。在协议运输层上进行加密，是对源点和目标节点之间传输的数据进行加密保护。它与链路加密类似，只是加密算法要组合在依附于节点的加密模块中，其加密原理如图 2-22 所示。这种加密方式除了在保护装置内，即使在节点内也不会出现明文。这种加密方式可提供用户节点间连续的安全服务，也可用于实现对等实体鉴别。

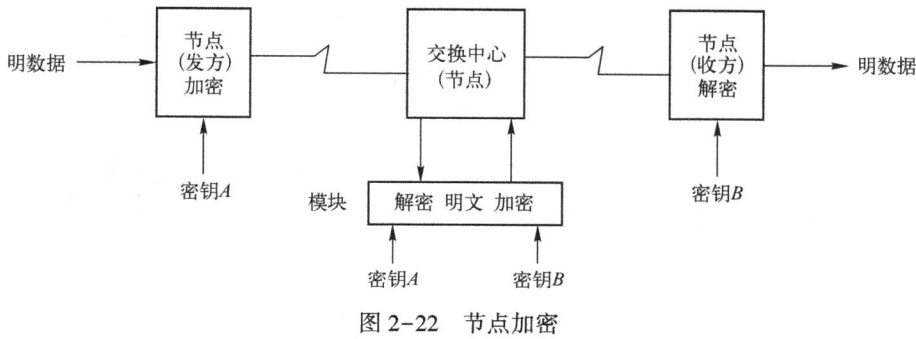

图 2-22 节点加密

节点加密也是每条链路使用一个专用密钥，但一个密钥到另一个密钥的变换是在保密模块中进行的。这个模块设在节点中央处理装置中，可以起到一种外围设备的作用。所以明文数据不通过节点，而只存于保密模块中。

2.4.3 端对端加密

网络层以上的加密，通常称为端对端加密。端对端加密是面向网络高层主体进行加密，即在协议表示层上对传输的数据进行加密，而不对下层协议信息加密。协议信息以明文形式传输，用户数据在中间节点不需要解密。端对端加密一般由软件来完成。在网络高层进行加密，不需要考虑网络低层的线路、调制解调器、接口与传输码，但用户的联机自动加密软件必须与网络通信协议软件完全结合，而各厂家的通信协议软件往往又各不相同，因此目前的端对端加密往往采用脱机调用方式。端对端加密也可以用硬件来实现，不过该加密设备要么能识别特殊的命令字，要么能识别低层协议信息，而仅对用户数据加密。硬件实现往往有很大的难度。在大型网络系统中，交换网络在多个发方和收方之间传输的时候，用端对端加密是比较合适的。端对端加密原理如图 2-23 所示。

端对端加密具有链路加密和节点加密所不具有的优点。其一是成本低，由于端对端加密在中间任何节点上都不解密，即数据在到达目的地之前始终用密钥加密保护着，所以仅要求发送节点和最终的目标节点具有加密/解密设备，而链路加密则要求处理加密信息的每条链路均配有分离式密钥装置；其二，端对端加密比链路加密更安全；其三，端对端加密可以由用户提供，因此对用户来说这种加密方式比较灵活。采用端对端加密，其控制中心的加密设备可对文件、通行字以及系统的常驻数据起到保护作用。然而，由于端对端加密只是加密报文，数据报头仍需保持明文形式，所以数据容易为密钥分析者所利用。另外，端对端加密所需的密钥数量远大于链路加密，因此对端对端加密而言，密钥管理是一个十分重要的课题。

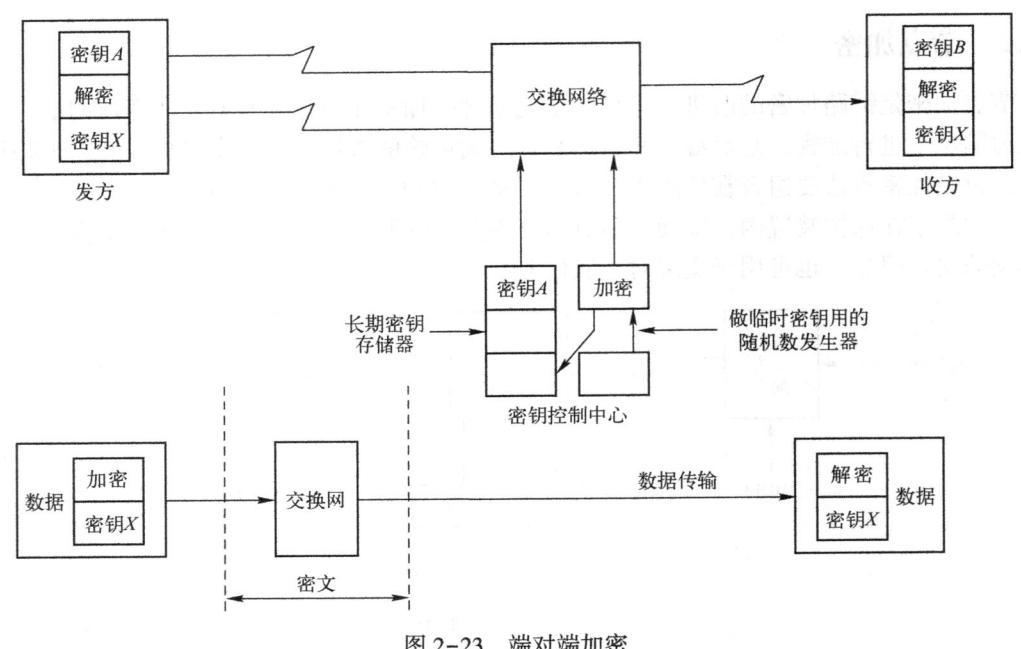

图 2-23 端对端加密

2.5 密钥管理技术

网络加密是保护网络中信息安全的重要手段,所有加密技术都依赖于密钥,网络环境下的密钥管理是一种复杂而重要的技术。

最早的密码体制没有密钥的概念,那时对密码算法和密钥还没有明显的区分。随着信息加密需求量的迅速增加,不断开发大量的新的密码算法需要耗费大量的人力、物力,于是人们逐渐转而采用将密码中的一部分加密算法或加密参数固定不变(这是保密的基本因素),而另一部分可经常更换的加密形式。这种可经常变化的部分就是通常意义下的密钥。所以,从本质讲,密钥和密码算法可以看作一回事:密钥可理解为可以经常更换的那部分算法,算法也可理解为不便于经常变化的那部分密钥。

密钥同密码算法的分离大大促进了密码技术的发展,使数据加密的保密性和安全性大大提高。这不仅使大量本来必须按照密级进行管理的加密设备可以取消密级,而且使加密设备里的核心部分——密钥,可以经常更换,从而使密码算法完全公开成为可能。如果一个密码系统的算法经不起公开,那么按照现在的标准看,这种密码系统的安全性是很弱的,其理由如下。

1) 对于没有独立设计密码能力的用户,只能使用商品密码,而一个商用密码机的软硬件原理是无法加以保密的,特别是对于国家级的破译能力来说,解剖一个加密设备的代价与破译一种密码的代价相比是可以忽略不计的。密码算法不可能一泄密就更换,必须准备依靠密钥的变化来保密。

2) 保密问题不仅是一个理论问题,而且与密码的使用有密切关系。如果必须把算法和加密装置当作绝密件管理,往往难以保证使用中的安全。

3）在数据加密等技术中，往往要求密码设计者本人在不掌握密钥的情况下也无法读到保密信息，所以算法必须经受公开的分析。

如果考虑到在研制过程中所花费的巨大经济代价，对密码算法还是应该进行保护的，但这种保护的意义应只相当于对软件产品的技术保护，也就是说，信息的保密不能建立在这种保护的基础上。

密钥管理历来是一个很棘手的问题，是一项复杂细致的长期工作。一个计算机系统的密钥管理方案必须注意每一个细小环节，否则就会带来意想不到的损失。每个具体系统的密钥设计必须与具体的使用环境和保密要求相结合，万能的密钥管理体制是不存在的。

从密码技术的发展看，现在已经可以设计出高强度的密码算法，使之能够承受国家级的破译力量的攻击，在这个意义上讲，密码算法问题已经解决，密码系统的安全性只取决于密钥的安全性。因此，在考虑计算机系统的密码设计时，需要解决的核心问题是密钥管理问题，而不是密码算法问题。当然，这并不是说密码算法问题无足轻重，而是说一个密码算法的抗破译能力可以通过一定的客观检验方法进行分析和论证，因而完全可以做到对所使用的算法强度有充分的把握。对算法的选择必须很慎重，但这个问题再困难，也仅仅与密码算法本身的纯技术性能有关，而且已经出现了一大批成熟的密码算法可供选择和借鉴，即使没有这方面的设计能力，抄一个现成的算法或请有关部门编一个新的算法也不困难。而密钥管理的问题则要复杂得多，不仅与技术有关，还与人的因素有关。技术上做得再完善，通过人员这个口子仍然可以把核心机密泄露出去。特别是当密钥管理存在一些漏洞时，从密钥管理的途径窃取秘密要比单纯从破译的途径窃取秘密的代价小得多。

一个好的密钥管理系统应当尽量不依赖于人的因素，这不仅是为了提高密钥管理的自动化水平，根本目的还是为了提高系统的安全程度。为此有以下具体要求：

1）密钥难以被非法窃取。
2）在一定条件下窃取了密钥也没有用。
3）密钥的分配和更换过程在用户看来是透明的，用户不一定要亲自掌握密钥。

在下面的介绍中，通常把达到上述要求的程度作为评价一个密钥管理系统的性能好坏的标准。

2.5.1 密钥管理

密钥管理是处理密钥自产生到销毁整个过程中的有关问题：系统的初始化、密钥的产生、存储、备份/恢复、装入、分配、保护、更新、控制、丢失、吊销和销毁等。设计安全的密码算法和协议并不容易，而密钥管理则更加困难，密钥是保密系统中更为脆弱的环节，其中分配和存储可能是最棘手的。密钥管理不仅影响系统的安全性，而且涉及系统的可靠性、有效性和经济性。密钥管理要从物理、人事、规程和技术四个方面考虑。密钥管理技术要使用加密、认证、签字、协议、公证等几方面。电子商务的密钥管理系统中必须依靠可信赖的第三方公证机构。公证系统是电子商务中保证安全的一个必需的、重要的工具，它不仅可以协助密钥的分配和证实，而且可以作为证书机构、时戳代理、密钥托管代理和公证代理等；不仅可以断定文件签署时间，而且还可以对本系统提供的信息进行仲裁。公证机构还可采用审计追踪技术，对密钥的注册、证书的制作、密钥更新、吊销进行记录审计。本节主要介绍密钥的管理内容、密钥的分配技术、对称密钥管理、公开密钥管理、混合密钥管理方案和密钥托管技术等。

1. 密钥的管理内容

（1）密钥设置协议

目前流行的密钥管理方案中一般采用分层次的密钥设置，目的在于减少单个密钥的使用周期，增加系统的安全性。总体上密钥分两大类：数据加密密钥（DK）和密钥加密密钥（KK）。前者直接对数据进行操作，后者用于保护密钥，使之通过加密而安全传递。

（2）密钥生成

算法的安全性依赖于密钥，密钥的产生首先必须考虑具体密码系统的公认的限制，如果用一个弱的密钥生成方法，那么整个体制是弱的。因为能破译密钥生成算法，所以就不需要破译加密算法了。减少的密钥空间，易受到穷举攻击。如果采用姓名等的弱密钥选择也易受到穷举的字典攻击。因此，好的密钥应该是随机密钥，但为了便于记忆，密钥不能选得过长，不能选完全随机的数串，要选自己易记而别人难以猜中的密钥，要做到这些可采用密钥揉搓或碾碎技术。可见密钥的生成是困难的，特别对公钥密码体制来说，生成密钥更加困难，因为密钥必须满足某些数学特征（必须是素数的，是二次剩余的，等等）。

（3）密钥的分配

要研究密码系统中密钥的发送、验证等传送中的问题，在以后的内容中进一步介绍。

（4）密钥的保护

密钥从产生到终结的整个生存期中，都需要加强安全保护。密钥决不能以明文的形式出现，所有密钥的完整性也需要保护，因为一个攻击者可能修改或替代密钥，从而危及机密服务。另外，除了公钥密码系统中的公钥外，所有的密钥需要保密。在实际中，存储密钥的最安全的方法是将其放在物理上安全的地方。当一个密钥无法用物理的办法进行安全保护时，密钥必须用其他的方法来保护，可通过机密性（例如，用另一个密钥加密）或完整性服务来保护。在网络安全中，用最后一种方法可导致密钥的层次分级保护。

（5）密钥的存储

密钥存储时必须保证密钥的机密性、认证性、完整性、防止泄露和修改。

最简单的密钥存储问题是单用户的密钥存储，用户加密文件以备以后使用。因为只涉及他一个人，且只有他一人对密钥负责。一些系统采用简单方法：密钥存放在用户的脑子中，而决不放在系统中，用户只需要记住密钥，并在需要对文件加密或解密时输入。在某些系统中用户可直接输入64 bit密钥，或输入一个更长的字符串，系统自动通过密钥碾碎技术从这个字符串生成64 bit密钥。

还可以将密钥储存在磁卡、ROM密钥卡或智能卡中，用户先将物理标记插入加密箱上或连在计算机终端上的特殊读入装置中，然后把密钥输入系统中。当用户使用这个密钥时，他并不知道它，也不能泄露它。把密钥平分成两部分，一半存入终端，一半存入ROM密钥，使得这项技术更加安全。美国政府的STU-Ⅲ保密电话就用的是这种方法。丢失了ROM密钥并不能使加密密钥受到损害——换掉它一切就正常如初，丢失终端密钥情况也如此，这样，两者之一被损害都不能损害整个密钥。

可采用类似于密钥加密密钥的方法对难以记忆的密钥进行加密保存。例如，一个RSA私钥可用DES（数据加密标准）密钥加密后存在磁盘上，要恢复密钥时，用户只需把DES密钥输入解密程序中即可。如果密钥是确定性地产生的（使用密码上安全的伪随机序列发生器），每次需要时从一个容易记住的口令产生出密钥会更加简单。

（6）密钥的备份/恢复

密钥的备份是非常有意义的，在密钥主管发生意外的情况下，以便恢复加密的信息，否则加密的信息就会永远地丢失了。

有几种方法可避免这种事情发生。最简单的方法称密钥托管方案，它要求所有雇员将自己的密钥写下来交给公司的安全官，由安全官将文件锁在某个地方的保险柜里（或用主密钥对它们进行加密）。当发生意外情况时，可向安全官索取密钥。

一个更好的方法是采用一种秘密共享协议，即将密钥分成若干片，然后，每个有关的人员各保管一部分，单独的任何一部分都不是密钥，只有将所有的密钥片搜集全，才能重新把密钥恢复出来。

（7）密钥的泄露与撤销

密钥的安全是所有的协议、技术、算法安全的基本条件，如果密钥丢失、被盗、在媒体上公开或以其他方式泄露，则所有的保密性就都失去了，唯一补救的办法是及时更换新密钥。

（8）密钥的有效期

没有哪个加密密钥能无限期使用，其原因如下。

1）密钥使用时间越长，它泄露的机会就越大。人们会写下密钥，也会将其丢失，偶然事件也会发生的。

2）如果密钥已泄露，那么密钥使用越久，损失就越大。如果密钥仅用于加密一个文件服务器上的单个预算文件，它的丢失仅意味着该文件的泄密。如果密钥用来加密文件服务器上所有预算信息，那么损失就大得多。

3）密钥使用越久，人们花费精力破译它的诱惑力就越大——甚至不惜采用穷举攻击法。破译了两个军事单位使用一天的共享密钥，就会使某人能阅读当天两个单位之间的通信信息。破译所有军事机构使用一年的共享密钥，就会使同样的人获取和伪造通行该机构一年的信息。

4）对用同一密钥加密的多个密文进行密码分析一般比较容易。

对任何密码应用，必须有一个密钥的有效期。不同密钥应有不同的有效期，如电话就是把通话时间作为密钥有效期，当再次通话时就启用新的密钥。专用通信信道就不这么明显了，密钥应当有相对较短的有效期，这主要依赖数据的价值和给定时间里加密数据的数量。

密钥加密密钥无须频繁更换，因为它们只是偶尔用作密钥交换，只是给密钥破译者提供了很少的密文分析，且相应的明文也没有特殊的形式。然而如果密钥加密密钥泄露，那么其潜在损失将是巨大的，因为所有的通信密钥都经其加密。在某些应用中，密钥加密密钥一般是一月或一年更换一次。

用来加密保存数据文件的加密密钥不能经常变换。在人们重新使用文件前，文件可以加密储藏在磁盘上数月或数年，每天将它们解密，再用新的密钥进行加密，这无论如何都不能加强其安全性，这只是给破译者带来了更多的方便。一种解决方法是每个文件用唯一的密钥加密、然后再用密钥加密密钥把所有密钥加密，密钥加密密钥要么记忆下来，要么保存在一个安全地点，或在某个地方的保险柜中。当然，丢失该密钥意味着丢失了所有的文件加密密钥。

公开密钥密码应用中的私钥的有效期是根据应用的不同而变化的。用作数字签名和身份识别的私钥必须持续数年（甚至终身），用于类似于抛掷硬币协议的简单应用的私钥在协议完成之后就应该立即销毁。即使期望密钥的安全性持续终身，两年更换一次密钥也是要考虑的。许多网络中的私钥仅使用两年，此后用户必须采用新的私钥。旧密钥仍需保密，以防用户需要验证以前的签名，但是新密钥将用作新文件签名，以减少密码分析者所能攻击的签名文件数目。

（9）控制密钥使用

控制密钥使用是为了保证密钥按预定的方式使用，在一些应用中控制怎样使用密钥是有意义的，有的用户需要控制密钥或许仅仅是为了加密，有的或许是为了解密。可以赋予密钥的控制信息的有：密钥的主权人、密钥合法使用期限、密钥识别符、密钥预定的用途、密钥限定的算法、密钥预定使用的系统、密钥授权用户以及与密钥生成、注册、证书有关的实体名字等。

运用这些限制的一个方案是在密钥后面附加一个控制向量（Control Vector，CV），用它来标定密钥的使用和限制。对 CV 取单向哈希运算，然后与主密钥异或，把得到的结果作为密钥对密钥进行加密，再把合成的加密了的密钥与 CV 存在一起。恢复密钥时，对 CV 取哈希运算再与主密钥异或，最后用结果进行解密。

（10）密钥的销毁

如果密钥必须定期替换，旧密钥就必须销毁。旧密钥是有价值的，即使不再使用，有了它们，攻击者就能读到由它加密的一些旧消息。

密钥必须安全地销毁。如果密钥是写在纸上的，那么必须切碎或烧掉；如果密钥存在 EEPROM 硬件中，密钥就应进行多次重写；如果密钥存在 EPROM 或 PROM 硬件中，芯片就应被打碎成小碎片；如果密钥保存在计算机磁盘里，就应多次重写覆盖磁盘存储的实际位置或将磁盘切碎。

一个潜在的问题是，在计算机中的密钥易于被多次复制并存储在计算机硬盘的多个地方。采用防窃器件，能自动销毁存储在其中的密钥。

2. 密钥的分配技术

密钥分配技术主要研究密钥的分发和传送中的问题。密钥分配实质上是使用一串数字或密钥，依次进行加密、解密等操作，从而实现保密通信和认证等。

（1）密钥分配实现的基本方法

安全的密钥分配是通过建立安全信道来实现的，当前主流的安全信道算法如下。

1) 基于对称加密算法建立安全信道。

通信双方的保密通信，需要两个用户 A 和 B 共享密码，一般有以下几种方式：①密钥由 A 选取并通过物理手段发送给 B；②密钥由第三方选取并通过物理手段发送给 A 和 B；③如果 A、B 事先已有一密钥，则其中一方选取新密钥后，用已有的密钥加密新密钥并发送给另一方；④如果 A 和 B 与第三方 C 有一保密信道，则 C 为 A、B 选取密钥后，分别在两个保密信道上发送给 A、B。

前两种方法称为人工发送。在通信网中，若只有个别用户想进行保密通信，密钥的人工发送还是可行的，然而如果所有用户都要求支持加密服务，则任意一对希望通信的用户都必须有一共享密钥。如果有 n 个用户，则密钥的数量为 $n(n-1)/2$，因此当 n 很大时，密钥分配的代价非常大，密钥的人工发送是不可行的。

第三种方法，攻击者一旦获得一个密钥就可以获取以后所有的密钥；而且用这种方法对所有用户分配初始密钥时，代价仍然很大。

第四种方法比较常用，其中第三方通常是一个负责为用户分配密钥的密钥分配中心。这时，每一用户必须和密钥分配中心有一个共享密钥，称为主密钥。如果用户数为 n，主密钥数为 n，可以通过物理手段发送。

2）基于双钥体制利用数学上求逆的困难建立安全信道。

双钥体制适用于进行密钥管理，特别是对于大型网络中的密钥管理。假设通信双方为 A 和 B。使用双钥体制交换对称密钥的过程是这样的：首先 A 通过一定的途径获得 B 的公钥；然后 A 随机产生一个对称密钥 K，并用 B 的公钥加密对称密钥 K 发送给 B；B 接收到加密的密钥后，用自己的私钥解密得到密钥 K。在这个对称密钥的分配过程中，不再需要在线的密钥分配中心，也节省了大量的通信开销。目前，主要有两种基于双钥体制建立安全信道的模式，一种为采用公钥证书的方式，另一种是分布式密钥管理模式。

3）基于量子密码建立安全信道。

量子力学一百多年的发展，却给人类带来另一种可能。量子密码学是量子力学与密码学结合的产物，而量子密码学的核心就是量子密码安全分配。量子密钥分发的安全性由量子力学的测不准原理和量子不可克隆定理等物理学原理做保证。

量子密码学便是基于量子的不确定性，采用量子态作为信息载体，经由量子通道在合法的用户之间传送密钥，构造一个安全的通信通道，使任何在信道上的窃听行为不可能对通信本身产生影响，从而达到窃听失败的目的，以保证信道的安全。量子密钥分配技术的基础是物理而不是数学。

所谓密钥分发实验，要以量子力学一些"原理"的成立为前提。比如，"量子不可克隆定理、量子不可分割"，使得"存在窃听必然被发现"，而量子的"一次一密、完全随机"，又让"加密内容不可破译"成为现实。"不可克隆定理"（No-Cloning Theorem）是"海森堡测不准原理"的推论，它是指量子力学中对任意一个未知的量子态进行完全相同的复制的过程是不可实现的，因为复制的前提是测量，而测量一般会改变该量子的状态。

2013 年 10 月 10 日，巴特尔公司（Battelle）建立了第一条商用量子密钥分配网络，一条全长 110 km 的专用光纤线路连接了俄亥俄州哥伦布市的公司总部和在都柏林的分部办公室，使用的是瑞士 ID Quantique 量子研究公司提供的硬件设备，用来保护公司的财务资料、知识产权、图纸和设计数据。

英国剑桥的一个研究小组开发成功一种新技术，使得量子密钥分配过程能在普通光纤通信线路上进行。这种技术有些像"时分复用"通信，通常的高强度数据激光与微弱的光量子流传送在同一根光纤上按时间分隔高速切换。该技术有相当的难度，通信中的收发两端对两种讯号必须保持精准的同步，而且感应器必须正确适应强度差异十分巨大的两种光信号，犹如一会儿面对太阳，一会儿感应微弱的星光。这种技术使得通信双方可以在同一条光纤上交换密钥，然后用他人无法截获的密钥对数据加密后按通常方式传送，再也不必担心泄密。

（2）密钥分配实现的基本工具

认证技术和协议技术是分配密钥的基本工具，认证技术是安全分配密钥的保障，协议技术是实现认证必须遵守的流程。

（3）密钥分配系统实现的基本模式

密钥分配系统实现的基本模式有两种，一种是对小型网络，由于用户人数较少，每对用户之间可采用共享一个密钥的方法，如图 2-24 所示。

图中 k 表示 A 和 B 之间共享的密钥。

另一种是在一个大型网络中,如由 n 个用户组成的系统中,希望相互之间保密通信,则需要生成 $n(n-1)/2$ 个密钥进行分配和存储,这样密钥的分配问题就变得复杂,因

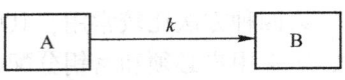

图 2-24 对小型网络的密钥分配系统模式

此为了解决这一问题,常采用密钥中心管理方式。在这种结构中,每个用户和密钥中心共享一个密钥,保密通信的双方之间无共享密钥。

密钥中心机构有两种形式:密钥分配中心(KDC)和密钥传送中心(KTC)。在 KDC 中,当 A 向 KDC 请求发放与 B 通信的密钥时,KDC 生成一个密钥 k 传给 A,并通过 A 传给 B,如图 2-25a 所示。或者利用 A 和 B 与 KDC 共享密钥,由 KDC 直接传送给 B,如图 2-25b 所示。

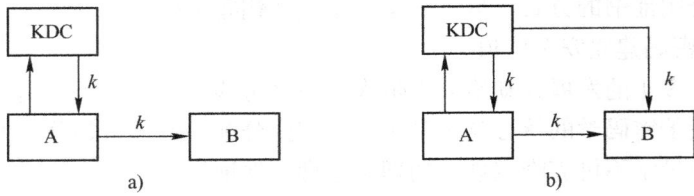

图 2-25 密钥分配中心
a) 间接分配 b) 直接分配

密钥传送中心(KTC)和密钥分配中心(KDC)十分相似,主要区别在于由通信方的一方产生需求的密钥,而不是由密钥中心来产生。当 A 希望和 B 通信时,它产生密钥 k 并将密钥发送给 KTC,KTC 再通过 A 转送给 B,如图 2-26a 所示,或直接送给 B,如图 2-26b 所示,利用 A 与 B 和 KTC 的共享密钥来实现。

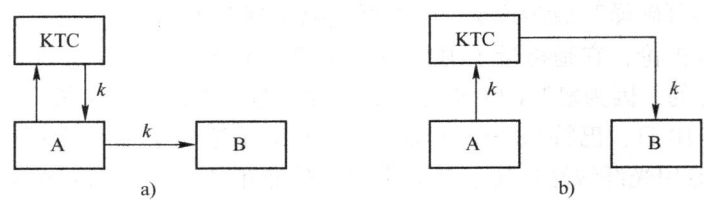

图 2-26 密钥传送中心
a) 间接传送 b) 直接传送

由于 KDC 和 KTC 参与,各用户只需保存一个和 KDC 或 KTC 共享的较长期的密钥即可,其安全性依赖于对密钥中心的信任,中心节点一旦出问题将威胁整个系统的安全。

(4) 密钥的验证

在密钥分配过程中,需要对密钥进行验证,以确保准确无误地传送给指定的用户,防止伪装信使用假密钥套取信息,并防止密钥分配中的错误。当你收到密钥时,如何知道这是对方传送的而不是其他人传送的呢?如果是对方亲自传递给你的,那自然简单;如果通过可靠的信使传送密钥,必须相信信使,并需要对密钥进行确认,例如采用指纹法。而让信使传送加密密钥可能更安全。如果密钥由密钥加密,必须相信只有对方才拥有那个加密密钥;如果运用数字签名协议来给密钥签名,那么当验证签名时就必须相信公开密钥数据库;如果某个密钥分配中心(KDC)在对方的公钥上签名,则必须相信 KDC 的公开密钥副本不曾被篡改过。这些都需要对公开密钥认证。如果被篡改,任何一个人都可以伪装成对方传送一个加密和签名的消息。利用该缺陷的一些人声称公钥密码体制是无用的,公钥体制对提高安全性一

点用处也没有，但实际情况复杂得多。采用数字签名和可信赖 KDC 的公钥体制，使得一个密钥代替另一个密钥变得非常困难。你可以通过电话核实对方的密钥，这样他可以听到你的声音。声音识别是一个真正的好的鉴别方案。如果是一个秘密密钥，他就用一个单向哈希函数来核实密钥，AT&T、TSD 就是用这种方法对密钥进行验证的。有时，核实一个公开密钥到底属于谁并不重要，核实它是否属于去年的同一个人或许是有必要的：如果某人送了一个签名提款的信息到银行，银行并不关心到底谁来提款，它仅关心是否与第一次来存款的人是同一个人。

3. 对称密钥管理

对称加密是基于共同保守秘密来实现的。采用对称加密技术的双方必须保证采用的是相同的密钥，保证彼此密钥的交换是安全可靠的，同时还要设定防止密钥泄密和更改密钥的程序，从而对称密钥的管理和分发工作将变成一个具有潜在危险的和烦琐的过程。但通过公开密钥加密技术实现对称密钥的管理，使相应的管理变得更加简单和安全，同时还解决了纯对称密钥模式中存在的可靠性问题和鉴别问题。

一种建立对称加密密钥的常用方法是 RSA 密钥传输法。对称密钥能够由一个系统生成，然后散发给一个或多个系统，其采用的是 RSA 的加密模式来进行加密。

通信双方中的一方可以为每次交换的信息生成唯一一把对称密钥，并用公开密钥对该密钥进行加密，然后将加密后的密钥和用该密钥加密的信息一起发送给相应的通信方。由于对每次信息交换都对应生成了唯一一把密钥，因此通信双方就不再需要对密钥进行维护和担心密钥的泄露或过期。这种方式的另一优点是即使泄露了一把密钥也只将影响一笔交易，而不会影响通信双方之间所有其他交易关系。这种方式提供了贸易伙伴间发布对称密钥的一种安全途径。

另一种建立对称加密密钥的方法，是通信双方通过某个值来形成对称加密密钥的方法，它是由 Diffie 和 Hellrnan 提出的。这一创造性的技术被称为 Diffie-Hellman 密钥协议，其运作方式如下：系统 A 和 B 各自生成一个随机的秘密值 x 和 y，每个系统用自己的秘密值计算出相应的公开值 X 和 Y，两个系统交换彼此的公开值，然后每个系统可以从自己的秘密值和另一个系统的公开值来计算出同一个密钥，也就是说 A 可以用 x 和 Y 计算出密钥，B 则可以用 y 和 X 计算出同一个密钥。只知道公开值但不知道秘密值的窃听者是不可能计算出密钥的。

4. 公开密钥管理

公开密钥加密系统对密钥管理的要求与对称加密系统本质上是完全不同的。在对称加密系统中，对彼此间进行通信的信息进行保护的双方必须持有同一把密钥，该密钥对他们之外的其他方是保密的。而在公开密钥加密系统中，一方必须持有一把对其他任何方都是保密的密钥（私人密钥），同时，还要让想要与私人密钥的持有者进行安全通信的其他方知道另一把相应的密钥（公开密钥）。

在分发公开密钥时并不要求保密，但必须保持公开密钥的完整性。也就是说，不能给攻击者任何替换密钥值的机会，因为这些密钥是一方所信赖的其他方的公开密钥，否则就可能遭到攻击。

从表面来看，公开密钥密码算法没有密钥分配问题，这正是公开密钥密码算法的最大方便之处，网络越复杂、网络用户越多，其优点就越明显。因为公开密钥加密使用两个不同的密钥，其中有一个是公开的，另一个是保密的。公开密钥可以保存在系统目录内、未加密的电子邮件信息中、电话黄页（商业电话）上或公告牌里，网上的任何用户都可获得公开密钥。而私有密钥是用户专用的，由用户本身持有，它可以对由公开密钥加密的信息进行解密。

但是在具体应用中，公开密钥的分发并不像在电话簿中公布电话号码那么简单，除非所有的用户对这样的目录及相应的访问具有高度的信任感，但事实证明这类信任是很难实现的。由此引出了以证书形式来进行公开密钥的管理。通常意义上，所谓证书其实是一种数据结构，是证书使用者所信任的一方进行数字签名的电子信息。公开密钥证书是一种将某方的身份（证书的主体）与某个公开密钥值安全地连接在一起的数据结构。围绕证书的签发与管理而构建的技术和法律框架结构被称为公开密钥基础设施（PKI）。

下面介绍四类典型的公开密钥分配方案：公开宣布；公开可以得到的目录；公开密钥管理机构；公开密钥证书。

（1）公开密钥的公开宣布

公开密钥的公开宣布方法最为简单，只需将公开密钥附加在发送给公开论坛的报告中，这些论坛包括 USENET 新闻组和 Internet 邮件组。这是一个不受控制的公开密钥分配方案，如图 2-27 所示。但是这个方法有一个致命的弱点：任何人都可以伪造一个这样的公开告示。

（2）公开可以得到的目录

通过维持一个公开可以得到的公开密钥动态目录就能够取得更大程度的安全性。对公开目录的维护和分配必须由一个受信任的系统和组织来负责，如图 2-28 所示。

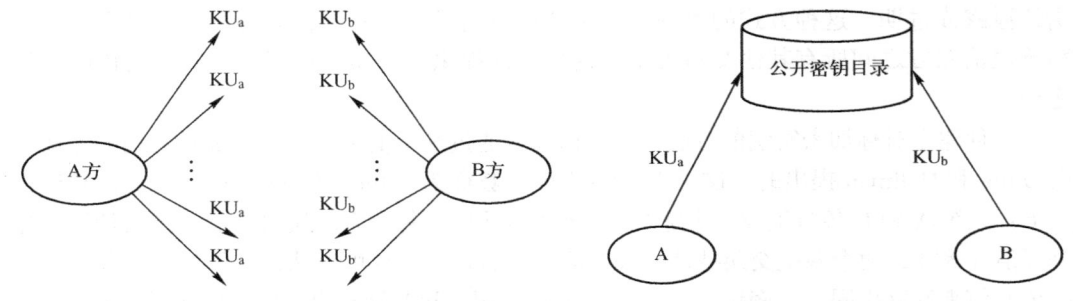

图 2-27　不受控制的公开密钥分配　　　　图 2-28　公开密钥的公布

这种方案包括下列成分：

1）管理机构为每个参与者维护一个目录项（名字，公开密钥）。

2）每个参与者在目录管理机构登记一个公开密钥。登录必须面对面进行，或者通过某种安全的经过认证的通信方式进行。

3）参与者可以随时用新的密钥更换原来的密钥，不论是因为希望更换一个已经用于大量的数据的公开密钥，还是因为对应的私有密钥已经以某种途径泄露出去了。

4）管理机构定期发表这个目录或者对目录进行更新。例如，可以出版一个很像电话号码簿的打印版本，或者可以在一份发行量很大的报纸上列出更新的内容。

5）参与者也可能以电子方式访问目录。为了这个目的，从管理机构到参与者的通信必须是安全的、经过鉴别的通信。

这个方案明显比各个参与者单独进行公开告示更加安全，但是它仍然有弱点。如果一个敌对方成功地得到或者计算出了目录管理机构的私有密钥，敌对方就可以散发伪造的公开密钥,并随之假装成任何一个参与者窃听发送给该参与者的报文。另一个达到同样目的的方法是,敌对方篡改管理机构维护的目录。

(3) 公开密钥管理机构

通过更严格地控制公开密钥从目录中分配出去的过程,就可以使公开密钥分配更安全。一个典型的情况如图 2-29 所示。和以前一样,在这里假定一个中心管理机构维护一个所有参与者的公开密钥动态目录。另外,每个参与者都可靠地知道管理机构的一个公开密钥,而只有管理机构才知道对应的私有密钥。

本方案中,开始的 4 个报文并不经常使用,因为 A 和 B 两者都可以保存另一个公开密钥以供将来使用,即都可以使用缓存技术。一个用户应该定期向通信的对方要求当前的公开密钥,以保证公开密钥的实效性。

(4) 公开密钥证书

如图 2-29 所示的情形固然很好,但是它也有某些缺点。公开密钥管理机构可能是系统中的一个瓶颈,因为一个用户对于他所希望联系的其他用户都必须借助于管理机构才能得到公开密钥。像前面一样,管理机构所维护的名字和公开密钥目录也可能被篡改。一个使用数字证书的替代方法如图 2-30 所示。

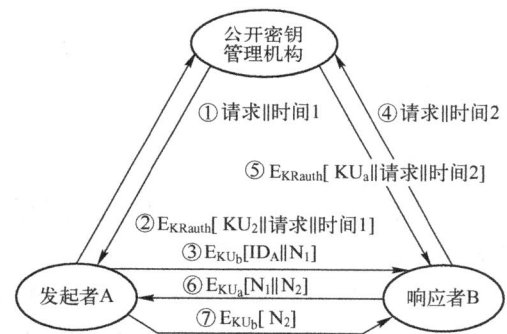

图 2-29 利用公钥管理机构分发公开密钥

注:KU_a 和 KU_b 分别是 A 和 B 的公开密钥。

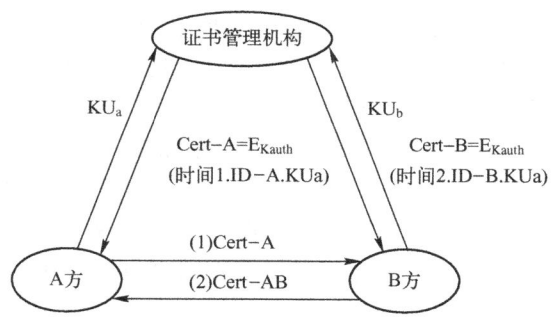

图 2-30 公开密钥证书的交换

注:Cert-A、Cert-B 和 ID-A、ID-B 是 A 和 B 的数字证书和身份标识。

采用这种方案可以做到如同直接从公开密钥管理机构得到密钥一样可靠。每个证书包含一个公开密钥以及其他信息,它由一个证书管理机构制作,并发给具有匹配的私有密钥的参与者。一个参与者通过传输它的证书将其密钥信息传送给另一个参与者,其他参与者可以验证证书是不是该管理机构制作的。

这种方案有如下要求:

1) 任何参与者都可以阅读证书以确定证书拥有者的名字和公开密钥。
2) 任何参与者都可以验证证书是否来自证书管理机构。
3) 只有证书管理机构才可以制作和更新证书。
4) 任何参与者可以验证证书的有效性。

图 2-30 给出了一个满足如上条件的证书交换方案。贸易伙伴间可以使用数字证书(公开密钥证书)来交换公开密钥。国际电信联盟(ITU)制定的标准 X.509 对数字证书进行了定义,该标准等同于国际标准化组织(ISO)与国际电工委员会(IEC)联合发布

的 ISO/IEC9594—8：195 标准。数字证书通常包含唯一标识证书所有者（即贸易方）的名称、唯一标识证书发布者的名称、证书所有者的公开密钥、证书发布者的数字签名、证书的有效期及证书的序列号等。证书发布者一般称为证书管理机构（CA），它是贸易各方都信赖的机构。数字证书能够起到标识贸易方的作用，是目前电子商务中广泛采用的技术之一。微软公司的 Internet Explorer 就提供了数字证书的功能来作为身份鉴别的手段。

5. 混合密钥管理方案

直接用公钥进行通信加密和直接用私钥对数据进行签名的做法效率太低，而公钥体制不需要共享的通用密钥，而且在身份验证方面很有优势，因此出现了公钥体制和对称密钥体制混合起来的密钥管理方案。这种方案是利用公钥来协商临时的会话密钥，再用会话密钥来加密会话内容。

假定有两个用户 a 和 b 想要相互通信，网络上还有一个可信的第三方 CA。a 和 b 均有自己的公钥和私钥，其中公钥公开在 CA 上，私钥则自己秘密保存，如图 2-31 所示。

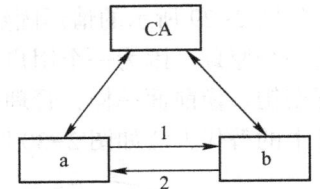

图 2-31 混合密钥管理方案

1) a 发起通信，先随机生成一个会话密钥 key。从 CA 得到 b 的公钥 PK2，用 PK2 加密 y，发送给 b。

2) b 收到后，用自己的私钥 SK2 解密得到 key。这时双方都已经拥有会话密钥。b 发送一个确认给 a。

协商以后，a 和 b 使用会话密钥 y 来通信。如果 b 要确认 a 的身份，那么在步骤 1) 中，a 还要加上自己的签名，也就是用私钥 SK1 加密一个能表明自己身份的标记，把加密结果附带发送给 b。此时，在步骤 2) 中，b 就可以用 a 的公钥来验证 a 的签名了。

以上只是一个简单的密钥管理方法，在实际应用中密钥管理可能复杂得多，可能要考虑数据完整性、时间戳、密钥更新等问题。其中所用到的公钥密码算法可以是 RSA、椭圆曲线等。

6. 密钥托管技术

密钥托管的前提是，用户不应具有在他们中间分配秘密密钥的能力，否则用户能用这些密钥替代密钥托管机构能控制的密钥，绕过密钥托管，使密钥管理失效。

密钥托管可以简单地理解为把通信双方每次的会话密钥交给合法的第三方，以便让合法的第三方利用得到的会话密钥解密双方通信的内容，从而监视双方的通信。一般而言合法的第三方通常为政府部门和法律执行部门。

密钥托管的一个最简单方法就是由一个（或多个）可信的政府代理机构为个人保管秘密密钥，这样经过适当的授权，政府就能检索存储的秘密密钥，进而对窃听到的通信进行脱密。

（1）密钥托管的发展

由于密钥托管技术的使用会将企业和私人用户的秘密泄露给政府和法律执行部门，这引起了政府和法律执行部门与企业和私有用户之间的矛盾。官方认为，密钥托管的研制和使用对于加速发展高级安全技术，保证高速发展的信息网络系统的安全有重要作用。它为公司保护其专有信息，为私人保护个人秘密，防止未授权信息泄露提供了有效的工具，同时它也为政府和法律执行机构提供了依法监视犯罪分子所进行通信的能力，以维护宪法的尊严和保护公民的权力。但企业和私人用户认为密钥托管将泄露他们的私人秘密，它将对通信双方的安全和公民的权力产生破坏性的影响，这样对用户来说，将没有自己私人的秘密可言。由此可见，要进行密钥托管，需要政府制定相应的法规，并要严格控制。

现在比较成熟的密钥托管技术是美国的密钥托管标准 KES，它基于一个防拆性的 CLIPPER 芯片，利用了私钥密码体制的分组密码算法来产生数据恢复域。密钥托管已经在一些地方使用，它们不仅用来恢复加密后的信息，而且还具有签名验证功能。

虽然近年来从大众媒体到政府高层政策决策者都对密钥托管体制产生了浓厚的兴趣，遗憾的是，就密钥托管领域本身而言，其基础不是很完善，以致在安全保密性问题上产生过灾难性的事故。

（2）密钥托管的应用

目前密钥托管技术的使用还不够广泛，但它已在下面几个方面得到了应用。

当一个用户存储了一个加密后的文件或其他重要资料时，由于用户不小心丢失或损害加密该文件的密钥，而需要紧急解密文件或资料，此时用户可向密钥托管代理者申请，密钥托管代理者向他们提供所需要的用户秘密密钥，从而使用户能恢复出加密的文件或资料。

使用密钥托管来加密关键文件时，当执行加密的用户不在，而合法的用户又想知道该文件内容时，它可把加密后的文件传送给密钥托管者，密钥托管者解密后就可把它送还给合法用户。

在此介绍利用密钥托管协议进行文件加密的一种应用：

1）用户向密钥托管者发送将要存储的文件。

2）密钥托管者利用自己的秘密密钥 K_1 来加密用于加密该文件的密钥 K_2。

3）密钥托管者利用 K_2 来加密该文件，并把加密后的 K_2 和加密后的文件送回给用户。

因为只有密钥托管者能解密 K_2，而其他人没有能力对其解密，所以文件的安全性得到了保障。

当法律执行部门怀疑某人或组织在采用密码设备进行犯罪活动时，为了获得犯罪证据，他们利用密钥托管来解密截取到的密文，从而将犯罪分子绳之以法。企业内部为了防止某些怀有恶意的雇员利用内部的保密设备泄露本公司的秘密，利用密钥托管技术对他们的通信进行监视，从而可防止和减少公司的损失。

在电子邮件中，发送者和接收者利用密钥托管可进行密钥交换、电子签名、鉴别等操作。此外，在银行系统、商业系统、军方和一些政府部门都可找到它的应用。

（3）密钥托管的组成

密钥托管加密分成三个组成部分：用户安全部分、密钥托管部分和数据恢复部分。用户安全部分是用来提供信息加密和解密以及密钥托管功能的硬件设备或软件程序，它提供了一个数据恢复域（DRF）到加密后的信息中去，DRF 中包含了会话密钥的信息，它用来实现密钥托管功能；密钥托管部分可由密钥托管代理来操作，它采用一些安全方法从 DRF 中恢复出会话密钥；数据恢复部分则利用从密钥托管部分中得到的会话密钥对截取到的密文进行明文的恢复。

（4）密钥托管的可行性分析

由于密钥托管系统负有法律执行部门及政府智能部门的特殊任务，同非密钥托管系统相比，它的实行势必降低加密系统的安全性，增加系统的复杂性以及建立、维护、运行系统的费用。密钥托管作为一个信息安全基础设施，在它的推广使用时必须考虑以下几点。

1) 保证数据的保密性、完整性。
2) 世界范围内的可用性。与国际、国内不同的密码政策相适应。
3) 足够的强度，能抗击实际使用中的各种威胁及运行的风险。
4) 实施方法的细节应该是公开的，比如 SHIJACK 算法及 LEAF 产生方法。
5) 必须能为法律执行部门提供方便。
6) 滥用应该是困难的和容易发现的。
7) 形成一个合法的组织体系。
8) 必须考虑宪法赋予公民的合法权利。
9) 选择可信任的托管机构 KEA（Key Escrow Agency）时应有很大的灵活性。
10) 有足够的权利使用新开发的算法和标准。
11) 对任何人都是容易得到的，而且费用不能太高。
12) 为用户提供可选的安全防范，以减小诸如密钥丢失或毁坏所造成的损失。

2.5.2 密钥交换协议

密钥交换协议是这样一种机制：系统中的一个成员先选择一个秘密密钥，然后将它传送给别的成员。传统的方法是通过邮递或信使护送密钥，这种方法的安全性完全取决于信使的忠诚和素质，当然很难完全消除信使被收买的可能性。另外，这种方法的传输量和存储量都很大。人们希望能设计出满足以下两个条件的密钥分配协议：传输量和存储量都比较小；每一对用户 U 和 V 都能独立地计算一个秘密密钥 K。目前已经设计出了大量的满足上述两个条件的密钥分配协议，诸如 Diffie-Hellman 密钥交换协议、Oakley 密钥交换协议和互联网简单密钥交换协议（SKIP）。

1. Diffie-Hellman 密钥交换协议

Diffie 和 Hellman 在其具有里程碑意义的文章中，虽然给出了密码的思想，但是没有给出真正意义上的公钥密码实例，也没能找出一个真正带陷门的单向函数。然而，他们给出了单向函数的实例，并且基于此提出了 Diffie-Hellman 密钥交换协议法。

Diffie-Hellmen 密钥交换协议拥有美国和加拿大专利。利用 Diffie-Hellman 密钥协议，两个通信系统可以用同一个数值来生成加密的对称密钥。

Diffie-Hellman 密钥交换协议有两个优势特征。

1) 密钥仅在需要时才被建立，不需要将密钥存储很长一段时间，因此不易受到攻击，降低了密钥泄露的危险性。

2) 协议除要求有预先协商好的全局参数外，不要求有其他预先已存在的基础设施，实现简单方便。

但是，Diffie-Hellman 协议也存在着如下弱点。

1) 协议未提供有关通信双方身份的任何信息。

2) 易受中间人攻击。即第三方 C 在和 A 通信时扮演 B；而在和 B 通信时扮演 A。A 和 B 都同 C 协商了一个密钥，然后 C 就可以监听和修改通信数据流，而 A 和 B 毫不知情，都以为是在和对方通信。

3）协议的计算量很大，因此易受到阻塞性攻击。即攻击者假冒一个合法用户的源地址向被攻击者发送 Diffie-Hellman 公钥，请示大量的密钥，被攻击者则需要花费大量的计算资源来做无用的模指数运算，严重时可导致拒绝服务。

2. Oakley 密钥交换协议

Oakley 密钥交换协议是由安全专家 Hilarie Orman 开发的一种协议，是在 Diffie-Hellman 密钥交换协议基础上的改进。

Oakley 的设计目标是继承 Diffie-Hellman 协议的优点，同时克服其缺点。Oakley 有以下五个重要的特征。

1）采用了称为 Cookie 程序的交换机制来防止阻塞攻击。
2）通信双方可以协商 Diffie-Hellman 密钥交换所用的群，即协商所需的全局参数。
3）使用一次性随机数来防止重播攻击。
4）可使通信双方交换 Diffie-Hellman 公开密钥的值。
5）对 Diffie-Hellman 密钥交换加以鉴别，防止中间人攻击。

此外，在此基础上，还产生了更为规范的 IKE 安全交换协议。IKE 是 Oakley 和 SKEME 密钥交换方案的综合体，属于互联网安全关联和密钥管理协议（Internet Association and Key Management Protocol，ISAKMP）框架的一种实例，并在 ISAKMP 规定的一个框架内运行。

3. 互联网简单密钥交换协议（SKIP）

尽管 SKIP 协议仍然采用 Diffie-Hellman 密钥交换机制，也就是说，两个实体以证书形式都知道对方的长效 Diffie-Hellman 公钥，从而隐含地共享一个主密钥。该主密钥可以导出对分组密钥进行加密的密钥，而分组密钥才真正用来对 IP 包加密。一旦长效 Diffie-Hellman 密钥泄露，则任何在该密钥保护下的密钥所保护的相应通信都将被破解。此外，SKIP 是无状态的，它不以安全条例为基础。每个 IP 包可能是分别进行加密和解密的，归根到底用的是不同的密钥。

2.5.3 PGP 密钥管理技术

PGP（Pretty Good Privacy）是 Hil Zimmermann 于 20 世纪 80 年代中期提出的密钥管理方案，该方案的创造性在于把 RSA 公钥体系的便捷性和传统加密体系的高速性结合起来，公开密钥采用 RSA 加密算法，实施对密钥的管理；分组密钥采用了 IDEA 算法，实施对信息的加密，并且在数字签名和密钥认证管理机制上有巧妙的设计。因此 PGP 成为几乎最流行的公钥加密软件包。

PGP 应用程序的第一个特点是速度快，效率高，另一个显著特点就是可移植性出色，它可以在多种操作平台上运行。PGP 主要用于实现文件加密、发送和接收加密的 E-mail、数字签名等功能。它采用了以下技术：审慎的密钥管理、一种 RSA 和传统加密的杂合算法、用于数字签名的邮件文摘算法和加密的杂合算法、用于数字签名的邮件往往在加密前压缩等，还有一个良好的人机会话设计。它功能强大，速度很快，而且其源代码是免费的。

PGP 的主要功能如下。

1）使用 PGP 对邮件加密，以防止非法阅读。
2）能给加密的邮件追加上数字签名，从而使收信人进一步确信邮件的发送者，而事先不需要任何保密的渠道用来传递密钥。

3）可以实现只签名而不加密，适用于发表公开声明时证实声明人身份，也可防止声明人抵赖，这一点在商业领域有很大的应用前景。

4）能够加密文件，包括图形文件、声音文件以及其他各类文件。

5）利用 PGP 代替 Uuencode 生成 RADIX64（就是 MIME 的 BASE64 格式）的编码文件。

1. PGP 的概念和原理

PGP 是目前最流行的一种加密软件，它是一个基于 RSA 公钥加密体系的邮件加密软件。我们可以用它对邮件加密以防止非授权者阅读，它还能对用户的邮件加上数字签名，从而使收信人可以确信发信人的身份。它让用户可以安全地和从未见过的人们通信，事先并不需要任何保密的措施来传递密钥，因为它采用了非对称的"公钥"和"私钥"加密体系。

PGP 不是一种完全的非对称加密体系，它是个混合加密算法，是由一个对称加密算法（IDEA）、一个非对称加密算法（RSA）、一个单向散列算法（MD5）以及一个随机数产生器（从用户击键频率产生伪随机数序列）组成的，每种算法都是 PGP 不可分割的组成部分。PGP 之所以得到流行，得到大家的认可，最主要的一个原因是它集中了几种加密算法的优点，使它们彼此得到互补。

我们知道采用"公钥"和"私钥"加密体系最大的安全性问题就是公开的"公钥"可能被人篡改，影响文件的解密。虽然 PGP 也采用这一加密体系，并且所有"公钥"和"私钥"都可以由用户自己产生，不需要专门的认证机构，但它有一个比较完善的密钥管理体制，所以它的另一半优点就体现在 PGP 独特的密钥管理体制上。

下面我们就从 PGP 加密机制和密钥管理的角度来分析 PGP 加密的优越性。

（1）PGP 的安全机制

在现代社会里，电子邮件和网络上的文件传输已经成为生活的一部分。邮件的安全问题也就突出了，大家都知道在互联网上传输的数据是不加密的。如果用户不保护自己的信息，第三者就会轻易获得用户的隐私。还有一个问题就是信息认证，如何让收信人确信邮件没有被第三者篡改，就需要使用数字签名技术（关于数字签名技术，本书将在下一章作详细阐述）。

PGP 的数字签名是利用一个叫"邮件文摘"的功能。"邮件文摘"(Message Digest)，简单讲就是对一封邮件用某种算法算出一个最能体现这封邮件特征的数来，一旦邮件有任何改变，这个数都会发生变化，那么这个数加上用户的名字（实际上在用户的密钥里）和日期等，就可以作为一个签名了。确切地说，PGP 是用一个 128 位的二进制数作为"邮件文摘"，用来产生它的算法就是 MD5（Message Digest 5）。MD5 的提出者是 Ron Rivest，PGP 中使用的代码是由 Colin Plumb 编写的 MD5。

PGP 给邮件加密和签名的过程是这样的：首先甲用自己的私钥将上述的 128 位值加密，附加在邮件后，再用乙的公钥将整个邮件加密（要注意这里的次序，如果先加密再签名，别人可以将签名去掉后签上自己的签名，从而篡改了签名）。这样这份密文被乙收到以后，乙用自己的私钥将邮件解密，得到甲的原文和签名，乙的 PGP 也从原文计算出一个 128 位的特征值来和用甲的公钥解密签名所得到的数进行比较，如果符合就说明这份邮件确实是甲寄来的。这样两个安全性要求都得到了满足。

PGP 还可以只签名而不加密，这适用于公开发表声明时，声明人为了证实自己的身份，可以用自己的私钥签名，这样就可以让收件人能确认发信人的身份，也可以防止发信人抵赖自己的声明。这一点在商业领域有很大的应用前途，它可以防止发信人抵赖和信件被途中篡改。

PGP 提供的安全服务如表 2-16 所示。

表 2-16 PGP 的安全服务

安 全 服 务	算　　　法	说　　　　明
机密性	IDEA、RSA	发信人产生一次会话密钥，或以 RSA 体制下收信人的公钥加密，会话密钥和信息一起送出
认证性	RSA、MD5	用 MD5 杂凑信息，并以收信人的（数字签名）RSA 公钥加密，与信息一起送出
压缩	ZIP	用于消息的传送和存储，提供完整性
E-mail 兼容性	基数-64 变换	对 E-mail 应用提供透明性，可将加密信息用基数-64 变换成 ASCII 字符串
分段功能	—	为了适应最大信息长度限制，PGP 实行分段并重组
不可抵赖性	—	中转信息时，可以对信息源认证

（2）PGP 的密钥管理

一个成熟的加密体系必然要有一个成熟的密钥管理机制配套。公钥体制的提出就是为了解决传统加密体系的密钥分配难以保密的缺点。比如网络黑客们常用的手段之一就是"监听"，如果密钥是通过网络传送就太危险了。对 PGP 来说公钥本来就要公开，就没有防监听的问题。但公钥的发布中仍然存在安全性问题，例如公钥被篡改（Public Key Tampering），这可能是公钥密码体系中的最大漏洞。用户必须确信用户的公钥属于需要收信的那个人。

PGP 的每个密钥有它们自己的标识（key ID）。key ID 是一个 8 位十六进制数，两个密钥具有相同 key ID 的可能性只有十亿分之一，而且 PGP 还提供了一种更可靠的标识密钥的方法：密钥指纹（Keys Fingerprint），每个密钥对应一串数字（16 个 2 位十六进制数），这个指纹重复的可能就更微乎其微了。而且任何人无法指定生成一个具有某个指纹的密钥，密钥是随机生成的，从指纹也无法反推出密钥来。用户拿到某人密钥后就可以与他在电话上核对这个指纹，从而认证他的公钥。

2. PGP 软件使用简介

PGP 加密软件是美国 Network Associate Inc. 开发的免费软件，目前已经有多种版本，分别有与 MS-DOS、UNIX、Macintosh 和 Windows 兼容的版本。PGP 的 6.5 版是免费版，在 www.pgp.com 上可以下载。

PGP 的安装很简单，和一般的软件安装一样，按提示一步步完成即可。安装后，Windows 的 Exchange 或者 Outlook 就增加了 PGP 软件及相应的菜单和按钮。如果使用的电子邮件软件没有 PGP 的软件支持，PGP 可以通过文件快捷菜单和剪贴板这两种手段与电子邮件软件交换加密数据，因此，PGP 可以直接或间接地支持所有电子邮件软件。

安装后，用户能够使用两个程序：PgpTrays.exe 和 PgpKeys.exe。PgpTrays.exe 是控制中心，提供对所有功能的操作界面，并且执行后在任务栏中供用户随时调用，建议将其添加到开始菜单的"启动"。而 PgpKeys.exe 可以对密钥进行生成、散发与废除、签名与信任等管理。

PgpKeys 管理着一个"钥匙环",钥匙环文件保存着收集到的所有公开密钥,由此可以进行密钥维护与管理。

(1) 生成新的密钥对

每一个用户都必须生成自己的密钥对,这是使用 PGP 加密的第一步,通常在安装过程中完成。在 PgpKeys 中也可生成新的密钥,在菜单 Key→NewKey 弹出的生成密钥窗口中,填写用户名、电子信箱地址;然后要选择密钥长度,确定密钥生存周期,定义保护密钥的口令。生成密钥后,可以选择是否立即将新的公开密钥发送到互联网的密钥服务器上。

(2) 散发和获取公开密钥

散发和获取公开密钥有两种途径。

1) 通过网上公共的密钥服务器在 PgpKeys 的密钥列表中选择某个公开密钥。点击鼠标右键,在 Key Server→Send Selected Keys 弹出的快捷菜单中选择发送密钥至服务器即可上传公开密钥。选择 Get Selected Keys(获取指定人的密钥)或者主菜单 Keys→Key Server→Find New Key(通过电子信箱地址和姓名查找新密钥),即可在密钥服务器上查询和下载密钥,并安装到本机钥匙环上。

2) 通过电子邮件在 PgpKeys 的密钥列表中选择某个公开密钥。点击鼠标右键,在弹出的快捷菜单中选择 Export(导出),将选中的密钥保存为一个后缀名为 ASC 的文本文件,作为电子邮件的附件发送给对方;收到密钥文件后,对方在 PgpKeys 的菜单中选择 Import(导入),或者在运行 PgpKeys 后,双击该密钥文件,即可将公开密钥挂在钥匙环上。

(3) 签名与信任

获得他人的公开密钥并挂到钥匙环上以后,必须经过验证,再使用你自己的私人密钥对其签名以设定信任等级。验证的方法有两种。

1) 验证密钥的指纹。每一个密钥在生成时都产生一个唯一对应的数字指纹,这是一串数字,最保险的办法是要求密钥所有者在电话里报出密钥指纹供你验证。

2) 通过可信任的介绍人来验证密钥的信任度。任何人都可以用自己的私人密钥对他人的公开密钥进行数字签名,表示相信该密钥属于其真正的主人。

验证一个密钥的真实性后,可以用私人密钥对其进行签名并设定其信任等级。在 PgpKeys 的密钥列表中选择该公开密钥,点击鼠标右键,在弹出的快捷菜单中选择 Sign(签名),回答口令后即将该公开密钥签名;在右键快捷菜单中选择 Key Properties(密钥属性)即可修改信任等级。

(4) 密钥的废除

假如不再信任密钥对,则可以通过废除操作来取消它们,在 PgpKeys 的密钥列表中选择该公开密钥,在右键快捷菜单中选择 Revoke(废除),然后将废除的密钥上传到公开密钥服务器,或者通过电子邮件发送给相关的通信伙伴。

本章小结

加密技术是实施所有安全服务的一个重要工具。有对称密钥系统和公开密钥系统两种基本的加密体制。对称密钥系统使用单一的密钥,用来加密数据保障数据的机密性,或用来生成消息验证码来保证数据的完整性。公开密钥系统使用一个密钥对:私有密钥由一方持有,对其他方是保密的,相应的公开密钥则对任何一方都公开。随着电子商务的进一步发展,一些非数学的加密理论和技术如信息隐藏、生物识别技术、量子密码体制得到了快速的发展,引起了越来越多的关注。

所有的加密系统和数字签名系统都要依靠密钥的管理方法,包括密钥建立、密钥备份/恢复、密钥更新、密钥吊销和密钥终止五个阶段。有关密钥的管理有不同的方法可供选择,从人工密钥分配到 PKI,应有尽有,主要可以分为对称密钥管理、公开密钥管理、第三方托管技术三种。

本章对上述各种加密方法进行了较详细的分析,以使读者对加密技术基础有较为全面的认识;还分析了已经成为工业标准的 PGP 密钥交换实例,介绍了 PGP 软件使用,包括生成新密钥对、散发和获取公开密钥、签名与信任、密钥的废除等应用。

专业或关键术语

密码学;密钥;密钥空间;加密算法;传统密码;现代密码;换位密码;代替密码;转轮机密码;分组密码;公开密钥密码体制;量子密码体制;对称式密码;非对称式密码;DES;IDEA;AES;RSA;生物识别;对称密钥管理;公开密钥管理;Diffie-Hellman 密钥交换协议;IKE 密钥管理协议;SKIP;PGP。

思考题

1. 简述密码系统的设计原则。
2. 有哪些传统密码技术和现代密码技术?
3. 试述 DES 加密的数据流程。
4. 有哪些网络加密技术?什么是链路加密?什么是节点加密?什么是端对端加密?
5. 密钥管理涉及哪些内容?
6. 如何进行密钥分配?
7. 什么是对称密钥管理和公开密钥管理?
8. 什么是第三方托管技术?
9. 有哪些密钥交换协议?
10. 简述 PGP 的原理和加密机制。

实战题

"电子商务安全"采用无纸化考试,为了保密处理,考生考完后需要对答卷进行加密处理。假设有 DES、RSA 两种加密算法供选择,请问应该选择哪种算法?为什么?如何处理?

第 3 章　公钥基础设施与数字证书

本章要点

- PKI 的基本概念、基本组成、基本服务和相关标准。
- PKI 系统的常用信任模型。
- CA 的功能、组成和体系结构。
- 数字证书的基本概念及其管理。
- 数字证书的应用实例。

引例

电子商务的安全问题如何解决

自从有了电子商务，安全问题就像幽灵一样如影随形。目前各类网银被盗案件经常出现在各大网站和报纸上。

例如长沙的杨某使用交通银行的网银服务，其 100 万存款一夜之间不翼而飞，最后发现是一名只有 16 岁的中学生黑客侵入某银行的网络系统窃取的。而导致此事件的主要原因是，杨某从银行拿到一个未装数字证书的空白智能电子钥匙。更著名的案例则是美国花旗银行被黑客入侵，窃取了上千万美金，举世震惊。

上述案例使得人们对电子商务的安全忧心忡忡。连财大气粗的花旗银行都不能确保自己网络系统的安全，更何况是普通的企业和个人？在电子商务安全还不能得到充分保障的情况下，怎样才可以放心地把自己的银行账号放到网上？怎么知道网络那一端的交易对象不是一家骗子公司呢？

这些案件和人们的担忧使电子商务出现信任危机。主要原因是，用户不明白身份认证技术的原理，银行对数字证书的发放管理和服务不规范、不到位，以及政策法规的不完善。

电子商务改变了传统商务的运作模式，在极大地提高商务效率、降低交易成本的同时，也遇到了严峻的挑战。一言以蔽之，电子商务面对的是交易信用和安全度全面降低的困局，"信用与安全"问题是电子商务大发展的严重瓶颈。对于电子商务中的安全问题，IT 行业最初侧重于从提升网络运行品质、确保网络安全着手，更多关注的是怎样防范病毒和黑客的攻击。然而，随着对电子商务的深入研究，人们逐渐认识到电子商务安全问题不仅仅是技术层面的问题，而是一整套预防、检测和实际应对措施的完整结合，是国家、社会层面的问题。

怎样从社会层面彻底解决电子商务的公共安全问题呢？国际通行的做法是采用 PKI 的 CA 安全认证系统。

3.1 公钥基础设施概述

3.1.1 PKI 的基本概念

公钥基础设施（PKI，Public Key Infrastructure）是利用公钥密码理论和技术建立的提供安全服务的基础设施，PKI 的简单定义是指：一系列的基础服务，这些基础服务主要用来支持以公开密钥为基础的数字签名和加密技术的广泛应用。

PKI 以公钥加密技术为基本技术手段来实现安全性。公钥体制是目前应用最广泛的一种加密体制，在这一体制中，加密密钥与解密密钥不同，发送信息的人利用接收者的公钥发送加密信息，接收者再利用自己专有的私钥进行解密。这种方式既保证信息具有机密性，又保证信息具有不可抵赖性。作为基于公钥理论的安全体系，PKI 把公钥密码和对称密码结合起来，希望从技术上解决身份认证、信息的完整性和不可抵赖性等安全问题，为网络应用提供可靠的安全服务。PKI 通过管理在开放网络环境中使用的公钥和数字证书，使用户可以在多种应用环境下方便地使用加密和数字签名技术，为用户建立起一个安全的、值得信赖的网络运行环境，保证网上数据的机密性、完整性和有效性。

PKI 由于其技术上的明显优势，在电子商务和电子政务领域得到了广泛应用。目前，PKI 已成为解决电子商务安全问题的技术基础，是电子商务安全技术平台的基石。PKI 体系结构采用证书管理公钥，通过第三方的可信机构，把用户的公钥和用户的其他标识信息（如名称、E-mail、身份证号）捆绑在一起，以便在 Internet 上验证用户的身份。在国外，PKI 已被银行、证券、政府等的大量核心应用系统采用。美国 IDC 的安全资深分析家认为，PKI 技术将成为所有计算基础结构应用的核心部件。B2B 电子商务需要的认证、不可否认等功能只有 PKI 产品才有能力提供。

3.1.2 PKI 的基本组成

PKI 最基本的组成元素是数字证书，安全操作主要都是通过证书来实现的。

PKI 的组成部分还包括签署这些证书的认证机构（CA）、登记和批准证书签署的登记机构（RA），以及存储和发布这些证书的电子目录。除此之外，PKI 中还包括证书策略、证书路径、证书的使用者等。所有这些都是 PKI 的基本部件，它们有机地结合在一起构成了 PKI。

一个完整的 PKI 应用系统至少应具有以下部分：认证中心（Certificate Authority，CA）、数字证书库（Certificate Repository，CR）、密钥备份及恢复系统、证书作废系统、应用接口等。其中，认证中心和数字证书库是 PKI 的核心。

1. 认证中心

CA 是数字证书的申请及签发机关，它是 PKI 的核心执行机构，也是 PKI 的核心组成部分，业界人士通常称它为认证中心。从广义上讲，认证中心还应该包括证书申请注册机构 RA，RA 是数字证书的申请注册、证书签发和管理机构。

CA 的主要职责如下。

1）验证并标识证书申请者的身份。当交易双方在网络上进行交易时，交易双方互相提供自己的证书和数字签名,由CA对交易双方的身份进行有效性和真实性的认证。交易方首先要在CA的注册机构RA进行注册、申请证书。证书的申请有在线申请和亲自到RA申请两种方式。CA对申请者进行审核,若审核通过则生成证书并颁发给申请者。证书的颁发也有两种方式,一是在线直接从CA下载,二是CA将证书制作成介质(磁盘或IC卡)后,由申请者带走。CA对证书申请者的信用度、申请证书的目的、身份的真实可靠性等问题进行审查,确保证书与身份绑定的正确性。

2)确保CA用于签名证书的非对称密钥的质量和安全性。为了防止被破译,CA用于签名的私钥长度必须足够长,并且私钥必须由硬件卡产生。

3)管理证书信息资料。CA管理证书序号和CA标识,确保证书主体标识的唯一性,防止证书主体名字的重复。在证书使用中确定并检查证书的有效期,保证不使用过期或已作废的证书,确保网上交易的安全。CA发布和维护作废证书列表CRL,当证书持有者向CA申请废除证书时,CA通过认证核实后,即可将该证书废除,并通知有关组织和个人,将该废证书写入"黑名单"发布在证书作废列表中,以供交易时在线查询,防范交易风险。当证书持有者的证书过期或丢失,则可以通过更新证书的方法,使用新证书继续参与网上认证。CA还对已签发证书的使用全过程进行监视跟踪,做全程日志记录,以备发生交易争端时,提供公正依据,参与仲裁。由此可见,CA是保证电子商务、电子政务、网上银行、网上证券等交易的权威性、可信任性和公正性的第三方机构。

2. 数字证书与证书库

随着电子商务技术的不断发展,电子商务的安全性越来越成为人们关注的问题。通过Internet进行电子商务交易时,由于交易双方并不在现场交易,所以存在如何确认交易双方的合法身份的问题。同时,交易信息在网上传输时必须保证安全性,否则交易双方的商业秘密就可能会被窃取。数字证书的出现,解决了电子商务中的交易安全问题。由于数字证书认证技术采用了加密传输和数字签名,在技术上保证了交易过程中交易双方身份的认证以及交易信息的安全传输(不可否认性和数据完整性),因此在国内外的电子商务中得到了广泛的应用。

数字证书是一个经CA数字签名的、包含证书申请者个人信息及其公开密钥的文件。数字证书的作用类似于现实生活中的身份证,由权威机构颁发。基于公开密钥体制的数字证书是电子商务安全体系的核心,其用途是利用公共密钥加密系统来保护与验证公众的密钥。数字证书由可信任的、公正的权威机构CA颁发,是网络上交易双方真实身份证明的依据。数字证书可以保证信息在发送过程中不被除发送方和接收方以外的其他人窃取,信息在传输过程中不被篡改,通过数字证书可以确认发送方和接收方的身份,并且能够对所发送/接收的信息不能抵赖。

3. 密钥备份及恢复系统

密钥备份及恢复是密钥管理的主要内容,密钥的备份与恢复必须由可信的机构来完成,CA可以充当这一角色。

如果用户由于某些原因将解密数据的密钥丢失,那么已被加密的密文将无法解开,造成合法数据丢失。为避免这种情况的发生,PKI提供了密钥备份与密钥恢复机制。当用户证书生成时,加密密钥即被CA备份存储;当需要恢复时,用户只需向CA提出申请,CA就会为用户自动进行密钥恢复。密钥备份与恢复只能针对解密密钥,签名私钥为确保其唯一性而不能够做备份。

4. 证书更新与证书作废处理系统

一个证书的有效期是有限的，这种规定在理论上是基于当前非对称密码算法和密钥长度的可破译性分析；在实际应用中，由于长期使用同一个密钥有被破译的危险，因此，为了保证安全，证书和密钥必须有一定的更换频度。为此，PKI 对已发放的证书必须有一个更换措施，这个过程称为"密钥更新或证书更新"。证书更新一般由 PKI 系统自动完成，不需要用户干预。即在用户使用证书的过程中，PKI 也会自动到目录服务器中检查证书的有效期，当有效期快结束时，PKI/CA 会自动启动更新程序，生成一个新证书来代替旧证书。证书作废处理系统是 PKI 的一个必备的组件，与日常生活中的各种身份证件一样，证书有效期以内也可能需要作废，原因可能是密钥介质丢失或用户身份变更等。为此，PKI 必须提供作废证书的一系列机制。作废证书有如下三种策略：作废一个或多个主体的证书；作废由某一对密钥签发的所有证书；作废由某 CA 签发的所有证书。作废证书一般通过将证书列入作废证书表 CRL 来完成。在系统中通常由 CA 负责创建并维护一张及时更新的 CRL，由用户在验证证书时负责检查该证书是否列在 CRL 之中。CRL 一般存放在目录系统中。证书的作废处理必须在安全及可验证的情况下进行，系统还必须保证 CRL 的完整性。

5. 证书应用管理系统

证书应用管理系统面向具体的应用，完成对某一确定证书的应用和管理任务，应用该证书进行加密、签名、验证签名，以及对证书的保存、证书的安全、证书的可信度验证等功能，达到 PKI 体系透明应用的目的。

6. PKI 应用系统接口

PKI 的价值在于使用户能够方便地应用加密、数字签名等安全服务，因此一个完整的 PKI 必须提供良好的应用接口系统，使得各种各样的应用能够以安全、一致、可信的方式与 PKI 交互，确保所建立起来的网络环境的可信度，同时降低管理维护成本，确保安全网络环境的完整性和易用性。

3.1.3 PKI 的基本服务

PKI 作为安全基础设施，能为不同的用户实体提供多种安全服务，主要包括认证性服务、完整性服务、保密性服务和不可否认性服务。

1. 认证性服务

认证性服务就是身份识别与鉴别，即确认实体是自己所申明的实体，鉴别身份的真伪。在应用程序中通常有实体和数据来源两种鉴别：实体鉴别一般会产生一个明确的结果，由此允许实体进行某些操作或通信；数据来源鉴别就是鉴定某个指定的数据是否来源于某个特定的实体。这样的过程也可以用来支持不可否认性服务。

2. 完整性服务

数据完整性服务就是确认数据没有被修改，即数据无论是在传输还是在存储过程中经过检查都没有被修改。PKI 的完整性服务的实现可以采用以下两种技术。

1）数字签名技术。数字签名是公钥加密技术的一种应用，是由信息发送方对要传送的信息进行某种处理得到的、任何人都无法伪造的、用以认证信息来源并核实信息是否发生变化的一段字母数字串。

2）报文检验码。报文检验码是保证数据完整性的加密技术，它保证数据在存储、传输和处理过程中的真实有效性和一致性。

3. 保密性服务

保密性服务就是确保数据的秘密不被泄露,除了指定的实体外,无人能读出这段数据。PKI 的保密性服务是一个框架结构,通过它可以完成算法协商和密钥交换,而且对参与通信的实体是完全透明的。

4. 不可否认性服务

不可否认性服务是指从技术上用于保证实体对其行为的诚实性。它包括对数据来源的不可否认性,以及数据接收后的不可否认性,此外,还包括其他类型的不可否认性,如数据传输的不可否认性、数据创建的不可否认性以及认同的不可否认性等。

3.1.4 PKI 的相关标准

伴随着 PKI 技术的不断完善与发展、应用的日益普及,为了更好地为社会提供优质服务,水平参差不齐的 PKI 产品迫切需要解决互联互通问题,而且 PKI 产品自身的安全性也受到越来越多的生产厂商和用户的关注,这都要求专门的第三方制定相应的标准规范对其安全性能进行测评认定。因此,PKI 标准化成为必然。

从历史上看,PKI 自身的标准大致可以分为两代。

第一代 PKI 标准,主要包括国际电信联盟的 ITU-TX.509、美国 RSA 公司的 PKCS 系列、IETF 组织的 X.509 标准系列、无线应用协议论坛的 WPKI 标准等。第一代 PKI 标准主要是基于抽象语法符号编码,实现起来比较困难,而且成本高昂,因此难以得到广泛的应用。

ITU-T X.509(10/2016)是 PKI 体系中最为基础的标准之一。2017 年 5 月被发布为 ISO/IEC 9594-8:2017 8th Edition。ITU-T X.509 最早发布于 1988 年,发布伊始即与 ISO/IEC 9594-8 保持合作同步开发。X.509 的版本变迁非常复杂,目前最新版本为 v8。

第二代 PKI 标准,是 2001 年由 Microsoft、Versign 和 WebMethods 三家公司共同发布的 XML 密钥管理规范 XKMS,被称为第二代 PKI 标准。XKMS 由两部分组成:XML 密钥信息服务规范(XML Key Information Service Specification, X-KISS)和 XML 密钥注册服务规范(XML Key Registration Service Specification, X-KRSS)。它通过向 PKI 提供 XML 接口使用户从烦琐的配置中解脱出来,开创了一种新的信任服务。目前,XKMS 已经成为 W3C 的推荐标准,并被 Microsoft、Versign 等公司集成于它们的产品中。

我国于 2007 年 2 月 1 日正式实施的 GB/T 20518—2006《信息安全技术公钥基础设施数字证书格式》(已作废并启用 2018 版)、GB/T 20519—2006《信息安全技术公钥基础设施特定权限管理中心技术规范》(已废止)和 GB/T 20520—2006《信息安全技术公钥基础设施时间戳规范》(现行)三项信息安全国家标准,成为我国公钥基础设施的关键基础标准。

目前,我国现行 PKI 标准主要有以下几个。

1)信息安全技术 公钥基础设施 数字证书格式(GB/T 20518—2018)。该标准规定了数字证书和证书撤销列表的基本结构、各数据项内容。本标准适用于数字证书认证系统的研发、数字证书认证机构的运营以及基于数字证书的安全应用。

2)信息安全技术 密码设备应用接口规范(GB/T 36322—2018)。该标准规定了公钥密码基础设施应用技术体系下服务类密码设备的应用接口标准。本标准适用于服务类密码设备的研制、使用，以及基于该类密码设备的应用开发，也可用于指导该类密码设备的检测。

3）信息安全技术 公钥基础设施 基于数字证书的可靠电子签名生成及验证技术要求（GB/T 35285—2017）。该标准规定了基于数字证书的可靠电子签名生成及验证过程的技术要求，包括电子认证服务提供者、电子签名人身份、电子签名相关数据、签名生成模块、电子签名生成过程与应用程序、电子签名验证过程与应用程序等要求。本标准适用于基于数字证书的可靠电子签名相关系统、应用的开发，以及相关产品、服务标准的制定。

4）信息安全技术 公钥基础设施 远程口令鉴别与密钥建立规范（GB/T 32213—2015）。该标准定义了基于非对称密码技术实现远程口令鉴别与密钥建立的数学定义和协议构造。本标准适用于采用基于口令鉴别与密钥建立技术的鉴别系统的设计和开发。

5）信息安全技术 公钥基础设施 数字证书策略分类分级规范（GB/T 31508—2015）。该标准通过分类分级的方式，规范了用于商业交易、设备和公众服务领域的电子认证服务中的8种数字证书策略。本标准适用于我国电子商务和公众服务中所涉及的数字证书。

当然，PKI体系中已经包含了众多的标准和标准协议，随着PKI技术的不断进步和完善，以及其应用的不断普及，将来还会有更多的标准和协议加入。

3.2 PKI系统的常用信任模型

选择信任模型（Trust Model）是构筑和运作PKI所必需的一个环节。选择正确的信任模型以及与它相应的安全级别是非常重要的，同时也是部署PKI所要做的较早的和基本的决策之一。

信任模型主要阐述了以下几个问题：

1）一个PKI用户能够信任的证书是怎样被确定的？

2）这种信任是怎样被建立的？

3）在一定的环境下，这种信任如何被控制？

为了进一步说明信任模型，首先需要阐明信任的概念。每个人对术语"信任（Trust）"的理解并不完全相同，在ITU-T推荐标准X.509规范（X.509, Section 3.3.23）中给出的定义为：当实体A假定实体B严格地按A所期望的那样行动，则A信任B。从这个定义可以看出，信任涉及假设、期望和行为，这意味着信任是不可能被定量测量的，信任是与风险相联系的，并且信任的建立不可能总是全自动的。在PKI中，可以把这个定义具体化为：如果一个用户假定CA可以把任一公钥绑定到某个实体上，则他信任该CA。

本节将介绍目前常用的四种信任模型：认证机构的严格层次结构模型（Strict Hierarchy of Certification Authorities Model）、分布式信任结构模型（Distributed Trust Architecture Model）、Web模型（Web Model）和以用户为中心的信任模型（User-Centric Trust Model）。

3.2.1 认证机构的严格层次结构模型

认证机构（CA）的严格层次结构可以被描绘为一棵倒立的树，根在顶上，树枝向下伸展，树叶在下面。在这棵倒立的树上，根代表一个对整个PKI系统的所有实体都有特别意义的CA，通常叫作根CA，它充当信任的根或"信任锚"，也就是认证的起点或终点。在根CA的下面是零层或多层中介CA，也被称作子CA，因为它们从属于根CA。子CA用中间节点表示，从中间节点再伸出分支。与非CA的PKI实体相对应的树叶通常被称作终端实体或被称作终端用户。在这个模型中，层次结构中的所有实体都信任唯一的根CA。这个层次结构按如下规则建立，如图3-1所示。

1）根CA认证直接连接在它下面的CA。

2）每个CA都认证零个或多个直接连接在它下面的CA。

3）由倒数第二层的CA认证终端实体。

在认证机构的严格层次结构中，每个实体（包括中介CA和终端实体）都必须拥有根CA的公钥，该公钥的安装是在这个模型中为随后进行的所有通信进行证书处理的基础。因此，它必须通过一种安全的方式来完成。例如，一个实体可以通过物理途径（如

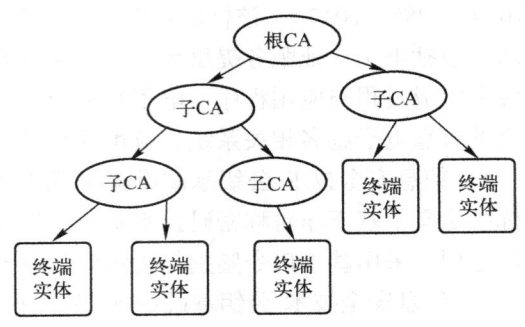

图3-1 严格层次结构模型

信件或电话）来取得这个密钥，也可以选择通过电子方式取得该密钥，然后再通过其他机制来确认它，如将密钥的散列值用信件发送、公布在报纸上或者通过电话告之。值得注意的是，在一个多层的严格层次结构中，终端实体直接被其上层的CA认证，但是它们的信任锚是另一个不同的CA。如果是没有子CA的浅层次结构，则对所有终端实体来说，根和证书颁发者是相同的。这种层次结构被称作可信颁发者层次结构。

例如，一个持有根CA公钥的终端实体A可以通过下述方法检验另一个终端实体B的证书：假设B的证书是由CA2签发的，而CA2的证书是由CA1签发的，CA1的证书又是由根CA签发的。A（拥有根CA的公钥KR）能够验证CA1的公钥K1，因此它可以提取出可信的CA1的公钥。然后，这个公钥可以被用作验证CA2的公钥，类似地就可以得到CA2的可信公钥K2。公钥K2能够被用来验证B的证书，从而得到B的可信公钥KB。A现在就可以根据密钥的类型来使用密钥KB，例如，可用来对发给B的消息加密或者用来验证据称是B的数字签名，从而实现A和B之间的安全通信。

3.2.2 分布式信任结构模型

与在PKI系统中的所有实体都信任唯一一个CA的严格层次结构相反，分布式信任结构把信任分散在两个或多个CA上。也就是说，A把CA1作为它的信任锚，而B可以把CA2作为它的信任锚。因为这些CA都作为信任锚，因此相应的CA必须是整个PKI系统的一个子集所构成的严格层次结构的根CA（CA1是包括A在内的严格层次结构的根，CA2是包括B在内的严格层次结构的根）。

如果这些严格层次结构都是可信颁发者层次结构，那么该总体结构被称作完全同位体结构，因为所有的CA实际上都是相互独立的同位体（在这个结构中没有子CA属于分布式的）。另一方面，如果所有的严格层次结构都是多层结构，那么最终的结构就被称为"满树结构"。事实上，根CA之间是同位体，但是每个根又是一个或多个子CA的上级。另外，具有若干个可信颁发者层次结构和若干个多层树型结构的混合结构也是可能的。一般说来，完全同位体结构部署在某个组织内部，而满树结构和混合结构则是在原来相互独立的PKI系统之间进行互联的结果。尽管"PKI网络"一词用得越来越多（特别是对满树结构和混合结构），但是对等根CA的互联过程通常被称为"分布式交叉认证"。

3.2.3 Web 模型

Web 模型是在万维网（WWW）上诞生的，而且依赖于流行的浏览器，如 Microsoft 公司的 Internet Explorer。在这种模型中，许多 CA 的公钥被预装在标准的浏览器上。这些公钥确定了一组浏览器用户最初信任的 CA。尽管这组根密钥可以被用户修改，然而几乎没有普通用户对 PKI 和安全问题能精通到可以进行这种修改的程度。

这种模型初看似乎与分布式信任结构模型相似，但从根本上讲，它更类似于认证机构的严格层次结构模型。因为在实际上，浏览器厂商起到了根 CA 的作用，而与被嵌入的密钥相对应的 CA 就是它所认证的 CA，当然这种认证并不是通过颁发证书实现的，而只是物理地把 CA 的密钥嵌入浏览器。

Web 模型在方便性和简单互操作性方面有明显的优势，但是也存在许多安全隐患。例如，因为浏览器的用户自动地信任预安装的所有公钥，所以只要这些根 CA 中有一个是"坏的"，安全性将被完全破坏。A 将相信任何声称是 B 的证书都是 B 的合法证书，即使它实际上只是由其公钥嵌入浏览器中的"坏的 CA"签署的挂在 B 名下的 C 的公钥。所以，A 就可能无意间向 C 透露机密或接受 C 伪造的数字签名。这种假冒能够成功的原因是：A 一般不知道收到的证书是由哪一个根密钥验证的。在嵌入其浏览器中的多个根密钥中，A 可能只认可所给出的一些 CA，但并不了解其他 CA。然而在 Web 模型中，A 的软件平等而无任何疑问地信任这些 CA，并接受它们中任何一个签署的证书。

当然，在其他信任模型中也可能出现类似情况。例如，在分布式信任结构模型中，A 或许不能认可一个特定的 CA，但是其软件在相关的交叉认证是有效的情况下，会信任该 CA 所签署的证书。在分布式信任结构中，A 在 PKI 安全方面明确地相信其局部 CA "做正确的事"，例如，与可信的其他 CA 进行交叉认证等。而在 Web 模型中，A 通常是因为与安全无关的原因而取得浏览器的，因此，从安全观点来看，没有任何理由相信这个浏览器是在信任"正确的" CA。

另外一个安全隐患是没有实用的机制来撤销嵌入浏览器中的根密钥。如果发现一个根密钥是"坏的"，或者与根的公钥相应的私钥被泄密了，要使全世界数百万个浏览器都自动地废止该密钥的使用是不可能的，这是因为无法保证通报的报文能到达所有的浏览器，而且即使报文到达了浏览器，浏览器也没有处理该报文的功能。因此，从浏览器中去除坏密钥需要全世界的每个用户都同时采取明确的动作，否则，一些用户将是安全的，而其他用户仍处于危险之中。但是，这样一个全世界范围内的同时动作是不可能实现的。

最后，该模型还缺少有效的方法在 CA 和用户之间建立合法协议，该协议的目的是使 CA 和用户共同承担责任。因为，浏览器可以自由地从不同站点下载，也可以预装在操作系统中；CA 不知道它的用户是谁，并且一般用户对 PKI 也缺乏足够的了解，因此不会主动与 CA 直接接触。这样，所有的责任最终或许都会由用户承担。

3.2.4 以用户为中心的信任模型

在以用户为中心的信任模型中，每个用户自己决定信任哪些证书。通常，用户的最初信任对象包括用户的朋友、家人或同事，但是否信任某证书则被许多因素决定。

著名的安全软件 PGP 最能说明以用户为中心的信任模型的原理。在 PGP 中，一个用户通过担当 CA（签署其他实体的公钥）并使其公钥被其他人所认证来建立或参加所谓的"信任网"。例如，当 A 收到一个据称属于 B 的证书时，他将发现这个证书是由他不认识的 D 签署的，但是 D 的证书是由他认识并且信任的 C 签署的。在这种情况下，A 可以决定信任 B 的密钥，即信任从 C 到 D 再到 B 的密钥链，也可以决定不信任 B 的密钥，即认为"未知的" B 与"已知的" C 之间的"距离太远"。

由于要依赖于用户自身的行为和决策能力，因此以用户为中心的模型在技术水平较高和利害关系高度一致的群体中是可行的，但是在一般的群体中是不现实的，因为它的许多用户有极少或者没有安全及 PKI 的概念。而且，这种模型一般不适合用在贸易、金融或政府环境中，因为在这些环境下，通常希望或需要对用户的信任实行某种控制，显然这样的信任策略在以用户为中心的模型中是不可能实现的。

3.3 PKI 管理机构——认证中心

开放网络上的电子商务要求为信息安全提供有效的、可靠的保护机制。这些机制必须提供机密性、身份验证特性和不可否认性。证书机制是目前被广泛采用的一种安全机制，使用证书机制的前提是建立可靠的第三方机构验证，如 CA 以及配套的注册审批机构（Registration Authority，RA）系统。

CA 是 PKI 的核心执行机构，是 PKI 的主要组成实体。CA 是电子商务和网上银行等应用中所有合法注册用户所信赖的具有权威性、信赖性及公正性的第三方机构，负责为电子商务环境中各个实体颁发数字证书，以证明各实体身份的真实性，并负责在交易中检验和管理证书；用户拥有自己的公钥/私钥对。

RA 系统是 CA 的证书发放、管理的延伸。它负责证书申请者的信息录入、审核以及证书发放等工作；同时，对发放的证书完成相应的管理功能。发放的数字证书可以存放于 IC 卡、硬盘等介质中。RA 系统是整个 CA 得以正常运营的不可缺少的一部分。

RA 只对唯一的 CA 负责，但一个 CA 可以拥有多个 RA。如无其他限制，RA 将依据以下两种方式确认证书申请。

1) 由运作良好的公证机关执行此项职责。该公证机关可以由 CA 指定，但通常是中立的，同时又能提供证书申请验证。

2) 通常的识别方式，如身份证、护照、驾照等具有法律效力的有效身份证件。

值得说明的是，CA 是广泛存在的，并可能独立于 PKI 而存在，如中国的实际情况是，全国各地已经有很多的 CA，但全国的 PKI 体系目前还未建立成型。

3.3.1 CA 的功能

CA 就是一个负责发放和管理数字证书的权威机构。对于一个大型的应用环境，CA 往往采用一种多层次的分级结构，各级的 CA 类似于各级行政机关，上级 CA 负责签发和管理下级 CA 的证书，最下一级 CA 直接面向最终用户。CA 的主要功能如下。

（1）证书的颁发

CA 接收、验证用户（包括下级 CA 和最终用户）的数字证书的申请，将申请的内容进行备案，并根据申请的内容确定是否受理该数字证书申请。如果 CA 接受该数字证书申请，则进一步确定给用户颁发何种类型的证书。新证书用 CA 的私钥签名以后，发送到目录服务器供用户下载和查询。为了保证消息的完整性，返回给用户的所有应答信息都要使用 CA 的签名。

（2）证书的更新

CA 可以定期更新所有用户的证书，或者根据用户的请求来更新用户的证书。

（3）证书的查询

证书的查询可以分为两类，其一是证书申请的查询，CA 根据用户的查询请求返回当前用户证书申请的处理过程；其二是用户证书的查询，这类查询由目录服务器来完成，目录服务器根据用户的请求返回适当的证书。

（4）证书的作废

当用户的私钥由于泄密等原因造成用户证书要申请作废时，用户要向 CA 提出证书作废的请求，CA 根据用户的请求确定是否将该证书作废。另外一种证书作废的情况是，证书已经过了有效期，CA 自动将该证书作废。CA 通过维护证书废除列表（Certificate Revocation List，CRL）来完成上述功能。

（5）证书的归档

证书具有一定的有效期，过了有效期之后就将作废，但是不能将作废的证书简单地丢弃，因为有时可能需要验证以前的某个交易过程中产生的数字签名，这时就需要查询作废的证书。基于此类考虑，CA 还应当具备管理作废证书和作废私钥的功能。

CA 发放的证书分为两类，即 SSL 证书和 SET 证书。一般地，SSL（安全套接层）证书是服务于银行对企业或企业对企业的电子商务活动的，而 SET（安全电子交易）证书则服务于持卡消费、网上购物。虽然它们都是用于识别身份和数字签名的证书，但它们的信任体系完全不同，而且遵循的标准也不一样。简单地说，SSL 证书的作用是通过公开密钥证明持证人的身份。而 SET 证书的作用则是，通过公开密钥证明持证人在指定银行确实拥有该信用卡账号，同时也证明了持证人的身份。

3.3.2 CA 的组成

CA 为了实现其各项功能，主要由以下三部分组成，如图 3-2 所示。

1）注册服务器：通过 Web Server 建立的站点，可为客户提供每日 24 小时服务，因此客户可在自己方便的时候在网上提出证书申请和填写相应的证书申请表。

2）证书申请受理和审核机构：负责证书的申请和审核。

3）CA 服务器：是数字证书生成、发放的运行实体，同时提供发放证书的管理、证书废除列表的生成和处理等服务。

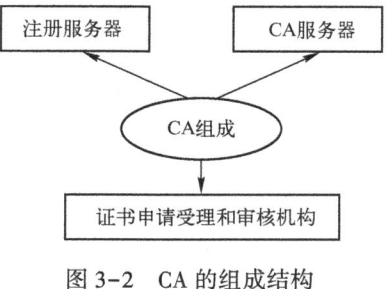

图 3-2 CA 的组成结构

3.3.3 CA 的体系结构

CA 有着严格的层次结构。按照 SET 协议要求，CA 的体系结构如图 3-3 所示。

其中，根 CA 是离线的并且是被严格保护的，仅在发布新的品牌 CA 时才被访问；品牌

CA 发布地域政策 CA、持卡人 CA、商户 CA 和支付网关 CA 的证书，并负责维护及分发其签字的证书和电子商务文字建议书；地域政策 CA 是考虑到地域或政策的因素而设置的，因而是可选的；持卡人 CA 负责生成并向持卡人分发证书；商户 CA 负责发放商户证书；支付网关 CA 为支付网关（银行）发放证书。

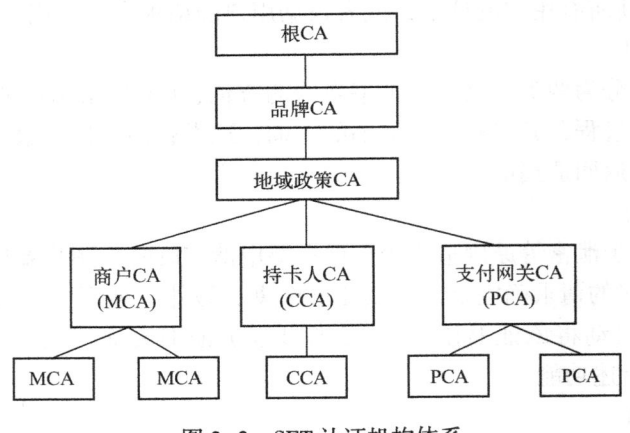

图 3-3　SET 认证机构体系

3.4　PKI 核心产品——数字证书

数字证书（Digital Certificate）又称数字凭证，是用电子手段来证实一个实体的身份及其公钥的合法性，并将实体身份与公钥绑定。它是一个数字标识，可以实现身份的鉴别认证、完整性、保密性和不可抵赖性等安全要求，是公钥的管理媒介。公钥的分发、传送等都是靠数字证书来完成的。数字证书相当于一本网络护照，可以在需要时提供你的身份证明。数字证书的拥有者可以将证书提供给其他人或实体，以证实其合法身份。两个实体在进行信息交换前要对对方身份进行认证，若 A 要取得 B 的证书可以通过两种方式：一种是由 B 将证书随同要发送的正文信息一起传送给 A；另一种方法是证书存放于公共的证书库中，A 在网上从该库中取得 B 的数字证书。取得证书后，A 就可以确认 B 的身份，通过保密通信与 B 进行信息交换。

数字证书是各类实体（持卡人/个人、商户/企业、网关/银行等）在网上进行信息交流及商务活动的身份证明，在电子交易的各个环节，交易的各方都需验证对方证书的有效性，从而解决相互之间的信任问题。证书是一个经证书认证中心数字签名的包含公开密钥拥有者信息以及公开密钥的文件。

从证书的用途来看，数字证书可分为签名证书和加密证书。签名证书主要用于对用户信息进行签名，以保证信息的不可否认性；加密证书主要用于对用户传送信息进行加密，以保证信息的真实性和完整性。

简单地说，数字证书是一段包含用户身份信息、用户公钥信息以及身份验证机构数字签名的数据。身份验证机构的数字签名可以确保证书信息的真实性。证书格式及证书内容遵循 X.509 标准（X.509 标准定义了公钥证书结构的基本标准）。

数字证书工作原理是：数字证书就是标志网络用户身份信息的一系列数据，用来在网络通信中识别通信各方的身份，即要在 Internet 上解决"我是谁"的问题，就如同在现实中我们每一个人都要拥有一张证明个人身份的身份证或驾驶执照一样，以表明我们的身份或某种资格。

数字证书是由权威公正的第三方机构即 CA 中心签发的，以数字证书为核心的加密技术可以对网络上传输的信息进行加密和解密、数字签名和签名验证，确保网上传递信息的机密性、完整性，以及交易实体身份的真实性，签名信息的不可否认性，从而保障网络应用的安全性。

数字证书采用公钥密码体制，即利用一对互相匹配的密钥进行加密、解密。每个用户拥有一把仅为本人所掌握的私有密钥（私钥），用它进行解密和签名；同时拥有一把公共密钥（公钥）并可以对外公开，用于加密和验证签名。当发送一份保密文件时，发送方使用接收方的公钥对数据加密，而接收方则使用自己的私钥解密，这样，信息就可以安全无误地到达目的地了，即使被第三方截获，由于没有相应的私钥，也无法进行解密。通过数字的手段保证加密过程是一个不可逆过程，即只有用私有密钥才能解密。在公开密钥密码体制中，RSA 是一种常用的体制。

用户也可以采用自己的私钥对信息加以处理，由于密钥仅为本人所有，这样就产生了别人无法生成的文件，也就形成了数字签名。采用数字签名，能够确认以下两点。

1）保证信息是由签名者自己签名发送的，签名者不能否认或难以否认。
2）保证信息自签发后到收到为止未曾做过任何修改，签发的文件是真实文件。

数字证书可用于发送安全电子邮件、访问安全站点；网上证券、网上招标采购、网上签约、网上办公、网上缴费、网上税务等网上安全电子事务处理和安全电子交易活动。

3.4.1 数字证书的构成

数字证书或公钥证书是被称作证书机构的人或实体签署的，其中含有掌握相应密钥的持证者的确切身份或其他属性。

1. 证书

在做交易时，应向对方提交一个由 CA 签发的包含个人身份的证书，以使对方相信自己的身份。顾客向 CA 申请证书时，可提交自己的执照、身份证或护照，经验证后，颁发证书，证书包含了顾客的名字和他的公钥，以此作为网上证明自己身份的依据。在 SET 中，最主要的证书是持卡人证书和商家证书，证书结构如图 3-4 所示。

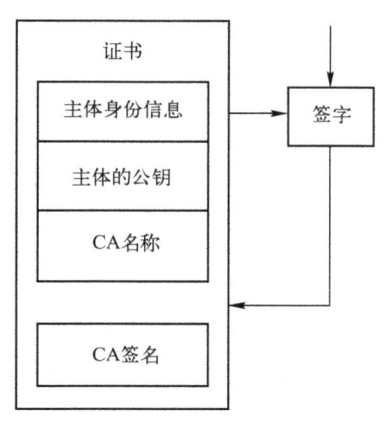

图 3-4　公钥证书结构

（1）持卡人证书

它实际上是支付卡的一种电子化的表示。由于它是由金融机构以数字化形式签发的，因此不能随意改变。持卡人证书并不包括账号和终止日期信息，取而代之的是用单向散列算法根据账号、截止日期生成的一个码。如果知道账号、截止日期、密码值，即可导出这个码值，反之不行。

（2）商家证书

做一个形象的比喻，商家证书就像是贴在商家收款台小窗上的付款卡提示，以表示它可以用什么卡来结算。它是由金融机构签发的，不能被第三方改变。在 SET 环境中，一个商家至少应有一个证书。与银行打交道时，一个商家也可以有多个证书，表示它与多个银行有合作关系，可以接受多种付款方法。

2. 认证机构

CA 是提供身份验证的第三方机构，由一个或多个用户信任的组织实体组成。例如，持卡人要与商家通信，要先从公共媒体上获得商家的公开密钥，但持卡人无法确定商家的真实性和信誉，于是持卡人请求 CA 对商家进行认证。CA 对商家进行调查、验证和鉴别后，将包含商家公钥的证书传给持卡人。同样，商家也可对持卡人进行验证。这个过程如图 3-5 所示。证书一般包含拥有者的标识名称和公钥，并且由 CA 进行过数字签名。

在实际运作中，CA 也可由大家都信任的一方担当。例如，在客户、商家、银行三角关系中，客户使用的是由某个银行发的卡，而商家又与此银行有业务关系。在此情况下，客户和商家都信任该银行，可由该银行担当 CA 角色。又例如，对商家自己发行的购物卡，则可由商家自己担当 CA 角色。

3. 证书的树形验证结构

在双方通信时，双方通过出示由某个 CA 签发的证书来证明自己的身份。如果对签发证书的 CA 本身仍不信任，则可验证 CA 的身份，依此类推，一直到公认的权威 CA 处，就可确信证书的有效性。SET 证书正是通过信任层次来逐级验证的。每一个证书与数字化签发证书的实体的签名证书关联。沿着信任树一直到一个公认的信任组织，就可确认为有效的。

例如，C 的证书是由名称为 B 的 CA 签发的，而 B 的证书又是由名称为 A 的 CA 签发的，A 通常被称为根 CA。验证到了根 CA 处，就可确信 C 的证书是合法的。证书的树形验证结构如图 3-6 所示。

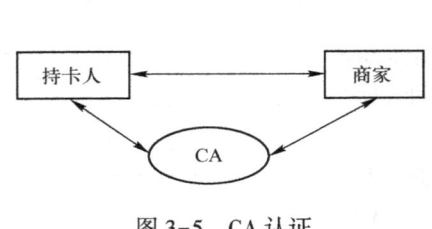

图 3-5　CA 认证

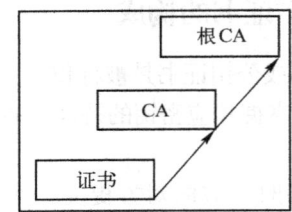

图 3-6　证书的树形验证结构

在进行网上购物时，持卡人的证书与发卡机构的证书关联，而发卡机构的证书通过不同品牌卡的证书连接到根 CA，而根的公共签名密钥对所有的 SET 软件都是已知的，可以校验每一个证书。

3.4.2　X.509 证书标准

X.509 是由国际电信联盟（ITU-T）制定的数字证书标准。X.509 给出的鉴别框架是一种基于公开密钥体制的鉴别业务密钥管理。该鉴别框架允许用户将其公开密钥存放在 CA 的目录项中。一个用户如果想与另一个用户交换秘密信息，就可以直接从对方的目录项中获得相应的公开密钥，用于各种安全服务。

为了进行身份认证，X.509 标准及公共密钥加密系统提供了一个称作数字签名的方案。用户可生成一段信息及其摘要（亦称作信息"指纹"）。用户用专用密钥对摘要加密以形成签名，接收者用发送者的公共密钥对签名解密，并将其与收到的信息"指纹"进行比较，以确定其真实性。

目前，X.509标准在编排公共密钥格式方面被广泛接受，已用于许多网络安全应用程序，其中包括IP安全（Ipsec）、安全套接层（SSL）、安全电子交易（SET）、安全多媒体INTERNET邮件扩展（S/MIME）等。

X.509证书标准主要提供以下五种类型的数字证书。

1. 个人数字证书

该证书中包含个人身份信息和个人的公钥，用于标识证书持有人的个人身份。数字安全证书和对应的私钥存储于Ikey或IC卡中，用于个人在网上进行合同签订、下订单、录入审核、设置操作权限、确认支付信息等活动中标明身份。

2. 机构数字证书

该证书中包含企业信息和企业的公钥，用于标识证书持有企业的身份。数字安全证书和对应的私钥存储于钥匙网络（Keynet）卡中，可以用于企业在电子商务方面的对外活动，如合同签订、网上证券交易、交易支付信息等方面。

3. 个人签名证书

该证书中包含个人身份信息和个人的签名私钥，用于标识证书持有人的个人身份。签名私钥存储于Keynet卡中，用于个人在网上进行合同签订、下订单、录入审核、设置操作权限、确认支付信息等活动中标明身份。

4. 机构签名证书

该证书中包含企业信息和企业的签名私钥，用于标识证书持有企业的身份。签名私钥存储于Keynet卡中，可以用于企业在电子商务方面的对外活动，如合同签订、网上证券交易、交易支付信息等。

5. 设备数字证书

该证书中包含服务器信息和服务器的公钥，用于标识证书持有服务器的身份。数字安全证书和对应的私钥存储于Keynet卡中，用于表征该服务器的身份。其主要用于网站交易服务器，目的是保证客户和服务器产生交易支付等相关信息时，确保双方身份的真实性、安全性、可信任度等。

3.4.3 数字证书的功能

由于互联网的发展和电子商务系统技术的进步，使在网上购物的顾客能够极其方便轻松地获得商家和企业的信息，但同时也增加了对某些敏感的或有价值的数据被滥用的风险。买方和卖方在互联网上进行的一切金融交易运作都必须是真实可靠的，并且要使顾客、商家和企业等交易方都具有绝对的信心，因而电子商务系统必须保证具有十分可靠的安全保密技术，也就是说，必须保证网络安全的四个要素，即信息传输的保密性、数据交换的完整性、发送信息的不可否认性、交易者身份的确定性。

数字安全证书主要有以下四大功能。

1. 信息的保密性

交易中的商务信息均有保密的要求。如果信用卡的账号和用户名被人知悉，就可能被盗用，订货和付款的信息被竞争对手获悉，就可能丧失商机。而CA中心颁发的数字安全证书保证了电子商务的信息传播中信息的保密。

2. 交易者身份的确定性

网上交易的双方很可能素昧平生，相隔千里，要使交易成功首先要能确认对方的身份。对商家要考虑客户端不能是骗子，而客户也会担心网上的商店会不会是一个玩弄欺诈的"黑店"。因此能方便而可靠地确认对方身份是网上交易的前提。对于为顾客或用户开展服务的银行、信用卡公司和销售商店，为了做到安全、保密、可靠地开展服务活动，都要进行身份认证的工作。而 CA 中心颁发的数字安全证书可保证网上交易双方的身份，银行和信用卡公司可以通过 CA 认证确认身份，放心地开展网上业务。

3. 不可否认性

由于商情的千变万化，交易一旦达成是不能否认的，否则必然会损害一方的利益。因此 CA 中心颁发的数字安全证书确保了电子交易通信过程的各个环节的不可否认性，使交易双方的利益不受到损害。

4. 不可修改性

交易的文件是不可被修改的。CA 中心颁发的数字安全证书确保了电子交易文件的不可修改性，以保障交易的严肃和公正。

3.4.4 数字证书的格式

CA 所颁发的数字证书大都遵循 X.509 标准，根据这项标准，数字证书包括证书申请者的信息和发放证书 CA 的信息。

一个标准的 X.509 数字证书包含以下一些内容。

1）版本号。标示证书的版本（v1，v2，v3……）。

2）序列号。由证书颁发者分配的本证书的唯一标识符。

3）签名算法。签名算法标识符由对象标识符（Object Identifier，OID）加上相关参数组成，用于说明本证书所用的数字签名算法，例如 SHA-1 和 RSA 的标识符用来说明该签名是利用 RSA 对 SHA-1 摘要值加密。

4）颁发者。证书颁发者的可识别名（Distinct Name，DN），这是必须说明的。

5）有效期。证书有效的时间段，本字段由"Not Valid Before"和"Not Valid After"两项组成，它们分别由 UTC 时间（协调世界时，Universal Time Coordinated）或一般的时间表示（在 RFC2459 中有详细的时间表示规则）。

6）主体。证书拥有者的可识别名，此字段必须是非空的，除非使用了其他的名字形式。

7）主体公钥信息。主体的公钥（以及算法标识符），这是必须说明的。

8）颁发者唯一标识符。证书颁发者的唯一标识符，仅在版本 2 和版本 3 中要求，属于可选项；该字段在实际中很少使用，并且不被 RFC2459 推荐使用。

9）主体的唯一标识符。证书拥有者的唯一标识符，仅在版本 2 和版本 3 中要求，属于可选项；该字段在实际中很少使用，并且不被 RFC2459 推荐使用。

10）扩展。可选的标准和专用扩展（仅在 v3 以后使用）。

3.4.5 数字证书的管理

数字证书管理包含证书颁发、证书使用、证书验证和证书存放等过程。

1. 数字证书的颁发

数字证书是由认证中心颁发的。根证书是认证中心与用户建立信任关系的基础。在用户使用数字证书之前必须首先下载和安装。

CA 是能向用户签发数字证书以确认用户身份的管理机构。为了防止数字凭证的伪造，CA 的公共密钥必须是可靠的，CA 必须公布其公共密钥或由更高级别的 CA 提供一个电子凭证来证明其公共密钥的有效性，后一种方法导致了多级别 CA 的出现。

数字证书颁发过程如下：用户产生了自己的密钥对，并将公共密钥及部分个人身份信息传送给一家 CA。CA 在核实身份后，将执行一些必要的步骤，以确信请求确实由用户发送而来，然后，CA 将发给用户一个数字证书，该证书内附有用户和他的密钥等信息，同时还附有对 CA 公共密钥加以确认的数字证书。当用户想证明其公开密钥的合法性时，就可以提供这一数字证书。

证书的分发是一个数据分发问题而不是一个安全问题，因为证书具有自我保护能力，不需要通过具有安全性保护的系统协议来传送，可以利用数字签名和目录服务来分发证书。

2. 数字证书的使用

每一个用户有一个各不相同的名字，一个可信的 CA 给每个用户分配一个唯一的名字并签发一个包含名字和用户公开密钥的证书。

如果甲方想和乙方通信，甲方首先必须从数据库中取得乙方的证书，然后对其进行验证。如果他们使用相同的 CA，事情就很简单，甲方只需验证乙方证书上 CA 的签名。如果他们使用不同的 CA，问题就复杂了。甲方必须从 CA 的树形结构底部开始，从底层 CA 往上层 CA 查询，一直追踪到同一个 CA 为止，找出双方共同信任的 CA。

证书可以存储在网络的数据库中。用户可以利用网络交换证书。当证书被撤销后，它将从证书目录中删除，然而签发此证书的 CA 仍保留此证书的副本，以备日后解决可能引起的纠纷。

如果用户的密钥或 CA 的密钥被破坏，就会导致证书的撤销。每一个 CA 必须保留一个已经撤销但还没有过期的证书废止列表（CRL）。当甲方收到一个新证书时，首先应该从 CRL 中检查证书是否已经被撤销。

现有持证人甲向持证人乙传送数字信息，为了保证信息传送的真实性、完整性和不可否认性，需要对要传送的信息进行数字加密和数字签名，其传送过程如下。

1）甲方准备好要传送的数字信息（明文）。

2）甲方对数字信息进行哈希运算，得到一个信息摘要。

3）甲方用自己的私钥对信息摘要进行加密得到甲方的数字签名，并将其附在数字信息上。

4）甲方随机产生一个加密密钥，并用此密钥对要发送的信息进行加密。

5）甲方用乙方的公钥对随机产生的加密密钥进行加密，将加密后的密钥同密文一起传送给乙方。

6）乙方收到甲方传送过来的密文和加过密的密钥，先用自己的私钥对加密的密钥进行解密，得到会话密钥。

7）乙方用密钥对收到的密文进行解密，得到明文的数字信息，并将密钥抛弃。

8）乙方用甲方的公钥对甲方的数字签名进行解密，得到信息摘要。乙方用相同的哈希算法对收到的明文再进行一次哈希运算，得到一个新的信息摘要。

9）乙方将收到的信息摘要和新产生的信息摘要进行比较，如果一致，说明收到的信息没有被修改过。

3. 数字证书的验证

在考虑证书的有效性或者可用性时，除了简单的完整性检查外，还需要其他的机制。证书验证需要确定以下内容。

1）一个可信的 CA 已经在证书上签名，注意这可能包括证书路径处理。

2）证书有良好的完整性，即证书上的数字签名与签名者的公钥和单独计算出来的证书哈希值一致。

3）证书处在有效期内。

4）证书没有被吊销。

5）证书的使用方式与任何声明的策略和/或使用限制一致（这由特殊的扩展来限定），持证人甲想与持证人乙通信时，他首先查找数据库并得到一个从甲到乙的证书路径和乙的公开密钥。

4. 数字证书的存放

数字证书可以存放在计算机的硬盘或光盘、U 盘（USBKEY）、IC 卡或 CLIP 卡等介质中。

用户数字证书在计算机硬盘或光盘中存放时，使用方便，但存放证书的 PC 机必须受到安全保护，否则一旦被攻击，证书就有可能被盗用。

USBKEY 是一种 USB 接口的硬件设备。它内置单片机或智能卡芯片，有一定的存储空间，可以存储用户的私钥以及数字证书。使用 U 盘保存证书，被窃取的可能性有所降低，但 U 盘容易损坏；一旦损坏，证书将无法使用。

IC 卡中存放证书是一种较为广泛的使用方式。因为 IC 卡的成本较低，本身不易被损坏。但使用 IC 卡加密时，用户的密钥会出卡，造成安全隐患。

使用 CLIP 卡存放证书时，用户的证书等安全信息被加密存放在 CLIP 卡中，无法被盗用。在进行加密的过程中，密钥可以不出卡，安全级别最高，但相对来说，成本较高。

3.4.6 数字证书的应用

国外常见的 CA 有 Verisign、GTE Cyber Trust、Thawte 等。国内常见的 CA 有中国数字认证网（www.ca365.com）、北京数字证书认证中心（www.bjca.org.cn）、中国金融认证中心（http://www.cfca.com.cn/）、上海证书管理中心（http://www.sheca.com/）、广东省电子商务认证中心（http://www.cnca.net/）等。

用户想获得证书时，首先要向 CA 提出申请，说明自己的身份。CA 在证实用户的身份后，向用户发出相应的数字证书。CA 发放证书时要遵循一定的原则，如要保证自己发出的证书的序列号各不相同，两个不同的实体所获得的证书的主题内容应该相异，不同主题内容的证书所包含的公开密钥相异。

各 CA 使用程序大致相同，下面以广东省电子商务认证中心的数字证书的使用为例说明数字证书的简单应用。

广东 CA 个人数字证书使用方法如下。

首先在浏览器地址栏中输入"http://www.cnca.net/"登录到广东数字认证中心主页，然后分下面三步即可取得个人身份证书（具体在每一步中根据提示操作即可）。

1）下载并安装根证书。

2）申请证书。

3）将个人身份信息连同证书序列号一并邮寄到中国数字认证网。

当安装了数字证书并获得认证后，就可以在电子商务活动和 Outlook Express 中使用数字证书进行安全保证了。

本章小结

为了支持电子商务，大量的技术性和法律性的基础设施服务需要最大限度地使用公钥技术。当这些服务需要大批不同的组织和社团一起来工作时，就出现了许多问题，从而需要公钥基础设施（PKI）来解决这一问题。PKI 是一个密钥管理的安全平台，具有可扩展性、方便用户、支持与远程参与者通行无阻、支持多政策、透明性和易用性、互操作性、简单的风险管理、支持多平台、支持多应用等特点。

PKI 的核心机构是认证中心，认证中心的核心产品是数字证书。由认证中心颁发的数字证书可以提供信息的保密性、交易者身份的确定性、不可否认性、不可修改性等方面的服务。认证中心主要完成证书颁发、证书更新、证书查询、证书作废、证书归档等工作。

专业或关键术语

公钥基础设施（PKI）；证书废止列表（CRL）；认证中心（CA）；注册机构（RA）；注册服务器；CA 服务器；层次结构模型；分布式信任结构模型；Web 模型；以用户为中心的信任模型；数字证书；X.509 证书。

思考题

1. 什么是公钥基础设施？PKI 由哪几部分组成？
2. 公钥基础设施有哪些技术基础？
3. PKI 有哪几种信任模型？它们各有何特点？
4. 认证中心的主要功能是什么？
5. 认证中心 CA 的管理工作有哪几个方面？
6. 数字证书由谁发行？数字证书在保证电子商务安全中的作用是什么？
7. 什么是数字证书？它有何功能？
8. 如何进行证书的管理？

实战题

1. 小李获得了广州的 CA 颁发的数字证书，但他想要通过该证书在北京、上海等不同城市也同样能够获得认证，该如何实现呢？请讨论在我国不同城市 CA 或者不同 CA 发出的数字证书是如何相互认证的？
2. 张三、李四的数字证书分别是由 Verisign 公司和 Thawte 公司颁发的，如果张三和李四想进行安全通信，他们俩如何利用不同公司颁发的证书进行认证？

第4章　数字签名与身份认证技术

本章要点

- 数字签名基本概念与原理。
- 常规的数字签名体制。
- 特殊的数字签名体制。
- 身份认证的概念和主要方法。
- 数字签名的相关法律。

引例

人脸识别认证支付方案：支付宝"蜻蜓"

不带钱包出门，用手机支付已经不是新鲜事。随着新技术的普及，以后出门买东西可能连手机都不用掏了。生物支付已经在悄无声息间成了一种主流的支付方式。未来，这种支付方式的普及率会更高。

2018年12月13日，支付宝在上海推出了刷脸新品"蜻蜓"，引发网友热议。这是怎么回事呢？为什么叫蜻蜓？有什么用？一起来看看。

该产品结合了支付宝云端的人脸识别认证功能和物联网技术，客户只需对准摄像头就能快速被识别，就连之前难倒iPhone X的双胞胎也能被精准识别和区分。这款刷脸机非常小巧，外形像一盏台灯，只是灯的部分变成了书本大小的显示屏。将它接入人工收银机，并放在收银台上客户即可进行刷脸支付。

之所以取名"蜻蜓"，是希望该产品能像拥有2.8万个复眼的蜻蜓一样快速识别物体，做到刷脸支付又快又准。同时该名字也暗藏寻常、普惠之意。

这是一款菜场买菜都能用的刷脸支付产品。由于外形小巧，不但适用于大型商超、医院、餐厅，甚至在菜市场都可以大范围推广使用。也就是说，大家以后到菜场买菜等支付场景连手机都不用带了。

这种刷脸支付具体的步骤如下：①扫描商品条形码；②点击确认支付，有两种支付方式，即扫码支付与刷脸支付；③点击刷脸，人脸对准摄像头，刷脸；④输入手机号，支付完成，打印凭条。

当然，刷脸支付产品"蜻蜓"的体积只有原来自助刷脸机具的十分之一，即插即用，也不用改造商家ERP系统。同时，它在刷脸技术上更为先进：采用了3D结构光摄像头，更快更准；升级了智能引擎，在常去、熟悉的环境下，用户无须输入手机号码即可完成付款。

近来，有刷脸支付功能的自助收银机具已在零售、餐饮、医疗等大型商业场景中得到使用。卜蜂莲花是首家接入支付宝刷脸支付的超市，其市场部管理人员表示，在引入刷脸支付后，1个收银员可以维护3台自助收银机，收银效率提升了50%，按照收银员3200元的平均工资计算，每年便可节省1344万元的综合成本。

中国财政科学研究院应用经济学博士后盘和林认为，刷脸支付比密码支付更安全、更便捷，随着门槛的进一步降低，刷脸支付或在未来3年内呈现爆发式的增长。

数字签名是电子商务安全的一个非常重要的分支，它在大型网络安全通信中的密钥分配、安全认证、公文安全传输以及电子商务系统中的防否认等方面具有重要作用。

数字签名和鉴别技术的一个最主要的应用领域就是身份认证。在当今的网络应用环境中，网络资源的安全性保障通常采用基于用户身份的资源访问控制策略。身份认证的作用是对用户的身份进行鉴别，是网络安全管理的重要基础之一。身份认证作为网络安全中的一种重要技术手段，能够保护网络中的数据和服务不会被未授权的用户所访问。

4.1 数字签名技术

数字签名是实现认证的重要工具，如在网络中的密钥分配、电子安全交易等方面都有重要应用。它提供身份认证、数据完整性、不可抵赖等安全服务。

为理解电子签名的概念，需要先简单回顾传统签名（包括手写签名、按手印、盖章等）的概念和功能特点。

传统签名有两层含义：第一层含义作为名词，指的是一种印记；第二层含义是动词，指的是行为人留下上述印记的过程。

传统签名的功能有二：一是能确定签名人的身份；二是签名人对所签文件内容予以认可。

与传统签名的理解相似，"电子签名"一词也有两层含义。

第一层含义为名词，表示一种数据。2005年4月1日起施行的《中华人民共和国电子签名法》（2015年修订，下称《电子签名法》）第二条，借鉴了传统签名的功能，从功能、效果的角度对电子签名进行了定义：

本法所称电子签名，是指数据电文中以电子形式所含、所附用于识别签名人身份并表明签名人认可其中内容的数据。本法所称数据电文，是指以电子、光学、磁或者类似手段生成、发送、接收或者储存的信息。并在第十三条中进一步规定了可靠的电子签名应当满足的条件：

1）电子签名制作数据用于电子签名时，属于电子签名人专有。
2）签署时电子签名制作数据仅由电子签名人控制。
3）签署后对电子签名的任何改动能够被发现。
4）签署后对数据电文内容和形式的任何改动能够被发现。

《电子签名法》第十四条明确：可靠的电子签名与手写签名或者盖章具有同等的法律效力。

第二层含义也为动词，即行为人生成上述数据的过程（或者方法），例如《电子签名法》第三十四条第（四）项：电子签名制作数据，是指在电子签名过程中使用的，将电子签名与电子签名人可靠地联系起来的字符、编码等数据。

从上述定义可以看出，《电子签名法》对电子签名的定义，实际是规定了电子签名的形式(电子形式、包含于数据电文中),并从功能、效果的角度对电子签名提出的要求,并没有具体限定电子签名的具体实现方式或技术手段。

4.1.1 数字签名基本原理

数字签名过程一般对数据摘要信息进行处理。所谓数据摘要就是哈希函数对消息处理产生的哈希值,也称其为消息的哈希值。摘要信息在数字签名中的应用过程可以概述为:首先使用某种哈希算法,对要发送的数据进行处理,生成数据摘要信息;然后采用公钥密码算法,用私钥加密数据摘要信息。加密后的数据摘要信息就相当于用户的签名,类似于现实生活中的签名和印章。接收方可以对收到的签名结果进行验证,以判断签名的有效性。

由上述介绍可知,一个签名体制一般包括两个部分:一是发送方的签名部分,对消息 M 签名,可以记作 $S=Sig(K, M)$,签字算法使用的密钥是秘密的,即是签名者的私钥。二是接收方的认证部分,对签名 S 的验证可以记作 $Ver(M, S, K)$ — {真,假},认证算法使用的密钥是发送方(即签名者)的公钥。

现在使用的数字签名系统都是建立在公钥密码体制基础之上的。当然,在单密钥体制上建立数字签名系统还是可以的,但是其原理和实现都比较复杂,且计算量大,故不用于实际的系统。所以本书主要介绍基于公钥密码体制的数字签名系统。

1. 数字签名的概念和特点

目前,法律仅规定了电子签名的形式,并从功能、效果的角度对电子签名提出要求,而未指定具体的实现方式或者技术手段,因此理论上讲能够满足法律法规要求的数据电文,电子签名的表现形态并不唯一。只要采用满足法律法规对电子签名要求的实现方式,那么该电子签名与手写签名具有同样的法律效力。从技术的角度而言,电子签名的实现方式有可能包括:①基于 PKI 公钥密码技术的数字签名。②以生物特征(手纹、声音、虹膜等)提取数据为基础的签名。③一个让收件人能识别发件人身份的密码代号、密码或个人识别码 PIN。

上述第 1 种实现方式已经被司法实践直接认定有效。第 1 种实现方式的核心是数字签名、权威认证机构(CA)和可信时间戳,该方式是利用密码学成果,借助技术手段保证电子签名的可靠性,也是当前世界范围内最广为接受的电子签名实现方法之一。

(1)数字签名的形式化定义

数字签名是电子签名的一种具体实现,是一个技术术语而非法律术语,因此法律法规并没有对数字签名进行定义。数字签名也代表两层含义,一是代表一种附在电子文件后的数据,这种数据能使电子文件接收者识别出任何人对电子文件的任何修改;二是代表一整套用于产生上述数据的方法流程。

联合国国际贸易法委员会《电子商务示范法》第 7 条的规定给电子签名一个非形式化的定义:"数字签名"系指在数据电文中,以电子形式所含、所附或在逻辑上与数据电文有联系的数据,和与数据电文有关的任何方法,它可用于数据电文有关的签字持有人和表明此人认可数据电文所含信息。

(2)数字签名的特点

在日常的社会生活和经济往来中,签名盖章和识别签名是一个重要的环节,例如,银行业务、挂号邮件、合同、契约和协议的签订都离不开签名。

在书面文件上签名是确认文件的一种手段,其作用有三点:第一,因为签名难以否认,从而可确认文件已签署这一事实；第二，因为签名不易仿冒，从而可确定文件是真的这一事实；第三，如果对签名有争议，可以请专家分析辨认笔迹的真伪。

数字签名与书面文件签名有相同之处，采用数字签名，也能确认以下三点：第一，信息是由签名者发送的；第二，信息自签发后到收到为止未曾做过任何修改；第三，如果A否认对信息的签名，可以通过仲裁解决A和B之间的争议。因此，数字签名就可用来防止电子信息因易被修改而有人作假，或冒用别人名义发送信息，或发出（收到）信件后又加以否认等情况发生。

数字签名又不同于手写签名：数字签名随文本的变化而变化，手写签名反映某个人个性特征，是不变的；数字签名与文本信息是不可分割的，而用手写签名是附加在文本之后的，与文本信息是分离的。

综上所述可以看出，完善的数字签名应具备签字方不能抵赖、他人不能伪造、在公证人面前能够验证真伪的能力。

（3）数字签名的功能

数字签名机制提供了一种鉴别方法，以解决银行、电子贸易中的如下问题。

1）身份认证。收方通过发方的电子签名能够确认发方的确切身份，但无法伪造。

2）保密。双方的通信内容高度保密，第三方无从知晓。

3）完整性。通信的内容无法篡改。

4）不可抵赖。发方一旦将电子签名的信息发出，就不能再否认。

值得说明的是，数字签名与数据加密完全独立。数据可以只签名或只加密，也可既签名又加密，当然，也可以既不签名也不加密。

（4）电子签名的法律地位

电子交易的安全依赖于技术上采用适当的安全措施，如电子签名技术，以确认使用人的身份，确保信息保密及完整无缺，保障已进行的交易不被推翻。但是，电子签名技术在法律上的地位不明确。随着电子商务的发展，电子签名的使用越来越多，其法律问题就显得日益突出。如果电子签名的法律问题不解决，交易安全就最终得不到保障，实际上电子商务就不具有实际意义。这也正是电子签名问题成为电子商务中重要的技术与法律问题的原因所在。

因此，电子签名就需要人们对它的"签名"功能赋予合法的法律地位。联合国《电子商务示范法》对电子记录的法律问题提出了一系列解决方案，分别就数据电文的法律承认、书面性、签名、原件、证据性、留存等做出了原则性的规定。该法还提出了许多有先见性的法律原则，如不歧视原则、功能等同原则和当事人自治原则，使人们能够接受电子签名与传统的手写签名具有同样的合法性。

2018年9月7日，我国最高人民法院发布施行了《最高人民法院关于互联网法院审理案件若干问题的规定》。该《规定》共有23条，规定了互联网法院的管辖范围、上诉机制和诉讼平台建设要求，同时明确了身份认证、立案、应诉、举证、庭审、送达、签名、归档等在线诉讼规则，确认了可信电子数据的法律效力。其中第11条规定提到：

"当事人提交的电子数据，通过电子签名、可信时间戳、哈希值校验、区块链等证据收集、固定和防篡改的技术手段或者通过电子取证存证平台认证，能够证明其真实性的，互联网法院应当确认。当事人可以申请具有专门知识的人就电子数据技术问题提出意见。互联网法院可以根据当事人申请或者依职权，委托鉴定电子数据的真实性或者调取其他相关证据进行核对。"

这是我国首次以司法解释形式对可信时间戳及区块链等固证存证手段进行法律确认，意味着电子固证存证技术在司法层面的应用迎来重要突破。

2. 数字签名方案的分类

根据不同的标准，数字签名方案有不同的分类方法。

（1）基于数学难题的分类

根据数字签名方案所基于的数学难题，可将其分为以下几类。

1）基于离散对数问题的签名方案，如 ElGamal 型数字签名方案和美国数字签名算法（DSA）。

2）基于素因子分解问题的签名方案，如 RSA 数字签名方案。二次剩余作为素因子分解问题的特殊情况，当前也发展了多种基于二次剩余的签名方案，如 Rabin 数字签名方案和 1997 年 Nyang 和 Song 所设计的快速数字签名方案。

3）上述两种的结合签名方案，如 1994 年 Harn 设计的一种数字签名方案；1996 年，Lee 与 Huang 提出了一个 Harn 签名的修改方案；1998 年，我国邵祖华提出了基于因数分解和离散对数的数字签名协议；2005—2006 年，任俊伟、李发根等提出了基于因数分解和离散对数的数字签名改进方案；2012 年，梁钰敏、曹天杰提出了新的基于双难题的带有消息恢复的签名方案。

（2）基于签名用户的分类

根据签名用户的情况，可将数字签名方案分为单个用户的数字签名方案和多个用户的数字签名方案。

（3）基于数字签名所具有特性的分类

根据数字签名方案是否具有消息自动恢复特性，可将之分为以下两类。

1）不具有消息自动恢复特性的数字签名方案。一般数字签名不具有此特性，如 ElGamal 数字签名。

2）具有消息自动恢复特性的数字签名方案。1994 年，Nyberg 和 Rueppel 首次提出一类基于离散对数问题的具有消息恢复特性的数字签名方案；1997 年，Miyaji 又提出了两种新的具有消息恢复特性的数字签名方案；2012 年，梁钰敏、曹天杰提出了新的基于双难题的带有消息恢复的签名方案。

（4）基于数字签名所涉及的通信角色分类

根据数字签名所涉及的通信角色，可分为直接数字签名（仅涉及通信的源和目的两方）和需仲裁的数字签名（除通信双方外，还有仲裁方）。

3. 数字签名使用模式与使用原理

（1）数字签名使用模式

目前使用的电子签名主要有三种模式。

1）智能卡式。使用者拥有一个像信用卡一样的磁卡，储存有自己的数字信息。使用时只需在计算机扫描器上扫描，然后输入自己设定的密码即可。

2）密码式。它是由使用者设定一个密码，通过特定的硬件，使用者利用电子笔在电子板上签名后将信息存入计算机。电子板不仅记录下签名的形状，而且对使用者签名时使用的力度、写字的速度都有记载，以防他人盗用签名。

3）生物测定式。它是以使用者的身体特征为基础，通过特定的设备对使用者的指纹、面部、视网膜或眼球进行数字识别，从而确定对象是否与原使用者相同。许多公司的计算机程序实际运用的大都是将两种或三种技术结合在一起，这样可以大大提高电子签名的安全可靠性。

（2）数字签名使用原理

安全的数字签名使接收方可以确认文件确实来自声称的发送方。鉴于签名私钥只有发送方自己保存，他人无法做一样的数字签名，因此他不能否认自己参与了交易。

数字签名的加密解密过程和私有密钥的加密解密过程正好相反，使用的密钥对也不同。数字签名使用的是发送方的密钥对，发送方用自己的私有密钥进行加密，接收方用发送方的公开密钥进行解密。这是一个一对多的关系：任何拥有发送方公开密钥的人都可以验证数字签名的正确性。而私有密钥的加密解密则使用的是接收方的密钥对，这是多对一的关系：任何知道接收方公开密钥的人都可以向接收方发送加密信息，只有唯一拥有接收方私有密钥的人才能对信息解密。在实际应用过程中，通常一个用户拥有两个密钥对，一个密钥对用来对数字签名进行加密解密，另一个密钥对用来对私有密钥进行加密解密。这种方式提供了更高的安全性。

在实际运用中，直接用公开密码的私钥对文件进行签字并不完全可行，如需对相当长的文件进行签名认证怎么办？若将文件按比特划分成一块一块，用相同的密钥独立地签每一个块，这样速度太慢。

通常的解决办法是引入可公开的密码哈希函数（Hash function，也叫摘要函数、散列函数）。它将取任意长度的消息做自变量，结果产生规定长度的消息摘要。如数字签名标准DSS 中的消息摘要为 160 bit，然后签名消息摘要。它发生在签名后、加密前，对邮件传输或存储都有节省空间的好处。

利用哈希函数进行数字签名和验证的文件传输过程如下。

1）发送方首先用哈希函数从原文得到数字摘要，然后采用公开密钥体系用发送方的私有密钥对数字摘要进行签名，并把签名后的数字摘要附加在要发送的原文后面。

2）发送方选择一个秘密密钥对文件进行加密，并把加密后的文件通过网络传输到接收方。

3）发送方用接收方的公开密钥对秘密密钥进行加密，并通过网络把加密后的秘密密钥传输到接收方。

4）接受方使用自己的私有密钥对密钥信息进行解密，得到秘密密钥的明文。

5）接收方用秘密密钥对文件进行解密，得到经过加密的数字摘要。

6）接收方用发送方的公开密钥对数字签名进行解密，得到数字摘要的明文。

7）接收方用得到的明文和哈希函数重新计算数字摘要，并与解密后的数字摘要进行对比。如果两个数字签名是相同的，说明文件在传输过程中没有被破坏。

上述流程可用图 4-1 表示。

如果第三方冒充发送方发出了一个文件，因为接收方在对数字签名进行验证时使用的是发送方的公开密钥，只要第三方不知道发送方的私有密钥，解密出来的数字签名和经过计算的数字签名必然是不相同的。这就提供了一个确认发送方身份的方法。

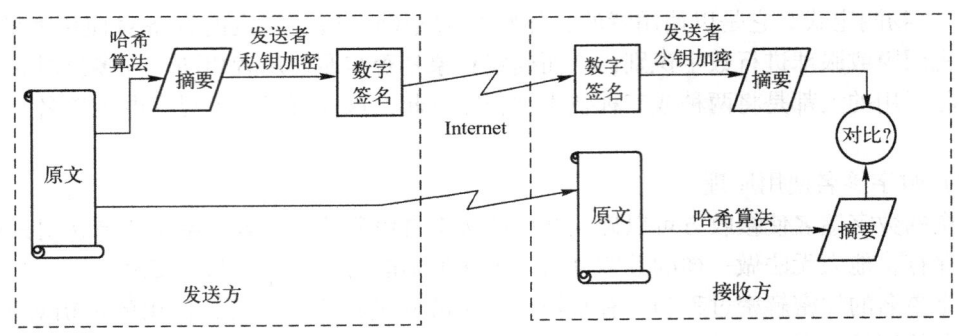

图 4-1 数字签名过程

4.1.2 常规数字签名体制

目前的数字签名建立在公共密钥体制基础上，它是公用密钥加密技术的另一类应用，已经具有大量数字签名算法，如 RSA 数字签名体制、ElGamal 数字签名算法、Fiat-Shamir 数字签名算法、Guillou-Quisquarter 数字签名算法、Schnorr 数字签名算法、DSS 数字签名体制、椭圆曲线数字签名算法（ECDSA）和有限自动机数字签名算法。

本节将介绍应用最广泛的三种数字签名方法，即 RSA 数字签名体制、DSS 数字签名体制和椭圆曲线数字签名算法（ECDSA）。这三种算法可单独使用，也可综合在一起使用。

1. RSA 数字签名体制

用 RSA 算法做数字签名很简单，签名者用私钥参数 d 加密，也就是签名；验证者用签字者的公钥参数 e 解密来完成认证。

（1）数字签名框图

可以用图 4-2 总结 RSA 数字签名的原理。

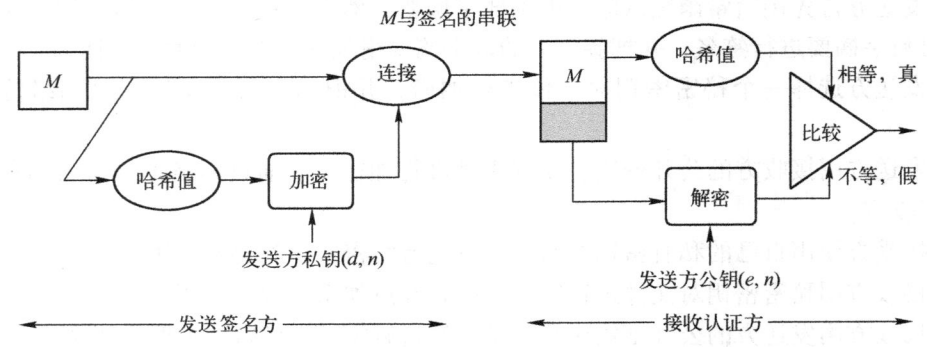

图 4-2 RSA 数字签名框图

使用发送方的私钥 (d, n) 对消息 M 的哈希值加密，既具有身份辨别，又有数据完整性保护的功能，也就达到了数字签名的要求。

下面描述 RSA 数字签名名和认证的过程。

（2）签名过程

1）计算消息的哈希值 $H(M)$。

2）用私钥（d, n）加密哈希值：$s = (H(M))^d \bmod n$。
签名结果就是 s。
3）发送消息和签名（M, s）。
当然，消息 M 很短的时候，可以直接对 M 用私钥加密，可以表达为
$s = \text{Sig}(M) = M^d \bmod n$
总之，签名时使用私钥（d, n）。

（3）认证过程
接收方收到（M, s）之后，按照如下步骤验证签名的有效性。
1）取得发送方的公钥（e, n）。
2）解密签名 s：$h = s^e \bmod n$。
3）计算消息的哈希值 $H(M)$。
4）比较，如果 $h = H(M)$，表示签名有效；否则，签名无效。
如果消息 M 很短的时候，可以直接对 M 用公钥解密以验证签名的有效性，可以表达为
$\text{Ver}(M, s) = 真 \langle = \rangle M = s^e \bmod n$
在对短消息进行 RSA 签名的实际系统中，建议不要使用私钥直接加密的方式。总之，认证时使用公钥（e, n），然后通过比较来确定签名的合法性。

2. DSS 数字签名体制

美国国家标准技术研究所（NIST）于 1991 年颁布了数字签名标准（Digital Signature Standard，DSS），该标准使用的签名算法简称为 DSA（Digital Signature Algorithm）。注意区别 DSS 和 DSA 两个概念，前者是一个标准，后者是标准当中使用的算法。DSS 签名标准具有较大的兼容性和适用性，已经成为网络中安全体系的基本构件之一。

DSA 数字签名算法是 ElGamal、Schnorr 等数字签名算法的变体，该算法由 D. W. Kravitz 设计，由美国国家标准技术研究所和国家安全局共同开发。DSA 是基于离散对数的难度。

（1）DSS 介绍

数字签名标准（DSS）由美国 NIST 于 1991 年 8 月提出，于 1994 年底正式成为美国联邦信息处理标准（FIPS PUBl86）。其间，到 1992 年 NIST 征求了各方对 DSS 的意见，在 1993 年和 1996 年分别做了小的修改。

DSA 算法设计专用作数字签名，不像 RSA 还可用作加密和密钥变换。

DSS 方法也利用一个哈希函数。哈希值和一个用作这个特殊签名的随机数 k 作为签名函数的输入。签名函数还依赖于发方的私钥和一个对许多通信原则来说是通用的参数集。我们可以认为这个集合组成一个全局公开密钥。结果是由两个分量组成，记为 s 和 r。

在接收端将计算所收到报文的哈希值，该哈希值和签名将作为验证函数的输入。验证函数还依赖于全局公开密钥和发方私钥配对的发方公开密钥。如果签名是有效的，验证函数的输出值就等于签名分量 r。签名函数就是这样的：只有发方用掌握的私钥才能产生有效的签名。我们可以用图 4-3 简明地表示 DSS 数字签名体制。

DSA 签名和 RSA 签名一样不存在哈希函数签名的局限，因为它们都采用了公钥算法，即每个人都有两个密钥，其中一个产生签名，并秘密保存；另一个公开，用来验证签名。

图中哈希函数是 SHA 哈希函数。其中签名方在签名时，使用了随机数 k，签名结果为

(s, r)。验证方就是通过比较接收到的 r 与自己计算出来的 r'，根据是否相等来判断签名的有效性。

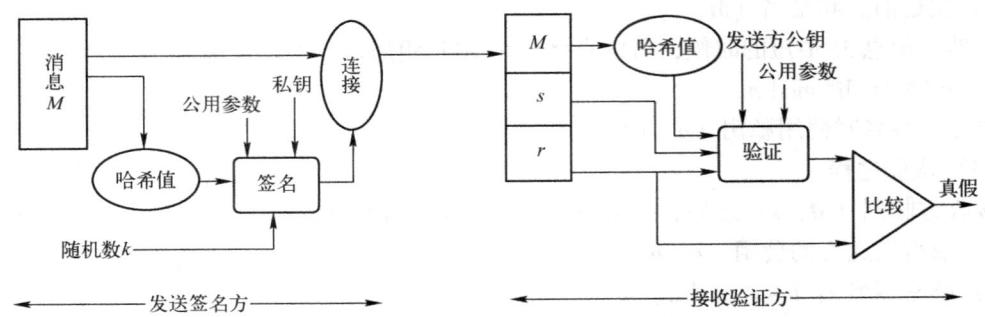

图 4-3　DSS 数字签名体制

（2）数字签名算法（DSA）

DSA 算法中应用了下述参数。

P：L bit 长的素数。L 是 64 的倍数，范围是 512~1024。

Q：$p-1$ 的 160 bit 的素因子。

G：$g = h^{(p-1)/q} \bmod p$，h 满足 $1 < h < p-1$，$h^{(p-1)/q} \bmod p > 1$。

X：$1 < x < q$，x 为私钥。

Y：$y = g^x \bmod p$，(p, q, g, y) 为公钥。

$H(x)$：单向哈希函数。在 DSS 中选用安全哈希算法（Secure Hash Algorithm，SHA）。

p, q, g：可由一组用户共享，但在实际应用中，使用公开模数可能会带来一定的威胁。

签名及验证协议如下。

1）由 p 产生随机数 k，$k < q$。

2）由 p 计算 $r = (g^k \bmod p) \bmod q$ 和 $s = (k^{-1}(H(m) + xr)) \bmod q$。签名结果是 (m, r, s)。

3）验证时，计算：

$w = s^{-1} \bmod q$

$u_1 = (H(m) \cdot w) \bmod q$

$u_2 = (r \cdot w) \bmod q$

$v = ((g^{u_1} \cdot y^{u_2}) \bmod p) \bmod q$

若 $v = r$，则认为签名有效。

DSA 是基于整数有限域离散对数难题的，其安全性与 RSA 差不多。DSA 的一个重要特点是两个素数公开，这样，当使用别人的 p 和 q 时，即使不知道私钥，也能确认它们是否是随机产生的。而 RSA 算法却做不到。图 4-4 描述了 DSS 的签名和验证函数。

3. 椭圆曲线数字签名算法（ECDSA）

椭圆曲线加密系统（前文已有介绍）是一种运用 RSA 和 DSA 来实施的数字签名方法。基于椭圆曲线的数字签名具有与 RSA 数字签名和 DSA 数字签名基本上相同的功能，但实施起来更有效，因为椭圆曲线数字签名在生成签名和进行验证时要比 RSA 和 DSA 快。椭圆曲线数字签名还可以用在一些较小、对资源有一定限制的设备（如智能卡，即含有微处理器芯片的塑料片）中。

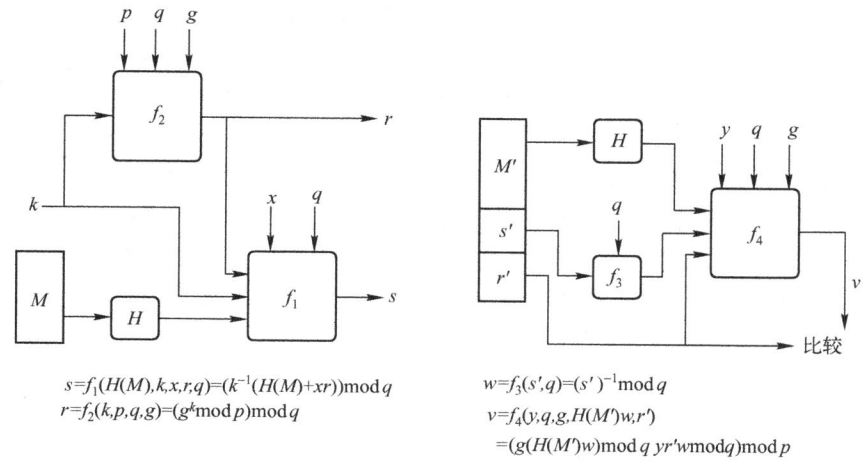

图 4-4　DSS 签名和验证

椭圆曲线数字签名算法和 DSA 都属于利用离散对数问题进行加密方法的变体。DSA 是一种由一系列以质数 p 为模的整数所组成的乘法组中解决离散对数问题的算法。利用不同的有限组可以获得这一算法的变体，而椭圆曲线是产生这些组的基础。在不同的组中寻找像 DSA 这样的算法的变体的原因是，离散对数问题在有些组中要比其他组更困难。椭圆曲线就是比较困难的一种，这意味着可以用椭圆曲线来设计出一种比用以 p 为模的整数来加密的系统所需要的密钥长度更小、而加密强度却更大的系统来。使用椭圆曲线系统，所要处理的数字更小，因而运行结果趋向更好。

从 DSA 演变出来的、基于椭圆曲线变体的标准称为椭圆曲线数字签名算法（ECDSA），这是由电气和电子工程师协会 IEEE 和美国国家标准局 ANSI 有关金融服务的 X9 委员会联合开发的。ECDSA 是 ECC 与 DSA 的结合，整个签名过程与 DSA 类似，所不一样的是签名中采取的算法为 ECC，最后签名出来的值也是分为 r, s。具体签名验证过程见本书第 2 章的 2.3.2 节相应内容。

比如：在比特币中使用的数字签名算法就是椭圆曲线数字签名算法（ECDSA）。数字签名在比特币中有三种用途：

第一，签名证明私钥的所有者即资金所有者，已经授权支出这些资金。

第二，授权证明交易是不可否认的（不可否认性）。

第三，签名证明交易（或交易的具体部分）在签字之后没有也不能被任何人修改。

4.1.3　特殊数字签名体制

根据电子商务具体应用的需要，形成了许多特殊的数字签名应用，如不可否认数字签名、失败-终止数字签名、盲签名、批量签名、群签名、代理签名和多重签名。本节将对它们进行简单介绍。

1. 不可否认数字签名

一般的数字签名能够被准确复制，其他人都可以用复制品来验证签名的有效性，这个性质有时是有用的，如公开宣传品的发布。但是有时也带来一些问题，如签名的私人信件、商业函件,是不希望其他人验证的。由此,Chaum 和 Antwerpen 等于 1989 年引入了不可否认数字签名的概念。

不可否认数字签名,最本质的是在无签字者的配合下,不可能验证签字的有效性。利用这个特殊的性质,可以在一定程度上防止复制或散布他所签字的文件的可能性,从而使产权所有者可以控制产品的散发。这在电子出版领域的知识保护中很有用。

如果签字者拒绝合作就无法验证签名的有效性;但确实是签字者的数字签名,其又拒绝合作时,又如何处理呢?那么可以在法庭等第三方的监督下,启用否认协议(Disavowal Protocol),以证明签名的真假。如果对方拒绝参与否认协议,那么,就是他签名的;如果不是他签名的,否认协议可以确认他没有签名。

2. 失败-终止数字签名

失败-终止数字签名(Fail-Stop Signature)是由 B. Pfitzmann 和 M. Waidner 于 1991 年引入的。它是一种安全性经过强化的数字签名,用以防范有强大计算资源的攻击者。使用失败-终止数字签名,签名者当然不能对自己的签名进行抵赖,同时即使攻击者分析出密钥,也难以伪造签名者的签字。

它的基本原理是:对每个可能的公开密钥,对应着很多的私有密钥,它们都可以正常工作。而签名者仅仅持有并知道众多私有密钥中的一个。所以强大的攻击者恢复出来的私有密钥刚好是签名者持有的私有密钥的情况的概率是非常小的。而不同的私有密钥产生的签名是不相同的,以此可以鉴别出伪造者的签名。

3. 盲签名

前面介绍的数字签名,签名者可以查看所签署消息的内容,这和日常生活的情形相符合;我们通常需要在知道文件内容之后才会签署。而本节介绍的签名方案,要求签名者对所签署消息是不可见的,称为盲签名(Blind Signature)。

盲签名是由 David Chaum 于 1983 年提出的。盲签名在数字现金、电子投票等领域都有较大的应用价值,特别是目前的数字现金,大部分都是采用盲签名的原理实现。

盲签名的基本思想是:求签名者把明文消息 M 盲变换为 M',M' 隐藏了明文 M 的内容;然后把 M' 给签名者(仲裁者)进行签名,得到签名结果 $S(M')$;最后,求签名者取回 $S(M')$,采用解盲变换处理得到 $S(M)$,就是 M 的签名,如图 4-5 所示。

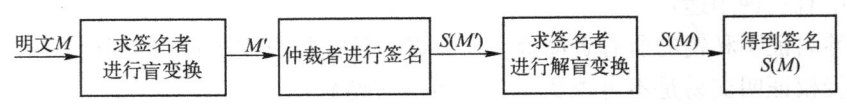

图 4-5 盲签名原理

有一类特殊的盲签名叫完全盲签名,其性质是:签名者在文件上的签名是有效的,签名是其签署文件的证据。如果把文件给签名者看,他可确信他签署过这份文件。但是,签名者不能把签署文件的行为与签署了的文件相关联。即使他记下了他所做的每一个盲签名,他也不能确定他在什么时候签署了该文件。

4. 批量签名

批量签名(Batch Signature)是指能够用一次签名动作,完成对若干个不同的消息的签名;并且以后可以对每一条消息独立地进行认证。该类签名算法的突出优点就是提高了对批量文件签名的效率，因此在电子商务的某些领域有所应用。

较早提出批量签名概念的是 Amos Fiat，他于 1990 年提出 Batch RSA 方案。之后，还有学者提出基于 DSA 的批量签名算法等。

5. 群签名

群体密码学（Group-Oriented Cryptography）是 Desmedt 于 1987 年提出的。它是研究面向社会团体或群体中的所有成员需要的一种密码体制。本小节介绍群体密码学中有关签名的一些内容。

（1）群签名特点

群签名（Group Signature）是 Chaum 和 vanHeyst 于 1991 年提出的，有时也称为团体签名。群签名有如下特性：

1）只有团体内的成员才能够代表团体签名。
2）接收到签名的人可以验证该签名是属于某个团体的。
3）接收者不知道签名的是该团体中的哪一个成员。
4）在出现争议时，可以由团体的成员或第三方识别出签字者。

例如在投标中，所有投标公司组成一个团体，每一个公司都用群签名方式对标书签名，通常情况下是不知道哪一个标书是哪一个公司签名的，而选中标书之后才识别出是哪一家公司；当然，此时中标公司若想反悔也无济于事了，因为签名不可能是别人签署的，并且在没有该公司参与下同样可以识别出它的签名。

（2）一个简单的群签名协议

下面介绍一个简单的协议来完成群签名。该协议使用了一个可信赖的第三方，假设该团体有(n)个成员，下面简单描述该协议的步骤：

1）第三方产生 $n \times m$ 对密钥（公钥私钥对），然后给每一个成员 m 对互异的密钥。
2）第三方把 $n \times m$ 个公钥用随机的顺序加以公开，作为群体的公钥表，并且第三方记住每一个成员对应哪 m 对密钥。
3）当群体中某一个成员签名时，从自己的 m 个私钥中随机选择一个，进行签名。
4）而验证签名时，用该团体的公钥表进行签名认证即可。
5）当发生争议时，第三方知道密钥对与成员之间的对应关系，所以可以确定出签名者是团体中哪一个成员。

当然，上述协议的较大缺陷在于需要一个第三方。

6. 代理签名

代理签名（Proxy Signature）就是指定某人来代替自己签署，也称为委托签名。由此就引来问题，如何在不把自己的私钥给代理人的情况下，使代理人替自己完成签名的功能。代理签名在某些特殊领域是有用途的，例如，当你度假期间，希望你的秘书替你签署处理一些文件，就需要使用代理签名。

代理签名一般应该具有如下特点。

1）可区分性，代理签名与某人的普通签名是可以区分的。
2）不可伪造性，只有原来的签名者和所托付的代理人可以建立合法的代理签名。
3）代理签名的差异，代理签名者不可能制造一个合法代理签名，而不被检查出来这是一个代理签名。

4）可证实性，从代理签名中，验证者能够相信原始的签名者认同了这份签名的消息。
5）可识别性，原始签名者可以从代理签名结果中识别出代理签名者的身份。
6）不可抵赖性，代理签名者不能事后抵赖他所建立的已被认可的代理签名。

在有的情况下，可能还需要更加强大的可识别性，如任何人都可以从代理签名中识别出代理人的身份等。

代理签名从授权的程度上来划分，可以分为三类：完全授权（Full Delegation）、部分授权（Partial Delegation）和许可证授权（Delegation by Warrant）。

完全授权方式，就是全部秘密参数都交给代理者，此时可区分性不复存在。

部分授权方式，就是用秘密参数 s，计算出另外一个参数 σ，把 σ 交给代理者；当然要求不可能从 σ 推导出 s；代理者秘密保存 σ。其中又可以区分为两种方式，一种称为不保护代理者（Proxy-Unprotected）的方式，就是原始的签名者和代理者都可以产生合法的代理签名，当然其他人不可能产生合法的代理签名；另一种称为保护代理者（Proxy-Protected）的方式，就是只有代理者可以产生合法的代理签名，而原始的签名者和其他人都不可能产生合法的代理签名。

许可证授权方式也分为两种。一种称为委托代理 Delegate-proxy 方式，就是原始签名者用自己的私钥按普通签名方式签署一个文件给代理者，声明该人作为自己签名的代理者；另一种称为持票代理 Bearer-proxy 方式，许可证包括消息和原始签名者用自己的私钥按普通签名方式完成的签名，消息中包含一个全新的公钥，而对应的私钥交给代理者保存并用其进行代理签名。

7. 多重签名

多重签名是供团体使用的，即一个文件需要多个人进行签署。这在实际生活中最为普通，有时甚至需要在一个文件上加盖十几个印章。

假设 A 和 B 都需要对文件进行签名，最为简单的有两种方式。一是 A、B 各对文件的副本进行签名，当然保存时需要保存两份。二是先由 A 对文件签名，然后 B 对 A 的签名结果进行签名，此时的缺点是必须先验证 B 的签名前提下，才可能验证 A 的签名。当然，签署人更多时，上面两种方法的缺点就非常严重了。

4.2 身份认证技术

数字签名和鉴别技术的一个最主要的应用领域就是身份认证。在当今的网络应用环境中，网络资源的安全性保障通常采用基于用户身份的资源访问控制策略。身份认证的作用是对用户的身份进行鉴别，是网络安全管理的重要基础之一。身份认证作为网络安全中的一种重要技术手段，能够保护网络中的数据和服务不会被未授权的用户访问。

4.2.1 身份认证的概念

身份认证又叫身份识别，它是通信和数据系统正确识别通信用户或终端的个人身份的重要途径。比如银行的自动柜员机（ATM）可将现款发放给经它正确识别的账号持卡人。对计算机的访问和使用、安全地区的出入和放行、出入境等都是以准确的身份识别为基础的。身份识别技术能使识别者让对方识别到自己的真正身份，确保识别者的合法权益。

身份认证是安全系统中的第一道关卡，如图4-6所示，用户在访问安全系统之前，首先经过身份认证系统识别身份，然后访问监控器根据用户的身份和授权数据库决定用户是否能够访问某个资源。授权数据库由安全管理员按照需要进行配置。审计系统根据审计设置记录用户的请求和行为，同时入侵检测系统实时或非实时

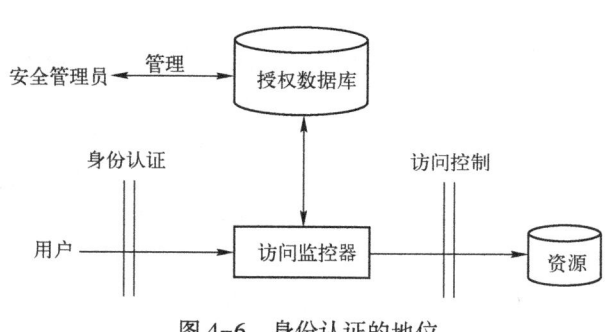

图4-6 身份认证的地位

地检测是否有入侵行为。访问控制和审计系统都要依赖于身份认证系统提供的"信息"——用户的身份。可见，身份认证在安全系统中的地位极其重要，是最基本的安全服务，其他的安全服务都要依赖于它。一旦身份认证系统被攻破，那么系统的所有安全措施将形同虚设。黑客攻击的目标往往就是身份认证系统。

1. 身份认证的几个相关概念

为了保护网络资源及落实安全政策，需要提供可追究责任的机制。这里涉及三个概念：认证、授权及审计。

1）认证（Authentication）：在做任何动作之前必须有方法来识别动作执行者的真实身份。认证又称为鉴别、确认。身份认证主要是通过标识和鉴别用户的身份，防止攻击者假冒合法用户获取访问权限。

2）授权（Authorization）：指当用户身份被确认合法后，赋予该用户进行文件和数据等操作的权限。这种权限包括读、写、执行及从属权等。

3）审计（Auditing）：每一个人都应该为自己所做的操作负责，所以在做完事情之后都要留下记录，以便核查责任。

在现实生活中，我们个人的身份主要是通过各种证件来确认的，例如身份证和户口本。在计算机网络信息系统中，各种资源（如文件、数据库和应用系统）也需要认证机制的保护，确保这些资源被应该使用的人使用。在大多数情况下，认证机制与授权和记账也紧密结合在一起。身份认证是对网络中的主体进行验证的过程，用户必须提供他是谁的证明。身份认证往往是许多应用系统中安全保护的第一道防线，它的失败可能导致整个系统的失败。

身份认证分为单向认证和双向认证。如果通信的双方只需要一方被另一方鉴别身份，这样的认证过程就是一种单向认证。在双向认证过程中，通信双方需要互相认证对方的身份。

2. 身份认证系统的组成

身份认证系统包含下列三个主要部分。

（1）认证服务器（Authentication Server）

认证服务器负责进行使用者身份认证的工作，服务器上存放使用者的私有密钥、认证方式及其他使用者认证的相关信息。

（2）认证系统用户端软件（Authentication Client Software）

认证系统用户端通常都是需要进行登录的设备或系统，在这些设备及系统中必须具备可以与认证服务器协同运作的认证协议。在有些情况下，认证服务器与认证系统用户端软件是集成在一起的。

(3) 认证设备 (Authenticator)

认证设备是使用者用来产生或计算密码的软硬件设备。

3. 身份认证系统被攻击的方式

从用户角度来看，非法用户常采用以下手段对身份认证过程进行攻击。

1) 数据流窃听：由于认证信息要通过网络传递，并且很多认证系统的口令是未经加密的明文，攻击者通过窃听网络数据，就很容易分辨出某种特定系统的认证数据，并提取出用户名和口令。

2) 复制/重传：非法用户截获信息后再传送给接收者。

3) 修改或伪造：非法用户截获信息，替换或修改信息后再传送给接收者，或者非法用户冒充合法用户发送信息。

4. 身份认证与其他技术的结合

适合于各种场合的认证交换机制有多种选择与组合。例如，当对等实体以及通信手段都可信任时，一个对等实体的身份可以通过口令来证实。该口令能防止出错，但不能防止恶意行为。相互鉴别可在每个方向上使用不同的口令来完成。

当每个实体信任它的对等实体但不信任通信手段时，抗主动攻击的保护能够由口令与加密联合提供，或由密码手段提供。防止重演攻击时需要双方握手（用保护参数），或时间标记（用可信任时钟）。带有重演保护的相互鉴别，使用三方握手就能达到。

当实体不信任（或感到它们将来可能不信任）它们的对等实体或通信手段时可以使用抗抵赖服务。使用数字签名机制和公证机制就能实现抗抵赖服务。这些机制可与上面所述的机制一起使用。

4.2.2 身份认证的主要方法

计算机系统安全机制的主要目标是控制对信息的访问。当前用于身份识别的技术方法主要有四种：利用用户身份、口令、密钥等技术措施进行身份识别；利用用户的体貌特征、指纹、签字等技术措施进行身份识别；利用用户持有的证件（如光卡和磁卡）进行身份识别；多种方法交互使用进行身份识别。

1. 口令识别法

在计算机发展的早期，使用单因素用户识别系统最为普遍，例如经典的 UNIX 口令系统。随着计算机的发展，逐渐出现了考虑多因素的用户识别系统，以提高安全性。用户识别的方法大致可分为三大类。

1) 根据用户知道什么来判断。如果用户能说出正确的口令，则说明他是真的，如经典的 UNIX 口令系统。

2) 根据用户拥有什么来判断。如果用户能提供正确的物理钥匙，则说明他是真的，如普通的门钥匙和磁卡钥匙。

3) 根据用户是什么来判断。如果用户生理特征与记录相符，则说明他是真的，如指纹、声音和视网膜。

连接在网络上的用户识别系统还存在另一种隐患，就是当用户反复登录时，同一口令可以重复使用，在网络传输时很容易被截获或被盗用。因为用户输入的账号和口令都是以明文形式在网络上传输的。一些口令嗅探软件，可以用来截获口令，冒充用户身份登录。解决这些问题的方法，就是采用一次性口令系统。由于口令只使用一次，使用过后随即失效，在网络上截获一条口令将毫无意义。因为当口令被截获时，它已经宣告作废了。一次性口令系统可以极大地提高计算机网络系统和电子商务应用系统的安全性。

（1）不安全口令的分析

1）使用用户名（账号）作为口令。

很明显，这种方法在便于记忆上有着相当的优势，可是在安全上几乎不堪一击。几乎所有以破解口令为手段的黑客软件，都首先会将用户名作为口令的突破口，而破解这种口令几乎不需要时间。

2）使用用户名（账号）的变换形式作为口令。

使用这种方法的用户自以为聪明，将用户名颠倒或者加前后缀作为口令，既容易记忆又可以防止许多黑客软件。不错，这种方法的确是使相当一部分黑客软件无用武之地，不过那只是一些初级的软件。一个真正优秀的黑客软件完全有办法对付这种情况，比如说著名的黑客软件 John，如果你的用户名是 fool，那么它在尝试使用 fool 作为口令之后，还会试着使用诸如 fool123、loof、loofl23、lofo 等作为口令，只要是你想得到的变换方法，John 软件也会想到，它破解这种口令，几乎也不需要时间。

3）使用自己或者亲友的生日作为口令。

这种口令有着很大的欺骗性，因为这样往往可以得到一个 6 位或者 8 位的口令，从数学理论上来说分别有 1000000 和 10000000 种可能，很难破解。其实，由于口令中表示月份的两位数数字只有 1~12 可以使用，表示日期的两位数数字也只有 1~31 可以使用，而 8 位数的口令作为年份的 4 位数是 19××年，经过这样推理，使用生日作为口令尽管有 6~8 位，但实际上可能的表达式只有 $100×12×31=37200$ 种，即使再考虑到年月日三者有 6 种排列顺序，一共也只有 $37200×6=223200$ 种，而一台普通的计算机每秒可以搜索 30000~40000 个，仅仅需要 5.58 s 就可以搜索完所有可能的口令，如果再考虑实际使用计算机人的年龄，就又可以去掉大多数的可能性，那么搜索需要的时间还可以进一步缩短。

4）使用学号、身份证号、单位内的员工号码等作为口令。

使用这种方法对于完全不了解用户情况的攻击者来说，的确不易破解。但如果攻击者是某个集体中的一员，或对要攻击的对象有一定的了解，则破解这种口令也不需要花费多少时间。即使是用身份证号这样多位数的口令，也存在如同上述的情况，既实际上很多位数的取值范围是有限的，因而搜索空间将大为减少。

5）使用常用的英文单词作为口令。

这种方法比前几种方法要安全一些。前几种口令，只要时间足够一定能被破解，而这一种则未必。如果你选用的单词是十分生僻的，那么黑客软件就可能无能为力了。不过不要高兴得太早，黑客多有一个很大的字典库，一般包含 10~20 万英文单词及相应词组，如果你不是研究英语的专家，那么你选择的英文单词恐怕十之八九可以在黑客的字典库中找到。如果是那样的话，以 20 万单词的字典计算，再考虑到一些 DES（数据加密算法）的加密运算，每秒 1800 个的搜索速度也不过只需要 110 秒即可完成搜索。

那么，怎样的口令才是安全的呢？首先必须是 8 位长度，其次必须包括大小写字母、数字，如果有控制符那就更好，最后就是不要太常见。比如 e8B3Z6vO 或者 fooL6mAN 这样的密码都是比较安全的。当然，这样的口令也存在一个问题——难以记忆。

（2）一次性口令

对任何一个系统来说，口令设置无疑是第一道关口，使用口令进行用户鉴别，可以防止非法用户的侵入。如果在进入系统起始处就将非法分子拒之门外，那将是非常成功的。但由于用户在口令的设置上有很多缺陷，如使用很容易猜测的字母或数字组合，长时间不改变口令，系统口令文件的不安全性，网络传输的不安全性，都会导致口令被盗。尤其是在用户远程登录时，口令在网络上进行传输，很容易被监听程序获取。一次性口令就是为了解决这一问题而提出的。

1）一次性口令的特点。

一次性口令是一种比较简单的认证机制。虽然没有 Kerberos（一种安全认证系统）强大，但可以免于被动攻击。具体地讲，一次性口令的主要特点如下。

- 概念简单，易于使用。
- 基于一个被记忆的密码，不需要任何附加的硬件。
- 算法安全。
- 不需要存储诸如密钥、口令等敏感信息。

2）一次性口令的原理。

一次性口令是基于客户/服务器模式的，它有操作的两方，一方是用户端，它必须在一次登录时生成正确的一次性口令；另一方是服务器端，一次性口令必须被验证。一次性口令的生成和认证都是基于公开的单向函数，如 $MD5$ 和 $MD4$。

一次性口令的多次使用形成了一次性口令序列，序列中各个元素是按以下规律生成的。假设一次性口令序列共有 n 个元素，即有一个可使用 n 次的一次性口令序列。它的第一个口令是使用单向函数 n 次，第二个口令使用单向函数 $n-1$ 次，依此类推。如 $n=4$，则第一个口令为 $p(1)=f(f(f(f(s))))$，第二个口令为 $p(2)=f(f(f(f)))$……这样，即使窃听者监听到第 i 个口令（P_i），也不能生成第 $i+1$ 个，因为这就需要求得单向函数的反函数，若不知道单向函数循环起始点使用的密钥，就不可能获得它的反函数。而循环起始点使用的密钥只有用户自己知道，这就是一次性口令的安全原理。

在客户端，使用单向函数时带入的参数就是用户输入的密码和"种子"，其循环数，也就是使用单向函数的次数是由服务器端传来的序列号决定的。其中的"种子"也是由服务器端传过来的，而且是唯一与用户此次登录相关联的一个字符串。它增强了系统的安全性。

口令在被用户生成并发送到服务器端后，要得到正确的验证。

服务器端首先暂存它所接收到的一次性口令，然后对其使用一次单向函数，若计算结果与上一次成功登录所使用的口令相同，则本次登录成功，并用本次使用的口令更新口令文件中的记录，以作为系统口令文件的新入口点；若不相同，则登录失败。

总之，一次性口令对一个用户输入的密码使用单向函数以生成一个口令序列。由于这个用户输入的密码只有用户自己知道，所以一次性口令的风险很小，只要用户以最安全的方式记忆这个密码而不被外人所知即可。

3）一次性口令协议。

① 用户输入登录名和相关身份信息 ID。

② 如果系统接受用户的访问，则给用户传送一次性口令建立所使用的单向函数 f 及一次性密码 k，这种传送通常采用加密方式。在电子商务系统中，可根据用户交费的多少和实

际需要，给出允许用户访问系统的次数 n。

③ 用户选择"种子"密钥 x，并计算第一次访问系统的口令 $z=f^n(x)$。向第一次正式访问系统所传送的数据为 (k,z)。

④ 系统核对 k，若正确，则将 $(ID, f^n(x))$ 保存。

⑤ 当用户第二次访问系统时，将 $(ID, f^{n-1}(x))$ 传送给系统。系统计算 $f(f^{n-1}(x))$，将其与存储的数据对照，如果一致，则接受用户的访问，并将 $(ID, f^{n-1}(x))$ 保存。

⑥ 当用户第三次访问系统时，将 $(ID, f^{n-2}(x))$ 传送给系统。系统计算 $f(f^{n-2}(x))$，将其与存储的数据对照，如果一致，则接受用户的访问，并保存新计算的数据。

⑦ 当用户每一次想要登录时，函数相乘的次数只需-1。

通常情况下，口令在输入过程中不予显示，以防旁观者窥视口令。使用一次性口令就没有这个必要了。因为即使口令被看到，也不能在下一次登录中使用。

2. 个人特征识别法

由于口令会因用户的粗心大意而造成泄露，个人身份标记也有丢失和被仿造的危险，所以采用这两种方法的保护措施，总是不能令人满意。基于这种原因，某些系统采取了用个人某些物理特征作为识别标准的方法，这些被采用的特征都是很难伪造且能被一些较粗心的用户所接受的。

（1）机器识别

现在有许多用于身份识别的技术，其中一些应用较广的有：签名识别法、指纹识别法和语音识别法，下面将对这三种方法做较详细的介绍。其他一些不常见的方法有：使用头盖骨的轮廓（机器骨相学）、唇印、脚印，甚至利用人体骨骼对物理刺激的反应进行身份识别。

我们曾经强调身份识别的方法必须能被系统所接受。上面提到的某些方法虽然比较精确，可是并不能满足这个要求。如要进行唇印的检查，就必须要求用户亲吻机器上的某个表面，而这将是许多用户所不愿接受的；用骨骼反应法对用户身份进行识别，将要求用户准备接受机器的某种敲打，显然这也不是广大用户所乐意接受的。

当入侵行为被发现后，入侵者所面临的危险程度是一个很重要的问题。如果这将导致他被捕入狱，除非他有极大的把握，或成功后的所得颇为可观，否则他是不敢尝试的。可以在重要场所的出入口安装上警报器，作为一种保护手段，如果把它引入计算机系统中，建立一种"陷阱"，要求所有未经识别的用户都先进入里面，这样也会起到保护系统的作用。总而言之，究竟利用何种手段进行身份识别，一要依赖于该方法的可行性，二要依赖于该方法的可靠性。

（2）系统误差

对人体物理特征的测量可能会出现多次测量结果不一致的情况，所以，一个实用系统必须考虑到这一点并允许测量误差的存在。但由此产生的问题是，随着所允许的误差范围的扩大，不同个人之间产生混淆的概率也越大。如果系统错误地拒绝了一个合法用户的请求，那么称这种错误为错误警告或第一类错误；如果系统接受了一个非法用户的请求，就称之为错误接受或非法闯入，也称为第二类错误。这两种错误是经常交替出现的。

因为在测量时出现误差是正常的，而且是不可避免的，所以当系统收到一个各项参数都非常精确的测量结果时，很可能意味着一个入侵者找到了有关这个用户各方面的材料。而且正利用它想闯入系统，因此，一个非常精确的测量结果并不一定意味着用户身份的正确。

3. 签名识别法

用手写签名作为对某文件的同意批示是很平常的,如协议书上的签字。近年来,用签名作为身份识别的方法也已得到广泛的应用。传统的签名鉴别方法是对字体进行鉴别,也就是说,当签名写好后,把它交给专家进行识别。比如在法庭上,当需要鉴别一个残缺不全的签名时常常要把一些专家请来,但这并不能保证绝对准确。

目前,人们的注意力都集中在如何实现用机器识别签名上,也就是说要使机器能识别出被鉴别的签名是什么字,而且更重要的是要能根据字体识别出书写它的人。当把这种机器用于身份识别时,人们所关心的并不是它能否解释签名写的是什么,而是关心它是否能识别出签名人。现在已提出两种识别的方式,一种是根据最后的签名进行识别;另一种是根据签名的书写过程进行识别。目前许多研究都是针对后者的,但这并不是说前一种识别方法就不重要。在银行中,大多数对签名的识别都是用这种方法的。

(1) 记录书写过程的技术

最早使用这种技术的设备是电动绘图仪,它使用一个杠杆控制系统来记录笔尖的运动,而这个运动过程被转化成数字,并通过通信线路送入计算机中。目前使用的绘图笔上配有两个加速计,用以记录水平和垂直两个方向上的加速运动过程,另外还在上面配有压力测量计,用以测量绘图笔对纸的压力;同时绘图笔上还接有信号线,通过它们可把以上各种设备测量到的信息传送给具有分析能力的设备。但这使得书写者感到很大的不便,甚至会影响他们的书写习惯,使字体变形。所以需要一种既能记录书写过程又不影响书写者的设备。由英国国家物理实验室(National Physical Laboratory,NPL)开发的名为 CHIT 的书写器使这个问题得到了解决,这种书写器可以感知笔与纸的接触和分离,同时也能在两块不同的区域中记录下笔在 x 和 y 方向的运动过程。

(2) 签名识别法的使用

作为使用签名进行身份识别系统的用户,首先要向系统提供一定数量的签名,系统分析用户的这些签名,然后记录下它们各自的特征。向用户要求多个签名是为了能对用户的签名进行多次全面的分析,从而找出能反映用户签名特点的参数。对于一些字体不固定的用户来说,系统也许找不到足够的参数,在这种情况下,系统也许要求用户接受某些特殊的测量,这包括放宽用户签名的误差范围,或允许用户以其他方式接受检查,但随着误差范围的扩大,被他人冒名顶替的危险也增加了。

4. 指纹识别法

(1) 指纹识别技术简介

人类手掌及手指、脚、脚趾内侧表面的皮肤凸凹不平产生的纹路会形成各种各样的图案。人们注意到,包括指纹在内的这些皮肤的纹路在图案、断点和交叉点上各不相同,也就是说,每个人的指纹是唯一的。依靠这种唯一性,就可以把一个人同他的指纹对应起来,通过比较他的指纹和预先保存的指纹进行比较,就可以验证他的真实身份。这种依靠人体的身体特征来进行身份验证的技术称为生物识别技术,指纹识别是生物识别技术的一种。研究和经验表明,人的指纹、掌纹、面孔、发音、虹膜、视网膜、骨架等都具有唯一性和稳定性的特征,即每个人的这些特征都与别人不同、终生不变,因此就可以据此识别出人的身份。基于这些特征,人们发展了指纹识别、面部识别、发音识别等多种生物识别技术。

指纹识别技术的发展得益于现代电子集成制造技术和快速可靠的算法研究。尽管指纹只是人体皮肤的一小部分，但用于识别的数据量相当大，对这些数据进行比较也不是简单的相等与不相等的问题，而是使用需要进行大量运算的模糊匹配算法。现代电子集成制造技术使得可以制造相当小的指纹图像读取设备，同时飞速发展的个人计算机运算速度提供了在微机甚至单片机上可以进行两个指纹的对比运算的可能。另外，匹配算法可靠性也不断提高，指纹识别技术已经非常成熟。

（2）指纹取像的几种技术和特点

光学取像设备依据的是光的全反射原理。光线照到压有指纹的玻璃表面，反射光线由CCD（电荷耦合装置）去获得，反射光的量依赖于压在玻璃表面指纹的脊和谷的深度以及皮肤与玻璃间的油脂和水分。光线经玻璃射到谷的地方后在玻璃与空气的界面发生全反射，光线被反射到CCD，而射向脊的光线不发生全反射，而是被脊与玻璃的接触面吸收或者漫反射到别的地方，这样就在CCD上形成了指纹的图像。

随着光学设备和技术的不断革新，光学指纹采集设备的体积也不断减小。现在，传感器可以装在6×3×6立方英寸的盒子里，在不久的将来更可缩小至3×1×1立方英寸。这些进展取决于多种光学技术的发展而不仅仅是光的全反射原理的发展。例如，可以利用纤维光束来获取指纹图像。纤维光束垂直射到指纹的表面，由它照亮指纹并探测反射光；另一个方案是把含有一微型三棱镜矩阵的表面安装在弹性的平面上，当手指压在此表面上时，由于脊和谷的压力不同而改变了微型三棱镜的表面，这些变化通过三棱镜对光的反射面反映出来。

晶体传感器是于1998年才在市场上出现的，这些含有微型晶体的平面通过多种技术来绘制指纹图像。最常见的硅电容传感器通过电子度量被设计来捕捉指纹，在其半导体金属阵列上能结合大约100000个电容传感器，其外面是绝缘的表面，当用户的手指放在上面时，皮肤组成了电容阵列的另一面。电容器的电容值由于导体间的距离而降低，这里的距离指的是脊（近的）和谷（远的）相对于另一极之间的距离。另一种晶体传感器是压感式的，其表面的顶层是具有弹性的压感介质材料，它们依照指纹的外表面（凹凸）转化为相应的电子信号。其他的晶体传感器如温度感应传感器，它通过感应压在设备上的脊和远离设备的谷温度的不同而获得指纹图像。

超声波扫描被认为是指纹取像技术中非常好的一类技术，很像光学扫描的激光技术，超声波扫描技术首先扫描指纹的表面。紧接着，接收设备获取了其反射信号，测量它的范围，得到脊的深度。超声波扫描不像光学扫描，积累在皮肤上的脏物和油脂对超声波获得的图像影响不大，应用起来更为方便。

总之，各种技术都具有它们各自的优势，也有各自的缺点。表4-1给出了三种主要技术的比较。

表4-1　三种主要技术的比较

比较项目	光学全反射技术	硅晶体电容传感技术	超声波扫描
体积	大	小	中
耐用性	非常耐用	容易损坏	一般
成像能力	干手指差，但汗多的和稍胀的手指成像模糊	干手指好，但汗多的和稍胀的手指不能成像	非常好
耗电	较多	较少	较多
成本	低	低	很高

（3）指纹识别系统中的软件和固件

指纹采集头中的固件负责处理图像并和 PC 相连。在大多数系统中，固件相对显得非常简单，它不停地将数据传送给计算机。然而这样做存在着很多的问题，一个问题是，这样传输数据很容易被记录并且被再次使用，这使得系统受到潜在的威胁；另一个问题是必须为指纹采集头供电。计算机必须不停地捕捉图像以决定是否有指纹按压上去，这样才能在最恰当的时候捕捉指纹图像。通过设计好的固件来处理这些问题，可以改善整个系统的性能；使用 USB 接口是目前一个好的接口方案，这种方案能够提供电源、带宽和即插即用功能；传输到计算机的指纹需要进行必要的加密以保证安全；并且，在不读取指纹的状态下，固件应该转入低功耗状态。

当主机从计算机中安全地得到指纹图像后，识别算法就进行下一步的验证过程。指纹是如此可靠的生物特征，以至于只需很少的信息就可以进行比对。而指纹的这一特点却没有在大多数的指纹识别算法中得到体现，大多数的系统都要求用户按上所有的手指，用户必须很小心地按上手指。如果指纹的位置不对或者指纹质量不高都会使验证无法进行，用户必须再次按压手指，而这样的产品无法在市场中立足。

因此，指纹识别系统应该更加易于使用、可靠，用户不必担心指纹的放置位置，算法要支持 360°旋转和残缺的指纹。用户只需轻轻地按上手指而无须担心是否位置合适或只按压了一部分。对于手指的压感、旋转、质量，以及采集头的灰尘和薄雾，系统都要能很好地解决监控和无监控的操作。而要将指纹识别算法推向市场，指纹的读取必须是建立在无监控的状态下的，这样，只需轻轻地按压而无须等待指纹图像达到最好。另外，在处理电子商务时，数据会跟已经登记好的指纹进行比对，大多数情况下是一对一的比对而不是一对多的比对。无监控的取像和一对一的比对算法以及一对多的比对算法在系统中都有很好的对策，无监控模式必须使得比对算法能够处理质量差的指纹并且算法必须比监控状态下要可靠。

（4）指纹识别技术的优缺点

指纹识别的优点如下。

1）指纹是人体独一无二的特征，并且它们的复杂度足以提供用于鉴别的特征；如果想要增加可靠性，只需登记更多的指纹，鉴别更多的手指，最多可以多达 10 个，而每一个指纹都是独一无二的。

2）指纹识别的速度很快，使用非常方便。

3）识别指纹时，用户必须将手指接触指纹采集头，与指纹采集头直接接触是读取人体生物特征最可靠的方法。这也是指纹识别技术能够占领大部分市场的一个主要原因。

4）采集头可以更加小型化，并且价格会更加低廉。

指纹识别的缺点如下。

1）某些群体的指纹因为指纹特征很少，故而很难成像。

2）在犯罪记录中使用指纹，使得某些人害怕"将指纹记录在案"。

3）每一次使用指纹时都会在指纹采集头上留下用户的指纹印痕，这些指纹有可能被他人复制。

总之，指纹识别技术是目前最方便、可靠、非侵害和价格便宜的生物识别技术解决方案，对于广大市场的应用有着很大的潜力。

(5) 指纹识别技术的应用系统

利用指纹识别技术的应用系统有两种常见方法，即嵌入式系统和连接 PC 的桌面应用系统。嵌入式系统是一个相对独立的完整系统，它不需要连接其他设备或计算机就可以独立完成其设计的功能，像指纹门锁、指纹考勤终端就是嵌入式系统，其功能较为单一，主要用于完成特定的功能。而连接 PC 的桌面应用系统具有灵活的系统结构，并且可以多个系统共享指纹识别设备，还可以建立大型的数据库应用。当然，由于需要连接计算机才能完成指纹识别的功能，限制了这种系统在许多方面的应用。

指纹识别系统可以分为验证和辨识两类。验证就是把一个现场采集到的指纹与一个已经登记的指纹进行一对一的比对来确认身份的过程；辨识则是把现场采集到的指纹同指纹数据库中的指纹逐一对比，从中找出与现场指纹相匹配的指纹的过程。

指纹验证和辨识在比对算法和系统设计上各有特点，例如验证系统一般只考虑对完整的指纹进行比对，而辨识系统要考虑残纹的比对；验证系统对比对算法的速度要求不如辨识系统高，但更强调易用性；另外在辨识系统中，一般要使用分类技术来加快查询的速度。指纹门禁识别系统是指纹应用系统中验证的一种。

指纹识别由于其发展时间长，且发展速度比较快，并且经过多年的市场推广和应用，在门禁、考勤、保险箱、身份认证等方面都有比较成熟的产品，同时由于其成本较其他识别技术低，更易推广和被用户接受，因此目前国内指纹识别的应用占整个生物识别应用约 90%的市场份额。随着人们日益对个人生命财产安全与隐私的重视，指纹识别将获得更广泛的应用。

5. 语音识别法

对于声音的采样和分析是人们争论最多的问题，即使是专家也无法保证每次都能有效地识别声音。进行语音识别时，机器要做的不是要分辨出用户说的是什么，而是要能根据机内存储的信息对语音进行分析，辨别出是谁说的，即判别真伪。非常重要的一点是要能创造一个良好的环境，使系统在语音失真和周围的噪声很大的情况下，也能进行正确识别。在理想的情况下，每次进行识别时，都应使用户处在一个相同的环境下，所以，这将需要一个特殊的场所。另外，应该对用户朗读的单词做某些规定，而不应只要求读出他们的名字，因为有些字（词）的发音，如 Kim King 只能提供很少的信息，而另外一些字（词）的发音，如 Paddington Bear 却能提供很多信息。事实上，系统应挑选一些字符组成短语，使之能最大限度地提供信息，通过要求用户读这些短语，系统能提高身份识别的正确率。同时，被挑选的字符也应是一些常用字符。

由德州仪器公司研制的语音识别系统，要求用户说的话是从一个包含 16 个单词的标准集中选出的。由这 16 个单词组成了 32 个句子，在对这些句子进行识别时，利用傅里叶分析，每隔 10 ms 进行一次采样，以寻找这些句子中语音变化大的部分，从而找到语音特征。每当识别出一个变化后，就计算该时刻前后 100 ms 内频率为 300 至 2500 Hz 声波的能量，从而得到用户声音的参考样本。当受测者访问系统时，他将被要求说一段由系统指定的话，每隔 10 ms，系统将对这段话进行傅里叶分析，并将所得结果与每个参考样本进行比较，从而判别受测者的真伪。

语音识别系统的一个弱点是它往往要求受测者多次重复语音口令（对采用口头叙述的系统往往要重复两次），因而分析过程需要更长的时间，并且系统吞吐量也会减小，同时使延时增加。另外,人的身体状况会影响语音,比如,呼吸道感染就会引起声音的变化,同时人的精神状况也会对此产生影响。

6. 视网膜图像识别法

人眼视网膜血管分布——视网膜血管组织是因人而异的,利用这一特点,Eyedentify 公司已研制了一个身份识别系统。

系统要求受测者看一个双目透镜,并通过调整瞳间距,找到透镜上的叉丝,当受测者准备好后就按一下按钮通知系统,通过让受测者凝视叉丝,测试机器可以找到受测者视网膜上的中央小凹,并用弱强度的红外线围绕该点旋转扫描,形成视网膜的血管组织分布。

和本章所述的其他身份识别技术一样,视网膜图像识别技术也需要机器对初次引入系统的用户的视网膜图像进行取样,并存储。在随后的识别过程中,只需用识别到的图像与存储的信息进行比较,从而进行身份识别。虽然这种系统的性能优良,但必须得到受测者的密切合作,否则将难以推广使用。

4.2.3 身份认证的识别过程

利用人的不同物理特征进行身份识别的方法有很多,通常从一般意义上来权衡比较这些方法。先考虑使用中的两个阶段——新用户的引入和识别。

(1) 引入阶段

用户通常在操作员的监督下,登记自己的名字或其他标志(或者是系统分配的标识符)并完成要求的动作,例如签名、按指纹或者说一段指定的话。这些动作要重复几遍以获得可靠的测试参考样本,系统分析这些数据,并将其存储在中央计算机内的指定文件或其他设备中,如磁条卡中。

(2) 识别阶段

首先,用户为识别其身份向系统递交身份标识或其他可被机器阅读的身份卡等。接着,识别系统从系统文件中或从用户递交的卡中,找到与该标识符对应的个人特征测试样本。最后,用户做出能为系统识别的动作,识别系统由此又建立起一套个人特征测试数据并与原参照样本比较。测试数据与参照类样本均包含一系列参数,都是测试时得到的计算结果。例如,在人的签名动作中进行间隔为 20 ms 的监视,则参数一般可以是其签名时的平均运笔速度。参数的设置应使得入侵者不易掌握,且尽可能使同一用户在不同时期的测试值保持一致,而不同用户的参数值保持差异。

测试数据与参照类样本完全吻合是不大可能的,这就引起了对系统可靠性的怀疑。做出识别成功的决定需要根据系统测量的精确以及容错程度。每个参数值均有其误差范围,该范围取决于用户在被引入系统时所做的多次测试。

误差范围以及参照值都允许修正。由于用户在初次取参照值时,会因初次学做指定动作产生紧张感,而这种紧张感会在以后的测试中消失,所以进行修正是具有意义的。对一些较客观的测试方法,如取指纹和视网膜映像,做动作时紧张感的影响很小。需注意的一点是,必须在用户身份已得到识别的情况下进行修正。

4.2.4 身份识别系统的选择

评估和选择身份识别系统应考虑以下 12 点:

1) 对假冒的识别力。
2) 伪造赝品的简易度。
3) 对欺骗的敏感性。
4) 获得识别的时间。
5) 用户的方便性。
6) 性能价格比。
7) 设备提供的接口。
8) 调整用的时间和潜力。
9) 支持识别过程所需计算机系统的处理。
10) 可靠性和可维护性。
11) 保护设备的代价。
12) 配电与后勤支持的代价。

总而言之，12点可分为3组：系统安全设备的能力，用户的可接受性和系统代价。

4.2.5 身份认证的协议

认证协议是对与系统有关的被验证方（通常是指客户端系统）和系统本身之间的与验证有关的数据通信进行管理，同时还要依靠验证决策（通常是指服务器的验证决策）。认证协议一般建立在通信协议环境之上，如网络层协议或应用层协议。

一个安全的身份识别协议至少应满足以下两个条件：识别者A能向验证者B证明他的确是A；在识别者A向验证者B证明他的身份后，验证者B不能获得A的任何有用信息，B不能模仿A向第三方证明他是A。

目前已经设计出了许多满足上述两个条件的认证机制，主要有以下四类：一次一密机制；X.509认证协议；Kerberos认证协议；零知识身份识别协议。

1. 一次一密机制

一次一密机制主要有两种实现方式。

（1）采用请求/应答方式（Challenge/Response）

第一种方法是用户登录时系统随机提示一条信息，用户根据这一信息连同其个人化数据共同产生一个口令字，用户输入这个口令字，完成一次登录过程，或者用户对这一条信息实施数字签名发送给验证者AS进行鉴别；第二种方法采用时钟同步机制，即根据这个同步时钟信息连同其个人化数据共同产生一个口令字。这两种方案均需要验证者AS也产生与用户端相同的口令字（或检验用户签名）用于验证用户身份。

（2）询问/应答式协议

其基本观点是：验证者提出问题（通常是选择一些随机数，称作口令），由识别者回答，然后验证者验证其真实性。目前已经设计出了许多询问/应答式协议，比如Schnorr身份识别协议、Okanmto身份识别协议、Guillou Quisquater身份识别协议和基于身份的识别协议。

2. X.509认证协议

国际标准组织CCITT建议使用X.509作为X.500目录检索服务的一部分。X.500是对分布式网络中储存用户信息的数据库所提供的目录检索服务的协议标准，而X.509是利用公钥密码技术对X.500的服务所提供的认证服务的协议标准。此外，X.509也利用公钥密码技术对通信的双方规定了三种识别方法。

X.509 协议的最初版本发表于 1988 年，1993 年做了第一次修改，1997 年做了第二次修改。X.509 协议使用了公钥密码技术和数字签名技术，但没有对某些特定密码方法采取任何规定，X.509 协议中使用的数字签名也同时需要哈希函数与之同时配合使用。

X.509 协议对每个用户选择的公钥提供所谓的"证书"。用户的证书是由可信的证书机构（CA）产生，并存放于 X.500 目录之中。

X.509 协议对用户的识别规定了三种方法。这些识别方法都使用了公钥密码技术，同时也假定双方都已从目录中或都已交换了双方的证书。这三种方法分别是单向识别、双向识别和三向识别。

3. Kerberos 认证协议

Kerberos 认证协议是由 MIT 开发的网络认证系统，采用了密码技术和可信第三方，保护认证的正确。Kerberos 并不是一个完整的安全方案，它自身并不提供一个完整的安全环境，但 Kerberos 是建造安全网络的一个配件，为实现安全网络环境提供认证机制和加密手段。

Kerberos 协议以认证服务器（AS）、Ticket 散发服务器（TGS）、客户机及应用服务器的服务等四方模型为基础，并假设服务器都是在安全的环境下运行。Kerberos 认证过程大致如下。

1）客户向认证服务器发送请求，需要某应用服务器服务的证书；认证服务器响应请求，发给用客户的密钥加密的证书。证书包括服务器的票（Ticket）和会话密钥（暂时用于加密的）。

2）如果客户得到的 Ticket 是 Ticket 散发服务器的，客户机必须再向 Ticket 散发服务器换取应用服务器的 Ticket；客户机将应用服务器的 Ticket（由客户的标识、会话密钥的副本等组成，并经过应用服务器的密钥加密）送往应用服务器。

3）应用服务器和客户机拥有同一个会话密钥，可以用于它们之间的认证和加密，上述过程如图 4-7 所示。

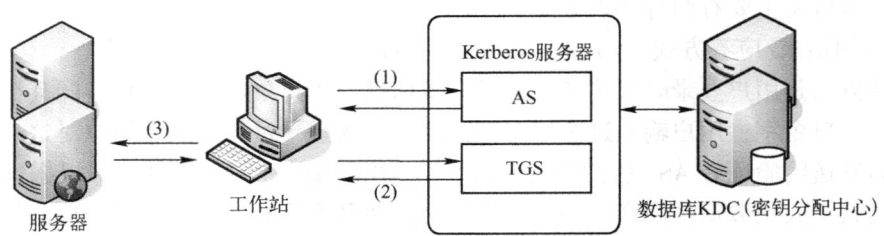

图 4-7 Kerberos 认证过程

自从 MIT 在它的 Athena 项目中开发出了 Kerberos 身份认证系统以来，Kerberos 认证系统就一直在 UNIX 系统中被广泛采用。常用的有两个版本：第 4 版和第 5 版。Kerberos 第 4 版的主要设计者 Steve Miller 和 Clifford Neuman，在 1980 年末发布了这个版本。这个版本主要针对 Athena 项目。第 5 版由 John Kohl 和 Clifford Neuman 设计，在 1993 年作为 RFC 1510 颁布（在 2005 年由 RFC 4120 取代），目的在于克服第 4 版的局限性和安全问题。Windows 2000 和后续的操作系统都将 Kerberos 作为其默认认证方法。RFC 3244 记录整理了微软的一些对 Kerberos 协议软件包的添加。RFC4757 "微软 Windows 2000 Kerberos 修改密码并设定密码协议"记录整理了微软对 RC4 密码的使用。苹果的 Mac OS X 也使用了 Kerberos 的客户和服务器版本。Red Hat Enterprise Linux 4 和后续的操作系统使用了 Kerberos 的客户和服务器版本。

IETF Kerberos 的工作小组在 2005 年更新了说明规范，最近的更新包括：
- 加密和校验和细则（RFC 3961）。
- 针对 Kerberos 第 5 版的高级加密算法（AES）加密（RFC 3962）。
- Kerberos 第 5 版说明规范的新版本 "Kerberos 网络认证服务（第 5 版）"（RFC 4120）。这个版本废弃了早先的 RFC 1510，用更细化和明确的解释说明了协议的一些细节和使用方法。GSS-API 的一个新版本是 "Kerberos 第 5 版普通的安全服务应用软件交互机制：第 2 版"（RFC 4121）。

4. 零知识身份识别协议

使用零知识证明来做身份证明最先是由 Uriel Feige、AMOS Fiat 和 Adi Shamir 提出的。通过使用零知识证明，用户能够证明他知道他的私钥，并由此证明他的身份。

零知识的基本思想是：证明者 P 掌握某些秘密信息，P 想设法让认证方 V 相信他确实掌握那些信息，但又不想让 V 也知道那些信息（如果连 V 都不知道那些秘密信息，第三者想盗取那些信息当然就更难了）。

被认证方 P 掌握的秘密信息可以是某些长期没有解决的猜想问题的证明（如费尔玛最后定理、图的三色问题），也可以是缺乏有效算法的难题解法（如大数因式分解）。信息的本质是可以验证的，即可通过具体的步骤来检测它的正确性。

本章小结

随着社会经济的高速发展和人们生活水平的日益提高，无纸化办公的趋势越来越明显，互联网的广泛普及与使用使得越来越多的个人、商业组织、研究机构和政府机构都依赖于网络进行通信和研究工作，随着时间的推移，数字签名和身份认证在不知不觉中已融入我们的日常生活中，相信在不久的将来数字签名将不可避免地成为信息交流的主体。

本章首先概要介绍了数字签名的基本概念与原理，接着介绍了常规的数字签名体制和特殊的数字签名体制；在此基础上，详细说明了身份认证的概念、方法和相关协议等内容。

专业或关键术语

人脸识别；电子签名；数字签名；哈希函数；消息；RSA；DSS；数字摘要；ECDSA；不可否认数字签名；失败-终止数字签名；盲签名；批量签名；群签名；代理签名；多重签名；认证；授权；审计；认证服务器；认证系统用户端软件；认证设备；口令识别；一次性口令；机器识别；系统误差；签名识别法；指纹识别；语音识别；视网膜图像识别；身份识别系统；一次一密机制；X.509 认证协议；Kerberos 认证协议；零知识身份识别协议。

思考题

1. 什么是数字签名？其有何特点和功能？
2. 如何区别数字签名与手写签名？
3. 简述数字签名的使用模式和使用原理。
4. 试述 RSA 数字签名体制。
5. 有哪些特殊数字签名体制？
6. 什么是身份认证？有哪些主要方法和协议？

实战题

1. 目前远程教育越来越盛行，对于远程课件的访问、成绩的查询、作业的提交以及成绩的录入，如何根据不同的用户进行有效的身份认证？
2. 为了防止软件盗版，各大公司都采取了一些软件的认证保护技术。请你分析 Microsoft 对 Windows 7 或 Windows 10 的保护中采用了哪些认证手段？

第5章 安全协议与安全标准

本章要点

- 了解电子商务安全协议与安全标准的概念、属性等内容。
- 掌握安全套接层协议、安全电子交易协议、电子支付协议等主要安全协议知识。
- 把握常用信息安全标准和电子商务安全标准等内容。

引例

匿名汇票"双重花费"问题

这是一个有关匿名汇票的简单化的物理协议案例。

1) Alice 准备了 100 张 1000 美元的匿名汇票。
2) Alice 把每张汇票和一张复写纸分别放进 100 个信封内,并把信封全部交给银行。
3) 银行开启 99 个信封并确认每个都是一张 1000 美元的汇票。
4) 银行在余下的一个未开启的信封上签名,签名通过复写纸印到汇票上。银行把这个未开启的信封交还 Alice,并从她的账户上扣除 1000 美元。
5) Alice 打开信封并在一个商人那里花掉了这张汇票。
6) 商人检查银行的签名以确信这张汇票是合法的。
7) 商人拿着这张汇票到银行。
8) 银行验证它的签名并把 1000 美元划入这个商人的账户。

银行从未看到它签的那张汇票,但这个汇票可以用,故当这个商人把它带到银行时,银行不知道它是 Alice 的,虽然如此,银行还是相信它有效,那是因为这个签名的缘故。银行相信未开启的汇票是 1000 美元的(既不是 100000 美元也不是 100000000 美元),那是因为采用分割选择协议的缘故。它验证了其他 99 个信封,故 Alice 仅有 1% 的机会欺骗银行。

这个协议防止了 Alice 在一张汇票上写入比她宣称的更多的钱,但它不能防止 Alice 将这张汇票照样复制并两次花掉它,这存在安全漏洞。这就是"双重花费问题",为了解决这个问题,人们需要一个更复杂、更安全的协议。

安全协议是以密码学为基础的消息交换协议,其目的是在网络环境中提供各种安全服务。密码学是网络安全的基础,但网络安全不能单纯依靠安全的密码算法。安全协议是网络安全的一个重要组成部分,在电子商务活动中,我们需要通过安全协议进行实体之间的认证、在实体之间安全地分配密钥或其他各种秘密、确认发送和接收的消息的非否认性等。

电子商务的发展也离不开安全标准的支撑。安全标准为电子商务提供了最基本的安全保护。通过相关安全标准与规范的制订,可以预先把那些对电子商务活动安全可能产生不利影响的潜在因素加以防范,起到安全屏障作用,为电子商务活动提供最基本的安全保障。

5.1 概述

电子商务安全协议是一种特殊的应用范围很广的安全协议，它比一般的网络安全协议具有更多的安全属性，除应具有认证性、原子性、正确性和保密性之外，还应具有不可否认性、可追究性、公平性、适时中止性等重要安全属性。电子商务安全标准则是电子商务安全活动的行动指南和操作规范。以下介绍五个关键安全属性。

（1）认证性

认证性是主体进行身份识别的过程。当外部第三方修改错误消息、重发消息、故意发送错误消息、消息不全或在网络数据丢失的情况下，不能导致任意一方支付或产品的损失。认证是最重要的安全性质之一，其他安全性质的实现都依赖于认证性。认证是分布式网络系统中的主体进行身份识别的过程。主体与认证服务器共享一个秘密，通过对拥有此秘密的证明，主体可建立对其的信任，如在多用户环境中使用口令服务就是一个例子。

（2）公平性

在一个协议消息交换开始前，交易双方（或多方）已就将要交换的项达成了一致。一个合法的参与方能按照协议规范产生消息并根据某些特定的消息推导规则处理消息。可信第三方的参与是保证公平性的常用方法。双方直接进行通信时执行的是主协议，如果一个交易方不能从另一个参与方接收到所期望的消息，就能察觉到这一点，单边中止主协议，并根据需要向第三方发起子协议。可信第三方应能独立对交易方的请求做出响应，否则协议隐含了交易方是诚实和可靠的假设，协议就不可能达到公平性和其他安全目标。可合理地假设一个子协议只涉及一个交易方，在一次交换中一个交易方至多只需发起一个子协议即能满足其安全需求，可信第三方可通过某种安排使得子协议的执行具有原子性。

（3）原子性

原子性，简单说就是做一件事情，要么成功，要么失败。一旦失败，就必须全盘归零重新开始，进行过程中不能存档/读档。如果把一个事务看作一个程序，它要么完整地被执行，要么完全不执行。这种特性就叫原子性。

一个协议的原子性是指在任何情况下，交易完成正确的金额，交换了正确的物品，或者当交易取消后就不存在金额与物品的交换。

（4）不可否认性

不可否认性是电子商务安全协议的一个重要性质。其目的在于通过通信主体提供对方参与协议交换的证据来保证其合法利益不受侵害，即协议主体必须对自己的合法行为负责，不能也无法事后否认。不可否认协议主体的目的在于收集证据，以便事后能够向仲裁方证明对方主体的确发送或接收了消息。证据一般是以签名消息的形式出现的，从而将消息与消息的发送方和接受方进行绑定。其两个基本目标是提供发送方和接收方非否认依据，即发送方非否认依据（EOO，Evidence of Origin）和接收方非否认依据（EOR，Evidence of Receipt）。在不可否认协议中，主体目标互不相同。而要达成不可否认这一目标，协议必须具有证据的正确性及交易的公平性两个特点。在不可否认性之中还可引申出电子商务一些其他的相关性质，如适时中止性、公平性、可追究性等。

（5）可追究性

可追究性是指发生电子商务交易纠纷时，可通过历史信息获取交易当时的情况，从而获得解决交易纠纷的能力。另外，还有一些安全属性易于理解，如隐私性。对于商户以外的参与者，订单信息（支付金额和产品详细信息）等应被屏蔽。

设计电子商务安全协议的目标就是保证这些电子商务安全属性在协议执行完毕时能够得以实现，换言之，评估一个电子商务安全协议是否安全，就是检查其所欲达到的安全属性是否遭到攻击者的破坏。

5.2 电子商务安全协议

目前国际上流行的电子商务安全协议主要包括：用于接入控制的安全套接层协议（Secure Sockets Layer，SSL）、基于信用卡交易的安全电子交易协议（Secure Electronic Transaction，SET）、电子支付协议、安全超文本传输协议（S-HTTP）、安全邮件协议（如 PEM、S/MIME）、电子数据交换协议以及 IPSec 安全协议等。这些协议分别在不同的协议层上进行，以在 Internet 上提供安全的电子商务服务。

5.2.1 安全套接层协议

由美国 Netscape 公司开发和倡导的 SSL 协议，是目前安全电子商务交易中使用最多的协议之一，当前几乎所有浏览器都支持 SSL，但是支持的版本有所不同。

1. SSL 协议简介

SSL 协议位于 TCP/IP 模型的网络层和应用层之间，使用 TCP 来提供一种可靠的端到端的安全服务，它使客户/服务器应用之间的通信不被攻击窃听，并且始终对服务器进行认证，还可以选择对客户进行认证。SSL 协议在应用层通信之前就已经完成加密算法、通信密钥的协商，以及服务器认证工作，在此之后，应用层协议所传送的数据都被加密。

SSL 采用对称密码技术和公开密码技术相结合，提供了以下三种基本的安全服务。

- 秘密性。SSL 客户机和服务器之间通过密码算法和密钥的协商，建立起一个安全通道。以后在安全通道中传输的所有信息都经过了加密处理，网络中的非法窃听者所获取的信息都将是无意义的密文信息。
- 完整性。SSL 利用密码算法和哈希函数，通过对传输信息特征值的提取来保证信息的完整性，确保要传输的信息全部到达目的地，可以避免服务器和客户机之间的信息内容受到破坏。
- 认证性。利用证书技术和可信的第三方 CA，可以让客户机和服务器相互识别对方的身份。为了验证证书持有者是其合法用户（而不是冒名用户），SSL 要求证书持有者在握手时交换数字证书，通过验证来保证对方身份的合法性。

SSL 协议体系结构如图 5-1 所示。

从体系结构图可以看出，SSL 协议可分为两层。

- SSL 记录协议（SSL Record Protocol）：建立在可靠的传输协议（如 TCP）之上，为高层协议提供数据封装、压缩、加密等基本功能的支持。

HTTP	SSL握手协议	SSL更改密文规范协议	SSL警告协议
SSL记录协议			
TCP			
IP			

图 5-1　SSL 协议体系结构

- SSL 握手协议（SSL Handshake Protocol）：建立在 SSL 记录协议之上，用于在实际的数据传输开始前，通信双方进行身份认证、协商加密算法、交换加密密钥等。SSL 协议实际上是 SSL 握手协议、SSL 更改密文规范协议、SSL 警告协议和 SSL 记录协议组成的一个协议族。

（1）SSL 记录协议

SSL 记录协议为 SSL 连接提供两种服务：机密性和报文完整性。

在 SSL 协议中，所有的传输数据都被封装在记录中。记录是由记录头和记录数据（长度不为 0）组成的。所有的 SSL 通信都使用 SSL 记录层，记录协议封装上层的握手协议、警告协议、更改密文规范协议。SSL 记录协议包括记录头和记录数据格式的规定。

SSL 记录协议定义了要传输数据的格式，它位于一些可靠的传输协议之上（如 TCP），用于各种更高层协议的封装，主要完成分组和组合、压缩和解压缩，以及消息认证和加密等。

SSL 记录协议的主要操作流程如图 5-2 所示。

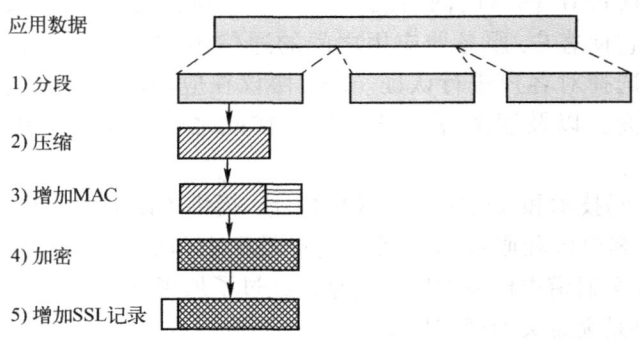

图 5-2　SSL 记录协议的主要操作流程

图 5-2 中的五个操作简单介绍如下。

1）每个上层应用数据被分成 214B 或更小的数据块。记录中包含类型、版本号、长度和数据字段。

2）压缩是可选的，并且是无损压缩，压缩后内容长度的增加不能超过 1024 B。

3）在压缩数据上计算消息认证 MAC。

4）对压缩数据及 MAC 进行加密。

5）增加 SSL 记录。

SSL 记录协议字段的结构如图 5-3 所示。

内容类型	主要版本	次要版本	压缩长度
明文（压缩可选）			
MAC（0，16或20位）			

图 5-3　SSL 记录协议字段的结构

SSL 记录协议字段的结构主要由内容类型、主要版本、次要版本和压缩长度组成，简介如下。

1）内容类型（8 位）：封装的高层协议。需要说明的是已经定义的内容类型是握手协议、警告协议、更改密文规范协议。

2）主要版本（8 位）：使用的 SSL 主要版本。对于 SSL v3 已经定义的内容类型是握手协议、警告协议、更改密文规范协议和应用数据协议。

3）次要版本（8 位）：使用的 SSL 次要版本。对于 SSL v3，值为 0。

4）压缩长度（16 位）：明文数据（如果选用压缩则是压缩数据）以字节为单位的长度。

（2）SSL 警告协议

SSL 警告协议是用来为对等实体传递 SSL 的相关警告。如果在通信过程中某一方发现任何异常，就需要给对方发送一条警示消息通告。警示消息有两种。

- Fatal 错误，如传递数据过程中发现错误的 MAC，双方就需要立即中断会话，同时消除自己缓冲区相应的会话记录。
- Warning 消息，这种情况，通信双方通常都只是记录日志，而对通信过程不造成任何影响。SSL 握手协议可以使得服务器和客户能够相互鉴别对方，协商具体的加密算法和 MAC 算法以及保密密钥，用来保护在 SSL 记录中发送的数据。

（3）SSL 更改密文规范协议

为了保障 SSL 传输过程的安全性，客户端和服务器双方应该每隔一段时间改变加密规范。所以有了 SSL 更改密文规范协议。SSL 更改密文规范协议是三个高层的特定协议之一，也是其中最简单的一个。在客户端和服务器完成握手协议之后，它需要向对方发送相关消息（该消息只包含一个值为 1 的单字节），通知对方随后的数据将用刚刚协商的密码规范算法和关联的密钥处理，并负责协调本方模块按照协商的算法和密钥工作。

（4）SSL 握手协议

SSL 握手协议被封装在记录协议中，该协议允许服务器与客户机在应用程序传输和接收数据之前互相认证、协商加密算法和密钥。在初次建立 SSL 连接时，服务器与客户机交换一系列消息。这些消息交换能够实现如下操作。

- 客户机认证服务器。
- 允许客户机与服务器选择双方都支持的密码算法。
- 可选择的服务器认证客户。
- 使用公钥加密技术生成共享密钥。
- 建立加密 SSL 连接。

1）SSL 握手协议报头由三个字段构成。

- 类型（1 B）：该字段指明使用的 SSL 握手协议报文类型。

- 长度（3B）：以字节为单位的报文长度。
- 内容（≥1B）：使用的报文的有关参数。

2）SSL 握手协议的报文类型如表 5-1 所示。

表 5-1 SSL 握手协议的报文类型

报文类型	参数
hello_request	空
client_hello	版本、随机数、会话ID、密文族、压缩方法
server_hello	版本、随机数、会话ID、密文族、压缩方法
certificate	x.509V3 证书链
server_key_exchange	参数、签名
certificate_request	类型、授权
server_done	空
certificate_verify	签名
client_key_exchange	参数、签名
finished	哈希值

3）SSL 握手协议的过程。

图 5-4 中分步说明了 SSL 握手协议的全过程，以下分步介绍。

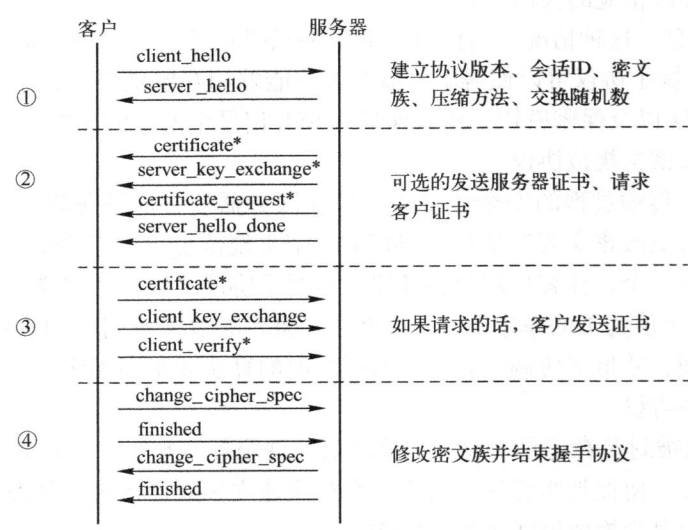

图 5-4 SSL 握手协议的过程
（带 * 的传输是可选的，或者与站点相关的，并不总是发送的报文）

① 建立安全能力。客户机向服务器发送 client_hello 报文，服务器向客户机回应 server_hello 报文。建立的安全属性包括协议版本、会话 ID、密文族、压缩方法，同时生成并交换用于防止重放攻击的随机数。密文族参数包括密钥交换方法（Deffie-Hellman 密钥交换算法、基于 RSA 的密钥交换和另一种实现在 Fortezza chip 上的密钥交换）、加密算法（DES、RC4、RC2、3DES 等）、MAC 算法（MD5 或 SHA-1）、加密类型（流或分组）等内容。

② 认证服务器和密钥交换。在 hello 报文之后，如果服务器需要被认证，服务器将发送其证书。如果需要，服务器还要发送 server_key_exchange；然后，服务器可以向客户发送 certificate_request 请求证书。服务器总是发送 server_hello_done 报文，指示服务器的 hello 阶段结束。

③ 认证客户和密钥交换。客户一旦收到服务器的 server_hello_done 报文，将检查服务器证书的合法性（如果服务器要求），如果服务器向客户请求了证书，客户必须发送客户证书，然后发送 client_key_exchange 报文，报文的内容依赖于 client_hello 与 server_hello 定义的密钥交换的类型。最后，客户可能发送 client_verify 报文来校验客户发送的证书，这个报文只能在具有签名作用的客户证书之后发送。

④ 结束。客户发送 change_cipher_spec 报文并将挂起的 CipherSpec 复制到当前的 CipherSpec。这个报文使用的是更改密文规范协议。然后，客户在新的算法、对称密钥和 MAC 密钥之下立即发送 finished 报文。finished 报文验证密钥交换和鉴别过程是成功的。服务器对这两个报文响应，发送自己的 change_cipher_spec 报文、finished 报文。握手结束，客户与服务器可以发送应用层数据了。

当客户从服务器端传送的证书中获得相关信息时，需要检查以下内容来完成对服务器的认证。

- 时间是否在证书的合法期限内。
- 签发证书的机关是否受客户端信任。
- 签发证书的公钥是否符合签发者的数字签名。
- 证书中的服务器域名是否符合服务器自己真正的域名。

服务器被验证成功后，客户继续进行握手过程。

同样地，服务器从客户传送的证书中获得相关信息认证客户的身份，需要检查以下内容。

- 用户的公钥是否符合用户的数字签名。
- 时间是否在证书的合法期限内。
- 签发证书的机关是否受服务器信任。
- 用户的证书是否被列在服务器的轻量级目录访问协议（LDAP，Lightweight Directory Access Protocol）里用户的信息中。
- 得到验证的用户是否仍然有权限访问请求的服务器资源。

2. SSL 协议安全性分析

SSL 协议可以被用来建立一个在客户和服务器之间安全的 TCP 连接。它可以鉴别服务器（有选择地鉴别客户）、执行密钥交换、提供消息鉴别、提供在 TCP 协议之上的任意应用协议数据的完整性和机密性服务。其安全机制包括以下几个方面。

- 鉴别机制。SSL 协议通过使用公开密钥技术和数字证书可以实现客户端和服务器端的身份鉴别。
- 加密机制。混合密码体制的使用提供了会话和数据传输的加密性保护。此外，由于 SSL 使用的加密算法和会话密钥可适时变更，如果某种算法被新的网络攻击方法识破，它只要选择另外的算法就可以了。
- 完整性机制。SSL 握手协议还定义了共享的、可以用来形成消息认证码（Message Authentication Code，MAC）的密钥。

- 抗重放机制。SSL 使用序列号来保护通信方免受报文重放攻击。序列号还可以防止攻击者记录数据包并以不同的次序发送。

SSL 协议是为解决数据传输的安全问题而设计的，实践也证明了它针对窃听和其他的被动攻击相当有效，但是由于协议本身的一些缺陷以及在使用过程中的不规范行为，SSL 协议仍然存在不可忽略的安全脆弱性。

（1）SSL 协议自身的缺陷

1）客户端假冒。因为 SSL 协议的设计初衷是对 Web 站点及网上交易进行安全性保护，使消费者明白正在和谁进行交易，要比使商家知道谁正在付费更为重要。为了不至于由于安全协议的使用而导致网络性能大幅下降，SSL 协议并不是默认地要求进行客户鉴别，这样做虽然有悖于安全策略，但促进了 SSL 的广泛应用。针对这个问题，可在必要的时候配置 SSL 协议，使其选择对客户端进行认证鉴别。

2）SSL 协议无法提供基于 UDP 应用的安全保护。SSL 协议需要在握手之前建立 TCP 连接，因此不能对 UDP 应用进行保护。如果要兼顾 UDP 协议层之上的安全保护，可以采用 IP 层的安全解决方案。

3）SSL 协议不能对抗通信流量分析。由于 SSL 只对应用数据进行保护，数据包的 IP 头和 TCP 头仍然暴露在外，通过检查没有加密的 IP 源和目的地址以及 TCP 端口号或者检查通信数据量，一个通信分析者依然可以揭示哪一方在使用什么服务，有时甚至揭露商业或私人关系的秘密。然而用户一般都对这个攻击不太在意，所以 SSL 的研究者们并不打算去处理此问题。

4）可能受到针对基于公钥加密标准（PKCS）的协议的自适应选择密文攻击（如 Bleichenbacher 攻击）。由于 SSL 服务器用一个比特标识来回答每条消息是不是根据 PKCS#1 正确地加密和编码，所以攻击者可以发送任意数量的随机消息给 SSL 服务器，从而达到选择密文攻击的目的。最广泛采用的应对措施就是进行所有三项检查而不发送警示，不正确时直接丢弃。

5）进程中的主密钥泄漏。除非 SSL 的工程实现大部分驻留在硬件中，否则主密钥将会存留在主机的主存储器中，这就意味着任何可以读取 SSL 进程存储空间的攻击者都能读取主密钥，因此，不可能面对掌握机器管理特权的攻击者而保护 SSL 连接，这个问题要依靠用户管理策略来解决。

6）磁盘上的临时文件可能遭受攻击。对于使用虚拟内存的操作系统，不可避免地有些敏感数据甚至主密钥都交换到磁盘上，可采取内存加锁和及时删除磁盘临时文件等措施来降低风险。

（2）不规范应用引起的问题

1）对证书的攻击和窃取。公共 CA 机构并不总是可靠的，对于用户证书，公共 CA 机构可能不像对网站数字证书那样重视和关心其准确性，在这种情况下黑客就有可能获得该主机的系统管理员权限。如果黑客不能利用非法证书突破服务器，他们还可以尝试暴力攻击。虽然暴力攻击证书比暴力攻击口令更为困难，但仍然是一种攻击方法。此外，黑客还可能利用特洛伊木马等窃取有效的证书及相应的私有密钥，这种攻击几乎可使客户端证书形同虚设。对付这种攻击的唯一有效方法或许是将证书保存到智能卡或令牌之类的设备中。

2）中间人攻击。中间人（man-in-middle）攻击是指 A 和 B 通信的同时，有第三方 C

处于信道的中间,可以完全听到 A 与 B 通信的消息,并可拦截、替换和添加这些消息。如果不采取有证书的密钥交换算法,A 便无法验证 B 的公钥和身份的真实性,从而 C 可以轻易地冒充,用自己的密钥与双方通信,从而窃听到别人谈话的内容。为了防止中间人攻击,对于所有站点发行的证书,客户都最好要用自己的公钥来检查证书的合法性。

3) 安全盲点。系统管理员不能使用现有的安全漏洞扫描或网络入侵检测系统来审查或监控网络上的 SSL 交易。既没有网络监测系统又没有安全审查,使得最重要的服务器反而成为受到最少防护的服务器。对此,恶意代码检测、增强的日志功能等基于主机的安全策略会成为最后防线。

4) 浏览器的 SSL 身份鉴别缺陷。有的浏览器对是否拥有合法的 CA 基本约束(CA Basic Constraints,决定该证书是否可以做 CA 的证书)并不做验证,所以攻击者只要有任何域的、合法的 CA 签发证书,就能生成其他任何域的合法 CA 签发证书,从而导致中间人攻击。对此可以给浏览器打补丁,也可以使用具有合法的 CA 基本约束验证的浏览器。对于一些非常敏感的应用,建议在进行 SSL 连接时手工检查证书链,如果发现有中间证书,可以认为正在遭受中间人攻击,立即采取相应保护措施。

但是,一个安全协议除了基于其所采用的加密算法安全性以外,更为关键的是其逻辑严密性、完整性、正确性,这也是研究协议安全性的一个重要方面。假如一个安全协议在逻辑上有问题,那么它的安全性很可能比它所采用的加密算法的安全性低,会很轻易被攻破。从目前来看,SSL 比较好地解决了这一问题。不过 SSL 协议的逻辑体现在 SSL 握手协议上,SSL 握手协议本身是一个很复杂的过程,情况也比较多,因此我们并不能保证 SSL 握手协议在所有的情况下逻辑上都是正确的,所以研究 SSL 协议的逻辑正确性是一个很有价值的问题。

另外,SSL 协议在"重传攻击"上,有它独到的解决办法。SSL 协议为每一次安全连接产生了一个 128 位长的随机数——"连接序号"。理论上,攻击者提前无法猜测此连接序号,因此不能对服务器的请求做出正确的应答。但是计算机产生的随机数是伪随机数,它的实际周期要远比 128 位小,更为危险的是有规律性,所以 SSL 协议并没有从根本上解决"信息重传"这种攻击方法,有效的解决方法是采用"时间戳"。但是这需要解决网络上所有节点的时间同步问题。

总的来讲,SSL 协议是安全的,而且随着 SSL 协议的不断改进,更多安全性能好的加密算法被采用,逻辑上的缺陷被弥补,SSL 协议的安全性能会不断加强。

5.2.2 安全电子交易协议

安全电子交易协议(Secure Electronic Transaction,SET)是由 VISA 国际组织、MasterCard 国际组织创建,结合 IBM、Microsoft、Netscope、GTE 等公司制定的电子商务中安全电子交易的一个国际标准。

该标准的主要目的是解决电子交易的安全保障性问题,包括:保证信息的机密性,保证信息安全传输,不能被窃听,只有收件人才能得到和解密信息;保证支付信息的完整性,保证传输数据完整接收,在中途不被篡改;认证商家和客户,验证公共网络上进行的交易活动,包括会计机构的设置、会计人员的配备及其职责权利的履行和会计法规、制度的制定与实施等内容。

1. SET 协议简介

SET 是在开放网络环境中的卡支付安全协议，它采用公钥密码体制（PKI）和 X.509 电子证书标准，通过相应的软件、电子证书、数字签名和加密技术能在电子交易环节上提供更大的信任度、更完整的交易信息、更高的安全性和更少受欺诈的可能性。SET 协议用以支持 B2C 这种类型的电子商务模式，即消费者持卡在网上购物与交易的模式。

（1）SET 协议的构成及功能

SET 支付系统主要由持卡人（Card Holder）、商家（Merchant）、发卡银行（Issuing Bank）、收单银行（Acquiring Bank）、支付网关（Payment Gateway）、认证中心（Certificate Authority）六个部分组成。对应地，基于 SET 协议的网上购物系统至少包括电子钱包软件、商家软件、支付网关软件和签发证书软件。

SET 协议是信用卡在互联网上进行支付的一种开放式安全协议和格式。解决持卡人、商家和银行之间通过信用卡来进行网上支付的交易，旨在保证支付命令的机密性、支付过程的完整性、商家以及持卡人身份的合法性以及可操作性。

SET 使用多种密钥技术来达到安全交易的要求，其中对称密钥技术、公钥加密技术和哈希算法是其核心。综合应用以上三种技术产生了数字签名、数字信封、数字证书等加密与认证技术。

（2）SET 协议的工作过程

SET 协议的工作过程中要对商家、客户、支付网关等交易各方进行身份认证，因此它的工作过程相当复杂，其具体工作流程如图 5-5 所示。

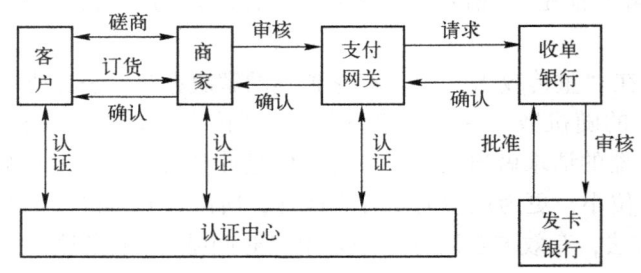

图 5-5　SET 协议的工作过程

1）消费者利用自己的数字设备通过互联网选定所要购买的物品，并输入订货单，订货单上需包括在线商店、购买物品名称及数量、交货时间及地点等相关信息。

2）通过电子商务服务器与有关在线商店联系，在线商店做出应答，告诉消费者所填订货单的货物单价、应付款数、交货方式等信息是否准确，是否有变化。

3）消费者选择付款方式，确认订单签发付款指令。此时 SET 开始介入。

4）在 SET 中，消费者必须对订单和付款指令进行数字签名，同时利用双重签名技术保证商家看不到消费者的账号信息。

5）在线商店接受订单后，向消费者所在银行请求支付认可。信息通过支付网关到收单银行，再到电子货币发行公司确认。批准交易后，返回确认信息给在线商店。

6）在线商店发送订单确认信息给消费者。消费者端软件可记录交易日志，以备将来查询。

7) 在线商店发送货物或提供服务并通知收单银行将钱从消费者的账号转移到商店账号，或通知发卡银行请求支付。在认证操作和支付操作中间一般会有一个时间间隔，例如，在每天的下班前请求银行结一天的账。

前两步与 SET 无关，从第三步开始 SET 起作用，一直到第六步，在处理过程中通信协议、请求信息的格式、数据类型的定义等 SET 都有明确的规定。在操作的每一步，消费者、在线商店、支付网关都通过认证中心来验证通信主体的身份，以确保通信的对方不是冒名顶替，所以，也可以简单地认为 SET 规格充分发挥了认证中心的作用，以维护在任何开放网络上的电子商务参与者所提供信息的真实性和保密性。

2. SET 协议安全性分析

为了满足在 Internet 和其他网络上信用卡安全支付的要求，SET 协议主要是通过使用密码技术和数字证书方式来保证信息的机密性和安全性，它实现了电子交易的信息保密性、数据完整性、身份合法性和不可否认性。

（1）信息保密性

采用公钥加密和私钥加密相结合的办法保证数据的保密性。SET 协议中，支付环境的信息保密性是通过公钥加密法和私钥加密法相结合的算法来加密支付信息而获得的。它采用的公钥加密算法是 RSA 的公钥密码体制，私钥加密算法是采用 DES 数据加密标准。这两种不同加密技术的结合应用在 SET 中被形象地称为数字信封，RSA 加密相当于用信封密封，消息首先以 56 位的 DES 密钥加密，然后装入使用 1024 位 RSA 公钥加密的数字信封在交易双方传输。这两种密钥相结合的办法保证了交易中数据信息的保密性。

（2）数据完整性

SET 协议是通过数字签名方案来保证消息的完整性和进行消息源的认证的，数字签名方案采用了与消息加密相同的加密原则。即数字签名通过 RSA 加密算法结合生成信息摘要，信息摘要是消息通过哈希函数处理后得到的唯一对应于该消息的数值，消息中每改变一个数据位都会引起信息摘要中大约一半的数据位的改变。而两个不同的消息具有相同的信息摘要的可能性极其微小，因此哈希函数的单向性使得从信息摘要得出信息原文在计算上是不可行的。信息摘要的这些特征保证了信息的完整性。

SET 协议中还使用双重签名来保证信息的完整性。双重签名的目的是连接两个不同接收方的两条信息，如发送给商家的订购信息和发送给银行的支付信息。其中，商家不可以知道客户的银行卡信息，银行不需要知道客户的订购信息细节。用户用一个签名操作来对两个信息进行数字签名，实现一个双重签名。一个双重签名是通过计算两个消息摘要产生的，并将两个摘要连接在一起形成一个总摘要，用户用自己的私有签名密钥加密摘要。每个消息的接收者取出自己能够看到的消息，重新生成消息摘要来验证消息。

（3）身份合法性

SET 使用基于 X.509 的 PKI，通过数字证书和 RSA 来达到对持卡人账户、商家、支付网关以及银行的认证。SET 是一个基于可信的第三方认证中心的方案，CA 在 SET 中扮演了很重要的角色，证书是核心。SET 标准提供了通过认证中心对证书加以认证的简单方法来确保进行电子交易的各方能够互相信任。在 SET 协议中，有持卡人证书、特约商店证书、支付网关证书、收单银行证书和发单银行证书。在 SET 中，每个用户（A）至少要有两对密钥：一对签名密钥 Spv(A)、Spb(A) 和一对加密密钥 Epv(A)、Epb(A)，每对密钥都有相应的数字证书CertS(A)和CertE(A)。签名密钥由用户自己保管,加密密钥对要由CA进行托管。

(4) 不可否认性

SET协议中数字证书的发布过程也包含了商家和客户在交易中存在的信息。因此,如果客户用SET发出了一个商品的订单,在收到货物后,他不能否认发出这个订单,同样,商家以后也不能否认收到过这个订单。

SET由于其高度的安全性和规范性,使其逐步发展成为目前安全电子支付的国际标准。由于SSL协议的成本低、速度快、使用简单,对现有网络系统不需进行大的修改,因而目前取得了广泛的应用。但随着电子商务规模的扩大,网络欺诈的风险性也在提高,在未来的电子商务中SET协议将会逐步占据主导地位。

3. SET协议与SSL协议的比较

SSL和SET是当前在电子商务中应用最为广泛的安全协议,两者的差别主要体现在以下几个方面。

(1) 认证要求

早期的SSL并没有提供商家身份认证机制,虽然在SSL 3.0中可以通过数字签名和数字证书实现浏览器和Web服务器双方的身份验证,但仍不能实现多方认证。相比之下,SET的安全要求较高,所有参与SET交易的成员(持卡人、商家、发卡银行、收单银行和支付网关)都必须申请数字证书进行身份识别。

(2) 安全性

SET协议规范了整个商务活动的流程,从持卡人到商家,到支付网关,再到认证中心以及信用卡结算中心之间的信息流走向和必须采用的加密、认证都制定了严密的标准,从而最大限度地保证了商务性、服务性、协调性和集成性。而SSL只对持卡人与商店端的信息交换进行加密保护,可以看作是用于传输的那部分的技术规范。从电子商务特性来看,它并不具备商务性、服务性、协调性和集成性。因此SET的安全性比SSL高。

(3) 网络层协议位置

SSL是基于传输层的通用安全协议,而SET位于应用层,对网络上其他各层也有涉及。

(4) 应用领域

SSL主要是和Web应用一起工作,而SET是为信用卡交易提供安全,因此如果电子商务应用只是通过Web或电子邮件,则可以不要SET。但如果电子商务应用是一个涉及多方交易的过程,则使用SET更安全、更通用。

(5) 用户接口

SSL协议已被浏览器和Web服务器内置,无须安装专门软件;而SET协议中客户端需安装专门的电子钱包软件,在商家服务器和银行网络上也需安装相应的软件。

(6) 处理速度

SET协议非常复杂、庞大,处理速度慢。一个典型的SET交易过程需验证电子证书9次、验证数字签名6次、传递证书7次、进行5次签名、4次对称加密和4次非对称加密,整个交易过程可能需花费$1.5 \sim 2 \min$;而SSL协议则简单得多,处理速度比SET协议快。

SSL协议实现简单,独立于应用层协议,大部分内置于浏览器和Web服务器中,在电子交易中应用便利。但它是一个面向连接的协议,只能提供交易中客户与服务器间的双方认证,不能用于多方的电子交易。SET 在保留对客户信用卡认证的前提下增加了对商家身份的认证,安全性进一步提高。由于两协议所处的网络层次不同,为电子商务提供的服务也不相同,因此在实践中应根据具体情况来选择独立使用或两者混合使用。

5.2.3 电子支付专用协议

电子支付协议是指在电子交易过程中实现交易各方支付信息正确、安全、保密地进行网络通信的规范和约定。这些协议可以分为不同的类型。一方面,对应于不同的支付工具,有不同的协议,例如,基于卡的支付协议、基于支票的支付协议以及基于电子货币的支付协议;另一方面,对应 TCP/IP 的各层也有不同的安全协议。

除前面介绍的 SSL 协议和 SET 协议外,本节将介绍 NetBill 协议、First Virtual 协议和 iKP 三个常用的电子支付协议。

1. NetBill 协议

卡内基·梅隆大学的 J. D. Tygar(现属加州大学伯克利分校)教授的研究组开发了 NetBill 协议,该协议已获得 CyberCash 的商业用途许可,CyberCash 的 CyberCoin 协议也使用 NetBill 的方法。

NetBill 协议涉及三方:客户、商家及 NetBill 服务器。客户持有的 NetBill 账号等价于一个虚拟电子信用卡账号。协议步骤如图 5-6 所示。

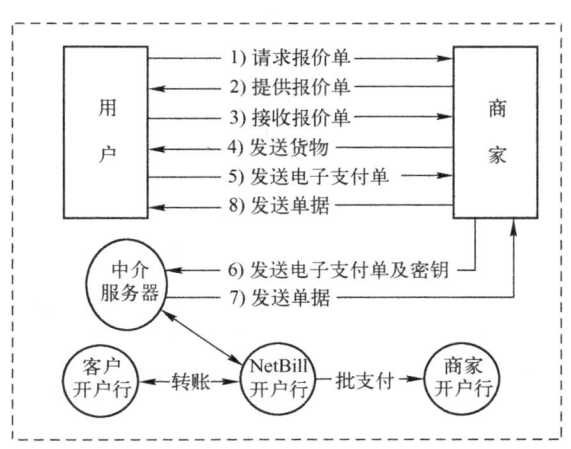

图 5-6 NetBill 协议流程

1)客户向商家查询某商品价格。
2)商家向该客户报价。
3)客户告知商家他接受该报价。
4)商家将所请求的商品(例如一个软件或一首歌曲)用密钥 K 加密后发送给客户。
5)客户准备一份电子采购订单(Electronic Purchase Order,EPO),即三元式(价格、加密商品的密码单据、超时值)的数字签名值,客户将已数字签名的该 EPO 发送给商家。
6)商家会签署该 EPO,也签署上密钥 K 的值,然后将此二者送给 NetBill 服务器。
7)NetBill 服务器验证 EPO 签名和会签。然后检查客户的账号,保证有足够的资金以便批准该交易,同时检查 EPO 上的超时值看是否过期。确认没有问题时,NetBill 服务器即从客户的账号上将相当于商品价格的资金划往商家的账号上,并存储密钥 K 和加密商品的密码单据。然后准备一份包含密钥值 K 的签好的收据,将该收据发给商家。

8) 商家记下该收据单传给客户,然后客户将第 4 步收到的加密信息商品解密。

NetBill 协议就这样传送信息商品的加密副本,并在 NetBill 服务器的契据中记下解密密钥。

2. First Virtual 协议

First Virtual 协议是美国 First Virtual 公司提出的支付协议,也是用于网上信用卡的安全交易协议。它与其他协议不同,采用了非密码学的方法来解决安全性问题。其支付过程如下。

1) 客户把在 First Virtual 的 ID 号发给商家。

2) 商家连接 First Virtual 服务器验证 ID 号的合法性,如果合法,就把客户所需的信息直接发送给客户。

3) First Virtual 服务器向客户以 E-mail 形式发送询问信息,征询客户是否愿意付费,客户同样以 E-mail 形式回复"是"或"否"。如果客户的回复为"是",First Virtual 通过用户信用卡的代理获得相应的款项。

4) 在 90 天的延时后,First Virtual 服务器将款项转给相应的商家。

First Virtual 允许客户自由地购买商品,然后 First Virtual 使用 E-mail 同客户证实每一笔交易。First Virtual 对通信安全持怀疑态度并采取某种加密形式,将每个电子商务交易转换为信用卡交易。First Virtual 的所有安全保障都基于 E-mail 通信体系的安全性和完整性。

3. iKP

iKP(i-Key-Protocol,i=1,2,3)是一族安全电子支付协议。该族协议与现有的商业模式和支付系统基础设施匹配。所有的 iKP 协议都基于公钥密码学,但它随着拥有自己公钥对的成员数目而变化,分别称为 1KP、2KP 和 3KP,其安全性和复杂性随之递增。

1) 1KP 是最简单的协议,它只要求支付网关拥有一对公私钥,用户和商户只需拥有支付网关认证了的公钥或经一个权威机构认证了的支付网关公钥(该机构通过签名证书来使支付网关的公钥合法化)。这就涉及 CA 基础设施,用户通过他们的信用卡号和相关的 PIN 来认证。支付通过交换用支付网关的公钥加了密的信用卡号和 PIN 以及限定的相关信息(如交易量和 ID 号)来认证。1KP 不能对用户和商户发送的消息提供非否认性,这就意味着不容易解决支付订购的争端。

2) 2KP 要求支付网关和商户都拥有公钥对和公钥证书。协议对来自商户发送的消息能提供非否认性。该协议能使用户无须和任何在线第三方联系,就能通过检测证书来验证与之进行交易的商户的真实性。与 1KP 一样,支付订购是通过用户的信用卡号和 PIN 来认证的(在传输之前要求加密)。

3) 3KP 要求支付网关、顾客和商人三方都拥有公钥对,并提供完全的多方安全。它对各方涉及的所有消息提供非否认性,支付订购是通过顾客的信用卡号和 PIN 以及顾客的数字签名来认证。该协议要求基础设施提供顾客的公钥证书。

特别值得一提的是,iKP 只关心支付而未涉及订货和价格协商。

5.2.4 安全超文本传输协议

安全超文本传输协议(Secure Hypertext Transfer Protocol,S-HTTP)是为互联网的

HTTP加密通信设计的。S-HTTP是经超文本传输协议改造而来的。

浏览器通常利用HTTP与服务器通信，收发信息未被加密。而对于电子商务而言，要求浏览器与服务器之间传送信息必须加密。S-HTTP是工作于应用层的协议，可提供基于消息的抗抵赖性。HTTPS工作于传输层，使用SSL+HTTP构建的可进行加密传输身份认证的安全协议，增强了数据安全性。

1. S-HTTP简介

安全超文本传输协议（S-HTTP）是一种面向安全信息通信的协议，它可以和HTTP结合起来使用。S-HTTP能与HTTP信息模型共存并易于与HTTP应用程序整合。

S-HTTP为HTTP客户机和服务器提供了多种安全机制，提供安全服务选项是为了适用于万维网上各类潜在用户。S-HTTP为客户机和服务器提供了相同的性能（同等对待请求和应答，也同等对待客户机和服务器），同时维持HTTP的事务模型和实施特征。

S-HTTP客户机和服务器能与某些加密信息格式标准相结合。S-HTTP支持多种兼容方案并且与HTTP兼容。使用S-HTTP的客户机能够与没有使用S-HTTP的服务器连接，反之亦然，但是这样的通信显然不会利用S-HTTP安全特征。

S-HTTP不需要客户端公用密钥认证（或公用密钥），但它支持对称密钥的操作模式。这点很重要，因为这意味着即使没有要求用户拥有公用密钥，私人交易也会发生。虽然S-HTTP可以利用大多现有的认证系统，但S-HTTP的应用并不必依赖这些系统。

S-HTTP支持端对端安全事务通信。客户机可能"首先"启动安全传输（使用报头的信息），例如它可以用来支持已填表单的加密。使用S-HTTP，敏感的数据信息不会以明文形式在网络上发送。

S-HTTP提供了完整且灵活的加密算法、模态及相关参数。选项谈判用来决定客户机和服务器在事务模式、加密算法（用于签名的RSA和DSA、用于加密的DES和RC2等）及证书选择方面取得一致意见。

虽然S-HTTP的设计者承认他有意识地利用了多根分层的信任模型和许多公钥证书系统，但S-HTTP仍努力避开对某种特定模型的滥用。S-HTTP与摘要验证的不同之处在于，它支持公钥加密和数字签名，并具有保密性。HTTPS作为另一种安全Web通信技术，是指HTTP运行在TLS和SSL上面的实现安全Web事务的协议。

在语法上，S-HTTP报文与HTTP相同，由请求或状态行组成，后面是信头和主体。显然信头各不相同并且主体密码设置更为精密。

正如HTTP报文，S-HTTP报文由从客户机到服务器的请求和从服务器到客户机的响应组成。请求报文的格式如下。

请求行	通用信息头	请求头	实体头	信息主体

为了和HTTP报文区分开来，S-HTTP需要特殊处理，请求行使用特殊的"安全"途径和指定协议"S-HTTP/1.4"。因此S-HTTP和HTTP可以在相同的TCP端口混合处理，例如，端口80，为了防止敏感信息的泄露，URI请求必须带有"＊"。

S-HTTP响应采用指定协议"S-HTTP/1.4"。响应报文的格式如下。

状态行	通用信息头	响应头	实体头	信息主体

注意，S-HTTP 响应行中的状态并不表明展开的 HTTP 请求的成功或失败。如果 S-HTTP 处理成功，服务器会一直显示 200OK，这就阻止了所有请求的成功或失败分析。接受器由压缩数据对其中正确的做出判断，并接受所有的异常情形。

2. S-HTTP 与 SSL 的比较

S-HTTP 和 SSL 是从不同角度提供 Web 的安全性的。S-HTTP 建立在 HTTP 之上，旨在为 HTTP 事务提供身份认证和加密手段。SSL 则建立在 HTTP 的下一层，并可用于 FTP、Gopher 等其他协议。S-HTTP 对单个文件做"私人/签字"之区分，而 SSL 则对参与相应进程之间的数据通道按"私用"和"已认证"进行监管。

S-HTTP 是应用层的加密协议，它能感知到应用层数据的结构，而不是像 SSL 一样把数据完全当作流来处理，也就是说，S-HTTP 把消息当成对象进行签名或加密传输，而 SSL 则主动把数据流分帧处理，而不理会消息的边界。也由于这样，S-HTTP 可以提供基于消息的抗抵赖性证明，而 SSL 不可以。因此，S-HTTP 比 SSL 更灵活，功能更强大，但是实现较困难，而使用也更困难，因此现在使用基于 SSL 的 HTTPS 要比 S-HTTP 更普遍。

目前 SSL 基本取代了 S-HTTP。大多数 Web 贸易均采用传统的 Web 协议，并使用 SSL 加密的 HTTP 来传输敏感的账单信息。

5.2.5 安全电子邮件协议

电子邮件是互联网上主要的信息传输手段，也是电子商务应用的主要途径之一。但它并不具备很强的安全防范措施。互联网工程任务组（IEFT）为扩充电子邮件的安全性能已起草了相关的规范：PEM、S/MIME、PEM-MIME（MOSS）。其中，MOSS（MIME 对象安全服务）是将 PEM 和 MIME 两者的特性进行了结合，本节不做介绍。

1. PEM

保密增强邮件（Private Enhanced Mail，PEM）是增强 Internet 电子邮件隐秘性的标准草案，是美国 RSA 实验室基于 RSA 和 DES 算法而开发的产品，其目的是为了增强个人 E-mail 的隐私功能。它在 Internet 电子邮件的标准格式上增加了加密、鉴别和密钥管理的功能，允许使用公开密钥和专用密钥的加密方式，并能够支持多种加密工具。对于每个电子邮件报文，可以在报文头中规定特定的加密算法、数字鉴别算法、哈希功能等安全措施。

PEM 是通过 Internet 传输安全性商务邮件的非正式标准。它提供以下四种安全服务。

- 数据隐蔽：使数据免遭非授权的泄露，防止有人半路截取和窃听。
- 数据完整性：提供通信期间数据的完整性，可用于侦查和防止数据的伪造和篡改。
- 对发送方的鉴别：用来证明发送方的身份，防止有人冒名顶替。
- 防止发送方否认：结合上述功能，防止发送方事后不承认发送过此文件。PEM 目前尚未提供存取控制和防接收方否认等安全功能。

PEM 对报文的处理包括如下过程。

1）做规范化处理：为了使 PEM 与 MTA（报文传输代理）兼容，按 SMTP 对报文进行规范化处理。

2）MIC（Message Integrity Code）计算。

3）把处理过的报文转化为适于 SMTP 系统传输的格式。

2. S/MIME

多用途网际邮件扩充协议（Secure/Multipurpose Internet Mail Extensions，S/MIME）是在多功能电子邮件扩充报文基础上添加数字签名和加密技术的一种协议，它是从 PEM 和 MIME 发展而来的。MIME 是正式的 Internet 电子邮件扩充标准格式。其目的是在 MIME 上定义安全服务措施的实施方式。S/MIME 是利用单向哈希算法（如 SHA-1 和 MD5）和公钥机制的加密体系。S/MIME 的证书格式采用 X.509 标准格式。S/MIME 的认证机制依赖于层次结构的证书认证机构，所有下一级的组织和个人的证书均由上一级的组织负责认证，而最上一级的组织（根证书）之间相互认证，整个信任关系是树状结构的。另外，S/MIME 将信件内容加密签名后作为特殊的附件传送。

目前，S/MIME 已成为产业界广泛认可的协议。它说明了如何安排消息格式，使消息在不同的邮件系统内进行交换。MIME 的格式灵活，允许邮件中包含任意类型的文件。MIME 消息可以包含文本、图像、声音、视频及其他应用程序的特定数据。具体来说，MIME 允许邮件包括：

- 单个消息中可含多个对象。
- 文本文档不限制一行长度或全文长度。
- 可传输 ASCII 以外的字符集，允许非英语语种的消息。
- 多字体消息。
- 二进制或特定应用程序文件。
- 图像、声音、视频及多媒体消息。

MIME 复合消息的目录信头设有分界标志，这个分界标志绝不可出现在消息的其他位置，而只能是在各部分之间以及消息体的开始和结束处。

MIME 的安全版本 S/MIME 设计用来支持邮件的加密。基于 MIME 标准，S/MIME 为电子消息应用程序提供的加密安全服务有认证、完整性保护、鉴定及数据保密等。

传统的邮件用户代理（MUA）可以使用 S/MIME 来加密发送邮件及解密接收邮件。然而，S/MIME 并不仅限于邮件的使用，它也能应用于任何可以传送 MIME 数据的传输机制，例如 HTTP。同样，S/MIME 利用 MIME 的面向对象特征允许在混合传输系统中交换安全消息。

此外，S/MIME 还可应用于消息自动传送代理，它们使用不需任何人为操作的加密安全服务，例如软件文档签名和发送到网上的 FAX 加密。

5.2.6 电子数据交换协议

随着计算机的普及，许多企业或组织内部均以计算机来储存、处理资料，然而由于不同组织使用的应用系统不同，所产生的资料格式也并不相同，当不同组织因业务需要必须进行资料交换时，通常还需要经过人工作业重复录入资料，转至己方的系统中，形成作业流程中的一大滞碍。实施信息化最早的美国发现了这个问题，为了解决这个问题，于是便有部分企业与其合作伙伴约定，以特定的标准格式传送表单，这可视为电子数据交换应用观念的起源。

电子数据交换（Electronic Data Interchange，EDI）是将贸易、运输、保险、银行和海关等行业的信息，用一种国际公认的标准格式，形成结构化的事务处理的报文数据格式，通过计算机通信网络，使各有关部门、公司与企业之间进行数据交换与处理，并完成以贸易为中心的全部业务过程。

EDI 是结构化的数据通过一定标准的报文格式从一个应用程序到另一个应用程序的电子化的交换，电子数据交换将人为干预降到最低。一个 EDI 系统通过内部系统给贸易伙伴系统发送数据只需几秒钟的时间。其优势主要体现在以下方面。

1) 降低了纸张文件的消费。

2) 减少了许多重复劳动，提高了工作效率。

3) 使得贸易双方能够以更迅速、有效的方式进行贸易，大大简化了订货过程或存货过程，使双方能及时地充分利用各自的人力和物力资源。

4) 可以改善贸易双方的关系，厂商可以准确地估计日后商品的需求量，货运代理商可以简化大量的出口文书工作，商业用户可以提高存货管理的效率，提高他们的竞争能力。

1. EDI 的基本原理

(1) 映射（Mapping）——生成 EDI 平面文件

EDI 平面文件（Flat File）是通过应用系统将用户的应用文件（如单证、票据）或数据库中的数据映射而成的一种标准的中间文件。这一过程称为映射（Mapping）。平面文件是用户通过应用系统直接编辑、修改和操作的单证和票据文件，它可直接阅读、显示和打印输出。

(2) 翻译（Translation）——生成 EDI 标准格式文件

其功能是将平面文件通过翻译软件（Translation Software）生成 EDI 标准格式文件。EDI 标准格式文件就是所谓的 EDI 电子单证，或称电子票据。它是 EDI 用户之间进行贸易和业务往来的依据。EDI 标准格式文件是一种只有计算机才能阅读的 ASCⅡ文件。它是按照 EDI 数据交换标准（即 EDI 标准）的要求，将单证文件（平面文件）中的目录项，加上特定的分隔符、控制符和其他信息，生成的一种包括控制符、代码和单证信息在内的 ASCⅡ文件。

(3) 通信——这一步由计算机通信软件完成

用户通过通信网络，接入 EDI 信箱系统，将 EDI 电子单证投递到对方的信箱中。EDI 信箱系统则自动完成投递和转接，并按照 X.400（或 X.435）通信协议的要求，为电子单证加上信封、信头、信尾、投送地址、安全要求及其他辅助信息。

(4) EDI 文件的接受和处理

接受和处理过程是发送过程的逆过程。首先需要接受用户通过通信网络接入 EDI 信箱系统，打开自己的信箱，将来函接收到自己的计算机中，经格式校验、翻译、映射还原成应用文件。最后对应用文件进行编辑、处理和回复。在实际操作过程中，EDI 系统为用户提供的 EDI 应用软件包，包括了应用系统、映射、翻译、格式校验和通信连接等全部功能。其处理过程，用户可看作一个"黑匣子"，完全不必关心里面具体的过程。

2. EDI 系统的安全威胁与安全策略

(1) EDI 系统的安全威胁

ITU-TX.435 建议定义了开放式 EDI 系统所受到的六种主要威胁和攻击。

- 冒充：信息传送代理（Message Transfer Agent，MTA）之间是以交换明文形式的 MTA 名称彼此证实的，一个未知的 MTA 可能会通过发送一个已知的 MTA 而与其他 MTA 互联，冒名顶替、偷窃工作资源和信息。
- 篡改数据：篡改数据除破坏数据的完整性外，还包括在递交过程不可抵赖之后对发送端存储的报文内容进行篡改，以及在投递过程不可抵赖后对接收端存储的报文内容进行篡改。
- 偷看、窃取数据：这是指 EDI 系统的用户及外来者未经授权偷看或窥视他人的文电内容以获取商业秘密。
- 报文丢失：EDI 系统中的报文丢失主要有三种情况，一是因 UA、MS 或 MTA 的错误而丢失文电；二是因安全保密措施不当而丢失文电；三是在不同的责任区域之间传递时丢失报文。
- 抵赖或矢口否认：EDI 处理的合同、订单等贸易数据，在起草、递交、投递等环节中都可能发生抵赖或否认，尤其是在 MHS 环境中，由于采用自动转发、重新定向等服务方式，危险性就更大了。
- 拒绝服务：因局部系统的失误及通信协议的不一致会导致系统中断，从而拒绝服务。局部系统出于自我保护目的而故意中断通信会直接导致拒绝服务。

（2）EDI 系统的安全策略

针对上述 EDI 应用所面临的威胁和攻击，EDI 系统的安全策略如下。
- 他人无法冒充合法用户利用网络及其资源。
- 他人不能非法窃取或偷看报文的内容。
- 他人无法篡改、替换或扰乱数据。
- 与报文交换有关的各种活动及其发生时间均有准确、完整的记录和审计。
- 确保报文在交换过程中不丢失。
- 防止因自然灾害、人为原因和机器故障而引起的系统拒绝服务。

为实现这些目标，EDI 系统中的用户所需求的安全业务主要有以下几种。
- 鉴别：包括源点鉴别和实体鉴别，即要能准确鉴别报文的来源。
- 用户身份识别：包括访问控制和证书管理两方面的内容。前者确保只有合法用户才能进入 EDI 系统；后者为合法用户签发证书并实行有效管理。
- 数据保密与数据完整性：保护数据不被第三者获悉，不被篡改、乱序、删除和重复。
- 防抵赖：即源点不可抵赖、接收不可抵赖和回执不可抵赖。

开放式 EDI 概念模型的研究，是国际上 EDI 理论研究的最新发展，必将对全球的 EDI 应用系统的建设起到积极促进和指导作用。

5.2.7 IPSec 安全协议

1. IPSec 基本概念

IPSec（Internet Protocol Security）是通过对 IP（互联网协议）的分组进行加密和认证来保护 IP 的网络传输协议族（一些相互关联的协议的集合）。

IPSec 由两大部分组成：建立安全分组流的密钥交换协议，保护分组流的协议。前者为互联网密钥交换（IKE）协议。后者包括加密分组流的封装安全载荷协议（ESP 协议）或认证头协议（AH 协议），用于保证数据的机密性、来源可靠性（认证）、无连接的完整性并提供抗重播服务（一种部分序列完整性的服务形式）。它在 IP 层提供安全服务，使系统能按需选择安全协议，决定服务所使用的算法及放置服务所需密钥到相应位置。IPSec 用来保护一条或多条主机与主机间、安全网关与安全网关间、安全网关与主机间的路径。

IPSec 能提供的安全服务包括访问控制、无连接的完整性、数据源认证、拒绝重发包（部分序列完整性形式）、保密性和有限传输流保密性。因为这些服务均在 IP 层提供，所以任何高层协议均能使用它们，例如 TCP、UDP、ICMP 和 BGP。

IPSec 通过使用基于密码学的保护服务、安全协议和动态密钥管理，可实现以下目标。

（1）认证 IP 报文的来源

基于 IP 地址的访问控制十分脆弱，因为攻击者可以很容易利用伪装的 IP 地址来发送 IP 报文。许多攻击者利用机器间基于 IP 地址的信任，来伪装 IP 地址。IPSec 允许设备使用比源 IP 地址更安全的方式来认证 IP 数据报的来源。IPSec 的这一标准称为原始认证（Origin Authentication）。

（2）保证 IP 数据报的完整性

除了确认 IP 数据报的来源，还希望能确保报文在网络中传输时没有发生变化。使用 IPSec，可以确信 IP 报文没有发生任何变化。IPSec 的这一特性称为无连接完整性。

（3）确保 IP 报文的内容在传输过程中未被读取

除了认证与完整性之外，还期望当报文在网上传播时，未授权方不能读取报文的内容。这可以通过在传输前将报文加密来实现。通过加密报文，可以确保攻击者不能破解报文的内容，即使他们可以用侦听程序截获报文。

（4）确保认证报文没有重复

最终，即使攻击者不能发送伪装的报文，不能改变报文，不能读取报文的内容，攻击者仍然可以通过重发截获的认证报文来干扰正常的通信，从而导致事务多次执行，或是使被复制报文的上层应用发生混乱。IPSec 能检测出重复报文并丢弃它们。这一特性称为反重传（Antireplay）。

IPSec 建立在终端到终端的模式上，这意味着只有识别 IPSec 的计算机才能作为发送和接收计算机。IPSec 并不是一个单一的协议或算法，它是一系列加密实现中使用的加密标准定义的集合。IPSec 实现在 IP 层的安全，因而它与任何上层应用或传输层的协议无关。上层不需要知道在 IP 层实现的安全，所以在 IP 层不需要做任何修改。

2. IPSec 协议结构

IPSec 由一系列协议组成，其中 RFC2401 定义了 IPSec 的基本结构，所有具体的实施方案均建立在它的基础之上。它定义了 IPSec 提供的安全服务，它们如何使用以及在哪里使用，数据包如何构建及处理，以及 IPSec 处理同策略之间如何协调等。除 RFC2401 外，还包括 RFC2402（验证头）、RFC2406（封装安全载荷）、RFC2407（用于 Internet 安全联盟和密钥管理协议 ISAKMP 的 Internet IP 安全解释域）、RFC2408（ISAKMP）、RFC2409（Internet 密钥交换，IKE）、RFC2411（IP 安全文档指南）、RFC2412（OAKLEY 密钥确定协议）等。图 5-7 显示了 IPSec 的体系结构。IPSec 组件包括安全协议认证头（AH）和封装安全载荷（ESP）、安全连接（SA）、密钥交换（IKE）及加密和验证算法等。

通过 IP 安全协议和密钥管理协议构建起 IP 层安全体系结构的框架，能保护所有基于 IP 的服务或应用。并且当这些安全机制正确实现时，它不对用户、主机和其他未采用这些安全机制的 Internet 部件有负面影响。由于这些安全机制不依赖于具体的加密算法，所以在选择和改变算法时不会影响其他部分的实现，对用户和上层应用程序是透明的。IPSec 的处理简图如图 5-8 所示。

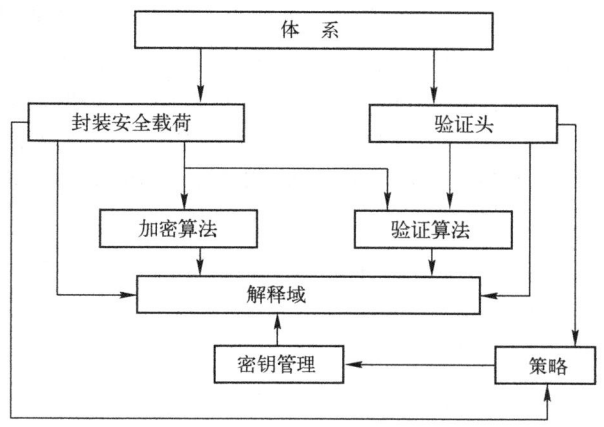

图 5-7 IPSec 的体系结构

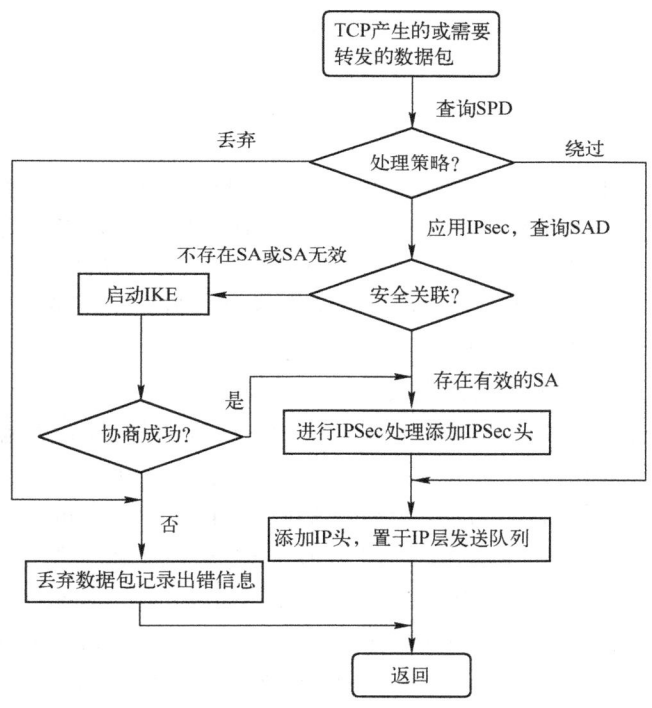

图 5-8 IPSec 的处理简图

(1) IPSec 认证头协议

IPSec 认证头协议（IPSec Authentication Header，IPSec AH）是 IPSec 体系结构中的一种主要协议，它为 IP 数据报提供无连接完整性与数据源认证，并提供保护以避免重播情况。一旦建立安全连接，接收方就可能会选择后一种服务。AH 尽可能为 IP 头和上层协议数据提供足够多的认证。但是，在传输过程中某些 IP 头字段会发生变化，且发送方无法预测当数据包到达接收端时此字段的值。AH 并不能保护这种字段值。因此，AH 提供给 IP 头的保护有些是零碎的。

AH 可独立使用，或与 IP 封装安全负载（ESP）结合使用，或通过使用隧道模式的嵌套方式。在通信主机与通信主机之间、通信安全网关与通信安全网关之间或安全网关与主机之间可以提供安全服务。ESP 提供了相同的安全服务并提供了一种保密性（加密）服务，而 ESP 与 AH 各自提供的认证其根本区别在于它们的覆盖范围。需要特别说明的是，不是由 ESP 封装的 IP 头字段则不受 ESP 保护。有关在不同网络环境下如何使用 AH 和 ESP 的详细内容，可参见相关文件。

通常，当用于 IPv6 时，AH 出现在 IPv6 逐跳路由头之后 IPv6 目的选项之前。而用于 IPv4 时，AH 跟随主 IPv4 头。

AH 协议头格式如图 5-9 所示。

上层协议	负荷长度	保留字段
安全参数索引值		
序号		
认证数据		

图 5-9　AH 协议头格式

其中的字段的意义如下。
- 上层协议：上层协议字段为 8 位，定义了紧接 AH 头的上层协议类型。
- 负荷长度：这是一个 8 位的字段，其值等于 AH 头长度（以 32 位字计算）减去 2。通常情况下的认证数据长度为 96 位，加上前面的 3 个字长的定长部分，那么，负荷长度域的值等于 4。如果使用"空白"认证方式（在调试情况下时），认证数据长度为 0，那么，这一域的值等于 1。
- 保留字段：用于今后的扩充，应填 0。
- 安全参数索引值：SPI 是一个 32 位的值，用以区分那些目的 IP 地址和安全协议类型相同，但算法不同的数据报。它与数据报的目的 IP 地址、安全协议类型（AH）一道，确定了这一数据报所用安全连接的唯一性。IANA（Internet Assigned Numbers Authority）保留从 1 到 255 的值。SPI 的值在 SA 建立时由目的主机确定。值 0 为内部保留值，在实际传输过程，IP 数据报的 SPI 不能取 0 值。如果一个新的 SA 尚未建立好，即它的密钥还在通信双方协商之时，这时，该 SA 内部的 SPI 值要取 0。
- 序号：序号为 32 位的整数，它代表一个单调递增计数器的值。即使收方不使用"防重放攻击"功能时，发方也一定要发送这一序号。是否处理序号，取决于收方，即发方总是传送序号，但收方不必强制性处理它。当一个安全联结建立时，发方和收方的计数器都清 0。第一个发出的报文中的序号值为 1。如果使用"防重放"功能，计数不能循环，即让计数器变成 0。在计数快接近溢出时（2^{32}），收发双方应重新协商来建立一个新的安全连接。
- 认证数据：这个域的长度可变，它存放 IP 数据报的完整性校验值（ICV）。认证数据一定要为整数个 32 位字长。在这个域中，也可以添加填充字节，从而使 AH 头的长度满足 32 位字长对齐的要求。认证数据的实际长度由所使用的认证算法确定，如采用 HMAC-MD5-96 时，它的长度为 96 位。

（2）IPSec 封装安全负载

IPSec 封装安全负载（IPSec Encapsulating Security Payload，IPSec ESP）是 IPSec 体系结构中的一种主要协议，主要用来在 IPv4 和 IPv6 中提供安全服务的混合应用。IPSec ESP 通过加密需要保护的数据以及在 IPSec ESP 的数据部分放置这些加密的数据来提供机密性和完整性。根据用户安全要求，这个机制既可以用于加密一个传输层的段（如 TCP、UDP、ICMP、IGMP），也可以用于加密一整个的 IP 数据报。封装受保护数据是非常必要的，这样就可以为整个原始数据报提供机密性。

ESP 头可以放置在 IP 头之后、上层协议头之前（传送层），或者在被封装的 IP 头之前（隧道模式）。ESP 包含一个非加密协议头，后面是加密数据。该加密数据既包括了受保护的 ESP 头字段，也包括了受保护的用户数据，这个用户数据可以是整个 IP 数据报，也可以是 IP 的上层协议帧（如 TCP 或 UDP）。

ESP 提供机密性、数据源认证、无连接的完整性、抗重播服务（一种部分序列完整性的形式）和有限信息流机密性。所提供服务集由安全连接（SA）建立时选择的选项和实施的布置来决定，机密性的选择与所有其他服务相独立。

ESP 头（包）的格式如图 5-10 所示。

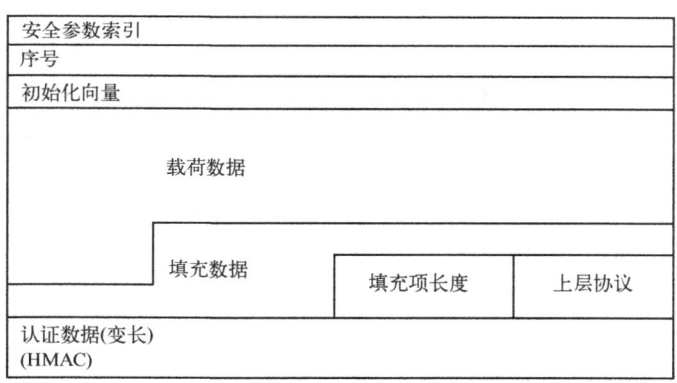

图 5-10 ESP 头（包）的格式

其中的字段意义如下。
- 安全参数索引：与 AH 协议一样，收方可由此确定报文所用的安全连接。
- 序号：与 AH 协议一样，这一序号也是一个递增计数器的值，用来防止重放攻击。
- 载荷数据：载荷数据是非定长的域，用来存放经 ESP 协议处理过的数据，这些数据所属的类型由"下一协议头"字段定义。如果 ESP 算法在加密时需要算法同步数据（例如初始向量），那么这些同步数据也包含在载荷数据中。
- 填充数据：由于以下几个原因，ESP 需要填充字段。

1）加密算法需要明文长度为分组块长度的整数倍，例如块密码算法。使用填充字段后，加密算法所处理的明文（载荷数据、填充字段、填充长度字段和下一协议头字段）长度将满足算法要求。

2）填充字段还能保证上层协议字段的右边界以 4 B 对齐。

3）另外，通过使用填充字段，ESP 协议能有效地隐藏实际载荷的长度，从而提供一定的流量保密性。但是，这种填充方式会浪费线路的有效带宽，因此在使用时一定要权衡利弊。填充字段不超过 255 B。

如果 ESP 需要填充字段，但是加密算法没有规定填充的内容，那么就要依照 ESP 协议默认的规定执行；填充字段为无符号单字节整型串，第一个字节值取 1，以后依次增加，形成序列（1,2,3,…）。如果采用这种填充方式，在完成解密后，收方应该检查填充字段的内容，从而在一定程度上防止"剪贴"攻击。填充长度是指填充字段的长度。

- 上层协议：上层协议字段指出了载荷数据所包含的内容。例如，在 ESP 加密 TCP 协议时，这一字段的值为 TCP 协议标识。
- 认证数据：认证数据是 ESP 认证算法对从安全参数索引字段开始，到上层协议字段为止的所有数据进行认证的结果。认证数据的长度由所选用的具体算法确定。

（3）Internet 密钥交换协议

Internet 密钥交换协议（IPSec Internet Key Exchange Protocol，IPSec IKE）是 IPSec 体系结构中的一种主要协议。它是一种混合协议，使用部分 Oakley 和部分 SKEME，并协同 ISAKMP 提供密钥生成材料和其他安全连接，比如用于 IPSec DOI 的 AH 和 ESP。

ISAKMP 只对认证和密钥交换提出了结构框架，但没有具体定义。ISAKM 与密钥交换相独立，支持多种不同的密钥交换。IKE 是一系列密钥交换中的一种，称为"模式"。

IKE 可用于协商虚拟专用网（VPN），也可用于远程用户（其 IP 地址不需要事先知道）访问安全主机或网络，支持客户端协商。客户端模式即为协商方不是安全连接发起的终端点。当使用客户端模式时，端点处身份是隐藏的。

IKE 的实施必须支持以下的属性值。

- DES 用在密码块链接（Cipher-Block Chaining，CBC）模式，使用弱、半弱、密钥检查。
- MD5[MD5] 和 SHA[SHA]。
- 通过预共享密钥进行认证。
- 默认的组 1 上的横幂运算（MODP，Modular Exponentiation Group）。

另外，IKE 也支持 3DES 加密；用 Tiger[TIGER] 作为哈希值；数字签名标准为 RSA[RSA]，使用 RSA 公共密钥加密的签名和认证；以及使用组 2 进行 MODP。IKE 实现可以支持其他加密算法，并且可以支持 ECP（Elliptic Curve Group Over GF[P]）和 EC2N（Elliptic Curve Group Over GF[2^N]）组。

只要实现了 IETF IPSec DOI（Domain of Interpretation），IKE 模式就必须实施。其他 DOI 也可使用这里描述的模式。

在协议结构上，IKE 信息是由 ISAKMP 头和 SKEME 以及 Oakley 字段联合构成的。其特定格式取决于信息状态和模式。

（4）Internet 安全连接和密钥管理协议

Internet 安全连接和密钥管理协议（Internet Security Association and Key Management Protocol，ISAKMP）是 IPSec 体系结构中的一种主要协议。该协议结合认证、密钥管理和安全连接等概念来建立政府、商家和互联网上的私有通信所需要的安全。

ISAKMP 定义了程序和信息包格式来建立、协商、修改和删除安全连接（SA）。SA 包括了各种网络安全服务执行所需的所有信息，这些安全服务包括 IP 层服务（如头认证和负载封装）、传输或应用层服务，以及协商流量的自我保护服务等。ISAKMP 定义包括交换密钥生成和认证数据的有效载荷。这些格式为传输密钥和认证数据提供了统一框架，而它们独立于密钥产生技术、加密算法和认证机制。

ISAKMP 区别于密钥交换协议是为了把安全连接管理的细节从密钥交换的细节中彻底分离出来。不同的密钥交换协议中的安全属性也是不同的。然而，需要一个通用的框架用于支持 SA 属性格式，谈判、修改与删除 SA，ISAKMP 即可作为这种框架。

把功能分离为三部分增加了一个完全的 ISAKMP 实施安全分析的复杂性。然而在有不同安全要求且需协同工作的系统之间这种分离是必需的。

ISAKMP 支持所有网络层的安全协议（如 IPSEC、TLS、TLSP 和 OSPF）的 SA 协商。ISAKMP 通过集中管理 SA 减少了在每个安全协议中重复功能的数量。ISAKMP 还能通过一次对整个栈协议的协商来减少建立连接的时间。

ISAKMP 中，解释域（DOI）用来组合相关协议，通过使用 ISAKMP 协商安全连接。共享 DOI 的安全协议从公共的命名空间选择安全协议和加密转换方式，并共享密钥交换协议标识。同时，它们还共享一个特定 DOI 的有效载荷数据目录解释，包括安全连接和有效载荷认证。

总之，ISAKMP 对于 DOI 定义了如下方面：

1）特定 DOI 协议标识的命名模式。
2）位置字段解释。
3）可应用安全策略集。
4）特定 DOI SA 属性语法。
5）特定 DOI 有效负载目录语法。
6）必要情况下，附加密钥交换类型。
7）必要情况下，附加通知信息类型。

3. IPSec 工作原理

IPSec 的工作原理（如图 5-11 所示）类似于包过滤防火墙。IPSec 是通过查询安全策略数据库（SPD）来决定接收到的 IP 包的处理方法，但不同于包过滤防火墙的是，IPSec 对 IP 数据包的处理方法除了丢弃、直接转发（绕过 IPSec）外，还有进行 IPSec 的处理。进行 IPSec 处理意味着对 IP 数据包进行加密和认证，保证了在外部网络传输的数据包的机密性、真实性和完整性，使通过 Internet 进行安全的通信成为可能。在 IETF 的标准化下，IPSec 的处理流程实现了规范化。

（1）IPSec 流出处理

在 IPSec 流出处理过程中，传输层的数据包流进 IP 层，然后按如下步骤执行。

1）查找合适的安全策略。从 IP 包中提取出"选择符"来检索 SPD，找到该 IP 包所对应的流出策略，之后用此策略决定对该 IP 包如何处理：绕过安全服务以普通方式传输此包或应用安全服务。

2）查找合适的 SA。根据策略提供的信息，在安全关联数据库中查找为该 IP 包所应该应用的安全关联 SA。如果此 SA 尚未建立，则会调用 IKE，将这个 SA 建立起来。此 SA 决定了使用何种基本协议（AH 或 ESP），采用哪种模式（隧道模式或传输模式），以及确定了加密算法、验证算法、密钥等处理参数。

3）根据 SA 进行具体处理。根据 SA 的内容，对 IP 包的处理将会有几种情况：使用隧道模式下的 ESP 或 AH 协议，或者使用传输模式下的 ESP 或 AH 协议。

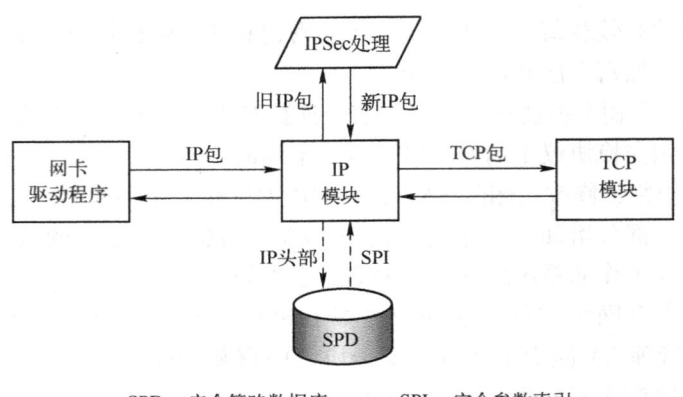

SPD—安全策略数据库　　SPI—安全参数索引

图 5-11　IPSec 的工作原理

（2）IPSec 流入处理

在流入处理过程中，数据包的处理按如下步骤执行。

1）IP 包类型判断：如果 IP 包中不包含 IPSec 头，将该包传递给下一层；如果 IP 包中包含 IPSec 头，会进入下面的处理。

2）查找合适的 SA：从 IPSec 头中提取出 SPI，从外部 IP 头中提取出目的地址和 IPSec 协议，然后利用<SPI,目的地址,协议>在 SAD 中搜索 SPI。如果 SA 搜索失败就丢弃该包。如果找到对应 SA，则转入以下处理。

3）具体的 IPSec 处理：根据找到的 SA 对数据包执行验证或解密处理。

4）策略查询：根据选择符查询 SPD，根据此策略检验 IPSec 处理的应用是否正确。最后，将 IPSec 头剥离下来，并将包传递到下一层，根据采用的模式不同，下一层或者是传输层，或者是网络层。

运用 IPSec 进行安全通信的大体步骤是：

1）使用 IKE 协议协商 IPSec SA。

2）在建立好 IPSec SA 的基础上，进行通信。

3）通信完毕，撤销 IPSec SA。

4）当 IPSec SA 撤销以后，与其相应的其他 SA 也要进行撤销。

5.3　信息安全标准与电子商务安全标准

在电子商务中，为了机密性、完整性、认证性、不可否认性、不可拒绝性和访问控制性等安全需求，标准化是一项非常重要的工作。标准化可以实现规定的安全水平，具有兼容性，在保障安全的互联网中起关键作用。已经制定的各种标准都采用了可靠的密码算法和成熟的实用技术，对于安全系统的设计极有参考价值。

5.3.1　常用信息安全标准

在信息安全的标准化中，众多标准化组织在安全需求服务分析指导、安全技术机制开发、安全评估标准等方面制定了许多标准及草案。目前国际上比较重要和公认的安全标准有美国 TCSEC、欧洲 ITSEC、加拿大 CTCPEC、美国 FC、联合公共准则（CC）和英国 BS7799、美国 SSE-CMM 模型以及国际标准化组织（ISO）发布的以 BS7799 标准为基础的 ISO17799/27001 标准。它们的关系如图 5-12 所示。

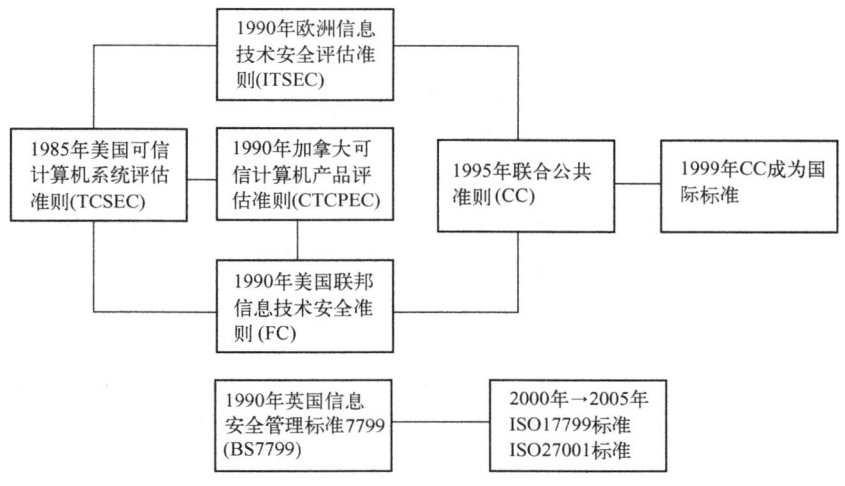

图 5-12　几个重要的信息安全国际标准的关系

1. 美国可信计算机系统评估标准（TCSEC）

TCSEC 标准是计算机系统安全评估的第一个正式标准，具有划时代的意义。该准则于 1970 年由美国国防科学委员会提出，并于 1985 年 12 月由美国国防部公布。TCSEC 最初只是军用标准，后来延至民用领域。TCSEC 将计算机系统的安全划分为 4 个等级（安全政策、可说明性、安全保障和文档）和 7 个级别（从低到高依次为 D、C1、C2、B1、B2、B3 和 A 级）。

2. 欧洲信息技术安全评估准则（ITSEC）

ITSEC 是 Information Technology Security Evaluation Criteria 的缩写，是英国、法国、德国和荷兰于 1991 年制定的 IT 安全评估准则，较美国军方制定的 TCSEC 准则在功能的灵活性和有关的评估技术方面均有很大的进步。

ITSEC 是欧洲多国安全评价方法的综合产物，应用领域为军队、政府和商业。该标准将安全概念分为功能与评估两部分。功能准则从 F1~F10 共分 10 级。1~5 级对应于 TCSEC 的 D 到 A。F6 至 F10 级分别对应数据和程序的完整性、系统的可用性、数据通信的完整性、数据通信的保密性以及网络安全的机密性和完整性。

与 TCSEC 不同，ITSEC 并不把保密措施直接与计算机功能相联系，而是只叙述技术安全的要求，把保密作为安全增强功能。另外，TCSEC 把保密作为安全的重点，而 ITSEC 则把完整性、可用性与保密性作为同等重要的因素。

3. 加拿大可信计算机产品评估准则（CTCPEC）

加拿大可信计算机产品评估准则（Canadian Trusted Computer Product Evaluation Criteria，CTCPEC）专门针对政府需求而设计。与 ITSEC 类似，该标准将安全分为功能性需求和保证性需要两部分。功能性需求共划分为四大类：机密性、完整性、可用性和可控性。每种安全需求又可以分成很多小类，来表示安全性的差别，分级条数为 0~5 级。

4. 美国联邦信息技术安全准则（FC）

1993 年，美国发布了"联邦信息技术安全准则"（FC）。该标准的目的是提供 TCSEC 的升级版本，同时保护已有投资，但 FC 有很多缺陷，是一个过渡标准，后来结合 ITSEC 发展为联合公共准则（CC）。

5. 联合公共准则（CC）

1993 年 6 月，美国政府同加拿大及欧共体共同起草统一的联合公共准则（CC）并将其推广为国际标准。制定 CC 标准的目的是建立一个各国都能接受的通用的信息安全产品和系统的安全性评估准则。在美国的 TCSEC、欧洲的 ITSEC、加拿大的 CTCPEC、美国的 FC 等信息安全准则的基础上，由 6 个国家 7 方（美国国家安全局和国家技术标准研究所、加、英、法、德、荷）联合提出了信息技术安全评价的公共准则（The Common Criteria for Information Technology Security Evaluation），简称 CC，它综合了已有的信息安全的准则和标准，形成了一个更全面的框架。

CC 是信息技术安全性评估标准，用来评估信息系统、信息产品的安全性。CC 的评估分为两个方面：安全功能需求（分为九类 63 族）和安全保证需求（分为七类 29 族）。

1998 年美国、英国、加拿大、法国和德国共同签署了书面认可协议。1999 年 CC 成为国际标准 ISO/IEC 15408，我国于 2001 年等同采用为 GB/T 18336。目前已经有 17 个国家签署了互认协议，即一个 IT 产品在英国通过 CC 评估以后，在美国就不需要再进行评估了，反之亦然。

6. ISO-17799/27001 与 BS7799 信息安全管理标准

英国标准协会（British Standards Institute，BSI）于 1995 年 2 月制定的信息安全标准 BS7799，1999 年 5 月，BSI 对 BS 7799 进行了修订改版，发展成为后来最主要的一个版本，2000 年 12 月，BS 7799 内容中的第一部分被 ISO 采纳，正式成为 ISO/IEC 17799 标准。

BS7799 分两个部分，第一部分，也就是纳入 ISO/IEC 17799：2000 标准的部分，是信息安全管理实施细则（Code of Practice for Information Security Management），主要供负责信息安全系统开发的人员作为参考使用，其中分十个标题，定义了 127 个安全控制。第二部分，是建立信息安全管理体系（ISMS）的一套规范（Specification for Information Security Management Systems），其中详细说明了建立、实施和维护信息安全管理系统的要求，指出实施机构应该遵循的风险评估标准。

该标准 2005 年经过最新改版，发展成为 ISO/IEC 17799：2005 标准。BS7799 标准的第二部分经过长时间讨论修订，也于 2005 年成为正式的 ISO 标准，即 ISO/IEC 27001：2005。ISO 17799：2005 标准（即 BS7799 第一部分），是信息安全管理实施细则（Code of Practice for Information Security Management），其中包含 11 个主题，定义了 133 个安全控制。

2013 年 10 月 19 日，ISO 组织在 2005 版的基础上进行修订后，正式使用 ISO/IEC 27001：2013 版。新版将旧版 11 个控制领域拓展到 14 个，结构更合理，表现更清晰；将旧版 133 个控制项缩减到 113 个；将通信与操作管理领域拆分为通信安全与操作安全两个领域，比旧版标准更清晰地反应了实际的需求；将旧版业务连续性管理更新为信息安全方面的业务连续性管理，表述更准确。通过合并重复的控制项来精炼控制项的构成；将原分布在各领域的加密及供应链管理控制项级别提升，组成新领域，形成新重点，以反映目前信息安全的发展趋势；新增了智能型装置管理的控制项，强化了ICT供应链委外管理的要求，完善了系统开发项目管理的信息安全要求等。

7. 系统安全工程能力成熟度模型（SSE-CMM）

SSE-CMM 为 Systems Security Engineering Capability Maturity Model 的缩写，是在1993年4月由美国国家安全局（NSA）提出来的。该模型定义了一个安全过程应有的特征，这些特征是完善的安全工程的根本保证。1996年10月完成了SSE-CMM模型的第一版，1997年5月完成了评价方法第一版。1999年4月完成了SSE-CMM模型的第二版，2002年被ISO接受为ISO/IEC21827标准。2003年6月完成了SSE-CMM模型的第三版。2006年3月，我国质检总局发布了国家标准GB/T 20261—2006：信息技术.系统安全工程.能力成熟度模型。它是一个过程参考模型，关注的是信息技术安全（ITS）领域内某个系统或者若干相关系统实现安全的要求。

8. 我国计算机信息系统安全保护等级划分准则——基础性标准

国内主要是等同采用国际标准。中华人民共和国国家标准 GB 17859—1999《计算机信息系统安全保护等级划分准则》的发布为计算机信息系统安全法规和配套标准的制定和执法部门的监督检查提供了依据，为安全产品的研制提供了技术支持，为安全系统的建设和管理提供了技术指导，是我国计算机信息系统安全保护等级工作的基础。

我国《计算机信息系统安全保护等级划分准则》将计算机信息系统安全保护能力划分为五个等级：用户自主保护级、系统审计保护级、安全标记保护级、结构化保护级和访问验证保护级。计算机信息系统安全保护能力随着安全保护等级的增高，逐渐增强。高级别的安全要求是低级别要求的超集。主要的安全考核指标有身份认证、自主访问控制、数据完整性、审计等，这些指标涵盖了不同级别的安全要求。

9. 我国信息系统安全等级保护实施指南——基础性标准

中华人民共和国国家标准《信息安全技术-信息系统安全等级保护实施指南》（GB/T 25058—2010）是信息安全等级保护相关系列标准之一，规定了信息系统安全等级保护实施的过程，适用于指导信息系统安全等级保护的实施。信息系统安全等级保护的核心是对信息系统分等级，按标准进行建设、管理和监督。信息系统安全等级保护实施过程中应遵循自主保护、重点保护、同步建设、动态调整等基本原则。

该标准明确说明了信息系统安全等级保护实施过程中国家管理部门、信息系统主管部门、信息系统运营与使用单位、信息安全服务机构、信息安全等级测评机构、信息安全产品供应商等各类角色及其职责，规定了信息系统实施等级保护的基本流程，包括信息系统定级、总体安全规划、安全设计与实施、安全运行与维护、信息系统终止等主要过程。在安全运行与维护阶段，信息系统因需求变化等原因导致局部调整，而系统的安全保护等级并未改变，应从安全运行与维护阶段进入安全设计与实施阶段，重新设计、调整和实施安全措施，确保满足等级保护的要求；但信息系统发生重大变更导致系统安全保护等级变化时，应从安全运行与维护阶段进入信息系统定级阶段，重新开始一轮信息安全等级保护的实施过程。

与本标准相关的系列标准包括：
- GB/T 22240—2008 信息安全技术 信息系统安全等级保护定级指南。
- GB/T 22239—2008 信息安全技术 信息系统安全等级保护基本要求。

在对信息系统实施信息安全等级保护的过程中，除使用本标准外，在不同的阶段，还应参照其他有关信息安全等级保护的标准开展工作。

5.3.2 电子商务安全标准

电子商务标准从管理的角度保障了电子商务的安全。它不仅是电子商务框架的重要组成部分，为实现电子商务提供了统一平台；而且是电子商务的基本安全屏障，关系到国家的经济安全和经济利益。

1. 电子商务安全标准发展进程

1999年12月14日，在美国加州旧金山的St. Francis饭店，公布了世界上第一个Interenet商务标准（The Standard for Internet Commerce, Version1.0-1999）。

这一标准是由Ziff-Davis杂志牵头，组织了301位世界著名的互联网和IT业巨头、相关记者、民间团体、学者等经过半年时间，对七项、47款标准进行了两轮投票后才最终确定。虽只是1.0版，但已经在相当程度上规范了利用互联网从事零售业的网上商店需要遵从的标准，每一款项都注明是"最低要求"，还是"最佳选择"。如果一个销售商宣称自己的网上商店符合这一标准，那它必须达到所有的最低标准。虽然它的制定完全是按照美国标准，但显然对我国当时正在起步的电子商务产业有相当高的参考价值。

1999年5月，北京电子商务标准化国际研讨会正式召开。这是我国第一次以电子商务标准为主题的国际性学术研讨会，显示了我国对电子商务标准研究及参与国际交流的积极性。

2001年3月，"首届中国电子商务技术及标准研讨会"在杭州隆重举办，会议研讨了我国电子商务标准的相关问题。

2003年10月，商务部启动了《电子商务应用标准建设与发展研究项目》，积极探索构架中国电子商务的标准体系。同时，科技部、中国标准研究院、中国标准协会、中国电子商务协会、中国物品编码中心等也积极地参与到电子商务标准化研究与建设工作中。

2004年8月，第十届全国人民代表大会常务委员会第十一次会议通过了我国第一部电子商务法——《中华人民共和国电子签名法》，它是电子商务发展的里程碑，为电子交易提供了法制环境。

2005年1月，国务院办公厅发布《国务院办公厅关于加快电子商务发展的若干意见》，意见中要求："建立并完善电子商务国家标准体系，提高标准化意识，充分调动各方面的积极性，抓紧完善电子商务国家标准体系；鼓励以企业为主体，联合高校和科研机构研究制定电子商务关键技术标准和规范。参与国际标准的制定和修订，积极推进电子商务标准化进程"。

2007年1月，我国正式成立电子商务标准化总体组，这是我国电子商务国家标准的总体协调和规划机构，其主要责任在于推进我国电子商务标准化工作的进程，促进骨干企业参加电子商务国家标准的制定工作，强化电子商务标准的应用与实施。同时，总体组秘书处发布《国家电子商务标准体系（草案）》，该草案建立了国家电子商务标准体系和标准体系明细表。

2010年5月，国家工商总局颁布《网络商品交易及有关服务行为管理暂行办法》；6月，国家商务部颁发《关于促进网络购物健康发展的指导意见》；6月，中国人民银行公布了《非金融机构支付服务管理办法》。

2011年4月，商务部发布《第三方电子商务交易平台服务规范》等。同时，商务部也在抓紧研究制订《关于网上交易的管理办法》《关于网上商业数据的保护办法》《关于电子商务信用建设的指导意见》《电子商务统计管理办法》等部门规章与政策指导文件，以及《电子合同标准》《电子商务企业标准》《电子商务统计指标》等行业标准。

2012年年底，中国人民银行正式发布了中国金融移动支付系列技术标准。这一标准涵盖了应用基础、安全保障、设备、支付应用、联网通用5大类35项标准，从产品形态、业务模式、联网通用、安全保障等方面明确了系统化的技术要求，覆盖中国金融移动支付各个环节的基础要素、安全要求和实现方案，确立了以"联网通用、安全可信"为目标的技术体系架构。

2013年7月，《电子商务信用-卖方交易信用信息披露规范》（GB/T 29622—2013）正式发布，该标准规定了电子商务交易活动中披露卖方交易信用信息的原则、主体、内容及方式，适用于电子商务交易活动中第三方电子商务交易平台披露卖方交易信用信息。8月，国家电子商务标准化总体组改组大会召开。改组后的总体组是我国电子商务标准化工作的总体规划和技术协调机构，其目的是为更好地发挥企业和相关领域专家在建立完善国家电子商务标准体系方面的作用，系统协调并科学制定电子商务国家标准。

2015年7月，浙江省质量技术监督局发布了由淘宝（中国）软件有限公司、阿里巴巴（中国）有限公司、浙江省标准化研究院和中国计量学院等单位共同起草的浙江省地方标准《电子商务平台安全管理规范》（DB33/T 978—2015），规定了电子商务平台在安全运营管理中应满足的基本要求、人员和机构管理、应急预案和应急响应、安全运营管理的工作流程方面的要求。该标准适用于全省各地提供互联网电子商务平台服务的安全运营管理。

2017年5月，《电子商务信用-B2B第三方交易平台信用规范》（GB/T 33717—2017）正式发布，该标准规定了电子商务B2B第三方交易平台的资质要求、卖方管理要求、商品审核要求、交易服务过程要求、配套服务要求、信息安全与保密要求及经营终止要求，适用于B2B电子商务第三方交易平台的信用管理及信用建设。

2018年10月，《电子商务管理体系-要求》（GB/T 36311—2018）正式实施。本标准规定了电子商务管理体系的术语和定义、组织环境、领导作用、策划、资源与能力、运行、绩效评价和改进的基本要求，并规范了电子商务活动中运营、供应链、营销、信息、资金和安全等环节的运行管理要求，适用于相关组织电子商务管理体系的建立、实施和评价。同月，包括：

GB/T 36061—2018《电子商务交易产品可追溯性通用规范》

GB/T 36317—2018《电子商务交易产品信息描述 家装建材》

GB/T 36302—2018《电子商务信用-自营型网络零售平台信用管理体系要求》

GB/T 36304—2018《电子商务信用-第三方网络零售平台信用管理体系要求》

GB/T 36310—2018《电子商务模式规范》

GB/T 36312—2018《电子商务第三方平台企业信用评价规范》

GB/T 36314—2018《电子商务企业信用档案信息规范》

GB/T 36319—2018《电子合同基础信息描述规范》

GB/T 36298—2018《电子合同订立流程规范》

GB/T 36313—2018《电子商务供应商评价准则-优质服务商》

GB/T 36315—2018《电子商务供应商评价准则-在线销售商》
GB/T 36316—2018《电子商务平台数据开放-第三方软件提供商评价准则》
GB/T 36318—2018《电子商务平台数据开放-总体要求》
GB/T 36320—2018《第三方电子合同服务平台功能建设规范》
GB/T 31232.1—2018《电子商务统计指标体系-第1部分：总体》
等一批规范电子商务的标准也正式实施。

2. 我国电子商务标准体系框架

与政府信息化、企业信息化的目标有所不同，电子商务标准不是要解决某个政府或企业内部的业务活动规范化和信息化，而是要重点解决不同行业和不同领域的企业、政府和消费者之间在参与电子商务时的技术互操作和商务互操作问题，从而能够实现既定的商业活动和目标。

电子商务的核心是商务，为了更好地实现电子化的商务活动，必须建设现代物流、信用服务、在线支付、安全认证等一系列支撑体系。从这个角度看，首先可以将电子商务标准分为两大类：即面向商务活动的业务标准和面向支撑体系的支撑体系标准。其次，为了保障电子商务的良性发展，还必须制定监督管理类标准，具体包括电子商务服务质量、发展评价和标准符合性测试等方面的内容。此外，还有一些基础技术类标准（比如 SOA、Web Services 等软件技术架构、描述技术、自动识别技术以及网络协议标准）对于电子商务的实现也是不可缺少的。因此，电子商务标准可分为基础技术标准、业务标准、支撑体系标准和监督管理标准四大类别，每一类别可根据具体情况再进行细分，如图5-13所示。

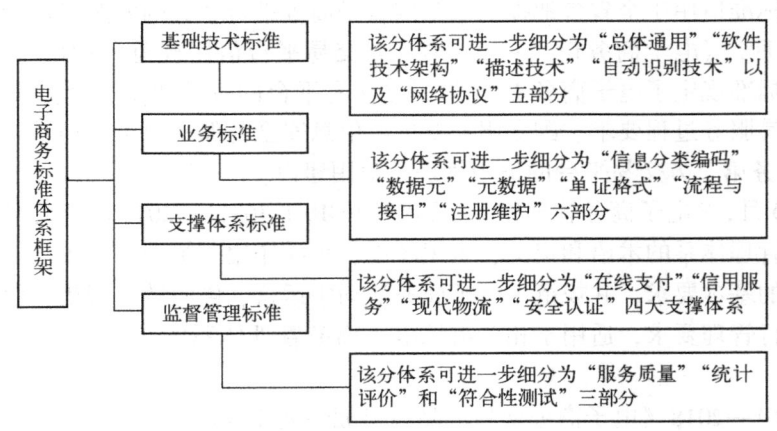

图5-13 电子商务标准体系框架

（1）基础技术标准

该部分主要包括电子商务基础性、框架性和通用技术类标准。该部分可进一步细分为"总体通用""软件技术架构""描述技术""自动识别技术"以及"网络协议"五类标准。

（2）业务标准

该部分主要指与商务活动直接相关的各类业务和应用标准，包括商务活动的语义单元、信息实体、信息流和业务流程等方面的标准。该部分既包括各行业和领域通用的业务标准，又包括特定行业和领域专用的业务标准。按照标准化的一般原理，该部分可进一步细分为

"信息分类编码""数据元""元数据""单证格式""流程与接口"和"注册维护"六类标准。

(3) 支撑体系标准

该部分主要解决电子商务的各类支撑体系建设的标准化问题。加快电子商务发展必须建立健全在线支付、信用服务、现代物流、安全认证四大支撑体系，因此，该部分可进一步细分为"在线支付""信用服务""现代物流"和"安全认证"四类标准。

(4) 监督管理标准

该部分主要包括规范电子商务中的各种主体和客体对象（比如企业、人员、服务、服务平台和软件）的行为、质量、统计、评价和功能测试等方面的标准。这类标准对于进一步提高电子商务交易总量，提高服务水平，扩大服务规模，拓宽服务内容，规范服务模式具有重要的作用。该部分可进一步细分为"服务质量""统计评价"和"符合性测试"三类标准。

本章小结

网络安全界已经在电子商务领域开发了与应用相关的安全协议，包括安全套接层协议、安全电子交易协议、电子支付专用协议、安全超文本传输协议、安全电子邮件协议、电子数据交换协议和 IPSec 安全协议等。其中影响最大的是 SSL 协议、SET 协议和 IPSec 安全协议。网上支付可以利用受 SSL 协议保护的网上交易来实现；服务提供商可以提供多种基于网络的支付方式；而 SET 则定义了一种协议和基础结构，以支持作为基于网络的电子购物或服务条款的一部分的银行卡支付；IPSec 作为网络层安全的一部分，其 AH 机制提供数据包的认证和完整性保护，ESP 机制增加了保密性服务。

同时本章还简述了多个重要的国内外商务安全标准，包括常用信息安全标准和电子商务安全标准，如 TCSEC、ITSEC、CTCPEC、FC、CC、SSE-CMM、ISO-17799/27001 以及我国的国家标准 GB 17859—1999、GB/T 25058—2010；此外还介绍了电子商务安全标准的发展历程，并简介了包括基础技术标准、业务标准、支撑体系标准和监督管理标准等四大类别的我国电子商务标准体系框架。

专业或关键术语

安全协议；安全标准；安全套接层协议；安全电子交易协议；电子支付专用协议；安全超文本传输协议；安全电子邮件协议；电子数据交换协议；IPSec 安全协议；信息安全标准；电子商务安全标准；基础技术标准；业务标准；支撑体系标准；监督管理标准。

思考题

1. 什么是商务安全协议？它有些什么特有的安全属性？
2. 简介 SSL 协议，并分析其安全性。
3. 简介 SET 协议，与 SSL 比较并分析其安全性。

4. 什么是电子支付专用协议？简述 NetBill、First Virtual 和 IKP 三种专用协议。
5. 分析比较 S-HTTP 与 SSL 协议。
6. 为扩充电子邮件安全性，有哪些安全协议规范？做简要说明。
7. 简介 EDI 的工作原理，说明有哪些安全威胁和安全策略。
8. IPSec 协议的结构是怎样的？并简述其工作原理。
9. 有哪些常用的信息安全标准？电子商务安全会涉及哪些标准，其体系是怎样的？

实战题

1. 假设你是某网上超市项目的安全总监，请你从网上支付、网上数据传输、网上交易这几个方面分析其安全特点，并针对各个方面的安全特点提出需要哪些相应的协议来保证其安全。

2. 目前各大银行都在网上开展支付业务，请问这些银行该如何保证网上支付的安全？是通过 SSL 协议、SET 协议还是其他安全协议来保证？为什么？请结合各种安全协议的特点以及网上支付的需要进行讨论。

第6章 网络安全技术

本章要点

- 了解网络安全定义及特征,熟悉网络安全模型与机制。
- 熟悉网络安全常见的关键技术。
- 掌握防火墙技术和 VPN 技术。
- 掌握网络入侵检测的理论与方法,熟练应用计算机病毒防治技术。

引例

乌克兰电网遭袭事件凸显网络安全重要性

2015 年 12 月 23 日下午,乌克兰首都基辅部分地区和乌克兰西部的 140 万居民突然发现家中停电。这次停电不是因为电力短缺,而是遭到了黑客攻击。这是有史以来首次导致停电的网络攻击,此次针对工控系统的攻击无疑具有"里程碑"意义,引起国内外媒体高度关注。当天,黑客攻击了约 60 座变电站。黑客首先操作恶意软件将电力公司的主控计算机与变电站断连,随后又在系统中植入病毒,让计算机全体瘫痪。与此同时,黑客还对电力公司的电话通信进行了干扰,导致受到停电影响的居民无法与电力公司进行联系。

此次事件中,黑客利用欺骗手段让电力公司员工下载了一款恶意软件"Black Energy"(黑暗力量)。该恶意软件最早可追溯到 2007 年,由俄罗斯地下黑客组织开发并广泛使用,用来"刺探"全球各国的电力公司。Black Energy 有一套完整的生成器,可以生成感染受害主机的客户端程序和架构在 C&C(指挥和控制)服务器的命令生成脚本。攻击者利用这套黑客软件可以方便地建立僵尸网络,只需在 C&C 服务器下达简单指令,僵尸网络受害主机便统一执行其指令。

经过数年的发展,Black Energy 逐渐加入了 Rootkit 技术、插件支持、远程代码执行、数据采集等功能,已能够根据攻击目的和对象,由黑客来选择特制插件进行高级持续性威胁(Advanced Persistent Threat,APT)攻击;进一步升级,支持包括代理服务器、绕过用户账户认证(UAC)技术,以及针对 64 位 Windows 系统的签名驱动等。其攻击过程是:首先利用 Office 类型的漏洞(CVE-2014-4114)→邮件→下载恶意组件 Black Energy 侵入员工电力办公系统→Black Energy 继续下载恶意组件(Kill Disk)→擦除电脑数据破坏 HMI 软件监视管理系统。

针对 Black Energy 的攻击过程可以在三个阶段进行有效拦截。首先,用户接收到邮件时对邮件内包含的所有文件进行动态行为鉴定,一旦判定文件具有恶意行为会将其删除或隔离。第二,对系统关键进程进行监控,一旦发现可疑操作立即阻断其执行。第三,阻断恶意代码对外连接,设置一个 IP 黑白库对系统外连的 IP 地址进行过滤,拦截与恶意服务器交互的所有网络数据包。

乌克兰电网遭袭事件是第一次经证实的计算机恶意程序导致停电的事件,证明了通过网络攻击手段是可以实现工业破坏的。虽然针对工控系统的网络安全保护早已提上日程，目前国内也没有发生类似攻击，但此次事件再次给相关部门敲响警钟。未来安全形势必将越来越严峻，需要相关各方严格部署网络安全措施，加强网络安全防范。

习近平总书记在中央网络安全和信息化领导小组第一次会议上指出，"没有网络安全，就没有国家安全"，将网络安全的重要性提升到了国家安全的层面。当前，随着互联网与移动互联网的迅速发展，网络已不仅仅是世界经济社会运行的基础平台，更是大国博弈和争夺国际事务主导权的重要领域。互联网与移动互联网的安全一直是伴随网络空间发展而日益增长的难题。美国情报界的一份报告 *Current and Projected National Security Threats to the United States* 曾指出，美国决策者面临两大难题：一是如何明确网络攻击的实时归属，即知道谁实施了攻击以及实施者的位置；二是如何管理脆弱的网络信息技术供应链。2013 年斯诺登披露的"棱镜门"事件震惊了世界，不仅使各国政府和公众深刻感受到网络安全的重要性，也充分暴露出网络信息技术供应链的脆弱性。

6.1 网络安全概述

网络安全包含网络设备安全、网络信息安全、网络软件安全等。黑客通过网络入侵来达到窃取敏感信息的目的，也有人以基于网络的攻击见长，被人收买通过网络来攻击商业竞争对手，造成企业无法正常运营。网络安全就是为了防范这种网络信息盗窃和网络商业竞争攻击而采取的措施。

网络安全技术是为数据处理系统建立和采用的技术上和管理上的安全保护，保护计算机硬件、软件和数据不因偶然和恶意的原因遭到破坏、更改和泄露；是用户通过选择适当的技术和产品，制订灵活的网络安全策略，在保证网络安全的情况下，提供灵活的网络服务通道；是通过采用适当的安全体系设计和管理计划，有效降低网络安全问题对网络性能的影响并降低管理费用。

6.1.1 网络安全定义及特征

1. 网络安全定义

网络安全从本质上来讲就是网络上的信息安全。它涉及的领域相当广泛。这是因为在目前的公用通信网络中存在着各种各样的安全漏洞和威胁。从广义来说，凡是涉及网络上的信息的保密性、完整性、可用性、真实性和可控性的相关技术和理论，都是网络安全所要研究的领域。下面给出网络安全的一个通用定义：

网络安全是指网络系统的硬件、软件及其系统中的数据受到保护，不因偶然的或者恶意的原因而遭到破坏、更改和泄露，系统连续、可靠、正常地运行，网络服务不中断。

与其他概念不同的是，网络安全的具体定义和侧重点会随着观察者的角度而不断变化。比如：

从用户（个人用户或者企业用户）的角度来说，他们最为关心的网络安全问题是如何保证他们的涉及个人隐私或商业利益的数据在传输过程中得到保密性、完整性和真实性的保护，避免其他人（特别是其竞争对手）利用窃听、冒充、篡改、抵赖等手段对其利益和隐私造成损害和侵犯。同时用户也希望其保存在某个网络信息系统中的数据不会受其他非授权用户的访问和破坏。

从网络运行和管理者角度来说，他们最为关心的网络安全问题是如何保护和控制其他人对本地网络信息的访问、读写等操作。比如，避免出现"陷门"、病毒、非法存取、拒绝服务和网络资源非法占用和非法控制等现象，制止和防御网络黑客的攻击。

对安全保密部门和国家行政部门来说，它们最为关心的网络安全问题是如何对非法的、有害的或涉及国家机密的信息进行有效过滤和防堵，避免非法泄露。秘密、敏感的信息泄露后会对社会的安定产生危害，对国家造成巨大的经济损失和政治损失。

从社会教育和意识形态角度来说，人们最为关心的网络安全问题是如何杜绝和控制网络上不健康的内容。有害的内容会对社会的稳定和人类的发展造成不良影响。

网络信息安全还会因为不同的应用环境得到不同的解释，大体上可以分为以下几种。

（1）运行系统安全

运行系统安全指保证网络信息处理和传输的系统的安全，包括计算机系统机房环境的保护，硬件系统的可靠运行，操作系统的安全，电磁信息泄露的防护等。安全的运行系统侧重于保证网络信息系统的正常运行，避免因为系统崩溃和损坏而对存储、处理和传输的信息造成破坏和损失，避免由于电磁泄漏，产生信息泄露，干扰他人，或被他人干扰。运行系统安全的本质是保护系统的合法操作和正常运行。

（2）网络系统信息的安全

网络系统信息安全涉及用户口令鉴别、用户存取权限控制、数据存取权限和方式控制、安全审计、安全跟踪、计算机病毒防治、数据加密等。

（3）网络信息传播的安全

网络信息传播安全是指网络信息传播后果的安全。比如，对不良网络信息进行有效过滤。网络信息传播的安全侧重于防止和控制非法、有害的信息传播，避免公用网络信息系统中大量自由传播的数据失控。网络信息传播安全的本质是维护社会道德、国家法规和人民利益。

（4）网络信息内容的安全

它侧重于保护信息的保密性、真实性和完整性，避免攻击者利用网络信息系统的安全漏洞进行窃听、冒充、诈骗等危害合法用户的行为。网络信息内容安全的本质是保护用户的利益和隐私。

由此可见，网络信息安全与保密是一个很复杂的问题，它与被保护的对象密切相关。还有一种观点认为，网络信息安全与保密包括以下几个方面：物理安全、人员安全、符合瞬时电磁脉冲辐射标准、信息安全、操作安全、通信安全、计算机安全、工业安全等。网络信息安全与保密的本质是在安全期内保证数据在网络上传输或存储时不被非授权用户非法访问，但授权用户可以访问。

2. 网络安全特征

通俗地说，网络安全主要是指保护网络信息系统，使其没有危险、不受威胁、不出事故。从技术角度来说，网络安全的技术特征主要表现在以下几个方面。

（1）可靠性

可靠性是网络信息系统能够在规定条件下和规定的时间内完成规定的功能的特性。可靠性是系统安全的最基本要求之一，是所有网络信息系统的建设和运行目标。可靠性可以用公

式描述为 $R = \dfrac{MTBF}{MTBF+MTTR}$

其中，R 表示可靠性；$MTBF$ 表示平均故障间隔时间；$MTTR$ 表示平均故障修复时间。因此，增大可靠性的有效思路是增大平均故障间隔时间或者减少平均故障修复时间。增大可靠性的具体措施包括：提高设备质量，严格质量管理，配备必要的冗余和备份，采用容错、纠错和自愈等措施，选择合理的拓扑结构和路由分配，强化灾害恢复机制，分散配置和负荷等。

网络信息系统的可靠性测度主要有三种：抗毁性、生存性和有效性。

- 抗毁性是指系统在人为破坏下的可靠性。比如，部分线路或节点失效后，系统是否仍然能够提供一定程度的服务。增强抗毁性可以有效地避免因各种灾害（战争、地震等）造成的大面积瘫痪事件。
- 生存性是在随机破坏下系统的可靠性。生存性主要反映随机性破坏和网络拓扑结构对系统可靠性的影响。这里，随机性破坏是指系统部件因为自然老化等造成的自然失效。
- 有效性是一种基于业务性能的可靠性。有效性主要反映在网络信息系统的部件失效的情况下，满足业务性能要求的程度。比如，网络部件失效虽然没有引起连接性故障，但是造成质量指标下降、平均延时增加、线路阻塞等现象。

可靠性主要表现在硬件可靠性、软件可靠性、人员可靠性、环境可靠性等方面。硬件可靠性最为直观和常见。软件可靠性是指在规定的时间内，程序成功运行的概率。人员可靠性是指人员成功地完成工作或任务的概率。人员可靠性在整个系统可靠性中扮演重要角色，因为系统失效的大部分原因是人为差错造成的。人的行为要受到生理和心理的影响，受到其技术熟练程度、责任心和品德等素质方面的影响。因此，人员的教育、培养、训练和管理以及合理的人机界面是提高可靠性的重要方面。环境可靠性是指在规定的环境内，保证网络成功运行的概率。这里的环境主要是指自然环境和电磁环境。

（2）可用性

可用性是网络信息可被授权实体访问并按需求使用的特性，即网络信息服务在需要时，允许授权用户或实体使用的特性，或者是网络部分受损或需要降级使用时，仍能为授权用户提供有效服务的特性。可用性是网络信息系统面向用户的安全性能。网络信息系统最基本的功能是向用户提供服务，而用户的需求是随机的、多方面的，有时还有时间要求。可用性一般用系统正常使用时间和整个工作时间之比来度量。

可用性还应该满足以下要求：身份识别与确认、访问控制（包括自主访问控制和强制访问控制）、业务流控制（防止业务流量过度集中而引起网络阻塞）、路由选择控制（选择那些稳定可靠的子网、中继线或链路等）、审计跟踪（把网络信息系统中发生的所有安全事件情况存储在安全审计跟踪之中，以便分析原因，分清责任，及时采取相应的措施。审计跟踪的信息主要包括：事件类型、被管客体等级、事件时间、事件信息、事件回答以及事件统计等方向的信息）。

（3）保密性

保密性是网络信息不被泄露给非授权的用户、实体或过程，或供其利用的特性，即防止信息泄漏给非授权个人或实体，信息只供授权用户使用的特性。保密性是在可靠性和可用性基础之上，保障网络信息安全的重要手段。

常用的保密技术包括：防侦收（使对方侦收不到有用的信息）、防辐射（防止有用信息以各种途径辐射出去)、信息加密(在密钥的控制下,用加密算法对信息进行加密处理)和物理保密(利用各种物理方法保护信息不泄露)。

(4) 完整性

完整性是网络信息未经授权不能进行改变的特性,即网络信息在存储或传输过程中保持不被偶然或蓄意地删除、修改、伪造、乱序、重放、插入等破坏和丢失的特性。完整性是一种面向信息的安全性,它要求保持信息的原样,即信息的正确生成、正确存储和传输。

完整性与保密性不同,保密性要求信息不被泄露给未授权的人,而完整性则要求信息不致受到各种原因的破坏。影响网络信息完整性的主要因素有:设备故障、误码、人为攻击、计算机病毒等。

保障网络信息完整性的主要方法如下。

- 协议:通过各种安全协议可以有效地检测出被复制的信息、被删除的字段、失效的字段和被修改的字段。
- 纠错编码方法:由此完成检错和纠错功能。最简单和常用的纠错编码方法是奇偶校验法。
- 密码校验和方法:它是抗篡改和传输失败的重要手段。
- 数字签名:保障信息的真实性。
- 公证:请求网络管理或中介机构证明信息的真实性。

(5) 不可抵赖性

不可抵赖性也称作不可否认性。在网络信息系统的信息交互过程中,确信参与者的真实同一性,即所有参与者都不可能否认或抵赖曾经完成的操作和承诺。利用信息源证据可以防止发信方不真实地否认已发送信息,利用递交接收证据可以防止收信方事后否认已经接收的信息。

(6) 可控性

可控性是对网络信息的传播及内容具有控制能力的特性。

概括地说,网络信息安全与保密的核心是通过计算机、网络、密码技术和安全技术,保护在公用网络信息系统中传输、交换和存储的消息的保密性、完整性、真实性、可靠性、可用性和不可抵赖性等。

6.1.2 网络安全层次与机制

1. 网络安全层次

网络安全的结构层次主要包括:物理安全、安全控制和安全服务。

(1) 物理安全

物理安全是指在物理介质层次上对存储和传输的网络信息的安全保护。物理安全是网络信息安全的最基本保障,是整个安全系统不可缺少和忽视的组成部分。一方面,在各种软件和硬件系统中要充分考虑到系统所受的物理安全威胁和相应的防护措施;另一方面通过安全意识的提高、安全制度的完善、安全操作的提倡等方式使用户和管理维护人员在物理层次上实现对网络信息的有效保护。目前,该层次上常见的不安全因素包括三大类。

1) 自然灾害(地震、火灾、洪水等)、物理损坏(硬盘损坏、设备使用寿命到期、外力破损等)、设备故障(停电断电、电磁干扰等),此类不安全因素的特点是:突发性、自然性和非针对性。这种不安全因素对网络信息的完整性和可用性威胁最大,而对网络信息的保密性影响却较小，因为在一般情况下，物理上的破坏将销毁网络信息本身。解决此类安全隐患的有效方法是采取各种防护措施、制订安全规章和数据备份等。

2）电磁辐射（如侦听微机操作过程）、乘机而入（如合法用户进入安全进程后半途离开）和痕迹泄露（如口令密钥等保管不善，被非法用户获得）等。此类不安全因素的特点是：隐蔽性、人为实施的故意性、信息的无意泄露。这种不安全因素主要破坏网络信息的保密性，而对网络信息的完整性和可用性影响不大。解决此类安全隐患的有效方法是采取辐射防护、屏幕口令、隐藏销毁等手段。

3）操作失误（偶然删除文件、格式化硬盘和线路拆除等）和意外疏漏（系统掉电和"死机"等系统崩溃）等。此类不安全因素的特点是：人为实施的无意性和非针对性。这种不安全因素主要破坏网络信息的完整性和可用性，而对保密性影响不大。解决此类安全隐患的有效方法是：状态检测、报警确认和应急恢复等。

（2）安全控制

安全控制是指在网络信息系统中对存储和传输的信息的操作和进程进行控制和管理，重点是在网络信息处理层次上对信息进行初步的安全保护。安全控制可以分为以下三个层次。

1）操作系统的安全控制。包括：对用户的合法身份进行核实（如开机时要求键入口令）和对文件的读写存取的控制（如文件属性控制机制）。此类安全控制主要保护被存储数据的安全。

2）网络接口模块的安全控制。在网络环境下对来自其他机器的网络通信进程进行安全控制。此类控制主要包括身份认证、客户权限设置与判别和审计日志等。

3）网络互联设备的安全控制。对整个子网内的所有主机的传输信息和运行状态进行安全监测和控制。此类控制主要通过网管软件或路由器配置实现。

需要指明的是，安全控制主要通过现有的操作系统或网管软件、路由器配置等实现。安全控制只提供了初步的安全功能和网络信息保护。

（3）安全服务

安全服务是指在应用程序层对网络信息的保密性、完整性和信源的真实性进行保护和鉴别，满足用户的安全需求，防止和抵御各种安全威胁和攻击手段。安全服务可以在一定程度上弥补和完善现有操作系统和网络信息系统的安全漏洞。安全服务的主要内容包括：安全机制、安全连接、安全协议和安全策略等。

1）安全机制是利用密码算法对重要而敏感的数据进行处理。比如，以保护网络信息的保密性为目标的数据加密和解密；以保证网络信息来源的真实性和合法性为目标的数字签名和签名验证；以保护网络信息的完整性，防止和检测数据被修改、插入、删除和改变的信息认证等。安全机制是安全服务乃至整个网络信息安全系统的核心和关键。现代密码学在安全机制的设计中扮演着重要的角色。

2）安全连接是在安全处理前与网络通信方之间的连接过程。安全连接为安全处理进行了必要的准备工作。安全连接主要包括会话密钥的分配和生成及身份验证。后者旨在保护信息处理和操作的对等双方的身份真实性和合法性。

3）安全协议。协议是多个使用方为完成某些任务所采取的一系列的有序步骤。协议的特性是：预先建立、相互同意、非二义性和完整性。安全协议使网络环境下互不信任的通信双方能够相互配合，并通过安全连接和安全机制的实现来保证通信过程的安全性、可靠性和公平性。

4）安全策略。安全策略是安全体制、安全连接和安全协议的有机组合方式，是网络信息系统安全性的完整的解决方案。安全策略决定了网络信息安全系统的整体安全性和实用性。不同的网络信息系统和不同的应用环境需要不同的安全策略。

2. 网络安全机制

（1）网络面临的安全威胁

网络面临的安全威胁多种多样，概括起来主要有以下几类。

1）内部泄密和破坏。内部人员可能对信息网络形成的威胁包括：内部人员有意或无意泄密、更改记录信息；内部非授权人员有意偷窃机密信息、更改记录信息；内部人员破坏信息系统等，如图6-1所示。

2）截收。网络攻击者可能通过搭线或在电磁波辐射范围内安装截收装置等方式，截获机密信息，或通过对信息流量和流向、通信频度和长度等参数的分析，推导出有用信息。这种方式是过去军事对抗、政治对抗和当今经济对抗中最常采用的窃密方式，也是一种针对计算机通信网的被动攻击方式。它不破坏传输信息的内容，不易被察觉，如图6-2所示。

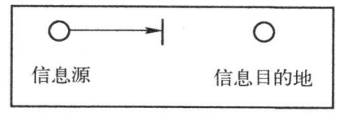

图 6-1　中断破坏　　　　图 6-2　截收

3）非法访问。非法访问是指未经授权使用信息资源或以未授权的方式使用信息资源。它包括非法用户（通常称为黑客）进入网络或系统，进行违法操作；合法用户以未授权的方式进行操作。

4）破坏信息的完整性。网络攻击者可能从三个方面破坏信息的完整性。
- 篡改：改变信息流的次序、时序、流向，更改信息的内容和形式，如图6-3所示。
- 删除：删除某个消息或消息的某些部分。
- 插入：在消息中插入一些信息，让接收方读不懂或接收错误的信息。

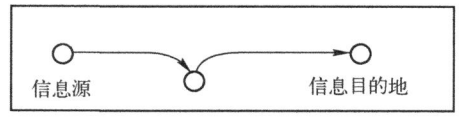

图 6-3　篡改

5）冒充。网络攻击者可能进行的冒充行为包括：冒充领导发布命令、调阅密件；冒充主机欺骗合法主机及合法用户；冒充网络控制程序套取或修改使用权限、口令、密钥等信息，越权使用网络设备和资源；接管合法用户，欺骗系统，占用合法用户的资源，如图6-4所示。

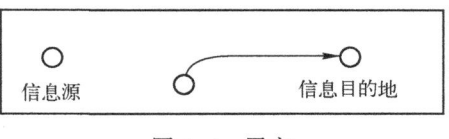

图 6-4　冒充

6) 破坏系统的可用性。网络攻击者可能从以下几个方面破坏计算机通信网的可用性：使合法用户不能正常访问网络资源；使有严格时间要求的服务不能及时得到响应；摧毁系统等。

7) 重放。重放指的是攻击者截收并录制信息，然后在必要的时候重发或反复发送这些信息。例如，一个实体可以重发含有另一个实体鉴别信息的消息，以证明自己是该实体，达到冒充的目的。

8) 抵赖。可能出现的抵赖行为包括：发送信息者事后否认曾经发送过某条消息；发送信息者事后否认曾经发送过某条消息的内容；接收信息者事后否认曾经收到过某条消息；接收信息者事后否认曾经收到过某条消息的内容。

9) 其他威胁。对计算机通信网的威胁还包括计算机病毒、电磁泄漏、各种灾害、操作失误等。

计算机通信网的安全机制是对付威胁、保护信息资源的所有措施的总和，它涉及政策、法律、技术等多方面内容。其中，技术措施是最直接的屏障，它们在与威胁的对抗过程中，不断发展和完善。

（2）OSI 安全体系结构和 Internet 安全策略

OSI 安全体系结构定义了网络安全的层次（ISO 7498-2），这个安全层次是与开放系统互联参考模型（Open System Interconnection Reference Model，OSI/RM。它是国际标准化组织（ISO）和国际电报电话咨询委员会（CCITT）联合制定的开放系统互联参考模型，为开放式互联信息系统提供了一种功能结构的框架。它从低到高分别是：物理层、数据链路层、网络层、传输层、会话层、表示层和应用层。）相对应的，也就是说，安全服务与实现的层次之间存在明确的关系。表 6-1 列出了每一层所能提供的安全服务类型，在表中有√记号的表示该层应提供此安全服务。

表 6-1 OSI 安全体系结构中安全服务与层次

安全服务 \ OSI 层次	1	2	3	4	5	6	7
对等协议实体鉴别			√	√			√
数据源鉴别			√	√			√
访问控制服务			√	√			√
连接保密	√	√	√	√		√	√
无连接保密		√	√	√		√	√
选择字段保密						√	√
分组流保密	√		√				√
可恢复连接完整性				√			√
无恢复连接完整性			√	√			√
选择字段连接完整性							√
无连接完整性			√	√			√
选择字段无连接完整性							√
数字签名							√

表 6-1 中，安全服务中的数据源鉴别是指在连接和传送数据时鉴别相应的协议实体的服务；访问控制用于防止未得到授权的人访问不应该访问的网络资源；连接保密、无连接保

密、选择字段保密以及分组流保密这些服务都是用来防止未经许可暴露所传输的数据内容的；其他几种完整性服务主要用于防止他人利用网络修改传输数据，以保证发送和接收的数据安全一致；数字签名主要用于确认数据来源和接收。

但是，OSI 的安全体系主要是针对网络协议的有关部分，这对于保证网络安全或者信息系统安全来说，可能是不完整的。而且，当前主要使用的网络系统是 Internet 或基于 TCP/IP 协议模型的 Intranet 等，因此从 Internet 的角度考察网络安全就变得非常重要。

从整体上看，Internet 网络安全策略可分为以下几个层次，即操作系统层、用户层、应用层、网络层（路由器）和数据链路层，如图 6-5 所示。

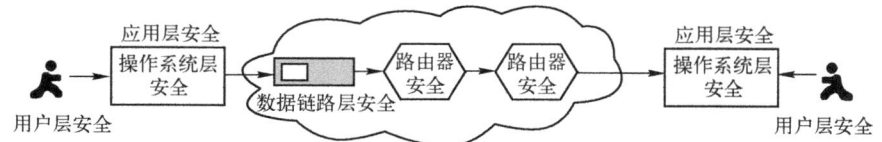

图 6-5　Internet 网络安全策略的五个方面

1）操作系统层安全。因为用户的应用系统都在操作系统上运行，而且大部分安全工具或软件也都在操作系统上运行，所以操作系统的安全问题直接影响到网络安全。操作系统的安全策略主要在于用户口令的设置与保护、同一局域网内的共享文件和数据库的访问控制权限的设置等方面。

2）用户层安全。用户层安全主要指他人冒充或用户通过网络进行有关活动而事后抵赖的问题。用户层的安全策略主要涉及对用户的识别、认证以及数字签名等方面。

3）应用层安全。应用层安全与应用系统直接相关，它既包括不同用户的访问权限设置和用户认证、数据的加密与完整性确认，也包括对非法信息的过滤和防止代理服务器的信息转让等方面。

4）网络层（路由器）安全。网络层的安全是 Internet 网络安全中最重要的部分。它涉及三个方面。第一，IP 本身的安全性。如果 IP 本身未加密，就使非法窃取信息和口令等成为可能。第二是网管协议的安全性。正如在以上的网络管理中介绍的，由于 SMTP 的认证机制非常简单，且使用未加密的明码传输，这就存在人们通过非法途径获得 SMTP 分组并分析破解有关网络管理信息的可能性。第三个方面，也是最重要的方面，就是网络交换设备的安全性。交换设备包括路由器（Router）和交换机（Switch），由于 Internet 普遍采用无连接转发技术，且路由协议为动态更新的开发式最短路径优先内部网关协议（OSPF, Open Shortest Path First）和路由信息协议（RIP, Routing Information Protocl）协议，这些协议动态更新每个装有这些协议的路由器的路由表。一旦某一个路由器发生故障或安全问题，就会迅速波及与路由器相关的整个 Internet 自治域。

5）数据链路层安全。数据链路层安全主要涉及传输过程中的数据加密以及数据的修改等问题。

（3）安全服务

由于网络存在种种不安全因素，在设计和使用网络系统时，应根据安全需求和保护级，选用适当的安全服务来实现安全保护。安全服务包括五个方面。

- 对象认证安全服务：是防止主动攻击的主要技术，认证就是识别和证实，识别是辩明一个对象的身份的过程，证实是证明该对象的身份就是其声明的身份的过程。

- 访问控制安全服务：防止超权使用资源。访问控制大体可分为自主访问控制和强制访问控制。
- 数据机密性安全服务：防止信息泄露。这组安全服务又细分为信息机密性、选择段机密性和业务流机密性。
- 数据完整性安全服务：防止非法篡改信息、文件和业务流。这组安全服务又分为连接完整性（有恢复或无恢复）、选择段有连接完整性和选择段无连接完整性。
- 防抵赖安全服务：证实已发生的操作。它包括对发送防抵赖、对递交防抵赖和公证。

(4) 安全机制

安全机制可以分为两组：一组与安全服务有关，用于实现安全服务；一组与管理功能有关，用于加强对系统的管理。

1）与安全服务有关的机制。
- 加密机制：用来加密数据或通信中的信息。
- 数字签名机制：对信息签字和证实已签字的信息。
- 访问控制机制：根据实体的身份及其安全轮廓来决定该实体的访问权。其实现机制可以是基于访问控制属性的访问控制表（或访问控制矩阵），或基于安全标签、对象安全轮廓的多级访问控制。
- 数据完整性机制：在通信中，发送方根据要发送的数据产生额外的信息（如检验和），加密以后随数据一同发接收方接收到数据以后，产生相应的信息，并与接收到的额外信息进行比较，以判断在通信过程中数据是否被篡改过。
- 认证交换机制：根据认证信息（认证信息由发方提供、收方检验）、加密技术和实体所具有的特征来实现的。
- 防业务流分析机制：通过填充冗余的业务流来防止攻击者进行业务流量分析。
- 路由控制机制：为了使用安全的子网、中继站和链路，既可预先安排网络中的路由，也可动态地进行选择。安全策略可能会禁止带有一定安全标签的信息通过被认为是不安全的路由。
- 公证机制：是有第三方参与的数字签名机制。

2）与管理有关的安全机制。
- 可信功能机制：扩充其他安全机制的应用范围，既可以可信地直接提供安全机制，也可以可信地提供对其他安全机制的访问。
- 安全标签机制：标明安全对象的敏感程度或保护级。
- 事件探测机制：探测与安全性有关的事件。
- 安全审核机制：独立地对安全系统的记录和活动进行检查，测试系统控制信息是否正常，确保安全政策的正常实施。
- 安全恢复机制：从安全性破坏的状态中恢复到安全状态。

安全服务与安全机制有着密切的关系：安全服务体现了安全系统的功能，它是由一个或多个安全机制来实现的。同样，一个安全机制也可用于实现不同的安全服务。

6.1.3 网络安全的风险防控

网络安全性能分析架构是一个让网络管理者能够在各种网络安全问题中对症下药的网络

管理方案，它对网络中所有传输的数据进行检测、分析、诊断，帮助用户排除网络事故，规避安全风险，提高网络性能和增大网络可用性价值。

管理者不用再担心网络事故难以解决，网络安全性能分析架构可以帮助企业把网络故障和安全风险降到最低，网络性能会逐步得到提升。

1. 物理网络安全

网络的物理安全是整个网络系统安全的前提。在网络工程建设中，网络系统属于弱电工程，耐压值很低。因此，在网络工程的设计和施工中，必须优先考虑保护人和网络设备不受电、火灾和雷击的侵害；考虑布线系统与照明电线、动力电线、通信线路、暖气管道及冷热空气管道之间的距离；考虑布线系统和绝缘线、裸体线以及接地与焊接的安全；必须建设防雷系统，防雷系统不仅考虑建筑物防雷，还必须考虑计算机及其他弱电耐压设备的防雷。总体来说物理安全的风险主要有：地震、水灾、火灾等环境事故，电源故障，人为操作失误或错误，设备被盗、被毁，电磁干扰和线路截获等。因此要注意这些安全隐患，同时还要尽量避免网络的物理安全风险。

2. 网络结构安全

网络拓扑结构设计也直接影响到网络系统的安全性。假如在外部和内部网络进行通信时，内部网络的计算机安全就会受到威胁，同时也会影响在同一网络上的许多其他系统。通过网络传播，还会影响到连上 Internet/Intranet 的其他网络；影响所及，还可能涉及法律、金融等安全敏感领域。因此，在设计时有必要将公开服务器（Web、DNS、E-mail 等）和外网及内部其他业务网络进行必要的隔离，避免网络结构信息外泄；同时还要对外网的服务请求加以过滤，只允许正常通信的数据包到达相应主机，其他的请求服务在到达主机之前就应该遭到拒绝。

3. 操作系统安全

所谓系统的安全是指整个网络操作系统和网络硬件平台是否可靠且值得信任。恐怕没有绝对安全的操作系统可以选择，无论是 Microsoft 的 Windows 操作系统还是任何商用 UNIX 操作系统，其开发厂商必然有其 Back-Door（后门）。因此，可以得出结论：没有完全安全的操作系统。不同的用户应从不同的方面对其网络做详尽的分析，选择安全性尽可能高的操作系统。因此，不但要选用尽可能可靠的操作系统和硬件平台，并对操作系统进行安全配置，而且必须加强登录过程的认证（特别是在到达服务器主机之前的认证），确保用户的合法性。其次应该严格限制登录者的操作权限，将其完成的操作限制在最小的范围内。

4. 应用系统安全

应用系统的安全与具体的应用有关，它涉及面广。应用系统的安全是动态的、不断变化的。应用的安全也涉及信息的安全，它包括很多方面。

（1）应用系统的安全是动态的、不断变化的

应用的安全涉及方面很多，以 Internet 上应用广泛的 E-mail 系统来说，其解决方案有 Sendmail、Lotus Notes、Exchange Server、SUN CIMS 等不下二十多种。其安全手段涉及 LDAP、DES、RSA 等各种方式。应用系统在不断发展且应用类型在不断增加。在应用系统的安全性上，主要考虑尽可能建立安全的系统平台，而且通过专业的安全工具不断发现漏洞，修补漏洞，提高系统的安全性。

（2）应用的安全性涉及信息、数据的安全性

信息的安全性涉及机密信息泄露、未经授权的访问、破坏信息完整性、假冒和破坏系统的可用性等。在某些网络系统中，涉及很多机密信息，如果一些重要信息遭到窃取或破坏，那么它的经济、社会影响和政治影响将是很严重的。因此，对用户使用计算机必须进行身份认证，对于重要信息的通信必须授权，传输必须加密。采用多层次的访问控制与权限控制手段，实现对数据的安全保护；采用加密技术，保证网上传输的信息（包括管理员口令与账户、上传信息等）的机密性与完整性。

5. 网络管理安全

安全管理制度是网络安全最最重要的部分。责权不明，安全管理制度不健全及缺乏可操作性等都可能引起管理安全的风险。当网络出现攻击行为或网络受到其他安全威胁时（如内部人员的违规操作），无法进行实时的检测、监控、报告与预警。同时，当事故发生后，也无法提供黑客攻击行为的追踪线索及破案依据，即缺乏对网络的可控性与可审查性。这就要求我们必须对站点的访问活动进行多层次的记录，及时发现非法入侵行为。

建立全新网络安全机制，必须深刻理解网络并能提供直接的解决方案，因此，最可行的做法是制订健全的管理制度，保障网络的安全运行，使其成为一个具有良好的安全性、可扩充性和易管理性的信息网络。一旦上述的安全隐患成为事实，所造成的对整个网络的损失都是难以估计的。

6.2 防火墙技术

防火墙的本义原是指古代人们房屋之间修建的墙，这道墙可以防止火灾发生的时候蔓延到别的房屋，如图6-6所示。

图6-6 防火墙的本义

防火墙（Firewall），也称防护墙，是由Check Point创立者Gil Shwed于1993年发明并引入国际互联网（US5606668（A）1993-12-15）的。它是一种信息安全的防护系统，依照特定的规则，允许或是限制传输的数据通过。

"防火墙"是一种形象的说法，其实它是一种计算机硬件和软件的组合，使互联网与内部网之间建立起一个安全网关，从而保护内部网免受非法用户的侵入。它其实就是一个把内部网（通常是局域网或城域网）与互联网隔开的屏障。

防火墙如果从实现方式上来分，又分为硬件防火墙和软件防火墙两类。硬件防火墙是通过硬件和软件的结合来达到隔离内、外部网络的目的，价格较贵，但效果较好，一般小型企业和个人很难实现；软件防火墙是通过纯软件的方式来实现，价格很便宜，但这类防火墙只

能通过一定的规则来达到限制一些非法用户访问内部网的目的。

防火墙可以确定哪些内部服务允许外部访问，哪些外部服务可以由内部人员访问，可以用来控制网络内外的信息交流，提供接入控制和审查跟踪。为了发挥防火墙的作用，来自和发往 Internet 的所有信息必须经由防火墙出入，防火墙禁止 Internet 中未经授权的用户入侵由它保护的计算机系统。它只允许授权信息通过，自身则不能被渗透。

6.2.1 防火墙的功能与特征

设计防火墙的目的就是不让那些来自不受保护的网络如互联网上的多余的未授权的信息进入专用网络，如 LAN 或 WAN，而仍能允许本地网络上的你以及其他用户访问互联网服务。图 6-7 显示了防火墙的基本功能。

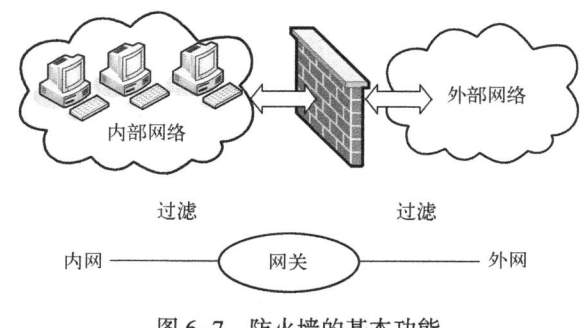

图 6-7 防火墙的基本功能

1. 防火墙的功能

通常应用防火墙的目的有以下几个方面：限制他人进入内部网络；过滤掉不安全的服务和非法用户；防止入侵者接近用户的防御设施；限定人们访问特殊站点；为监视局域网安全提供方便。

防火墙的主要功能就是控制对受保护网络的非法访问，它通过监视、限制、更改通过网络的数据流，一方面尽可能屏蔽内部网的拓扑结构，另一方面对内屏蔽外部危险站点，用以防范外对内、内对外的非法访问。其功能表现在如下四个方面。

（1）防火墙是网络安全的屏障

防火墙作为阻塞点、控制点，能极大地提高一个内部网络的安全性，并通过过滤不安全的服务而降低风险。由于只有经过精心选择的应用协议才能通过防火墙，所以内部网络环境变得更安全。如防火墙可以禁止诸如众所周知的不安全的 NFS 协议进出受保护的网络，这样外部的攻击者就不可能利用这些脆弱的协议来攻击内部网络。防火墙同时可以保护网络免受基于路由的攻击，如 IP 选项中的源路由攻击和 ICMP 重定向中的重定向路径。防火墙应该可以拒绝所有以上类型攻击的报文并通知防火墙管理员。

（2）防火墙可以强化网络安全策略

通过以防火墙为中心的安全方案配置，能将所有安全机制如口令、加密、身份认证、审计等配置在防火墙上。与将网络安全问题分散到各个主机上相比，防火墙的集中安全管理更经济。

（3）对网络存取和访问进行监控审计

如果所有的访问都经过防火墙，防火墙就能记录下这些访问并做出日志记录，同时也能提供网络使用情况的统计数据。当发生可疑动作时，防火墙能进行适当的报警，并提供网络是否受到监测和攻击的详细信息。另外，收集一个网络的使用和误用情况也是非常重要的，其理由是可以清楚防火墙是否能够抵挡攻击者的探测和攻击以及防火墙的控制是否有效。而网络统计对网络需求分析和威胁分析等而言也是非常重要的。

(4) 防止内部信息的外泄

通过利用防火墙对内部网络的划分，可实现内部网重点网段的隔离，从而限制了局部重点或敏感网络安全问题对全局网络造成的影响。再者，隐私是内部网络非常关心的问题，一个内部网络中不引人注意的细节可能包含了有关安全的线索而引起外部攻击者的兴趣，甚至因此而暴露了内部网络的某些安全漏洞。使用防火墙就可以隐蔽那些透漏内部细节的服务，如Finger和DNS等服务。Finger显示了主机的所有用户的注册名、真名、最后登录时间和使用的Shell类型等，这些信息非常容易被攻击者获悉。攻击者可以知道一个系统使用的频繁程度，这个系统是否有用户正在连线上网，这个系统是否在被攻击时引起注意等。防火墙可以同样阻塞有关内部网络中的DNS信息。这样，内部主机的域名和IP地址就不会被外界了解。

除了安全作用，防火墙还支持具有Internet服务特性的企业内部网络技术体系VPN。通过VPN，将企事业单位在地域上分布在世界各地的LAN或专用子网，有机地联成一个整体。这样不仅省去了专用通信线路，而且为信息共享提供了技术保障。

总之，防火墙允许网络管理员定义一个中心点来防止非法用户进入内部网络；可以很方便地监视网络的安全性，并报警；可以作为部署网络地址转换（Network Address Translation，NAT）的地点，利用NAT技术，将有限的IP地址动态或静态地与内部的IP地址对应起来，用来缓解地址空间短缺的问题；防火墙还是审计和记录Internet使用费用的一个最佳地点，网络管理员可以在此向管理部门提供Internet连接的费用情况，查出潜在的带宽瓶颈位置，并能够依据本机构的核算模式提供部门级的计费；防火墙可以连接到一个单独的网段上（从技术角度来讲，这就是所谓的停火区——DMZ（Demilitarized Zone）），从物理上和内部网段隔开，并在此部署Web服务器和FTP服务器，将其作为向外部发布内部信息的地点。

由于防火墙假设了网络边界和服务，因此适合于相对独立的网络，例如Intranet等种类相对集中的网络。任何关键的服务器，都应该放在防火墙之后。

2. 防火墙的特征

典型的防火墙具有以下三个方面的基本特性。

(1) 内部网络和外部网络之间的所有网络数据流都必须经过防火墙

这是防火墙所处网络位置特性，同时也是一个前提。因为只有当防火墙是内、外部网络之间通信的唯一通道，才可以全面、有效地保护企业内部网络不受侵害。

根据美国国家安全局制定的《信息保障技术框架》，防火墙适用于用户网络系统的边界，属于用户网络边界的安全保护设备。所谓网络边界即是采用不同安全策略的两个网络连接处，比如用户网络和互联网之间连接、和其他业务往来单位的网络连接、用户内部网络不同部门之间的连接等。防火墙的目的就是在网络连接之间建立一个安全控制点，通过允许、拒绝或重新定向经过防火墙的数据流，实现对进出内部网络的服务、访问的审计和控制。

(2) 只有符合安全策略的数据流才能通过防火墙

防火墙最基本的功能是确保网络流量的合法性，并在此前提下将网络的流量快速地从一条链路转发到另外的链路上去。从最早的防火墙模型开始谈起，原始的防火墙是一台"双穴主机"，即具备两个网络接口，同时拥有两个网络层地址。防火墙将网络上的流量通过相应的网络接口接收上来，按照 OSI 协议栈的七层结构顺序上传，在适当的协议层进行访问规则和安全审查，然后将符合通过条件的报文从相应的网络接口送出，而对那些不符合通过条件的报文则予以阻断。因此，从这个角度上来说，防火墙是一个类似于桥接或路由器的多端口（网络接口≥2）转发设备，它跨接于多个分离的物理网段之间，并在报文转发过程之中完成对报文的审查工作。

（3）防火墙自身应具有非常强的抗攻击免疫力

这是防火墙之所以能担当企业内部网络安全防护重任的先决条件。防火墙处于网络边缘，它就像一个边界卫士一样，每时每刻都要面对黑客的入侵，这样就要求防火墙自身具有非常强的抗击入侵的本领。它之所以具有这么强的本领，防火墙操作系统本身是关键，只有自身具有完整信任关系的操作系统才可以谈论系统的安全性。其次就是防火墙自身具有非常低的服务功能，除了专门的防火墙嵌入系统外，再没有其他应用程序在防火墙上运行。当然这些安全性也只能说是相对的。

此外，应用层防火墙具备更细致的防护能力。

自从 Gartner Group 公司提出下一代防火墙概念以来，信息安全行业越来越认识到应用层攻击成为当下取代传统攻击、最大程度危害用户信息安全的行为，而传统防火墙由于不具备区分端口和应用的能力，因此只能防御传统的攻击，对基于应用层的攻击则毫无办法。

从 2011 年开始，国内厂家通过多年的技术积累，开始推出下一代防火墙。在国内从第一家推出真正意义的下一代防火墙的网康科技开始，至今包括东软、天融信等在内的传统防火墙厂商也陆续推出了下一代防火墙。下一代防火墙具备应用层分析的能力，能够基于不同的应用特征，实现应用层的攻击过滤，在具备传统防火墙、入侵防御系统（Intrusion Prevention System，IPS）和防毒等功能的同时，还能够对用户和内容进行识别管理，兼具了应用层的高性能和智能联动两大特性，能够更好地针对应用层攻击进行防护。

数据库防火墙具有针对数据库恶意攻击的阻断能力，具体技术如下。

- 虚拟补丁技术：针对通用漏洞披露（CVE，Common Vulnerabilities & Exposures）公布的数据库漏洞，提供漏洞特征检测技术。
- 高危访问控制技术：提供对数据库用户的登录、操作行为的控制，可根据地点、时间、用户、操作类型、对象等特征定义高危访问行为。
- SQL 注入禁止技术：提供 SQL 注入特征库。
- 返回行超标禁止技术：提供对敏感表的返回行数控制。
- SQL 黑名单技术：提供对非法 SQL 的语法抽象描述。

6.2.2 防火墙的基本类型

防火墙从诞生开始，已经历了四个发展阶段：基于路由器的防火墙、用户化的防火墙工具、建立在通用操作系统上的防火墙和具有安全操作系统的防火墙。常见的防火墙属于具有安全操作系统的防火墙，例如 NETEYE、NETSCREEN 和 TALENTIT。

防火墙有不同类型。一个防火墙可以是硬件自身的一部分，你可以将互联网连接和计算机都插入其中。防火墙也可以在一个独立的计算机上运行，该计算机作为它背后网络中所有计算机的代理和防火墙。最后，直接连在互联网的计算机可以使用个人防火墙。

1. 从结构上来分

按此分类，防火墙有两种，即代理主机结构和路由器+过滤器结构。

2. 从原理上来分

按此分类，防火墙则可以分成四种类型：特殊设计的硬件防火墙、数据包过滤型、电路层网关和应用级网关。安全性能高的防火墙系统都是组合运用多种类型防火墙，构筑多道防火墙"防御工事"。

3. 从防火墙的软硬件形式分

按此分类，防火墙可以分为软件防火墙和硬件防火墙以及芯片级防火墙。

（1）软件防火墙

软件防火墙运行于特定的计算机上，它需要客户预先安装好的计算机操作系统的支持，一般来说这台计算机就是整个网络的网关，俗称"个人防火墙"。软件防火墙就像其他软件产品一样，需要先在计算机上安装并做好配置才可以使用，例如 Sygate Fireware 和天网防火墙。

（2）硬件防火墙

硬件防火墙是基于硬件平台的网络防御系统，与芯片级防火墙相比并不需要专门的硬件。目前市场上大多数防火墙都是这种硬件防火墙，它们基于 PC 架构。

（3）芯片级防火墙

芯片级防火墙基于专门的硬件平台，没有操作系统。专有的 ASIC 芯片使它们比其他种类的防火墙速度更快，处理能力更强，性能更高，例如 NetScreen、FortiNet 和 Cisco。这类防火墙由于是专用操作系统，防火墙本身的漏洞比较少，不过价格相对比较高昂。

4. 从防火墙技术分

按此分类，防火墙可以分为包过滤型和应用代理型。

（1）包过滤（Packet Filtering）型

包过滤型防火墙工作在 OSI 网络参考模型的网络层和传输层，它根据数据包头源地址，目的地址、端口号和协议类型等标志确定是否允许通过。只有满足过滤条件的数据包才被转发到相应的目的地，其余数据包则从数据流中被丢弃。

（2）应用代理（Application Proxy）型

应用代理型防火墙是工作在 OSI 的最高层，即应用层。其特点是完全"阻隔"了网络通信流，通过对每种应用服务编制专门的代理程序，实现监视和控制应用层通信流的作用。

5. 从防范方式和侧重点的不同来分

（1）网络层防火墙

网络层防火墙可视为一种 IP 封包过滤器，运作在底层的 TCP/IP 协议栈上。我们可以以枚举的方式，只允许符合特定规则的封包通过，其余的一概禁止穿越防火墙（病毒除外，防火墙不能防止病毒侵入）。这些规则通常可以经由管理员定义或修改，不过某些防火墙设备可能只能套用内置的规则。

我们也能以另一种较宽松的策略来制定防火墙规则，只要封包不符合任何一项"否定规则"就予以放行。操作系统及网络设备大多已内置防火墙功能。

较新的防火墙能利用封包的多种属性来进行过滤，例如，来源 IP 地址、来源端口号、目的 IP 地址或端口号、服务类型（如 HTTP 或 FTP），也能经由通信协议、TTL 值、来源的网域名称或网段等属性来进行过滤。

(2) 应用层防火墙

应用层防火墙是在 TCP/IP 堆栈的"应用层"上运作，读者使用浏览器时所产生的数据流或使用 FTP 时的数据流都是属于这一层。应用层防火墙可以拦截进出某应用程序的所有封包，并且封锁其他的封包（通常是直接将封包丢弃）。理论上，这一类的防火墙可以完全阻绝外部的数据流进入受保护的计算机里。

防火墙根据监测所有的封包并找出不符规则的内容，可以防范电脑蠕虫或是木马程序的快速蔓延。不过就实现而言，这个方法十分繁杂（软件种类和数量太多），所以大部分的防火墙都不会考虑以这种方法设计。

XML 防火墙是一种新形态的应用层防火墙，可分为：包过滤型防火墙、应用层网关型防火墙、服务器型防火墙。

(3) 数据库防火墙

数据库防火墙是一款基于数据库协议分析与控制技术的数据库安全防护系统，基于主动防御机制，实现数据库的访问行为控制、危险操作阻断、可疑行为审计。

数据库防火墙通过 SQL 协议分析，根据预定义的禁止和许可策略让合法的 SQL 操作通过，阻断非法违规操作，形成数据库的外围防御圈，实现 SQL 危险操作的主动预防和实时审计。

数据库防火墙面对来自外部的入侵行为，提供 SQL 注入禁止和数据库虚拟补丁包功能。

6.2.3 防火墙的基本技术

目前防火墙已经在 Internet 上得到了广泛的应用，但是防火墙并不能解决所有的网络安全问题，它只是网络安全政策和策略中的一个组成部分，但了解防火墙技术并学会在实际操作中应用防火墙技术，对于维护网络安全具有非常重要的意义。

除了对网络进行管理、设定访问与被访问规则、切断被禁止的访问以外，防火墙还需要分析过滤进出的数据包，监测并记录通过防火墙的信息内容和活动，并且对来自网络的攻击行为进行检测和报警。这些都是防火墙的基本功能，不论是物理性的防火墙硬件还是防火墙软件，都需要具备这几项基本功能。要想实现这些功能，先要对防火墙技术有所了解。当前流行的防火墙技术主要有以下三种。

1. 过滤型防火墙技术

过滤型防火墙技术使用一种简单、有效的安全控制技术，通过对所有进出计算机系统的数据包进行检查，获得数据包头的内容，了解数据包的发送地址、目标地址、使用协议、TCP 或者 UDP 的端口等信息，再将检查到的内容与用户设置的规则相比较，根据规则的匹配结果决定是否允许数据包的进出。该技术最大的优点是对用户透明，效率也很高，但也有几个严重的缺点，例如管理复杂，没有足够的记录与报警机制，无法对连接进行全面控制，对拒绝服务攻击、缓冲区溢出攻击等高层次的攻击手段无能为力，只限于对发送地址、目标地址和端口进行初步的安全控制。

2. 检测型防火墙技术

检测型防火墙技术与过滤型类似，可看作过滤型的加强版，又称为动态过滤型技术。该技术增加了控制连接的能力，通过状态检测，当有新建的连接时，会要求与预先设置的规则相匹配，如果满足要求，就允许连接，并在内存中记录下该连接的信息，生成状态表。对该连接的后续数据包，只要符合状态表，就可以通过。这种技术的性能和安全性都比较高，当遇到需要打开新的端口时，可以通过检测应用程序的信息与安全规则，动态地打开端口，并在传输结束时自动关闭端口。如果结合用户认证方式，能够提供应用级的安全认证手段，安全控制力度更强。

3. 代理型防火墙技术

代理型防火墙技术的关键，是用一个网关形式的代理服务进行连线动作拦截。代理服务位于内部网络的用户和互联网之间，由它来处理两端间的连线方式，将用户对互联网络的服务请求，依据已制定的安全规则向外提交。而且，对于用户的网络服务请求，代理服务器并非全部提交给互联网上真正的服务器，因为服务器能依据安全规则和用户的请求，判断是否代理执行该请求，有些请求可能会被否决。这种控制机制可以有效地控制整个连线的动作，不会被客户或服务器端欺骗，在管理上也不会像过滤型防火墙技术那么复杂。而对于用户而言，代理服务器是透明的，感觉与外部网络连接是直接的。由于完全阻断了内部网络与外部网络的直接联系，所以代理型防火墙技术相对比较安全，但缺点是处理效率比较差、无法直接支持新的应用。

6.2.4 防火墙的安全策略与缺陷

防火墙不仅仅是路由器、堡垒主机或任何提供网络安全的设备的组合，而且是安全策略的一个部分。

安全策略建立全方位的防御体系，甚至包括：告诉用户应有的责任，公司规定的网络访问、服务访问、本地和远程的用户认证、拨入和拨出、磁盘和数据加密、病毒防护措施，以及雇员培训等。所有可能受到攻击的地方都必须以同样安全级别加以保护。

仅设立防火墙系统，而没有全面的安全策略，那么防火墙就形同虚设。

1. 防火墙的安全策略

（1）一切未被允许的就是禁止的（允许访问）

允许访问是指在防火墙的安全策略中没有被列为允许访问的服务都是被禁止的。这意味着需要确定所有可以提供的服务以及它们的安全特性，开放这些服务，并将所有其他未列入的服务排斥在外，禁止访问。

基于该准则，防火墙应封锁所有信息流，然后对希望提供的服务逐项开放。这是一种非常实用的方法，可以营造出一种十分安全的环境，因为只有经过仔细挑选的服务才允许使用。其弊端是，安全性高于用户使用的方便性，用户能使用的服务范围受限制。

（2）一切未被禁止的就是允许的（禁止访问）

禁止访问是指在防火墙的安全策略中没有被列为禁止访问的服务都是被允许的。这意味着首先确定那些被禁止的、不安全的服务，以禁止它们被访问，而其他服务则被认为是安全的，允许访问。

基于该准则，防火墙应转发所有信息流，然后逐项屏蔽可能有害的服务。这种方法构成了一种更为灵活的应用环境，可为用户提供更多的服务。其弊病是，在日益增多的网络服务面前，网管人员疲于奔命，特别是受保护的网络范围增大时，很难提供可靠的安全防护。

2. 防火墙的安全缺陷

由于 Internet 的开放性，有许多防范功能的防火墙也有一些防范不到的地方。

（1）防火墙不能防范不经由防火墙的攻击

例如，如果允许从受保护网内部不受限制地向外拨号，一些用户可以形成与互联网的直接连接，从而绕过防火墙，造成一个潜在的后门攻击渠道。

（2）防火墙不能防止感染了病毒的软件或文件的传输

不能期望防火墙对每一个文件进行扫描，查出潜在的病毒，这个工作只能在每台主机上装反病毒软件来完成。

（3）防火墙不能防止数据驱动式攻击

当有些表面看来无害的数据被邮寄或复制到互联网主机上并被执行而发起攻击时，就会发生数据驱动攻击，防火墙对此无能为力。

因此，防火墙只是一种整体安全防范政策的一部分。这种安全政策必须包括公开的以便用户知道自身责任的安全准则、职员培训计划以及与网络访问、当地和远程用户认证、拨出拨入呼叫、磁盘和数据加密、病毒防护有关的政策。

6.3 VPN 技术

虚拟专用网络（Virtual Private Network，VPN），顾名思义，可以理解成虚拟的企业内部专线。它可以通过特殊的加密的通信协议，在连接在 Internet 上的、位于不同地方的两个或多个企业内部网之间建立一条专有的通信线路，就好比是架设了一条专线一样，但是它并不需要真正铺设光缆之类的物理线路。这就好比去电信局申请专线，但是不用给铺设线路的费用，也不用购买路由器等硬件设备。

VPN 是一种常用于连接中、大型企业或团体与团体间的私人网络的通信方法，其基本工作原理如图 6-8 所示。虚拟专用网络的信息透过公用的网络架构（如互联网）来传送内联网的网络信息。它利用已加密的通道协议（Tunneling Protocol）来达到保密、传送端认证、信息准确性等私人信息安全效果。这种技术可以用不安全的网络（如互联网）来传送可靠、安全的信息。需要注意的是，加密信息与否是可以控制的。没有加密的虚拟专用网信息依然有被窃取的危险。

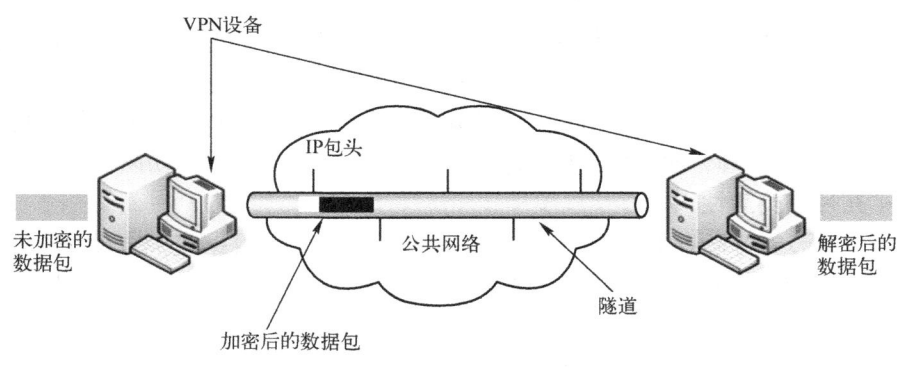

图 6-8　VPN 的基本工作原理

以日常生活的例子来比喻，虚拟专用网络就像甲公司某部门的 A 想寄信去乙公司某部门的 B。A 已知 B 的地址及部门，但公司与公司之间的信不能注明部门名称。于是，A 请自己的秘书把指定 B 所属部门的信（A 可以选择是否以密码与 B 通信）放在寄去乙公司地址的大信封中。当乙公司的秘书收到从甲公司寄到乙公司的信件后，该秘书便会把放在该大信封内的指定部门信件以公司内部邮件方式寄给 B。同样，B 会以同样的方式回信给 A。

在以上例子中，A 及 B 是身处不同公司（内部网路）的计算机（或相关机器），通过一般邮寄方式（公用网络）寄信给对方，再由对方的秘书（例如支持虚拟专用网络的路由器或防火墙）以公司内部信件（内部网络）的方式寄至对方本人。请注意，在虚拟专用网络中，随网络架构不同，秘书及收信人可以是同一人。许多现在的操作系统，例如 Windows 及 Linux 等因其所用传输协议，已有能力不用通过其他网络设备便能达到虚拟专用网络连接。

6.3.1 VPN 的功能特征

在实际应用中，用户需要的是什么样的 VPN 呢？一般情况下，一个高效、成功的 VPN 应具备以下几个功能特征。

1. 安全保障

虽然实现 VPN 的技术和方式很多，但所有的 VPN 均应保证通过公用网络平台传输数据的专用性和安全性。在非面向连接的公用 IP 网络上建立一个逻辑的点对点的连接，称为建立一个隧道，可以利用加密技术对经过隧道传输的数据进行加密，以保证数据仅被指定的发送者和接收者了解，从而保证了数据的私有性和安全性。在安全性方面，由于 VPN 直接构建在公用网上，实现简单、方便、灵活，但同时其安全问题也更为突出。企业必须确保其 VPN 上传送的数据不被攻击者窥视和篡改，并且要防止非法用户对网络资源或私有信息的访问。ExtranetVPN 将企业网扩展到合作伙伴和客户，对安全性提出了更高的要求。

2. 服务质量保证（QoS）

VPN 应当为企业数据提供不同等级的服务质量保证。不同的用户和业务对服务质量保证的要求差别较大。如移动办公用户，提供广泛的连接和覆盖性是保证 VPN 服务的一个主要因素。而对于拥有众多分支机构的专线 VPN，交互式的内部企业网应用则要求网络能提供良好的稳定性。对于其他应用（如视频）则对网络提出了更明确的要求，如网络时延及误码率。所有以上网络应用均要求网络根据需要提供不同等级的服务质量。在网络优化方面，构建 VPN 的另一重要需求是充分、有效地利用有限的广域网资源，为重要数据提供可靠的带宽。广域网流量的不确定性使其带宽的利用率很低，在流量高峰时出现的网络阻塞会产生网络瓶颈，使实时性要求高的数据得不到及时发送，而在流量低谷时又造成大量的网络带宽空闲。服务质量（QoS，Quality of Service）通过流量预测与流量控制策略，可以按照优先级分配带宽资源，实现带宽管理，使得各类数据能够被合理地先后发送，并预防阻塞的发生。

3. 可扩充性和灵活性

VPN 必须能够支持通过 Intranet 和 Extranet 的任何类型的数据流，方便增加新的节点，支持多种类型的传输媒介，可以满足同时传输语音、图像和数据等新应用对高质量传输以及带宽增加的需求。

4. 可管理性

从用户角度和运营商角度应可方便地进行管理、维护。在 VPN 管理方面，VPN 要求企业将其网络管理功能从局域网无缝地延伸到公用网，甚至是客户和合作伙伴。虽然可以将一些次要的网络管理任务交给服务提供商去完成，但是企业自己仍需要完成许多网络管理任务。所以一个完善的 VPN 管理系统是必不可少的。VPN 管理的目标为减小网络风险，具有高扩展性、经济性和高可靠性等优点。事实上，VPN 管理主要包括安全管理、设备管理、配置管理、访问控制列表管理和 QoS 管理等内容。

6.3.2 VPN 的基本类型

根据不同的划分标准，VPN 可以按几个标准进行分类。

1. 按 VPN 的协议分类

VPN 的隧道协议主要有三种：PPTP、L2TP 和 IPSec，其中 PPTP 和 L2TP 协议工作在 OSI 模型的第二层，又称为第二层隧道协议；IPSec 是第三层隧道协议，也是最常见的协议。L2TP 和 IPSec 配合使用是目前性能最好、应用最广泛的一种。

2. 按 VPN 的应用分类

1）Access VPN（远程接入 VPN）：客户端到网关，使用公网作为骨干网在设备之间传输 VPN 的数据流量。

2）Intranet VPN（内联网 VPN）：网关到网关，通过公司的网络架构连接来自同一公司的资源。

3）Extranet VPN（外联网 VPN）：与合作伙伴企业网构成 Extranet，将一个公司与另一个公司的资源进行连接。

3. 按 VPN 所用的设备类型进行分类

网络设备提供商针对不同客户的需求，开发出不同的 VPN 网络设备，主要为交换机、路由器和防火墙。

1）路由器式 VPN：路由器式 VPN 部署较容易，只要在路由器上添加 VPN 服务即可。

2）交换机式 VPN：主要应用于连接用户较少的 VPN 网络。

3）防火墙式 VPN：防火墙式 VPN 是最常见的一种 VPN 的实现方式，许多厂商都提供这种配置类型。

4. 按 VPN 的市场分类

目前 VPN 市场较之前有了更大的发展，各类公司和工作室出品的 VPN 品牌多达上百种，繁杂的 VPN 市场让客户难以挑选，总体来说分为三类。

（1）公司出品类

此类产品性能好，稳定性强，客户群多，常见的有迅游网游加速器、91VPN、搜狐 VPN 等。

（2）工作室出品类

此类为早先的游戏工作室为自身的游戏开发的 VPN 品牌，能满足自身的需求。此类品牌较多，如 56VPN、sosoVPN 和白金 VPN。

（3）网页形式出品类

此类主要是以网站论坛形式或改版形式出售，服务器数量较少。

5. 按 VPN 的解决方案分类

VPN 解决方案有四种，最常用的是 VPDN，就是基于拨号的 VPN；第二种是 VPRN，是基于路由的 VPN；第三种是 VLL，是基于虚拟专线的 VPN；最后一种是 VPLS，是基于局域网仿真的 VPN。它们之间最根本的区别在于数据包在接口（如桥和路由器）之间不同的转发方式。这在物理网上的体现就是：中继器（Repeater）不检查数据包的内容，直接把一个端口进来的数据从另一个端口转发；桥利用数据包中的 MAC 地址转发数据包；路由器利用网络层地址来转发数据。IP 隧道可以看作另一种链路，这种链路可以和其他链路联通，在连接点上通过类似于桥转发表或者 IP 转发表的不同方式，就决定了不同类型的 VPN。

（1）虚拟专用拨号网络（VPDN）

目前 VPDN 的应用比较广泛。用户利用拨号网络访问企业数据中心，用户从企业数据中心获得一个私有地址，但用户数据可跨公共数据网络进行传送，可利用 PPTP、L2F、L2TP 等协议实现。VPDN 可以用于远端移动用户在需要时通过隧道穿越公网接入在其他地方的网络，拨号通过接入网采用 PPP 会话协议通过接入服务器（NAS）的标准认证协议，如 Radius 的认证之后再进行数据通信服务。IETF 提出了 L2TP 协议来把 PPP 会话从 L2TP 接入集中器（LAC）延伸到 L2TP 网络服务器（LNS）。L2TP 协议是在 L2F 和 PPTP 之上发展起来的，使用的时候可以有两种方式：强制式和自愿式。L2TP 可以用 UDP 在 IP 网络上传输，也可以直接在 ATM 或者帧中继网上传输。

（2）虚拟专用路由网络（VPRN）

VPRN 对网络服务商的硬件要求很高，但由于功能很强大，大型的企业客户应用较多。企业可以利用公共数据网络建立自己的私有企业网络。用户可自由规划企业各分支机构之间的地址、路由策略、安全机制等。实现协议包括 GRE、L2TP、VTP、IPSec、MPLS 等。证券公司这类企业在全国各地有许多分支机构，并且分支机构和总部发生的是频繁、长期的联系，需要网络带宽保证，所以 VPRN 这种基于路由的 VPN 在这类用户中很受欢迎。尤其是像 IPTV 这样的服务，一定要采用基于路由的有质量保证的 VPRN。

整个 VPRN 由用户子网、拨号用户和 ISP 边界设备组成。ISP 边界设备在整个 VPRN 中起骨干网的作用。VPRN 基于 IP，这是虚拟专用网络中最复杂而且最常用的一种方式，需要的技术有 VPN-ID 分配、网络拓扑、用户子网段或者移动用户接入、边界路由器对其子网的成员或者移动用户的成员信息发现技术（如目录查询、明确的管理配置和用路由协议携带成员信息）和边界路由器对子网中成员可达信息的获取及分发技术。构建基于网络的 VPRN 常用的方法是借助虚拟路由器 VR 的概念和功能来实现。采用 VR 的初衷是用来传送 VPN 成员可达信息，但对于 ISP 来说，运用 VR 构建 VPRN 可以直接利用已有协议和管理资源，简化了针对 VPN 的管理和系统处理，因此受到广泛的关注。

（3）虚拟租用线路（VLL）

VLL 是基于虚拟专线的一种 VPN，在公网上开出各种隧道，模拟专线来建立 VPN。它提供点对点的连接，VLL 用来连接两个用户终端设备 CPE。用来连接 CPE 和 ISP 节点的可以是任何链路类型，如 ATM VCC 或者帧中继电路，而 CPE 可以是路由器、桥或者单独的主机。两个 ISP 节点都与 IP 网络相连，IP 隧道在这两个节点之间建立，在每个 ISP 节点上通过系统配置，在第二层上将网络子段与隧道绑定（如 ATM VCC 和 IP 隧道），这样数据包跨越了公网中继传输。但从用户的角度看来，好像只有一条 ATM VCC 或者帧中继电路用来连接两个 CPE 设备。在 VLL 中，IP 隧道协议必须支持多协议处理，当数据包排序对用户很重要时，该隧道也要支持数据包排序。如果隧道的建立是采用信令协议的话，就要采用数据驱动的方式，当从用户子网段接收到数据并且没有隧道存在时就需要建立隧道。

与实际的专线相比，VLL 的好处是可以节省一些费用，但是这种专线是在公网上打隧道，是运用第三层协议打出来的专线。这种专线的质量和稳定性都不是很好，而且在企业的分支点或联系人比较多的时候，隧道用户多，管理起来很困难。

(4) 虚拟专用 LAN 子网段（VPLS）

VPLS 是在公网上用隧道协议仿真出来一个局域网，可以用来连接多个 CPE 子段，透明地提供跨越公网的 LAN 服务，采用桥或者路由器把 CPE 连接到 ISP 边界设备。在拓扑和操作上 VPLS 非常类似于前面的 VPRN，不过 VPLS 网络的每个边界节点在地址分配和数据包转发机制上，采用的是链路桥的方式而不是网络层的方式。

由于在局域网中一般采用广播的形式来进行地址解析和各种数据包的发送，而 VPLS 是对一个局域网的仿真，因此它需要支持多播和广播功能，以便能把分布于不同地点的子网段或者主机之间通过 VPLS 的方式连接在一起，使这些子网和主机通信如同在同一个局域网一样，不过这种多播和广播隧道会增加互联骨干网上的通信量。

6.3.3 VPN 的基本技术

隧道技术、加密技术和认证协议是建立虚拟专用网所需的基本技术。在这三种技术的每一类中，VPN 产品提供商可以选择不同的方案来构造 VPN 产品。例如 IPSec、LT2P 和 PPTP，都可以是隧道技术的选择。其中 IPSec 是广受厂商关注的隧道技术。而有的供应商不考虑 PPTP 对加密和严格认证的支持不足，仍然采用 PPTP 作为它们的隧道技术。除此之外，还有的公司采用专用隧道技术。在某些情况下，采用专用隧道技术的供应商也提供如 IPSec 的新的标准拓展它们解决方案的市场需求。

1. 隧道技术

实现 VPN，最关键部分是在公网上建立虚信道，而建立虚信道是利用隧道技术实现的，IP 隧道的建立可以是在链路层和网络层。第二层隧道是先把各种网络协议封装到 PPP 中，再把整个数据包装入隧道协议中，这种双层封装方法形成的数据包靠第二层（数据链路层）协议进行传输，主要是 PPP 连接，如 PPTP 和 L2TP，其特点是协议简单，易于加密，适合远程拨号用户。第三层隧道是把各种网络协议直接装入隧道协议中，形成的数据包依靠第三层（网络层）协议进行传输，主要是 IPinIP，如 IPSec，其可靠性及扩展性优于第二层隧道，但没有前者简单直接。

隧道是利用一种协议传输另一种协议的技术，即用隧道协议来实现 VPN 功能。为创建隧道，隧道的客户机和服务器必须使用同样的隧道协议。

- PPTP（点到点隧道协议）是一种用于让远程用户拨号连接到本地的 ISP，通过互联网安全远程访问公司资源的新型技术。它能将 PPP（点到点协议）帧封装成 IP 数据包，以便能够在基于 IP 的互联网上进行传输。PPTP 使用 TCP（传输控制协议）连接的创建、维护与终止隧道，并使用 GRE（通用路由封装）将 PPP 帧封装成隧道数据。被封装后的 PPP 帧的有效载荷可以被加密或者压缩，也可同时被加密与压缩。

- L2TP 协议：L2TP 是 PPTP 与 L2F（第二层转发）的一种综合，是由思科公司推出的一种技术。
- IPSec 协议：是一个标准的第三层安全协议，它是在隧道外面再封装，保证了在传输过程中的安全。IPSec 的主要特征在于它可以对所有 IP 级的通信进行加密。

2. 加解密与密钥管理技术

加解密技术是数据通信中一项较成熟的技术，VPN 可直接利用现有技术实现加解密。密钥管理技术的主要任务是如何在公用数据网上安全地传递密钥而不被窃取。

3. 使用者与设备身份认证技术

使用者与设备身份认证技术中最常用的是使用者名称与密码或卡片式认证等方式。

6.3.4 VPN 的安全问题及安全策略设计

安全问题是 VPN 要解决的核心问题。VPN 的安全策略设计是 VPN 确保网络安全的策略设计。

1. VPN 面临的安全问题

从技术架构上来说，VPN 可以分为客户端、传输端以及服务端。不同的 VPN 技术，面临的安全隐患也不同。具体情况如下。

（1）IPSec VPN 安全问题

IPSec VPN 在通信协议和加密算法方面具有很强的安全性，它所面临的安全威胁主要来源于对客户端的攻击。

一是中间人攻击。其主要发生在客户端通过无线或有线局域网访问互联网时（例如公用的 Wi-Fi 和旅店内部局域网）。攻击者可以通过技术手段在内部网络虚拟放置一台受控制的计算机来窥探通信内容，造成信息泄露。

二是本地安全配置不完善。由于 VPN 客户端的本地安全配置是由用户自己掌控的，可能由于人为因素而存在安全隐患。例如将许可证书保存在本地设备，一旦攻击者控制了这些设备，就可以绕过身份验证，甚至连登录口令都不需要就能打开 VPN 通道。

三是窃取 VPN 安全信息。攻击者可以通过发送恶意邮件等方法窃取 VPN 的安全信息。这些安全信息包括 VPN 客户端的 IP 地址、配置参数和用户许可证书等。利用这些安全信息，攻击者可以伪造通信身份，从而对 VPN 的安全造成威胁。

四是 VPN 内部安全防范薄弱。VPN 在成功连通之后，对受信任用户的安全防范要求较低，普遍缺少隧道内的攻击防范策略，增加了 VPN 内部的安全风险。一旦攻击者成功入侵客户端主机，或者通过合法程序申请到客户端，就可以通过一些允许访问的主机或服务的应用层协议漏洞进行渗透，获取访问权限，进而获得内部的信息，或者利用客户端主机对内部网络和 VPN 服务器发起拒绝服务攻击和端口扫描等网络攻击，从而造成网络瘫痪或服务器配置信息外泄。

（2）SSL VPN 安全问题

由于 SSL VPN 并不需要特殊的客户端软件，而是用 Web 浏览器代替，因此 SSL VPN 的安全威胁主要集中在浏览器和服务端。

一是不正确的系统操作引发的安全问题。例如用户不是关闭 SSL VPN 浏览器和服务器两端的进程来退出系统，而是直接关闭浏览器来代替退出登录，这可能导致 SSL VPN 服务器的进程并没有关闭（取决于 SSL VPN 的本地配置）。攻击者可以利用这种行为绕过身份验证而访问 VPN，从而给 VPN 系统带来较大的安全威胁。

二是针对身份认证的恶意攻击。SSL VPN 允许用户在任何地点通过浏览器登录 VPN 系统，因此会导致用户在公共场合登录时泄露登录口令等安全信息的危险增加。

三是病毒通过隧道感染内部网络。SSL VPN 的远程用户可以使用任何地点的任何客户端远程登录企业内部网络。一旦这些客户端存在病毒，且连上内部网络，病毒文件就能够利用 SSL VPN 隧道入侵内部网络。同时，由于内部网络边界防火墙的局限性，不能有效防止感染了病毒的软件或文件的传播，因此病毒能够通过隧道感染内部网络。

四是 Web 服务器自身的安全隐患。大部分 SSL VPN 系统都使用 Web 服务器作为其底层平台，因此 Web 服务器的任何安全隐患，例如后门或越权漏洞，都将给 SSL VPN 系统带来严重的安全问题。

（3）MPLS VPN 安全问题

作为当今国内大型运营商的主流 VPN 技术，MPLS VPN 是一种基于多协议标签交换技术的 IP-VPN，采用了严格的路由信息隔离机制，同时采用面向连接的方式在运营商边界设备（网络接入层设备）之间建立标记交换隧道来传送用户信息，在一定程度上保证了用户信息传送的安全性。但作为基于 IP 通信的技术，且并未对传输的信息进行加密和认证，因此 MPLS VPN 仍然存在一些安全问题。

一是针对 VPN 路由设备的攻击。这种攻击通常在路由信息发布阶段进行。例如攻击者伪装成某个边缘设备与服务端设备建立会话连接并交换路由信息（版本信息、LAN 口状态等），造成 VPN 内部路由信息的泄露；或者攻击者通过伪造或篡改路由信息，使用户的数据流传往错误的方向，以便窃听和分析用户的内部信息。

二是针对网络设备的拒绝服务攻击。由于网络上的用户数据包和路由协议包是共享带宽传送的，因此过多的用户业务流有可能造成网络和设备资源被耗尽，导致对边缘设备或路由器的拒绝服务攻击，影响和破坏路由信息的正常传送。

三是来自互联网的安全威胁。同之前来自内部网络的安全攻击不同，在用户通过 MPLS VPN 访问互联网的情况下，攻击者可以通过 IP 源地址欺骗、会话劫持、植入木马等传统的攻击手段发起攻击，对用户数据流进行非法的查看、修改、伪造和删除等操作。

2. VPN 安全策略的设计

目前，VPN 的安全策略主要是通过 VPN 设计的安全性、可靠性、经济性和扩展性来实现的，可以保证组织的员工安全地访问组织的网络。

对于一个 VPN 来说，首先要考虑的是安全性问题。安全性是 VPN 设计时第一个要解决的问题，也是最主要的问题。对于安全策略，主要体现在四个方面。

（1）隧道的建立和数据的加密机制

因为安全完全是依赖于这样一条虚拟链路，那么这个隧道可不可靠，隧道里面传输的数据是否有了加密机制保护就显得尤其重要。

隧道可以实现多个协议的封装，并且可以增加有关 VPN 应用的灵活性，可以在无连接的 IP 网上提供点到点的逻辑通道，在对安全性要求更高的场合，必须应用加密机制，这些加密机制是为那些可以传输在隧道中的数据提供进一步的数据私密性的保护，使得黑客即使突破了隧道也没办法篡改原始数据。

(2）数据验证

为了防止数据被篡改，就必须有签名或者验证机制来验证这些数据有没有被篡改过，也就是所谓的完整性验证机制，比如 MD5 机制。

(3）用户识别与设备验证

VPN 可使合法用户访问他们所需的企业资源，同时还要禁止未授权用户的非法访问，一般借助于 AAA 来实现。这一点对于 Access VPN 和 Extranet VPN 具有尤为重要的意义。建立 VPN 连接的设备之间进行验证可以确保 VPN 隧道的安全可靠。

(4）入侵检测，网络接入控制

网络入侵检测系统需要同 VPN 设备进行配合，通过分析源自或送至 VPN 设备的信息流，避免通过 VPN 连接使内部网络受到攻击。通常，VPN 接入的用户可以访问内部网络中大部分资源，可以考虑对 VPN 接入用户进行分级和控制，确保内部网络的运行安全。

除了安全策略外，在 VPN 构建的时候还要考虑防火墙的攻击和检测机制，一般情况下，网络都会部署防火墙，并通过设置安全策略和部署检测规则等机制来应对或避免一些不必要的攻击。

此外，因为 VPN 构建的环境是公网，不同于传统上的专线广域网，那么用户对这个网络的控制能力将大大降低，事实上基本是不可控的，所以可靠的运行 VPN 是必须要考虑的；而且在保证可靠性的同时不能过多地增加操作成本；并且 VPN 的管理还需要针对日益增多的客户和合作伙伴等做出一些迅捷的反应，增强其扩展性能。

6.3.5 VPN 的价值体现

Internet 服务提供商（ISP）和企业是 VPN 的直接受益者。ISP 将 VPN 作为一项增值业务推向企业，并从企业得到回报。因此，VPN 的最终目的是服务于企业，为企业带来可观的经济效益，为现代化企业的信息共享提供安全、可靠的途径。

1. ISP 方的价值体现

对 ISP 来说，通过向企业提供 VPN 增值服务，ISP 可以与企业建立更加紧密的长期合作关系，同时充分利用现有网络资源，提高业务量。事实上，VPN 用户的数据流量较普通用户要大得多，而且时间上也是相互错开的。VPN 用户通常是上班时间形成流量的高峰，而普通用户的流量高峰期则在工作时间之外。ISP 对外提供两种服务，资源利用率和业务量都会大大增加。同时，VPN 使 ISP 能够经济地维持开发客户群、增加利润、提供增值服务，如视频会议、电子商务、IP 电话、远程教学和多媒体商务应用。

2. 用户方的价值体现

哪些用户适合使用 VPN 呢？在满足基本应用要求后，有四类用户比较适合采用 VPN。

1）地理位置分布众多，特别是单个用户和远程办公室站点多，例如企业用户和远程教育用户。

2）用户/站点分布范围广，彼此之间的距离远，遍布全球各地，需通过长途电信，甚至国际长途手段联系的用户。

3）带宽和时延要求相对适中的用户。

4）对线路保密性和可用性有一定要求的用户。

相对而言，有四种情况可能并不适合采用 VPN。
1）非常重视传输数据的安全性。
2）不管价格多少，性能都被放在第一位的情况。
3）采用不常见的协议，不能在 IP 隧道中传送应用的情况。
4）大多数通信是实时通信的应用，如语音和视频。但这种情况可以将公共交换电话网（PSTN）解决方案与 VPN 配合使用。

对企业来说，VPN 提供了安全、可靠的 Internet 访问通道，为企业进一步发展提供了可靠的技术保障，而且 VPN 能提供专用线路类型服务，是方便快捷的企业私有网络。企业甚至可以不必建立自己的广域网维护系统，而将这一繁重的任务交由专业的 ISP 来完成。由于 VPN 的出现，用户可以从以下几方面获益。

(1) 实现网络安全

具有高度的安全性对现在的网络是极其重要的。新的服务如在线银行、在线交易都需要绝对的安全，而 VPN 以多种方式增强了网络的智能和安全性。首先，它在隧道的起点，在现有的企业认证服务器上，提供对分布用户的认证。其次，VPN 支持安全和加密协议，如 SecureIP（IPsec）和 Microsoft 点对点加密（MPPE）。

(2) 简化网络设计

网络管理者可以使用 VPN 替代租用线路来实现分支机构的连接。这样就可以将对远程链路进行安装、配置和管理的任务减少到最小，仅此一点就可以极大地简化企业广域网的设计。另外，VPN 通过拨号访问来自 ISP 或 NSP 的外部服务，减少了调制解调器池，简化了所需的接口，同时简化了与远程用户认证、授权和记账相关的设备和处理。

(3) 降低成本

VPN 可以立即且显著地降低成本。当使用 Internet 时，实际上只需付短途电话费，却具有长途通信的功能。因此，借助 ISP 来建立 VPN，就可以节省大量的通信费用。此外，VPN 还使企业不必投入大量的人力和物力去安装和维护 WAN 设备和远程访问设备，这些工作都可以交给 ISP。VPN 可使用户降低如下的成本。

- 移动用户通信成本。VPN 可以通过减少长途费或拨打 800 费用来节省移动用户的花费。
- 租用线路成本。VPN 可以以每条连接的 40%~60% 的成本对租用线路进行控制和管理。对于国际用户来说，这种节约是极为显著的。对于话音数据，节约金额会进一步增加。
- 主要设备成本。VPN 通过支持拨号访问外部资源，使企业可以减少不断增长的调制解调器费用。另外，它还允许一个单一的 WAN 接口服务多种目的，从分支网络互连、商业伙伴的外联网终端、本地提供高带宽的线路连接到拨号访问服务提供者，因此，只需要极少的 WAN 接口和设备。由于 VPN 可以完全管理，并且能够从中央网站进行基于策略的控制，因此可以大幅度地减少在安装配置远端网络接口所需设备上的开销。另外，由于 VPN 独立于初始协议，这就使得远端的接入用户可以继续使用传统设备，保护了用户在现有硬件和软件系统上的投资。

(4) 容易扩展

如果企业想扩大 VPN 的容量和覆盖范围，那么需做的事情很少，而且能及时实现：企业只需与新的 IPS 签约，建立账户；或者与原有的 ISP 重签合约，扩大服务范围。在远程办公室增加 VPN 能力也很简单：几条命令就可以使 Extranet 路由器拥有 Internet 和 VPN 能力，路由器还能对工作站自动进行配置。

（5）可随意与合作伙伴联网

在过去企业如果想与合作伙伴联网，双方的信息技术部门就必须协商如何在双方之间建立租用线路或帧中继线路。有了 VPN 之后，这种协商也毫无必要，真正达到了要连就连，要断就断。

（6）完全控制主动权

借助 VPN 企业可以利用 ISP 的设施和服务，同时又完全掌握着自己网络的控制权。比如企业可以把拨号访问交给 ISP 去做，由自己负责用户的查验、访问权、网络地址、安全性和网络变化管理等重要工作。

（7）支持新兴应用

许多专用网对许多新兴应用准备不足，如那些要求高带宽的多媒体和协作交互式应用。VPN 则可以支持各种高级的应用，如 IP 语音和 IP 传真，还有各种协议，如 RSIP、IPv6、MPLS 和 SNMPv3。

正由于 VPN 能给用户带来诸多的好处，VPN 在全球发展得异常红火，在北美和欧洲，VPN 已经是一项相当普遍的业务，在亚太地区，该项服务也迅速开展起来。

6.4 网络入侵检测

网络入侵检测是防火墙的合理补充，帮助系统对付网络攻击，扩展了系统管理员的安全管理能力（包括安全审计、监视、进攻识别和响应），提高了信息安全基础结构的完整性。对于一个成功的网络入侵检测系统，它不但可使系统管理员时刻了解网络系统（包括程序、文件和硬件设备等）的任何变更，还能给网络安全策略的制订提供指南，更为重要的一点是，它应该管理、配置简单，从而使非专业人员非常容易地获得网络安全。而且，网络入侵检测的规模还应根据网络威胁、系统构造和安全需求的改变而改变。入侵检测系统在发现入侵后，会及时做出响应，包括切断网络连接、记录事件和报警等。

6.4.1 入侵检测的概念

1. 入侵检测的起源

1980 年，James P. Anderson 的《计算机安全威胁监控与监视》（Computer Security Threat Monitoring and Surveillance）第一次详细阐述了入侵检测的概念，提出了计算机系统威胁分类，提出了利用审计跟踪数据监视入侵活动的思想。此报告被公认为是入侵检测的开山之作。

1984 年到 1986 年，乔治敦大学的 Dorothy Denning 和 SRI/CSL 的 Peter Neumann 研究出了一个实时入侵检测系统模型——IDES（入侵检测专家系统）。

1990 年，加州大学戴维斯分校的 L. T. Heberlein 等人开发出了 NSM（Network Security Monitor），该系统第一次直接将网络流作为审计数据来源，因而可以在不将审计数据转换成统一格式的情况下监控异常主机，在入侵检测系统发展史上翻开了新的一页，两大阵营正式形成：基于网络的 IDS 和基于主机的 IDS。

1988 年之后，美国开展对分布式入侵检测系统（DIDS）的研究，将基于主机和基于网络的检测方法集成到一起。DIDS 是分布式入侵检测系统历史上的一个里程碑式的产品。

从 20 世纪 90 年代到现在，入侵检测系统的研发呈现出百家争鸣的繁荣局面，并在智能化和分布式两个方向取得了长足的进展。

1990 年 Herberlein 等人开发出了第一个真正意义上的入侵检测系统 NSM（Network Security Monitor），在这个实物模型中，第一次采用了网络实时数据流而非历史存档信息作为检测数据的来源，这为入侵检测系统的产品化做出了巨大的贡献。

1994 年出现了第一台入侵检测产品：ASIM。而到了 1997 年，Cisco 将网络入侵检测集成到其路由器设备中。同年，ISS 推出 Realsecure。入侵检测系统正式进入主流网络安全产品阶段。

而后，在 2001—2003 年，蠕虫病毒大肆泛滥，红色代码、尼姆达、震荡波、冲击波此起彼伏。入侵检测产品可以对这些蠕虫病毒所利用的攻击代码进行检测，一时间入侵检测名声大振，和防火墙、防病毒软件并称为"网络安全三大件"。

2003 年 Gartner 的一篇《入侵检测已死》的文章，带来了一个新的概念：入侵防御。一时间，"入侵防御产品是入侵检测产品的升级版本，入侵检测产品没有用"的言论甚嚣尘上。其实不然，和入侵防御产品不同，入侵检测产品关注网络中的所有事件，而不仅仅是需要阻断的威胁事件。

2007 年以来，入侵检测在智能化和分布式方面取得了进展，可以大范围地看到流量监测功能的加入，对 P2P 下载、即时通信、网络游戏、网络流媒体等严重滥用网络资源的事件提供告警和记录的功能成为市场亮点。也可以看到不少产品都可以支持 B/S 和 C/S 两种管理方式，同时支持单级、多级管理模式等。

2. 入侵检测的定义

入侵检测是通过从计算机网络或计算机系统中的若干关键点收集信息并对其进行分析，从中发现网络或系统中是否有违反安全策略的行为和遭到袭击的迹象的一种安全技术。

简言之，入侵检测（Intrusion Detection）是对入侵行为的检测。它通过收集和分析网络行为、安全日志、审计数据、其他网络上可以获得的信息以及计算机系统中若干关键点的信息，检查网络或系统中是否存在违反安全策略的行为和被攻击的迹象。入侵检测作为一种积极、主动的安全防护技术，提供了对内部攻击、外部攻击和误操作的实时保护，在网络系统受到危害之前拦截和响应入侵。因此被认为是防火墙之后的第二道安全闸门，在不影响网络性能的情况下能对网络进行监测。

入侵检测通过执行以下任务来实现目标：监视、分析用户及系统活动；系统构造和弱点的审计；识别已知进攻的活动模式并向相关人士报警；异常行为模式的统计分析；评估重要系统和数据文件的完整性；操作系统的审计跟踪管理，并识别用户违反安全策略的行为。

6.4.2 入侵检测的原理

入侵检测是指采用软件与硬件的组合系统，从计算机网络的若干关键点收集信息并对其进行分析，从中发现网络中是否有违反安全策略的行为或遭到入侵的迹象，并依据既定的策略采取一定措施。

1. 入侵检测的系统构成

按照功能构成，入侵检测系统至少包括四个基本组件，即事件产生器、事件分析器、事件数据库和响应单元。入侵检测系统的原理框架如图6-9所示。

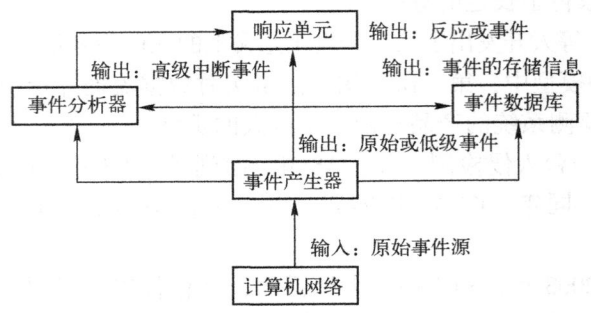

图6-9 入侵检测系统的原理框架示意图

（1）事件产生器

事件产生器负责原始数据采集，并将收集到的原始数据转换为事件，向系统的其他部分提供此事件。收集的信息包括：系统或网络的日志文件；网络流量；系统目录和文件的异常变化；程序执行中的异常行为。需要注意的是，入侵检测很大程度上依赖于收集信息的可靠性和正确性。

（2）事件分析器

事件分析器接收事件信息，对其进行分析，判断是否为入侵行为或异常现象，最后将判断的结果转变为告警信息。分析方法有如下三种。

- 模式匹配：将收集到的信息与已知的网络入侵和系统误用模式数据库进行比较，从而发现违背安全策略的行为。
- 统计分析：首先给系统对象（如用户、文件、目录和设备）创建一个统计描述，统计正常使用时的一些测量属性（如访问次数、操作失败次数和延时）；测量属性的平均值和偏差将被用来与网络、系统的行为进行比较，任何观察值在正常值范围之外时，就认为有入侵发生。
- 完整性分析（往往用于事后分析）：主要关注某个文件或对象是否被更改。

（3）事件数据库

存放各种中间和最终数据的地方。

（4）响应单元

根据告警信息做出反应（强烈反应：切断连接、改变文件属性等；简单的报警）。

在入侵检测系统框架中，事件产生器、事件分析器和响应单元通常以应用程序的形式出现，而事件数据库则往往以文件或数据流的形式出现。四个组件只是逻辑实体，它们以固定的格式进行数据交换。这四个组件是入侵检测系统最核心的部分，可以完成最基本的入侵检测功能。但是作为一个完整的入侵检测系统，系统管理组件和日志审计组件也是必不可少的。系统管理组件完成对系统的操作与配置，而日志审计组件是任何安全设备必须具备的功能。系统管理组件负责网络入侵检测系统的管理，主要包括权限管理和设备管理、规则管理和升级管理。日志审计组件完成对操作日志和入侵检测日志的审计。

2. 入侵检测的工作流程

入侵检测的一般过程包括信息采集、信息分析和入侵检测响应三个环节。

（1）信息采集

采集的主要内容包括系统和网络日志、目录和文件中的敏感数据、程序执行期间的敏感行为，以及物理形式的入侵等。

（2）信息分析

信息分析主要通过与安全策略中的模式匹配、与正常情况下的统计分析对比、与相关敏感信息属性要求的完整性分析对比等方法来进行分析。

（3）入侵检测响应

入侵检测响应分主动响应和被动响应。主动响应可对入侵者和被入侵区域进行有效控制。被动响应只是监视和发出告警信息，其控制需要人介入。

6.4.3 入侵检测的分类

按入侵检测所采用的检测技术可分为特征检测与异常检测两种。根据入侵检测的信息来源不同，可以分为基于主机的入侵检测、基于网络的入侵检测和混合型入侵检测三类。

1. 技术划分

（1）特征检测

特征检测（Signature-Based Detection）又称 Misuse Detection，这一检测假设入侵者活动可以用一种模式来表示，系统的目标是检测主体活动是否符合这些模式。它可以将已有的入侵方法检查出来，但对新的入侵方法无能为力。此方法非常类似杀毒软件。其难点在于如何设计模式既能够表达"入侵"现象又不会将正常的活动包含进来。

（2）异常检测

异常检测（Anomaly Detection）的假设是入侵者活动异常于正常主体的活动。根据这一理念建立主体正常活动的 Normal Profile（规范集或活动简档），将当前主体的活动状况与"活动简档"相比较，当违反其统计规律时，认为该活动可能是"入侵"行为。异常检测的难题在于如何建立"活动简档"以及如何设计统计算法，从而不把正常的操作作为"入侵"或忽略了真正的"入侵"行为。

两种检测技术的方法、所得出的结论有非常大的差异。基于特征的检测技术的核心是维护一个知识库。对于已知的攻击，它可以详细、准确地报告出攻击类型，但是对未知攻击却效果有限，而且知识库必须不断更新。基于异常的检测技术则无法准确判别出攻击的手法，但它可以（至少在理论上可以）判别更广泛甚至未发觉的攻击。

2. 信源划分

（1）基于主机的入侵检测

系统分析的数据是计算机操作系统的事件日志、应用程序的事件日志、系统调用、端口调用和安全审计记录。主机型入侵检测系统保护的一般是所在的主机系统，是由代理（Agent）来实现的。代理是运行在目标主机上的小的可执行程序，它们与命令控制台（Console）通信。

(2) 基于网络的入侵检测

系统分析的数据是网络上的数据包。网络型入侵检测系统担负着保护整个网段的任务，基于网络的入侵检测系统由遍及网络的传感器（Sensor）组成。传感器是一台将以太网卡置于混杂模式的计算机，用于嗅探网络上的数据包。

(3) 混合型入侵检测

基于网络和基于主机的入侵检测系统都有不足之处，会造成防御体系的不全面。综合了基于网络和基于主机的混合型入侵检测系统则既可以发现网络中的攻击信息，也可以从系统日志中发现异常情况。

6.4.4 入侵检测的方法

根据入侵检测的概念与原理，入侵检测的方法可分为异常检测方法和误用检测方法。

1. 异常检测方法

在异常入侵检测系统中常常采用以下九种检测方法。

1) 基于贝叶斯推理的检测法：是通过在任何给定的时刻，测量变量值，推理判断系统是否发生入侵事件。

2) 基于特征选择检测法：指从一组度量中挑选出能检测入侵的度量，用它来对入侵行为进行预测或分类。

3) 基于贝叶斯网络检测法：用图形方式表示随机变量之间的关系。通过指定的与邻接节点相关的一个小的概率集来计算随机变量的联合概率分布。按给定全部节点组合，所有根节点的先验概率和非根节点概率构成这个集。贝叶斯网络是一个有向图，弧表示父、子节点之间的依赖关系。当随机变量的值变为已知时，就允许将它吸收为证据，为其他的剩余随机变量条件值判断提供计算框架。

4) 基于模式预测的检测法：事件序列不是随机发生的而是遵循某种可辨别的模式是基于模式预测的异常检测法的假设条件，其特点是考虑到了事件序列及相互联系，只关心少数相关安全事件是该检测法的最大优点。

5) 基于统计的异常检测法：是根据用户对象的活动为每个用户都建立一个特征轮廓表，通过对当前特征与以前已经建立的特征进行比较，来判断当前行为的异常性。用户特征轮廓表要根据审计记录情况不断更新，其包含许多衡量指标，这些指标值要根据经验值或一段时间内的统计而得到。

6) 基于机器学习检测法：是根据离散数据临时序列学习获得网络、系统和个体的行为特征，并提出了一个实例学习法 IBL（Instance-Based Learning）。IBL 基于相似度。该方法通过新的序列相似度计算将原始数据（如离散事件流和无序的记录）转化成可度量的空间。然后，应用 IBL 学习技术和一种新的基于序列的分类方法，发现异常类型事件，从而检测入侵行为。其中，成员分类的概率由阈值的选取来决定。

7) 数据挖掘检测法：数据挖掘的目的是要从海量的数据中提取出有用的数据信息。网络中会有大量的审计记录存在，审计记录大多都是以文件形式存放的。如果靠手工方法来发现记录中的异常现象是远远不够的，所以将数据挖掘技术应用于入侵检测中，可以从审计数据中提取有用的知识，然后用这些知识检测异常入侵和已知的入侵。采用的方法有 KDD 算法，其优点是善于处理大量数据的能力与数据关联分析的能力，但是实时性较差。

8）基于应用模式的异常检测法：该方法是根据服务请求类型、服务请求长度、服务请求包大小分布计算网络服务的异常值。通过实时计算的异常值和所训练的阈值比较，从而发现异常行为。

9）基于文本分类的异常检测法：该方法是将系统产生的进程调用集合转换为"文档"，利用 K 邻聚类文本分类算法，计算文档的相似性。

2. 误用检测方法

在误用入侵检测系统中常用的检测方法有三种。

1）模式匹配法：常用于入侵检测技术中。它是通过把收集到的信息与网络入侵和系统误用模式数据库中的已知信息进行比较，从而发现违背安全策略的行为进行。模式匹配法可以显著地减少系统负担，有较高的检测率和准确率。

2）专家系统法：这个方法的思想是把安全专家的知识表示成规则知识库，再用推理算法检测入侵。该方法主要针对有特征的入侵行为。

3）基于状态转移分析的检测法：该方法的基本思想是将攻击看成一个连续的、分步骤的并且各个步骤之间有一定的关联的过程。在网络中发生入侵时及时阻断入侵行为，防止可能进一步发生的类似攻击行为。在状态转移分析方法中，一个渗透过程可以看作由攻击者做出的一系列的行为而导致系统从某个初始状态变为最终某个被危害的状态。

6.5 计算机病毒防治

什么是计算机病毒？请看如下例子。

最早的计算机病毒 Creeper（根据老卡通片《史酷比》（Scooby Doo）中的一个形象命名）出现在 1971 年，距今已有 40 多年之久。当然在那时，Creeper 还尚未被称为病毒，因为计算机病毒尚不存在。Creeper 由 BBN 技术公司程序员罗伯特·托马斯（Robert Thomas）编写，通过阿帕网（ARPANET，互联网前身）从公司的 DEC PDP-10 传播，显示"我是 Creeper，有本事来抓我呀！（I'm the creeper, catch me if you can!）"。Creeper 在网络中移动，从一个系统跳到另外一个系统并自我复制。

计算机病毒的起因和来源情况各异，分为个人行为和集团行为两种，有的是为了某种目的；有的病毒还曾是用于研究或实验而设计的"有用"程序，后来失控被扩散或利用。简单来说，计算机病毒的产生主要有恶作剧型、报复心理型、版权保护型和特殊目的型等多个方面起因和来源。

6.5.1 计算机病毒的定义

最初对病毒理论的构思可追溯到科幻小说。在 20 世纪 70 年代美国作家雷恩出版的《P1 的青春》一书中构思了一种能够自我复制，利用通信进行传播的计算机程序，并称之为计算机病毒。

"计算机病毒"的科学概念最早是由美国计算机病毒研究专家 Fred Cohen 博士提出的。"计算机病毒"为什么叫作病毒？它不是天然存在的，是某些人利用计算机软硬件所固有的脆弱性，编制具有特殊功能的程序。通过分析研究，人们发现计算机病毒在很多方面与生物病毒有着相似之处。由于它与生物医学上的"病毒"同样有传染和破坏的特性，因此这一名词是由生物医学上的"病毒"概念引申而来。

"计算机病毒"有很多种定义，国外最流行的定义为计算机病毒，是一段附着在其他程序上的可以实现自我繁殖的程序代码。而在一般教科书及通用资料中被定义为：利用计算机软件与硬件的缺陷，破坏计算机数据并影响计算机正常工作的一组指令集或程序代码。

从广义上定义，凡能够引起计算机故障，破坏计算机数据的程序统称为计算机病毒。依据此定义，诸如逻辑炸弹、蠕虫均可称为计算机病毒。在国内，专家和研究者对计算机病毒也做过不尽相同的定义，但一直没有公认的明确定义。直至1994年2月18日，我国正式颁布实施了《中华人民共和国计算机信息系统安全保护条例》，在《条例》第二十八条中明确指出："计算机病毒，是指编制或者在计算机程序中插入的破坏计算机功能或者毁坏数据，影响计算机使用，并能自我复制的一组计算机指令或者程序代码。"此定义具有法律性和权威性。

6.5.2 计算机病毒的特点

要做好计算机病毒的防治，首先要认清计算机病毒的特点和行为机理，为防范和清除计算机病毒提供充实可靠的依据。根据对计算机病毒的产生、传染和破坏行为的分析，总结出病毒的六个主要特点。

1. 繁殖性

计算机病毒可以像生物病毒一样进行繁殖，当正常程序运行的时候，它也进行自身复制。是否具有繁殖、感染的特征是判断某段程序为计算机病毒的首要条件。

2. 破坏性

计算机中毒后，可能会导致正常的程序无法运行，计算机内的文件会受到不同程度的损坏，通常表现为：增、删、改、移。

3. 传染性

计算机病毒不但本身具有破坏性，更严重的是具有传染性，一旦病毒被复制或产生变种，其速度之快令人难以预防。传染性是病毒的基本特征。在生物界，病毒通过传染从一个生物体扩散到另一个生物体。在适当的条件下，它可得到大量繁殖，并使被感染的生物体表现出病症甚至死亡。同样，计算机病毒也会通过各种渠道从已被感染的计算机扩散到未被感染的计算机，在某些情况下造成被感染的计算机工作失常甚至瘫痪。与生物病毒不同的是，计算机病毒是一段人为编制的计算机程序代码，这段程序代码一旦进入计算机并得以执行，它就会搜寻其他符合其传染条件的程序或存储介质，确定目标后再将自身代码插入其中，达到自我繁殖的目的。只要一台计算机染毒，如不及时处理，那么病毒就会在这台计算机上迅速扩散，计算机病毒可通过各种可能的渠道，如U盘、硬盘、移动硬盘和计算机网络去传染其他的计算机。当人们在一台机器上发现了病毒时，往往曾在这台计算机上用过的优盘也已感染上了病毒，而与这台计算机联网的其他计算机也许已被该病毒传染了。是否具有传染性是判别一个程序是否为计算机病毒的最重要条件。

4. 潜伏性

有些病毒像定时炸弹一样，让它什么时间发作是预先设计好的。比如"黑色星期五"病毒，不到预定时间一点都觉察不出来，等到条件具备的时候一下子就爆发，对系统进行破坏。一个编制精巧的计算机病毒程序，进入系统之后一般不会马上发作，因此病毒可以静静地躲在磁盘里待上几天，甚至几年，一旦时机成熟，得到运行机会，就会四处繁殖和扩散，造成危害。潜伏性的第二种表现是，计算机病毒的内部往往有一种触发机制，不满足触发条件时，计算机病毒除了传染外不做什么破坏，触发条件一旦得到满足，有的会在屏幕上显示信息、图形或特殊标识，有的则执行破坏系统的操作，如格式化磁盘、删除磁盘文件、对数据文件做加密、封锁键盘以及使系统锁死。

5. 隐蔽性

计算机病毒具有很强的隐蔽性，有的可以通过病毒软件检查出来，有的根本就查不出来，有的时隐时现、变化无常，这类病毒处理起来通常很困难。

6. 可触发性

病毒因某个事件或数值的出现，开始实施感染或进行攻击的特性称为可触发性。为了隐蔽自己，病毒必须潜伏，少做动作。如果完全不动，一直潜伏的话，病毒既不能感染也不能进行破坏，便失去了杀伤力。病毒既要隐蔽又要维持杀伤力，它必须具有可触发性。病毒的触发机制就是用来控制感染和破坏动作的频率的。病毒具有预定的触发条件，这些条件可能是时间、日期、文件类型或某些特定数据等。病毒运行时，触发机制检查预定条件是否满足，如果满足，启动感染或破坏动作，使病毒进行感染或攻击；如果不满足，使病毒继续潜伏。

6.5.3 计算机病毒的类型

计算机病毒种类繁多，可从以下几个角度对其进行分类。

1. 传染方式

- 网络型病毒是指在网上运行和传播，影响和破坏网络系统的病毒，例如"灰鸽子（Backdoor/Huigezi）"病毒及其变种。"灰鸽子"是后门家族的成员之一，采用 Delphi 语言编写，并经过加壳保护处理。"灰鸽子"运行后，会自我复制到被感染计算机系统的指定目录下，并重新命名保存（文件属性设置为：只读、隐藏、存档）。"灰鸽子"是一个反向连接远程控制后门程序，运行后会与黑客指定远程服务器地址进行 TCP/IP 网络通信。中毒后的计算机会变成网络僵尸，黑客可以远程任意控制被感染的计算机，还可以窃取用户计算机里所有的机密信息资料等，会给用户造成不同程度的损失。"灰鸽子"会把自身注册为系统服务，以服务的方式来实现开机自动运行。"灰鸽子"主安装程序执行完毕后，会自我删除。
- 引导型病毒利用软盘或硬盘的启动原理工作，它们修改系统的引导扇区，在计算机启动时首先取得控制权，减少系统内存，修改磁盘读写中断，在系统存取操作磁盘时进行传播，影响系统工作效率。
- 文件型病毒一般只传染磁盘上的可执行文件，如 .COM，.EXE 等文件。在用户调用染毒的执行文件时，病毒首先运行，然后病毒驻留内存，伺机传染给其他文件或直接传染其他文件。其特点是附着在正常程序文件中，成为程序文件的一个外壳或部件。这是较为常见的传染方式。
- 宏病毒按方式分类属于文件型病毒。它是针对微软公司的文字处理软件 Word 编写的一种病毒。微软公司的字处理软件是最为流行的编辑软件，并且跨越了多种系统平台，宏病毒充分利用了这一点得到恣意传播。宏病毒具有传播极快、制作和变种方便、破坏性极大，以及多平台交叉感染等共性特征。例如，台湾一号病毒会在每月的 13 日影响 Word 文档和编辑器。它包含以下病毒宏：AutoClose，AutoNew，AutoOpen，这些宏是可被编辑宏。在病毒宏中含有如下的语句：IfDay(Now())= 13 Then... 这条语句与 13 日有关。台湾一号病毒造成的危害是：在每月 13 日，若用户使用 Word 打开一个带毒的文档（模板）时，病毒会被激发。激发时的现象是：在屏幕正中央弹出一个对话框，该对话框提示用户做一个心算题，如做错，它将会无限制地打开文件，直至内存不够，Word 出错为止；如心算题做对，会提示用户"什么是巨集病毒（宏病毒）?"，若回答"我就是巨集病毒"，再提示用户"如何预防巨集病毒?"，回答是"不要看我"。

- 混合型病毒兼有上两种病毒特点，既感染引导区又感染文件，因此这种病毒更易传染，如 1997 年国内流行较广的"TPVO-3783（SPY）"。

2. 连接方式

- 源码型病毒较为少见，亦难编写、传播。因为它要攻击高级语言编写的源程序，在源程序编译之前插入其中，并随源程序一起编译、连接成可执行文件。这样刚刚生成的可执行文件便已经带毒了。
- 入侵型病毒可用自身代替正常程序中的部分模块或堆栈区；因此这类病毒只攻击某些特定程序，针对性强，一般情况下也难以发现和清除。
- 操作系统病毒可用其自身部分加入或替代操作系统的部分功能。因其直接感染操作系统，这类病毒的危害性也较大。
- 外壳型病毒将自身附在正常程序的开头或结尾，相当于给正常程序加了个外壳。大部分的文件型病毒都属于这一类。

3. 破坏性

- 良性病毒只是为了表现其存在，如只显示某项信息，或播放一段音乐，对源程序不做修改，也不直接破坏计算机的软硬件，对系统的危害较小。但是这类病毒的潜在破坏还是有的，它使内存空间减少，占用磁盘空间，与操作系统和应用程序争抢 CPU 的控制权，降低系统运行效率等。
- 恶性病毒则会对计算机的软件和硬件进行恶意攻击，使系统遭到不同程度的破坏，如封锁、干扰、中断输入输出和使用户无法打印，甚至破坏数据、删除文件、格式化磁盘、破坏主板，导致系统死机和网络瘫痪。因此恶性病毒非常危险。其中还可细分出极恶性病毒：死机、系统崩溃、删除普通程序或系统文件，破坏系统配置导致系统死机、崩溃和无法重启。灾难性病毒：破坏分区表信息、主引导信息、FAT，删除数据文件，甚至格式化硬盘等。

4. 病毒算法

- 伴随型病毒，这一类病毒并不改变文件本身，它们根据算法产生 EXE 文件的伴随体，具有同样的名字和不同的扩展名（COM）。例如，XCOPY.EXE 的伴随体是 XCOPY-COM。病毒把自身写入 COM 文件并不改变 EXE 文件，当 DOS 加载文件时，伴随体优先执行，再由伴随体加载执行原来的 EXE 文件。
- "蠕虫"型病毒，通过计算机网络传播，不改变文件和资料信息，利用网络从一台计算机的内存传播到其他计算机的内存。它们一般除了内存不占用其他资源,例如"U盘寄生虫(Checker/Autorun)"病毒及其变种。"U盘寄生虫"是一个利用U盘等移动存储设备进行自我传播的蠕虫病毒。"U盘寄生虫"运行后,会自我复制到被感染计算机系统的指定目录下,并重新命名保存。"U盘寄生虫"会在被感染计算机系统中的所有磁盘根目录下创建"autorun.inf"文件和蠕虫病毒主程序体,从而实现用户双击盘符而启动运行"U盘寄生虫"蠕虫病毒主程序体的目的。"U盘寄生虫"还具有利用U盘、移动硬盘等移动存储设备进行自我传播的功能。"U盘寄生虫"运行时,可能会在被感染计算机系统中定时弹出恶意广告网页,或是下载其他恶意程序到被感染计算机系统中并调用安装运行,会给用户带来不同程度的损失。"U盘寄生虫"会通过在被感染计算机系统注册表中添加启动项的方式,来实现蠕虫开机自动运行。

- 寄生型病毒,除了伴随和"蠕虫"型,其他病毒均可称为寄生型病毒,它们依附在系统的引导扇区或文件中,通过系统的功能进行传播。

按其算法不同可分为:

练习型病毒,病毒自身包含错误,不能进行很好的传播,例如一些病毒在调试阶段。

诡秘型病毒,它们一般不直接修改DOS中断和扇区数据,而是通过设备技术和文件缓冲区等DOS内部修改,不易看到资源,利用DOS空闲的数据区进行工作。

变形病毒(又称幽灵病毒),这一类病毒使用一个复杂的算法,使自己每传播一份都具有不同的内容和长度。它们一般的作法是一段混有无关指令的解码算法和被变化过的病毒体组成。

应该指出,上面这些分类是相对的,同一种病毒按不同分类可属于不同类型。

6.5.4 计算机病毒的传播途径

随着近年计算机技术的高速发展,计算机病毒程序编写的技术手段也不断改进,进行传播和攻击采用的途径和方式也发生了很大变化。其主要的传播途径如下。

1. 通过网页浏览传播

网页病毒是一些非法网站在其网页中嵌入恶意代码,这些代码一般是利用浏览器的漏洞,在用户的计算机上自动执行传播病毒。

最近几年,"网站挂马"现象尤为严重。许多正规网站被入侵后,网页中也被植入木马。国家互联网应急中心监测结果显示,2009年高考期间,就有20余所高校网站曾遭遇黑客挂马事件。

2. U盘等可移动存储设备传播

U盘、移动硬盘等存储设备也是病毒传播的重要媒介。通过U盘传播的病毒,是利用操作系统的自动播放功能。当我们把光盘放进光驱时,系统可以自动播放光盘中的程序或视频文件。病毒就是利用这个功能,通过AutoRun.inf文件实现在打开U盘时自动执行病毒文件,从而感染我们的计算机主机。

3. 通过网络主动传播

通过网络主动传播的病毒主要有蠕虫病毒和ARP地址欺骗病毒。

蠕虫病毒会向网络发出大量的数据包,对同一网络上的主机进行扫描,然后通过

Windows 操作系统漏洞，通过共享访问、弱口令猜解等方式获取网络内其他机器的访问权限后，将病毒传播至其他机器。

ARP 地址欺骗病毒，一般属于木马类病毒。染毒的主机会向局域网内所有主机发送欺骗的 ARP 数据包，将自己伪装成网关，让所有上网的流量经过病毒主机。这样局域网中的其他计算机浏览网页时，会被连接到含有病毒的恶意网址，下载木马病毒。

不论是蠕虫病毒还是 ARP 病毒，在传播过程中都会发出大量的数据包，消耗网络资源，造成网络拥塞，甚至导致网络系统瘫痪。

4. 电子邮件传播

电子邮件一直是病毒传播的重要途径之一。病毒一般夹带在邮件的附件中，当人们打开附件时，病毒就会被激活。一些新的邮件病毒甚至能通过 Outlook Express 的地址簿自动发送病毒邮件。

5. QQ 等即时通信软件传播

在使用 QQ 软件聊天时，常常会收到类似的消息："这个网站不错，请看看！"或者"看看最近照的照片……"后面带有一个网址链接。如果我们随便打开这些网址，很可能就会中毒。感染病毒的主机又会自动给 QQ 上的其他用户发送带有病毒的网址，从而使病毒迅速扩散。

6. 与网络钓鱼相结合传播

网络钓鱼是攻击者利用欺骗性的电子邮件和伪造的 Web 站点来进行网络诈骗活动，以获取个人敏感信息的一种攻击方式。如一些非法网站通过伪装成银行及电子商务网站，窃取用户的银行账号和密码等信息。钓鱼网站又经常采用与其他病毒攻击相结合的传播和攻击方式。

7. 手机等移动通信设备传播

手机病毒最早出现在 2000 年，当时，手机公司 Movistar 收到大量由计算机发出的名为"Timofonica"的骚扰短信，该病毒通过西班牙电信公司"Telefonica"的移动系统向系统内的用户发送脏话等垃圾短信。事实上，该病毒最多只能被算作短信炸弹。真正意义上的手机病毒直到 2004 年 6 月才出现，那就是"Cabir"蠕虫病毒，这种病毒通过诺基亚 s60 系列手机复制，然后不断寻找安装了蓝牙的手机。之后，手机病毒开始泛滥。手机病毒受到计算机病毒的启发与影响，也有混合式攻击的手法出现。

6.5.5 计算机病毒的预防

就像治病不如防病一样，杀毒不如防毒。防治感染病毒的途径可概括为两类：一是用户遵守和加强安全操作控制措施，二是使用硬件和软件防病毒工具。

由于在病毒治疗过程上存在对症下药的问题，即只能是发现一种病毒以后，才可以找到相应的治疗方法，因此具有很大的被动性。而对病毒进行预防，则可掌握主动权，所以防治的重点应放在预防上。防治计算机病毒要从以下几个方面着手。

1. 加强自身安全防范意识

养成良好的计算机操作习惯，不轻易打开别人发来的网址和来源不明的邮件，应从正规网站下载应用软件。

2. 及时修补系统和应用软件安全漏洞

绝大多数计算机病毒都是利用操作系统或第三方软件漏洞进行传播和对用户进行攻击的，应及时下载安装补丁修复各种漏洞，切断病毒入侵的渠道。

3. 选择适当的防病毒软件

常用的防病毒软件，有 360 安全卫士、瑞星、金山毒霸、卡巴斯基等。要保证防病毒软件病毒库及时更新，开启实时监控功能，定期对系统进行病毒检测清理。

4. 为系统设置安全的登录密码，关闭不必要的网络共享和服务

建议设置密码的长度在 8 位以上，并采用英文字母、数字、特殊符号的组合方式。

5. 正确使用 U 盘等移动存储设备

使用 U 盘进行数据交换前，先对其进行病毒检查；禁用 U 盘的自动播放功能。

6. 在网络环境中应用防火墙

防火墙的主要功能是实现对网络中传输的数据进行过滤，配置合理的访问策略能够有效阻止来自外部网络的非法攻击，建立起一道安全保护屏障。

7. 谨慎进行网上交易，妥善保管网银证书

网银证书，即网上银行客户证书，是保证网上银行交易安全的重要工具，应从银行官方渠道获得。应注意妥善保管好网银证书及证书密码，不要将证书交付其他人。在网上银行办理相关业务时，应在安全环境下使用网银证书，在办理完业务后，及时将网银证书退出并保管好。忘记证书密码或因密码输错多次而导致证书被冻结的，应及时到银行营业网点办理证书密码重置手续。

8. 做好系统和重要数据的备份，以便能够在遭受病毒侵害后及时恢复

如果发现计算机染毒，应当立即断开网络，用杀毒软件进行彻底查杀。同时，注意保护重要数据和文档资料安全。计算机病毒具有破坏性，一旦进入计算机系统，就可能造成难以挽回的损失。在目前的计算机系统和开放式的网络环境下，想要彻底避免计算机病毒侵害是不可能的。但只要采取适当的应对预防措施，就能够阻止大多数已知病毒的入侵，在病毒大规模发作时最大限度地降低损失。

本章小结

网络安全就是为防范计算机网络硬件、软件、数据偶然或蓄意被破坏、篡改、窃听、假冒、泄露、非法访问并保护网络系统持续有效工作的措施总和。最终目标就是通过各种技术与管理手段实现网络信息系统的可靠性、保密性、完整性、有效性、可控性和拒绝否认性。

防火墙是设置在被保护网络和外部网络之间的一道屏障，以防止不可预测的潜在破坏性的入侵。防火墙作为网络安全体系的基础和核心控制设备，在网络安全中具有举足轻重的地位。选购一个安全、稳定、可靠的防火墙产品是非常重要的。

VPN 是一种架构在公用通信基础设施上的专用数据通信网络，利用网络层安全协议（尤其是 IPSec）和建立在 PKI 上的加密与签名技术来获得私有性。同租用线路等方法相比，VPN 既节省开销又易于安装和使用，已经成为企业架构 Intranet 和 Extranet 的首选。

在网络安全实践中，入侵检测是保障网络系统安全的关键部件，部署入侵检测是一项烦琐的工作，既要突破检测速度瓶颈制约，适应网络通信需求，又要降低漏报和误报，提高其安全性和准确度，还要提高系统互动性能，增强全系统的安全性能。

　　计算机病毒是一种在用户不知情或未批准情况下能自我复制及运行的计算机程序，它往往会影响受感染的计算机的正常运作，轻则影响机器运行速度，重则使计算机瘫痪，会给用户带来不可估量的损失。因此，熟知计算机病毒及其传播途径，做好预防工作，对于保障网络安全显得尤为重要。

专业或关键术语

　　网络安全；物理安全；安全控制；安全服务；安全机制；安全协议；安全连接；安全策略；防火墙；网络层防火墙；应用层防火墙；数据库防火墙；虚拟专用网络 VPN；虚拟专用拨号网络；虚拟专用路由网络；虚拟租用线路；虚拟专用 LAN 子网段；隧道技术；隧道协议；入侵检测；特种检测；异常检测；计算机病毒；网络病毒；良性病毒；恶性病毒；变形病毒。

思考题

1. 什么是网络安全？它有哪些特征？
2. 网络安全的结构层次是怎样的？网络面临哪些安全威胁，可以采用哪些安全机制？
3. 如何分析网络的安全性能？
4. 什么是防火墙？它有哪些功能与特征？
5. 怎样对防火墙进行分类？防火墙采用了什么安全技术和安全策略？
6. 什么是 VPN？它有哪些功能特征？
7. VPN 有哪些类型？它采用了哪些安全技术和安全策略？应用 VPN 有什么价值？
8. 什么是入侵检测？其基本原理和工作流程是怎样的？
9. 入侵检测有哪些类型？它采用了哪些检测方法？
10. 什么是计算机病毒？它有何特点？如何分类？
11. 计算机病毒的传播途径有哪些？如何做好预防工作？

实战题

　　1. 如何设置 Windows 防火墙来保护计算机系统的安全？在 Windows 服务器系统中如何有效设置防火墙？

　　2. 为保障网络信息系统的安全稳定运行，正确、快速地处理计算机病毒攻击所造成的网络信息系统瘫痪等突发故障，在网络安全实践中如何做好应急处理？可以采用哪些应急方法来提高运维人员的故障处理能力？

第7章 数据库系统安全

本章要点

- 了解数据库及其系统安全。
- 掌握数据库的安全内涵、特点、要求及对策。
- 了解数据库安全威胁,掌握数据库备份与恢复技术。

引例

MongoDB 数据库安全事故 超 2 亿中国求职者简历曝光

2019 年 1 月 13 日,外网安全研究人员偶然发现一个没有被很好保护的 MongoDB 数据库服务器,导致超 2 亿用户数据泄露,均为简历信息且内容详细,疑似是第三方应用泄露。

整个实例包含 854 GB 数据,共有 202 730 434 条记录,其中大部分是中国用户简历,内容非常详细,包括中文全名、家庭住址、电话号码、电子邮件、婚姻状况、政治面貌、期望薪水等内容。Hacken Proof 网络风险研发主管 Bob Diachenko 认为,这应该是服务器数据在线泄露。已确定大致来源为一个已经删除的 GitHub 存储库,该存储库包含 Web 应用程序的源代码,此应用程序具有与泄露数据库中数据结构完全相同的数据,这清楚表明该程序应该是一个收集用户简历的第三方应用。

此前,MongoDB 也多次出现安全问题。无须身份验证的开放式 MongoDB 数据库曾遭到多个黑客组织的攻击,被攻破的数据库内容会被加密,受害者必须支付赎金才能找回自己的数据。

2016 年 12 月底到 2017 年 1 月,黑客利用配置存在纰漏的 MongoDB 展开勒索行为,黑客组织将网络上公开的 MongoDB 资料库中的资料汇出,并将 MongoDB 服务器上的资料移除。起初 200 个 MongoDB 数据库实例的数据被非法清除,几天之内,受感染的 MongoDB 数据库实例已经增长至一万多台。刚开始,攻击者要求受害人支付 0.2 个比特币(当时的价值约为 184 美金)作为数据赎金,随着被感染的数据库越来越多,攻击者将勒索赎金提升至 1 个比特币(价值约为 906 美金)。此次事件被称为"MongoDB 启示录"。

随着隐私数据泄漏的情况变得越来越普遍,各类组织应该认识到正确保护第三方数据库服务器的重要性,并采取必要的步骤来加密数据,以确保在恶意目的下无法使用。此类事件频发也表明,安全是个不容忽视的问题,希望各厂商、开发者能够重视安全问题,避免造成不必要的损失。

随着计算机技术的迅速发展,计算机被应用到人类活动的几乎所有方面,各个应用领域不断提出新的更复杂的需求。反之,为满足这些需求,大量软件、硬件新技术发展起来,尤其是数据库技术得到了飞速发展和广泛应用。随之而来的数据库安全也提出了新的需求。在数据库系统中,由于数据的集中管理以及相应的多用户存取,以及近年来跨网络的分布系统的急速发展,电子商务应用过程中,数据库的安全问题可以说已经成了电子商务信息系统最关键的环节，与其他层次上的电子商务安全问题相比，可能数据库层次上的安全问题更为尖锐。

7.1 数据库安全内涵

数据库系统的基本组成部分有硬件、软件（操作系统、数据库管理系统和编译系统等）、数据库和用户。尽管它们一直是数据库系统的基本组成部分，但与十年前相比，其范围、规模和复杂性都大大增加了。近五年，人类处理的信息的数量和复杂程度都达到了一个前所未有的水平，信息爆炸已成为现实（特别是考虑到互联网上几乎是以几何级数速度增长着的用户和传递着的信息量），作为信息表示形式的数据和数据结构的复杂性也达到了一个前所未有的程度。用数字和字符串表达的简单商务信息、数据处理尽管仍很重要，但最新的业务系统需要处理的是大量的多媒体、图像、声音、时间序列、过程或"主动"的数据，以及其他各种复杂形式的数据，当然还有面向对象技术引入的新的数据结构上的革命性的进步——新的数据源正在大量涌现。

此外，低成本、高速度的硬件设备，如基于快速廉价的微处理器的多CPU系统，已被广泛使用。硬盘和内存的容量逐年增大，成本逐年下降。硬件的发展对数据库系统的影响是不能忽视的重要问题。新一类复杂的数据库管理系统（Database Management System，DBMS）已经开始出现，以满足崭新的数据集合的需求并充分利用新型硬件的处理优势。不仅计算技术在变化，用户群也在变革和进步。现在几乎每个企业都将计算机化的信息处理作为其运营过程中不可缺少的一部分。在成熟的业务系统的基础上，大量的决策系统也在投入运行。数据仓库的迅猛发展就说明了市场的需求是多么迫切和强烈。十年前的企业网一般仅限于地域相对集中的局域网，而近年来移动通信技术的发展已经将企业网的概念发展到地域必须覆盖全球的规模，从Web网广阔范围地连接到地球观测系统（EOS），形成了大范围网络联机系统，并交换着天文数字的信息。应用领域的需求和计算机技术的飞速发展，刺激并推动了数据库技术的发展，同时也使数据库管理系统的安全技术面临着巨大的挑战。

数据库通常都保存着企业、组织和政府部门的各种重要的信息，是电子商务、ERP系统和其他重要商业系统的基础。但由于大多数人对数据库安全的重视远远不及操作系统和网络安全，尽管有计算机系统中一级一级层层设置的安全措施的保护，数据完整性和合法性存取依然会受到很多方面的安全威胁，如密码策略、系统后门、数据库操作、网络攻击以及本身的安全方案。而这些安全隐患，往往是因为忽略了使用数据库的安全措施引起的。

数据库安全是指保护数据库以防止非法用户的越权使用、窃取、更改或破坏数据。与其他计算机系统（如操作系统）的安全要求类似，数据库安全包含两层含义：第一层是指系统运行安全，系统运行安全通常受到的威胁是一些网络不法分子通过网络、局域网等途径，通过入侵计算机使系统无法正常启动，或超负荷让计算机进行大量计算，并关闭CPU风扇，使CPU过热烧坏等破坏性活动。第二层是指系统信息安全，系统安全通常受到的威胁是黑客入侵数据库，并盗取想要的资料。数据库系统的安全特性主要是针对数据而言的，包括数据独立性、数据安全性、数据完整性、并发控制和故障恢复等几个方面。因此，数据库系统的安全要求可以归纳为保密性、完整性和可用性三个方面。

（1）保密性

保密性指保护数据库中的数据不被泄露和未授权地获取，一般要求对用户进行访问授权，同一组数据的不同用户可以被授予不同的存取权限，同时还要求能够对用户的访问操作行为进行跟踪和审计。

（2）完整性

数据库的完整性主要包括物理完整性和逻辑完整性。物理完整性是指保证数据库的数据不受物理故障（如硬件故障、突然断电等）的影响，并有可能在灾难性毁坏时重建和恢复数据库，逻辑完整性是指对数据库逻辑结构的保护，包括数据的语义完整性和操作完整性。前者是数据存取在逻辑上满足完整性约束，后者主要是指在并发事务中保证数据的一致性。

（3）可用性

数据库的可用性是指数据库不应拒绝授权用户对数据的正常操作，同时保证系统的运行效率并提供对用户友好的人机交互。

1. 数据库安全与数据库系统安全

数据库系统安全（DataBase System Security）是指为数据库系统采取的安全保护措施，防止系统软件和其中数据遭到破坏、更改和泄露等。其重要指标之一是确保系统安全，以各种防范措施防止非授权使用数据库，主要通过 DBMS 实现。数据库系统中一般采用用户标识和鉴别、存取控制、视图以及密码存储等技术进行安全控制。

数据库安全的核心和关键是其数据安全。数据安全是指通过保护措施确保数据的完整性、保密性、可用性、可控性和可审查性。由于数据库存储着大量的重要信息和机密数据，而且在数据库系统中大量数据集中存放，供多用户共享，因此必须加强对数据库访问的控制和数据安全防护。

从系统与数据的关系上，也可将数据库安全分为数据库的系统安全和数据安全。

数据库系统安全主要是在系统级控制数据库的存取和使用的机制，包含：

1）系统的安全设置及管理，包括法律法规、政策制度、实体安全等。
2）数据库的访问控制和权限管理。
3）用户的资源限制，包括访问、使用、存取、维护与管理等。
4）系统运行安全及用户可执行的系统操作。
5）数据库审计有效性。
6）用户对象可用的磁盘空间及数量。

数据安全是在对象级控制数据库的访问、存取、加密、使用、应急处理和审计等机制，包括用户可存取指定的模式对象及在对象上允许做的具体操作类型等。

2. 数据库系统安全的层次与结构

（1）一般数据库系统安全涉及五个层次

1）用户层：侧重用户权限管理及身份认证等，防范非授权用户以各种方式对数据库及数据的非法访问。
2）物理层：系统最外层最容易受到攻击和破坏，主要侧重保护计算机网络系统、网络链路及其网络节点的实体安全。
3）网络层：所有网络数据库系统都允许通过网络进行远程访问，网络层安全性和物理层安全性一样极为重要。

4）操作系统层：操作系统在数据库系统中，与 DBMS 交互并协助控制管理数据库。操作系统安全漏洞和隐患将成为对数据库进行非授权访问的手段。

5）数据库系统层：数据库存储着重要程度和敏感程度不同的各种数据，并被拥有不同授权的用户所共享，数据库系统必须采取授权限制、访问控制、加密和审计等安全措施。

为了确保数据库安全，必须在所有层次上进行安全性保护措施。若较低层次上安全性存在缺陷，则严格的高层安全性措施也可能被绕过而出现安全问题。

（2）可信 DBMS 体系结构

可信 DBMS 体系结构分为两类：TCB 子集 DBMS 体系结构和可信主体 DBMS 体系结构。

1）TCB 子集 DBMS 体系结构。

执行安全机制的可信计算基（TCB）子集 DBMS 利用位于 DBMS 外部的可信计算基（常为可信操作系统或可信网络），执行对数据库客体的强制访问控制。该体系将多级数据库客体按安全属性分解为单级断片（属性相同的数据库客体属同一断片），分别进行物理隔离存入操作系统客体中。每个操作系统客体的安全属性就是存储于其中的数据库客体的安全属性。之后，TCB 对此隔离的单级客体实施强制存取控制（MAC）。

该体系的最简单方案是将多级数据库分解为单级元素，安全属性相同的元素存在一个单级操作系统客体中。使用时，先初始化一个运行于用户安全级的 DBMS 进程，通过操作系统实施的强制访问控制策略，DBMS 仅访问不超过该级别的客体。之后，DBMS 从同一个关系中将元素连接起来，重构成多级元组，返回给用户。

2）可信主体 DBMS 体系结构。

该体系结构与上述结构极不相同，自身执行强制访问控制。按逻辑结构分解多级数据库，并存储在几个单级操作系统客体中。而每个单级操作系统客体中可同时存储多种级别的数据库客体（如数据库、关系、视图、元组或元素），并与其中最高级别数据库客体的敏感性级别相同。该体系结构的一种简单方案是，DBMS 软件仍在可信操作系统上运行，所有对数据库的访问都须经由可信 DBMS。

7.2 数据库安全面临的威胁

7.2.1 数据库安全性分析

1. 数据库安全性分析的基本原理——风险评估

一般认为，风险就是有害事件发生的可能性。一个有害事件由三个部分组成：威胁、脆弱性和影响。如果不存在威胁和脆弱性，则不存在有害事件，也就不存在风险。而风险评估（Vulnerability Assessment），又称风险分析，是指用于估计威胁发生的可能性以及由于系统存在易受到攻击的脆弱性而引起潜在损失的步骤。风险评估的最终目的是帮助选择安全防护并将风险降低到可接受的程度。

风险评估是网络安全防御中的一项重要技术，其实现原理是采用模拟攻击的形式对目标可能存在的已知安全漏洞进行逐项检查。目标可以是工作站、服务器、交换机和数据库应用等各种对象。然后根据扫描结果向系统管理员提供周密可靠的安全性分析报告，为提高网络安全整体水平产生重要依据。在这里，漏洞是指系统的弱点。因此可以把攻击的概念对应威胁，漏洞的概念对应脆弱性，而威胁、脆弱性和影响都在通过扫描而得到的安全分析报告中体现出来。

2. 数据库系统所受到的安全威胁

原则上，凡是造成对数据库内存储数据（包括敏感和非敏感的信息）的非授权访问——读取，或非授权的写入——增加、删除、修改等，都属于对数据库的数据安全造成了威胁或破坏。另一方面，凡是正常业务需要访问数据库时，令授权用户不能正常得到数据库的数据服务，也称为对数据库的安全形成了威胁或破坏。因为很显然，这两种情况都会对数据库的合法用户的权益造成侵犯，或者是信息被窃取，或者是由于信息的破坏而形成提供错误信息的服务，或者是干脆拒绝提供服务。

根据安全威胁的来源及攻击的性质，可将数据库的安全威胁大致分为以下几类。

（1）逻辑的威胁
- 非授权访问，即用户对未获得访问许可的信息的访问。
- 推理访问数据，是指由授权读取的数据，通过推论得到不应访问的数据。
- 病毒，病毒可以自我复制，永久地或通常是不可恢复地破坏自我复制的现场，达到破坏信息系统、取得信息的目的。
- 特洛伊木马，一些隐藏在公开的程序内部，收集环境的信息，可能是由授权用户安装的，利用用户的合法的权限对数据安全进行攻击。
- 天窗、隐通道，藏在合法程序内部的一段程序代码。特定的条件下（例如特殊的一段输入数据）将启动这段程序代码，从而许可此时的攻击可以跳过系统设置的安全稽核机制进入系统，以实现对数据防范的攻击和达到窃取数据的目的。

（2）硬件的威胁
- 磁盘故障：在计算机运行过程中最常见的问题就是磁盘故障，它会导致重要数据的丢失。
- I/O 控制器故障：控制器发生故障，会破坏数据的完整性。
- 电源故障：电源故障分为电源输入故障和系统内部电源故障。由于系统停电是不可预料的，因而不论处在哪种情况下都有可能使数据受到毁损。
- 存储器故障：存储器模块插槽的损坏、触点黏污，装配时造成的误连接、由于振动造成存储器在插槽内非正确接触等，都会导致系统无法正常工作。
- 介质、设备和其他备份故障：数据存储在可移动介质上以做备份，恢复工作则是对备份数据的复制。如果服务器出错、被毁，那么存储设备或其使用的介质的任何错误都会导致数据的丢失。
- 芯片和主板的故障：芯片和主板的故障会导致严重的数据毁损。

（3）人为错误的威胁

操作人员或系统的直接用户的错误输入、应用程序的不正确使用，都可能导致系统内部的安全机制的失效，导致非法访问数据的可能，也可能导致系统拒绝提供数据服务。

（4）传输的威胁

目前，数据库大多是基于网络环境的。在网络系统中，无论是调用任何指令，还是任何信息的反馈均是通过网络传输实现的，因此对数据库而言，就存在着网络信息传输的威胁。
- 对网络上信息的监听：对于网上传输的信息，攻击者只需要在网络链路上通过物理或逻辑的手段，就能对数据进行非法的截获与监听，进而得到敏感信息。
- 对用户身份的仿冒：对用户身份仿冒这一常见的网络攻击方式，能对数据库的信息产生严重的威胁。
- 对网络上信息的篡改：攻击者可能对网络上的信息进行截获并且篡改其内容（增加、删去或改写），使用户无法获得准确、有用的信息或落入攻击者的陷阱。
- 对信息的否认：某些用户可能对自己发出或接收到的信息进行恶意的否认。
- 对信息进行重放："信息重放"的攻击方式，即攻击者截获网络上的密文信息后，并不将其破译，而是再次转发这些数据包，以实现其恶意目的。

（5）物理环境的威胁
- 自然的或意外的事故：如地震、火灾、水灾导致硬件的破坏，进而导致数据的丢失和损坏。
- 偷窃：这里的偷窃指偷窃信息和服务。
- 蓄意破坏：主要是指恐怖组织的活动。

7.2.2 数据库安全漏洞与缺陷

下面列出一些常见数据库服务器安全漏洞和配置缺陷。

1. 安全特性缺陷

大多数关系型数据库已经存在有十年了，是相当成熟的产品。但不幸的是，IT安全专家对网络和操作系统要求的许多特性在多数关系型数据库上还没有使用。

2. 没有内置一些基本安全策略（表7-1）

表7-1　常用数据库基本安全策略缺陷

常用数据库	基本安全策略缺陷
SQL Server	当使用混合认证方式时，安全检查是针对活动目录进行的，而用户和数据库服务器并不在相同的活动目录区域内，也就无法使用诸如活动目录等所提供的底层安全架构 SQL Server 数据库提供的基本安全技术能够满足一般的数据库应用，而对于一些重要部门或敏感领域来说，这些技术措施难以完全保证数据的安全。因此，有必要对数据库中存储的重要数据进行加密处理，以实现数据存储的安全保护
Oracle	Oracle 数据库客户端与服务端进行交互时，默认为明文传输，易造成用户的数据库账号、密码以及用户通过合法调用数据库查询命令所查到的敏感信息等被恶意入侵者盗取 Oracle 需要手动配置连接超时功能，默认情况下不开启，这容易造成由于人为疏忽而引起的长时间空闲连接数据库，给数据库性能和安全都带来负面影响
MySQL	建立在非安全操作系统基础上的 MySQL 存在权限重放缺陷 MySQL 提供基于用户主机 IP 验证安全功能，但其只是将用户登录时登录主机的 IP 地址与 user 表中的 IP 地址进行比较，并无其他握手信号，存在 IP 地址篡改和 IP 地址假冒等 IP 欺骗缺陷

由于这些数据库都是"端口性"的，操作系统核心安全机制不提供给数据库的网络连接，比如 MS SQL Server，可以使用 Windows NT 的安全机制来弥补上面的缺陷，但是，多数运行 MS SQL Server 的环境并不一定都是 Windows NT。如果不是在 Windows NT 环境下运行，MS SQL Server 运行上的一些安全缺陷又是另一个要解决的问题。如果不是在 Windows NT 上运行 Oracle 数据库，系统管理员或数据库管理员无法知道 Oracle 的安全特性是否正在被使用。

如果上面列举的这些安全缺陷叠加起来，在不同运行环境下，数据库的安全问题将更加严重。由于系统管理员账号不能改变（SQL Server 和 Sybase 是"as"，Oracle 是"system"和"sys"），如果没有设置密码，入侵者就能直接登录并攻击数据库服务器，没有任何东西能够阻止他们获得更高权限的系统账号。

3. 数据库账号管理缺陷

多数数据库提供的基本安全特性，都没有机制来限制用户必须选择健壮的密码。这就需要更加谨慎的控制和管理。也有一些额外的功能来管理和保护整个密码表。比如，Oracle 系统有超过 10 个特殊的默认用户账号和密码，并且有特定的密码来管理一些数据库操作，比如数据库的启动、控制网络监听进程和远程数据库登录特权。许多系统密码都能给入侵者完全访问数据库的机会，甚至有些就储存在操作系统中的普通文本文件中。比如：

Oracle 内部密码，储存在 str×××.cmd 文件中，其中×××是 Oracle 系统 ID 和 SID，默认是"ORCL"。这个密码用于数据库启动进程，提供完全访问数据库资源。这个文件在 Windows NT 中需要设置权限。

Oracle 监听进程密码，保存在文件"listener.ora"（保存着所有的 Oracle 执行密码）中，用于启动和停止 Oracle 的监听进程。这需要设置一个健壮的密码来代替默认的，并且必须对访问设置权限。入侵者可以通过这个弱点进行 DoS 攻击。

Oracle 内部密码——"orapw"文件权限控制，Oracle 内部密码和账号密码允许 SYSDBA 角色保存在"orapw"文本文件中，该文件的访问权限应该被限制。即使加密，也能被入侵者暴力破解。

以上只是一些例子。密码保护不仅只针对 Oracle，其他数据库系统一样需要。

4. 操作系统后门

多数数据库系统都有一些特性，来满足数据库管理员数据管理的额外需要，这些也成为数据库主机操作系统易被攻击的后门。

对于 Sybase 和 SQL Server 的账号"sa"，入侵者可以执行"扩展存储过程"来获得系统权限。只要作为"sa"登录，就可以使用扩展存储过程 xp_cmdshell，这允许 Sybase 和 SQL Server 用户执行操作系统命令，就好像在运行操作系统的命令行模式。比如，下面可以添加一个系统账号"refdom"，密码是"nopassword"，并且添加到 administrators 组中：

```
xp_cmdshell 'net user refdom nopassword /add'
go
xp_cmdshell 'net localgroup /add administrators refdom'
go
```

这是因为 SQL Server 用 Windows NT 的本地账号"localsystem"运行命令，通过使用扩展存储过程 XP Cmdshell 来执行管理员权限。

```
xp_regread 'HKEY_LOCAL_MACHINE','SECURITY\SAM\Domains\Account','F'
```

注意，能读出加密的密码是 NT 的"administrator"账号都不能做的。SQL Server 能读出来同样是用的"LocalSystem"账号来执行命令，以使用 XP regread 来读取加密的密码。

Oracle 有可以获得操作系统的文件访问权限的特性。比如，UTL_FILE 允许用户读和写文件，UTL_FILE_DIR 可以用来设置用户使用 UTL_FILE 权限的文件。

5. 审核缺陷

数据库的审核涉及数据库的跟踪和日志事件的记录，这些主要信息和时间能被关系数据库的认证系统很详细地记录下来，但是，这只能在审核功能正确地使用和配置下才能起到安全和报警作用。

6. 木马的威胁

数据库管理员需要特别小心，著名的木马病毒能够获得密码，改变存储过程以修改密码，而且能通知入侵者。比如，可以添加几行到 sp_password 中，记录新账号到库表中，通过 E-mail 发送这个密码，或者写到文件中以后使用。这个存储过程不断地获得密码，直到得到"sa"的密码。

7.3 数据库的数据安全

7.3.1 数据库系统的主要安全特点

若从计算机系统的安全结构来考虑，数据库系统在整个计算机系统中的逻辑位置处于安全边界的附近，应当受到强有力的支持和保护。然而，面对上述的威胁，数据库系统所需的安全功能则是操作系统不能完全提供和保障的，其原因如下：

1) 数据库中信息众多，需要保护的客体不多，其中的各种信息所要求的安全程度也不相同。
2) 数据库中某些重要数据的生存周期较长，需要长期保护。
3) 在开放的网络环境中，用户众多而分散，不同的用户所能享用的资源的权限很可能是不同的，导致安全性问题更加复杂。
4) 操作系统中受保护的客体是实际资源，而在数据库系统中受保护的客体可能是复杂的逻辑结构。若干复杂的逻辑结构可能映射到同一物理数据客体上。
5) 需要防范由非敏感数据推理出敏感数据的推理攻击。
6) 高可用性和频繁的访问，也使得安全性问题更为突出。

7.3.2 数据库系统的安全要求

面对诸多的威胁，加上数据库系统自身的安全特点，对数据库的安全性就提出了诸多要求。计算机安全性的三个方面：完整性、保密性和可用性，与数据库管理系统都有关系。完整性既适用于数据库的个别元素，也适用于整个数据库，所以在数据库管理系统的设计中完整性是主要的关心对象。保密性由于推理攻击的存在而变成数据库安全的一大问题。最后，因为满足共享访问的需要是开发数据库的基础，所以可用性是非常重要的。但是可用性与保密性是相互冲突的，因此需要互相平衡。

表 7-2 从七个方面列出数据库的安全性要求，其中，物理上的数据库完整性、逻辑上的数据库完整性、元素的完整性和可审计性属于完整性方面的要求；访问控制和用户认证是保密性方面的要求；可获性也就是可用性。

表 7-2 数据库系统安全性要求

安全问题	注释
物理上的数据库完整性	预防数据库数据物理方面的问题,如掉电,以及当被灾祸破坏后能重构数据库
逻辑上的数据库完整性	保持数据的结构,比如,一个字段的值的修改不至于影响其他字段
元素的完整性	包含在每个元素中的数据是准确的
可审计性	能够追踪到谁访问修改过数据的元素
访问控制	允许用户只访问被批准的数据,以及限制不同的用户有不同的访问模式,如读或写
用户认证	确保每个用户被正确地识别,既便于审计追踪,也为了限制对特定的数据进行访问
可用性	用户一般可以访问数据库以及所有被批准访问的数据

1. 数据库的完整性

数据库管理程序必须确保只有经批准的个人才能更新数据,这就意味着数据必须有访问控制。另外,数据库系统还必须防范非人为的外力灾难。

数据库的完整性是 DBMS、操作系统和计算系统管理者的责任。从操作系统和计算系统管理者的观点来看,数据库和 DBMS 分别是文件和程序。因此对整个数据库保护的一种形式就是对系统上的所有文件周期性地做备份。数据库的周期性备份可以减少由灾祸造成的损失,为了能在系统出错后重建数据库,DBMS 必须维护对事务的记录。在出现系统失败的事故时,通过备份数据库开始重新处理记录截止点之后的所有业务。

2. 元素的完整性

数据库元素的完整性是指它们的正确性和准确性。由于用户在搜集数据计算结果和输入数值时可能会出现错误,所以 DBMS 必须能帮助用户在输入时发现错误,并在插入错误数据后纠正它们。

DBMS 用三种方式维护数据库中每个项目的完整性。

1)字段检查,即检查一个位置上的适当值。这种检查可以防止输入数据库时可能出现的简单错误。

2)通过访问控制来维护数据库的完整性和一致性。一个数据库可能包含几种来源的数据。而在开发一个数据库之前,可能在许多表中存储了重复的数据。需要一种策略来解决可能发生的数据冲突问题。

3)维护数据库的更改日志。更改日志是数据库每次改变的记录文件,日志包括原来的值和修改后的值。数据库管理员可以根据日志撤销任何错误的修改。

3. 可审计性

在某些应用中,可能需要产生对数据库的所有访问(读或写)的审计记录。这种记录可以协助维持数据的完整性,或者至少可以帮助在事后发现谁在影响以及何时影响过什么值。攻击者可能会以逐次递增的形式形成对被保护数据的访问,不是单用一次访问来发现被保护的数据,而是用一组访问来发现一些敏感的数据。在这种情况下,审计踪迹可以作为分析攻击者线索的依据。

审计粒度成为审计中的一个关注点。数据库的审计踪迹则必须包括对记录字段和元素一级的访问。对于大多数数据库应用,要求审计信息很详细。

在某些情况下,用户可能访问了一个记录,但是 DBMS 并没有把这个记录的真实情况告诉给用户，如 DBMS 会告诉用户这个记录所有域的和，或者不直接访问某些元素而确定它们的值。因此，所有直接访问过的记录的日志可能高于也可能低于用户实际知道的值。

4. 访问控制

数据库通常根据用户访问权限进行逻辑分割，如一般用户访问一般数据；市场部可以得到销售数据；人事部门可以得到工资数据等。

数据库管理系统必须实施访问控制策略，指定哪些数据允许被访问或者禁止访问；指定允许谁访问哪些数据，这些数据可以是字段或记录，或者甚至是元素。DBMS 批准某个用户或者程序有权读取、改变、删除或附加一个值，增加或删除整个字段或记录，或者重新组织完全的数据库。

对数据库的访问控制和操作系统的访问控制有根本区别。事实上数据库的访问控制更为复杂。因为数据库中的记录字段和元素是相互关联的，用户只能通过读取某个文件而确定某个文件的内容，但有可能通过读取数据库中的其他某一元素而确定数据库中的另一个元素，也就是说用户可以通过推理的方法从某些数据的值得到另外一些数据值。

通过推理访问数据可能不需要有对安全目标的直接访问权。限制推理则意味着为防止可能的推理而禁止一些推理路径。通过限制访问来控制推理，也限制了无意访问未经批准的数据的那些用户的查询，而为了检查权限也可能降低数据库访问的效率。

操作系统和数据库的访问控制目标在规模上是不同的。相对于有数百个文件且每个文件可能有上百个字段的数据库的访问控制表，有几百个文件的操作系统的访问控制表就容易实现得多。

5. 用户认证

DBMS 要求进行严格的用户认证。一个 DBMS 可能要求用户提供指定的密码和对时间日期进行验证。这一认证是在操作系统完成的认证之外另加的。DBMS 在操作系统之外作为一个应用程序被运行，这意味着它没有与操作系统互操作的可信赖路径，因此必须怀疑它所收到的任何数据，包括用户认证。因此，DBMS 最好有自己的认证机制。

6. 可用性

可用性是指当需要时能否存取所需的信息。当决定是否允许访问存取时，DBMS 必须考虑数据的可获性、访问的可接受性和认证的准确性。下面解释这三个因素。

（1）数据的可获性

首先，要访问的元素可能是不可访问的。例如，一个用户在更新某些字段时，其他用户对这些字段的访问便必须被暂时阻止。这样可以保证用户不会收到不准确的信息，当进行更新时，应保持用户与其他部分的一致性。不过有一点要注意，如果正在更新的用户在更新进行期间退出，其他用户有可能会被永远阻止访问该记录。这种情况是一个安全性问题，会出现拒绝服务的问题。

（2）访问的可接受性

记录的一个或多个值可能是敏感的而不能被用户访问。DBMS 不应该将敏感数据泄露给未经批准的个人。但是判断什么是敏感的并不是那么简单。有的用户会请求某些不包含敏感数据的记录，但该用户的目的也许是由非敏感的特殊字段推出需要的敏感数据的值。表 7-3 所示的数据库，一个用户可能请求 FINES（罚款）为非"0"的学生的 NAME（姓名）和

DORM（宿舍），但敏感字段 FINES 的确切值并未泄露。即使明确地给出敏感的值，数据库管理程序也可能拒绝用户访问这样的背景信息，它会提示用户这是其无权知道的信息。另外，用户可能希望由非敏感数据导出敏感的统计值，例如，如果请求平均的资助值并不泄露个人的助学金，数据库管理程序是可以安全地返回这个平均值的，然而，一个数据值的平均值往往会泄露该值本身。

表 7-3 学生个人信息表

NAME	SEX	RACE	AID	FINES	DRUGS	DORM
AA	M	C	5000	45.0	1	H
BB	M	B	0	0	0	G
CC	F	A	3000	20	0	W

（3）认证的准确性

数据库访问要求进行严格的用户认证。因此，必须限制用户密码的长度（如必须在 8 位以上），强制用户定期更改密码，并开启访问日志，对任何非法登录进行跟踪。为了加强安全性，数据库管理员还可以允许用户只在某些时段访问数据库（比如在工作时间），以确保用户认证的时间性。

7.3.3 数据库系统的安全对策

为了保护数据库系统免受上述威胁的影响，达到其基本的安全要求，应当采取合理的安全对策。这些安全对策要能保证数据库中的数据不会被有意攻击或无意破坏，能保证不发生数据的外泄、丢失和毁损。

实际上，安全问题并不是数据库系统所独有的，所有计算机化的系统中都存在这个问题，只是由于数据库系统中存放了大量数据，并为许多用户直接共享，使其安全性问题更为突出。由于安全性问题有系统问题与人为问题，所以一方面用户可以从法律、政策、伦理、道德等方面控制人们对数据库的安全使用；另一方面还可以从物理设备、操作系统等方面加强保护，保证数据库的安全；另外，也可以从数据库本身实现数据库的安全性保护。

在计算机系统中，安全对策一般是分级设置的，图 7-1 表示的就是一种常见的安全模型。

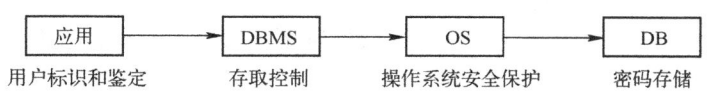

图 7-1 安全控制模型

在用户要求进入计算机系统时，系统首先根据用户输入的用户标识进行用户身份鉴定，只有合法的用户才被允许进入计算机系统。对已进入系统的用户，DBMS 还要进行存取控制，只允许用户进行合法操作。操作系统一级也会有自己的保护措施。数据最后还可以加密存储。在这里，仅讨论与数据库系统有关的用户管理、存取控制、数据加密、审计跟踪和攻击检测这些安全对策。

1. 用户管理

用户所要访问的数据库系统、操作系统、文件系统以及网络系统等在用户管理方面非常相似，采用的方法和措施也十分近似。在一个网络环境下的多用户系统中，识别用户永远是安全控制机制中最重要的一个环节，也是安全防线的第一个环节。

这里提到的用户管理包括用户标识和用户鉴别。通过核对用户的名字或身份（ID），决定该用户对系统的使用权。数据库系统不允许一个未经授权的用户对数据库进行操作。标识是指用户向系统出示自己的身份证明，最简单的方法是输入用户名和口令，用户用用户名和口令登录时，系统用一张用户口令表去鉴别用户身份。表中只有两个字段：用户名和口令。并且用户输入的口令并不显示在屏幕上，而只是以某种符号代替，如"＊"号。系统根据用户的输入信息鉴别此用户是否为合法用户。这种方法简便易行，但保密性不是很高。另外一种标识鉴定的方法是用户先标识自己，系统提供相应的口令表，这个口令表不是简单地与用户输入的口令比较，而是系统给出一个随机数，用户按照某个特定的过程或函数进行计算后给出结果值，系统同样按照这个过程或函数对随机数进行计算，如果与用户输入的相等则证明此用户为合法用户，可以再接着为用户分配权限。否则，系统认为此用户根本不是合法用户，拒绝其进入数据库系统。

鉴别是系统验证用户的身份证明。身份认证是安全系统最重要而且最困难的工作。除口令控制外，用户身份认证还可以采用比较复杂的计算过程和函数来完成，而智能卡技术、数字签名技术和生理特征（如指纹、体温和声音）认证技术的迅速发展也为具有更高安全要求的用户身份认证提供了实用可行的技术基础。

标识过程和鉴别过程容易混淆。具体而言，标识过程是将用户的用户名与程序或进程联系起来；而用户的鉴别过程的目的在于将用户名和真正的合法授权的用户相关联。

2. 存取控制

数据库的存取控制机制是定义和控制用户对数据库数据的存取权限，以确保只授权给有资格的用户访问数据库的权限，并防止和杜绝对数据库中数据的非授权访问。

一般而言，存取权限是由两个要素组成的：数据对象和操作类型。定义一个用户的存取权限就是要定义这个用户可以对哪些数据对象进行哪些类型的操作。在数据库系统中，定义存取权限称为授权。这些授权经过编译后，存放在数据字典中。当用户提出存取操作时，DBMS查找数据字典，根据其存取权限对操作的合法性进行检查，若用户的操作请求超过了定义的权限，系统将拒绝执行此操作。这就是数据库的存取控制。

数据库管理系统DBMS中对数据库的存取控制要比操作系统中对文件的存取控制机制复杂得多。因为，DBMS需要对更为精细的数据粒度加以控制；数据库中的粒度有记录、表格、属性、字段和值等。DBMS中对数据库的存取控制是建立在操作系统的安全机制的基础之上的。一般来说，就存取控制而言，低安全等级的操作系统之上很难建立高安全等级的数据库系统；而高安全等级的操作系统之上建立的数据库也不一定就是高安全等级的。

存取控制可以分为自主存取控制（DAC）和强制存取控制（MAC）两类。自主控制方法中，拥有数据库对象的用户即拥有对数据的所有存取权限，而且用户可以将其所拥有的存取权限转授给其他用户。自主存取控制很灵活，但在采用自主存取控制策略的数据库中，这种由授权定义的存取限制很容易被旁路，使系统无法对抗对数据库的恶意攻击。因此，在要求更高程度的安全性系统中应该采用强制存取控制的方法。强制存取控制方法中，对数据库中每个存取对象指派一个密级,对每个用户授予一个存取级。对任意一个对象,只有具有合法存取级的用户才可以存取,这样可以有效地防止"特洛伊木马"一类的恶意攻击。

下面是三个安全性公理,第二条和第三条公理都假定允许用户更新(Update)数据。

1) 如果用户 I 对属性集 A 的访问(存取)是有条件的选择访问(带谓词 P),那么用户 I 对 A 的每个子集也是可以有条件地选择访问(但没有一个谓词比 P 强)。

2) 如果用户 I 对 A 的访问是有条件地更新访问(带谓词 P),那么用户 I 对 A 也可以是有条件地选择访问(但谓词不能比 P 强)。

3) 如果用户 I 对属性 A 不能进行选择访问,那么用户 I 也不能对 A 有更新访问。

3. 数据加密

数据库系统担负着存储和管理关键业务数据和信息的任务。每个信息系统都要保证其安全性和保密性,一般而言,数据库系统提供的安全控制的措施能满足一般的数据库应用,但对于一些重要部门或敏感领域的应用,仅有这些是难以完全保证数据的安全性的。因此有必要对数据库中存储的重要数据进行加密处理,以强化数据存储的安全保护。

数据加密是防止数据库中数据泄露的有效手段,与传统的通信或网络加密技术相比,由于数据保存的时间要长得多,对加密强度的要求也更高。而且,由于数据库中数据是多用户共享,对加密和解密的时间要求也更高,同时也要求不能明显降低系统性能。

现在有许多强大的加密技术可保证数据的保密性、完整性、真实性和不可否认性,包括专用密钥加密和公钥加密。

(1) 数据库加密的特点

较之传统的数据加密技术,数据库密码系统有其自身的要求和特点。传统的加密以报文为单位,加解密都是从头至尾顺序进行。数据库数据的使用方法决定了它不可能以整个数据库文件为单位进行加密。当符合检索条件的记录被检索出来后,就必须对该记录迅速解密。然而该记录是数据库文件中随机的一段,无法从中间开始解密,除非从头到尾进行一次解密,然后再去查找相应的这个记录,显然这是不合适的。因此,必须解决随机地从数据库文件中某一段数据开始解密的问题。

1) 数据库密码系统应采用公开密钥。因为数据库的数据是共享的,有权限的用户随时需要使用密钥来查询数据。因此,数据库密码系统宜采用公开密钥的加密方法。

2) 多级密钥结构。数据库关系运算中参与运算的最小单位是字段,查询路径依次是库名、表名、记录名和字段名。因此,字段是最小的加密单位。也就是说当查得一个数据后,该数据所在的库名、表名、记录名、字段名都应是知道的。对应的库名、表名、记录名、字段名都应该具有自己的子密钥,这些子密钥组成了一个能够随时加、解密的公开密钥。

可以设计一个数据库,其中存放有关数据库名、表名、字段名的子密钥,系统启动后将这些子密钥读入内存供数据库用户使用。与记录相对应的子密钥,一般的处理方法是,在该记录中增加一条子密钥数据字段以供用户使用。

3) 加密机制。有些公开密钥体制的密码,如 RSA 密码,其加密密钥是公开的,算法也是公开的,但是其算法是每个人一套,而作为数据库密码的加密算法不可能因人而异,因为寻找这种算法有其自身的困难和局限性,机器中也不可能存放很多种算法,因此这类典型的公开密钥的加密体制也不适合数据库加密。数据库加解密密钥应该是相同、公开的,而加密算法应该是绝对保密的。

数据库公开密钥加密机制应是一个二元函数：密文＝F(密钥,明文)。

解密过程即是加密过程的逆过程：明文＝F′(密钥,密文)。

由此可知，数据库密码的加密机制应是既可加密又可解密的可逆过程。

4）加密算法。加密算法是数据加密的核心，一个好的加密算法产生的密文应该频率平衡，随机无重码，周期很长而又不可能产生重复现象。窃密者很难通过对密文频率、重码等特征的分析获得成功。同时，算法必须适应数据库系统的特性，加解密响应迅速。

著名的 MH 背包算法就是一种适合数据库加密的算法。

（2）数据库加密的范围

经过加密的数据库须经得起来自 OS 和 DBMS 的攻击；另一方面，DBMS 要完成对数据库文件的管理和使用，必须具有能够识别部分数据的条件。因此，只能对数据库中的数据进行部分加密。数据库中不能加密的部分如下。

1）索引字段不能加密。为了达到迅速查询的目的，数据库文件需要建立一些索引，它们的建立和应用必须是明文状态，否则将失去索引的作用。

2）关系运算的比较字段不能加密。DBMS 要组织和完成关系运算，参加并、差、积、商、投影、选择和连接等操作的数据一般都要经过条件筛选，这种"条件"选择项必须是明文，否则 DBMS 将无法进行比较筛选。例如，要求检索工资在 10000 元以上的职工人员名单，"工资"字段中的数据若加密，SQL 语句就无法辨认比较。

3）表间的连接码字段不能加密。数据模型规范化以后，数据库表之间存在着密切的联系，这种相关性往往是通过"外部编码"联系的，这些编码若加密就无法进行表与表之间的连接运算。

（3）数据库加密对数据库管理系统原有功能的影响

目前 DBMS 的功能都比较完备，特别是像 Oracle、Sybase 这些采用 Client/Server 结构的数据库管理系统，具有数据库管理和应用开发等工具。然而，数据库数据加密以后，DBMS 的一些功能将无法使用。

1）无法实现对数据制约因素的定义。Sybase 数据库系统的规则定义了数据之间的制约因素。数据一旦加密，DBMS 将无法实现这一功能，而且值域的定义也无法进行。

值得注意的是，数据库中的每个字段的类型、长度都有具体的限定。数据加密时，数值类型的数据只能在数值范围内加密，日期和字符类型的数据也都只能在各自的类型范围内加密，密文长度也不能超过字段限定的长度，否则 DBMS 将无法接受这些加密过的数据。

2）密文数据的排序、分组和分类。select 语句中的 group by、order by、having 子句分别完成分组、排序和分类等操作。这些子句的操作对象如果是加密数据，那么解密后的明文数据将失去原语句的分组、排序和分类作用，显然这不是用户所需要的。

3）SQL 语言中的内部函数将对加密数据失去作用。DBMS 对各种类型数据均提供了一些内部函数，这些函数不能直接作用于加密数据。

4）DBMS 的一些应用开发工具的使用受到限制。DBMS 的一些应用开发工具不能直接对加密数据进行操作，因而它们的使用会受到限制。

数据库加密不是绝对安全的，对数据库安全与保密这一领域的研究的重要性和迫切性是显而易见的。目前的 DBMS 对数据库的加密问题基本没有经过仔细考虑，如果在 DBMS 层考虑这一问题，那么数据库加密将会出现新的格局。

4. 审计跟踪和攻击检测

审计功能在系统运行时,将自动对数据库的所有操作记录在审计日志中,攻击检测系统则是根据审计数据分析检测内部和外部攻击者的攻击企图,再现导致系统现状事件,以分析发现系统安全的弱点,追查有关责任者。

虽然存取控制在经典和现代安全理论中都是实行系统安全策略的最重要的手段,但软件工程技术目前还没有达到形式证明一个系统的安全体系的程度,因此不可能保证任何一个系统不存在安全漏洞,也还没有一种可行的方法可以彻底解决合法用户在通过身份认证后滥用特权的问题。因此,审计跟踪与攻击检测不仅是保证数据库安全的重要措施,也是任何一个安全系统中不可缺少的最后一道防线。

审计跟踪重要性案例分析:特权用户风险

国家"金卫工程"的实施,使医院管理信息化的进程大大加快,很多医院实施了HIS系统,给医院管理带来了许多的便利,但是由此也带来了一些管理上的漏洞。特别是部分医院内部工作人员与医药营销人员内外勾结,私自进行"统方"行为,将医院用药信息泄露给医药营销人员以此来获取利益。

小A和小B的故事正是这样的。他们是大学同学,毕业后小B被分配到某医院的信息中心负责数据库系统的管理,小A进入了一家医药公司任医药代表。有一次吃饭的时候,小B发现小A心事重重的样子,细问之下原来是销售业绩的压力,虽然小B也是在医院工作,但是他不在业务口,对医院用药情况并不清楚,为了哥们义气,他告诉小A可以登录到数据库对医院各科室用药情况进行查询。小A如获至宝。几个月后,在这些情报的指导下,小A有的放矢,销售业绩大涨……

从技术过程来分析,这是典型的DBA违规访问业务数据。对于一个特权用户,除非很特殊的情况,否则不应该看到实际的业务数据(例如数据表的内容),这种滥用是很明显的。而要对该行为进行预防性控制是很困难的,但是采用数据库安全审计可以对特权用户进行有效的告警和审计跟踪。

资料来源:http://www.it168.com/,2011.7.20,作者略有删改。

7.4 数据库备份与恢复

备份对数据库的安全来说是至关重要的。备份是指在某种介质上,如磁带、磁盘等,存储数据库或部分数据库的副本,恢复是指及时将数据库返回到原来的状态。

7.4.1 数据库的备份

数据库的备份不是实时的,应该什么时候做,用什么方式做,这主要取决于数据库的不同规模和不同的用途。数据库的备份主要考虑以下的几个因素:备份周期;使用冷备份或是热备份;使用增量备份或是全部备份,还是两者同时使用;使用什么介质进行备份,备份到磁盘还是磁带;是人工备份还是设计一个程序定期自动备份等。

数据库的备份大致有三种类型:冷备份、热备份和逻辑备份。

1. 冷备份

冷备份是在没有最终用户访问的情况下关闭数据库,并将其备份。这是保持数据完整性的最好办法,但如果数据库太大,无法在备份窗口中完成对它的备份,该方法就不适用了。

2. 热备份

热备份是在数据库正在数据更新时进行。热备份严重依赖日志文件。在进行热备份时,日志文件将业务指令"堆起来",而不真正将任何数据值写入数据库记录。当这些业务被堆起来时,数据库表并没有被更新,因此数据库被完整地备份。

该方法有一些明显的缺点。首先,如果系统在进行备份时崩溃,则堆在日志文件中的所有业务都会被丢失,因此也会造成数据的丢失;其次,它要求DBA仔细地监视系统资源,以免日志文件占满所有的存储空间而不得不停止接受业务;最后,日志文件本身在某种程度上也需要备份以便重建数据,需要考虑另外的文件并使其与数据库文件协调起来,为备份增加了复杂度。

由于数据库的大小和系统可用性的需求,没有对其进行备份的其他办法。在有些情况下,如果日志文件能决定上次备份操作后哪些业务更改了哪些记录的话,对数据库进行增量备份是可行的。

3. 逻辑备份

逻辑备份使用软件技术从数据库提取数据并将结果写入一个输出文件。该输出文件不是一个数据库表,但是表中的所有数据是一个映像,不能对此输出文件进行任何真正的数据库操作。在大多数客户机/服务器数据库中,结构化查询语言(Structured Query Language,SQL)就是用来创建输出文件的。该过程有些慢,对大型数据库的全盘备份不实用。尽管如此,当仅想备份那些上次备份之后改变了的数据,即增量备份时,该方法非常好。

7.4.2 数据库的恢复

恢复也称为重载或重入,是指当磁盘损坏或数据库崩溃时,通过转储或卸载的备份重新安装数据库的过程。

1. 数据库的恢复办法

数据库的恢复大致有如下这些办法。

1)周期性地(如3天一次)对整个数据库进行转储,把它复制到备份介质中(如磁带中),作为后备副本,以备恢复之用。

转储通常又可分为静态转储和动态转储。静态转储是指转储期间不允许对数据库进行任何存取、修改活动。而动态转储是指在存储期间允许对数据库进行存取或修改。

2)对数据库的每次修改,都记下修改前后的值,写入"运行日志"数集中。它与后备副本结合,可有效地恢复数据库。

日志文件是用来记录对数据库每一次更新活动的文件。在动态转储方式中必须建立日志文件,后备副本和日志文件综合起来才能有效地恢复数据库。在静态转储方式中,也可以建立日志文件。当数据库毁坏后可重新装入后备副本把数据库恢复到转储结束时刻的正确状态。然后利用日志文件,把已完成的事务进行重新处理,对故障发生时尚未完成的事务进行撤销处理。这样不必重新运行那些已完成的事务程序,就可把数据库恢复到故障前某一时刻的正确状态,如图 7-2 所示。

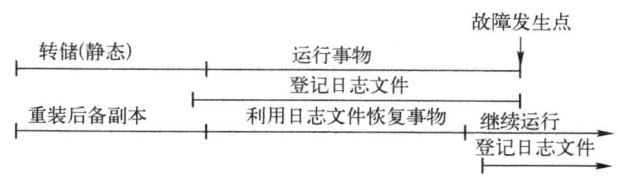

图 7-2 数据库的恢复

2. 利用日志文件恢复事务

下面介绍如何登记日志文件以及发生故障后如何利用日志文件恢复事务。

(1) 登记日志文件 (Logging)

事务运行过程中,系统把事务开始、事务结束(包括 COMMIT 和 ROLLBACK),以及对数据库的插入、删除、修改等每一个操作作为一个登记记录(log 记录)存放到日志文件中。每个记录包括的主要内容有:执行操作的事务标识,操作类型,更新前数据的旧值(对插入操作而言,此项为空值),更新后的新值(对删除操作而言,此项为空值)。

登记的次序严格按并行事务执行的时间次序,同时遵循"先写日志文件"的规则。甲用户知道写一个修改到数据库和写一个表示这个修改的 log 记录到日志文件中是两个不同的操作。有可能在这两个操作之间发生故障,即这两个操作只完成了一个。如果先写了数据库修改,而在运行记录中没有登记这个修改,则以后就无法恢复这个修改了。因此为了安全,应该先写日志文件,即首先把 log 记录写到日志文件上,然后写数据库的修改。这就是"先写日志文件"的原则。

(2) 事务恢复

利用日志文件恢复事务的过程分为以下两步。

1) 从头扫描日志文件,找出哪些事务在故障发生时已经结束(这些事务有 BEGIN-TRANSACTION 和 COMMIT 记录),哪些事务尚未结束(这些事务只有 BEGINTRANSACTION,无 COMMIT 记录)。

2) 对尚未结束的事务进行撤销(也称为 UNDO)处理,对已经结束的事务进行重做(REDO)。

进行 UNDO 处理的方法是:反向扫描日志文件,对每个 UNDO 事务的更新操作执行反操作。即对已经插入的新记录执行删除操作,对已删除的记录重新插入,对修改的数据恢复旧值(即用旧值代替新值)。

进行 REDO 处理的方法是:正向扫描日志文件,重新执行登记操作。

对于非正常结束的事务显然应该进行撤销处理,以消除可能对数据库造成的不一致性。对于正常结束的事务进行重做处理也是需要的,这是因为虽然事务已发出 COMMIT 操作请求,但更新操作有可能只写到了数据库缓冲区(在内存),还没来得及写到数据库(外存)便发生了系统故障,数据库缓冲区的内容被破坏,这种情况仍可能造成数据库的不一致性。由于日志文件上更新活动已完整地登记下来,因此可能重做这些操作而不必重新运行事务程序。

总之，利用转储和日志文件可以有效地恢复数据库。

当数据库本身被破坏时（如硬盘故障和病毒破坏）可重装转储的后备副本，然后运行日志文件，执行事务恢复，这样就可以重建数据库。

当数据库本身没有被破坏，但内容已经不可靠时（如发生事务故障和系统故障），可利用日志文件恢复事务，从而使数据库回到某一正确状态。这时不必重装后备副本。

本章小结

随着 IT 技术和电子商务的发展，数据的共享日益广泛，数据的安全保密越来越重要。数据库系统是管理数据的核心，其自身必须具有一整套完整而有效的安全机制。

数据库系统的安全性很大程度上依赖于数据库管理系统。如果数据库管理系统安全机制非常强大，则数据库系统的安全性能就较好。目前市场上流行的是关系型数据库管理系统，其安全性功能很弱，这就导致数据库系统的安全性存在一定的威胁。

数据安全是电子商务安全的关键。数据库是各种重要数据管理、使用和存储的核心。本章简要介绍了数据库系统安全的概念与内涵、层次与结构及安全威胁与隐患等方面的相关知识；接着介绍了数据库系统的主要安全特点、安全要求和安全对策等相关内容；最后简要说明了数据库的备份恢复技术与方法。

专业或关键术语

数据库；数据库系统；数据库安全性分析；安全漏洞；安全缺陷；安全特点；安全要求；安全对策；冷备份；热备份；逻辑备份；恢复；转储；日志文件；完整性；可审计性；访问控制；用户认证；可获（用）性；用户管理；存取控制；数据加密；审计跟踪；攻击检测。

思考题

1. 数据库系统安全有何含义？它与数据库安全的关系如何？
2. 数据库安全性分析的基本原理是什么？
3. 数据库系统所受到的威胁和主要安全特点有哪些？
4. 数据库系统在安全上有哪些要求和对策？
5. 学习配置使用 SQL Server，确保数据库安全。
6. 如何做好数据的备份与恢复工作？

实战题

1. 在使用 SQL Server Enterprise Manager 管理工具时，你曾经使用过哪些方法备份和恢复数据库？如何使用维护计划来为数据库自动备份，减少数据库管理员的工作负担？如何使用扩展存储过程实现远程备份与恢复？如何用触发器对 SQL Server 数据库进行数据备份?

2. 选择SQL Server企业版最新版本,了解安装该版本所需要的软硬件环境并尝试安装,然后查询联机帮助了解SQL Server企业版最新版本的新特性,熟悉其各项工具。最后试着用各种方法注册和配置自己的服务器。

3. 在日本,某大型银行内部的电子数据极其重要,一旦丢失会造成严重的损失,由于其数据服务器坐落在地震的多发地带,面临着由于自然灾难造成数据丢失的风险。请你从数据备份以及灾难恢复方面讨论如何进行数据备份恢复,谈谈你的看法及解决方案。

第 8 章 云安全技术

本章要点

- 熟悉云安全的概念、特点、思想来源及其关键技术。
- 掌握云安全存在的主要问题、风险类型和现有的安全责任模式。
- 了解云安全相关指南与标准,把握云安全参考架构。
- 掌握云数据安全生命周期管理和主要的云数据安全防护技术。
- 掌握用户认证与管理、内容安全检测、云 Web 及云 App 等云应用安全知识。

引例

全球云计算安全事故频发　云数据安全问题日益凸显

当前,在全球云计算迅猛发展的同时,云安全重大事件和故障频发,引起了各界巨大的关注。2015 年 9 月,阿里云因云盾服务 bug,导致云服务器故障持续 7 小时,大范围 ECS 中的进程被阻断、文件被隔离删除;2016 年 6 月,亚马逊 AWS 因风暴导致供电中断,从而使数据中心服务中断,部分服务中止持续近 10 小时,Domino's、Try Booking、Stan 等多家企业受到影响;2016 年 7 月,Google 云因运维及设计问题,导致 App Engine 服务故障持续 1 小时 47 分钟,37%以上的 App 访问存在异常情况;2017 年 2 月,亚马逊 AWS 因员工操作不当,致使 S3 简单存储服务中断持续 3 小时 39 分钟,使得 Apple、Expedia、Netflix、Nasdaq、Airbnb、ESPN、AOL 等约 15 万网站异常;2017 年 3 月,微软 Azure 因电力问题,致使数据存储服务故障持续 8 小时 55 分钟,全球 28 个数据中心中有 26 个出现问题;2018 年 6 月 27 日,阿里云因自动化运维新功能 bug,禁用了部分内部 IP,导致部分产品访问链路不通,使得阿里云官网控制台、MQ、NAS、OSS 等产品功能受到影响。2019 年 3 月 3 日凌晨,阿里云华北 2 地域可用区 C 部分 ECS 服务器等实例出现 IO HANG,持续 4 小时左右,此次事故受影响的范围包括且不限于广告传媒、体育赛事直播、视频网站以及软件服务等行业。

除了宕机的问题以外,云计算的数据安全问题也日益凸显。2012 年,Dropbox 发生了超过 6800 万条用户账号数据泄露事件;2014 年,苹果 iCloud 发生了众多好莱坞明星手机照片和视频等用户隐私信息泄露事件;2016 年 9 月~2017 年 2 月,cloudflare 泄露了数百万网络托管客户数据;2017 年,亚马逊 AWS 发生了泄露共和党数据库中美国 2 亿选民信息的严重事件。2018 年 8 月,"前沿数控技术"发文《腾讯云给一家创业公司带来的灾难!》称,在使用腾讯云 8 个月后,在云服务器上的数据全部丢失,腾讯云三备份数据也全部离奇丢失,平台业务全部停运,融资计划停止,损失巨大。该故障缘起于磁盘静默错误导致的单副本数据错误,再加上数据迁移过程中的两次不规范操作,导致云盘的三副本安全机制失效,并最终导致客户数据完整性受损。

综上所述,可以看到云安全的严峻性和重要性,云数据能得到安全的保护是各项工作正常运行的关键基础之一。事实上,没有绝对安全的云服务商,所以数据始终处在发生危险的环境中。那么如何才能获得更为安全的数据保护呢？尽管风险难以避免，但是企业还是有措施可以让风险发生的可能性降到最低。数据安全归根结底不是企业或云服务商某一方的责任，而是要靠双方的共同努力。企业方做好适合自己的云计算业务体系，平台方向企业方提供明确的风险提示，并建议做好关键数据备份。共赢才是云服务可持续发展的基石。

2006年8月9日，Google首席执行官Eric Schmidt在搜索引擎大会上首次提出"云计算"（Cloud Computing）的概念。这是云计算发展史上第一次正式地提出这一概念，有着巨大的历史意义，成为信息时代继计算机、互联网后信息技术的又一次伟大革新。

追溯云计算的历史，可以追溯到1956年，Christopher Strachey发表了一篇关于虚拟化的论文，正式提出虚拟化概念。虚拟化就是今天云计算基础架构的核心，是云计算发展的基础。而后随着计算机技术、网络技术和通信技术的发展，逐渐孕育和促进了云计算的萌芽、成长与发展。

云存储（Cloud Storage）是在云计算概念上延伸或衍生发展出来的一个新概念。它是指通过集群应用、网格技术或分布式文件系统等功能，使网络中大量各种不同类型的存储设备通过应用软件集合起来协同工作，共同对外提供数据存储和业务访问功能的一个系统，保证数据的安全性，并节约存储空间。简单来说，云存储就是将数据资源存储到云上进行存取的一种新兴方案。使用者可以在任何时间、任何地点，通过任何可联网装置连接到云上方便地存取数据。

紧随云计算、云存储之后，云安全（Cloud Security）也出现了。云安全是我国企业创造的概念，在国际云计算领域独树一帜。最早提出"云安全"这一概念的是趋势科技，2008年5月，趋势科技在美国正式推出了"云安全"技术。"云安全"的概念在早期曾经引起过不少争议，目前已经被普遍接受。值得一提的是，中国网络安全企业在"云安全"的技术应用上走到了世界前列。"云安全"是"云计算"技术的重要分支，已经在反病毒领域中获得了广泛应用。

8.1 云安全及其关键技术

"云安全"计划是网络时代信息安全的最新体现，它融合了并行处理、网格计算、未知病毒行为判断等新兴技术和概念。云安全通过网状的大量客户端对网络中软件行为的异常监测，获取互联网中木马、恶意程序的最新信息，推送到服务端进行自动分析和处理，再把病毒和木马的解决方案分发到每一个客户端。整个互联网，变成了一个超级大的杀毒软件，这就是云安全计划的宏伟目标。

8.1.1 云安全的概念与特点

云安全是一个非常大的概念，对云安全的定义，众说纷纭，难以定论。

（1）云安全的概念

现阶段，业内有两种不同的观点：

一是云计算安全，主要是对云自身的安全保护，包括云计算应用系统安全、云计算应用服务安全、云计算用户信息安全等。

二是安全云计算，通过使用云的形式提供和交付安全，即通过采用云计算技术来提升安全系统的服务性能，如基于云计算的防病毒技术和挂马检测技术。

从云安全研究上看，有三种不同的发展方向：

一是云计算安全，主要研究如何保障云自身及云上各种应用的安全，包括云计算机系统安全、用户数据的安全存储与隔离、用户接入认证、信息传输安全、网络攻击防护、合规审计等。

二是安全基础设施的云化，主要研究如何采用云计算新建与整合安全基础设施资源，优化安全防护机制，包括通过云计算技术构建超大规模安全事件、信息采集与处理平台，实现对海量信息的采集与关联分析，提升全网安全事件防控能力及风险控制能力等。

三是云安全服务，主要研究各种基于云计算平台为用户提供的安全服务，如防病毒服务等。

简单来说，云安全是指基于云计算服务模式应用的安全软件、硬件、用户、机构、安全云平台的总称。"云计算"实现的安全，或称"云安全"，来源于其"云网络——瘦客户"的新型计算模型，如图8-1所示。

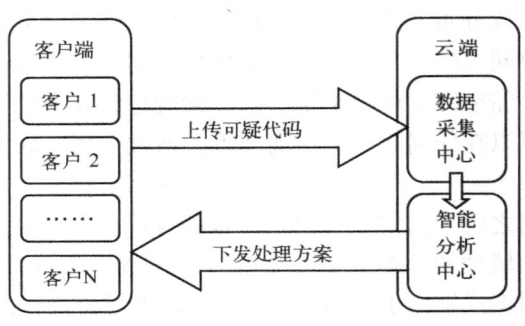

图8-1 云安全模式图

云安全模式将大量的各种计算资源放置在网络中，将分布处理、并行处理及网格计算的能力通过网络接口分享给客户。在实现上，让庞大的服务器端（即"云端"）承担大规模集中信息采集、处理、计算、存储、分析、检测和监测工作，甚至直接在云内将大部分流动的攻击行为阻断掉，而只让客户端承担提交"潜在恶意软件"和执行最终的"清除、隔离还是放行"的简单任务。客户端防护软件将不再需要设计得庞大而全面，不再占用系统过多的宝贵计算和存储资源。当然，对网络资源的使用是必需的。从客户的角度而言，这种"提供强大靠山"的新型方式大大简化了客户端工作量，使原本弱小的普通客户端告别了原本安全信息不对等的弱势局面，将实时更新的、强大的入侵监测和分析能力"推送"到了每一台客户计算机。

（2）云安全的特点

针对云计算服务模式和资源池的特征，云安全既继承了传统信息安全的特点，更凸显了传统信息安全在数据管理、共享虚拟安全、安全管理等方面存在的问题，同时改变了传统信息安全的服务模式。其主要特点如下。

1）数据安全与隐私保护。在云计算应用中，用户将数据存放在远程的云计算中心，失去了对数据的物理控制，对数据的安全与隐私的保护完全由云计算提供商提供。这一特性使得云计算提供商即使声明了其提供的安全性，也无法说服用户完全地信任云。

相比于传统的客户/服务器模式，用户对云的依赖性更高，所有操作均放在云端执行。因此，在云计算中，面临着如何使得用户能够信任云，或者在不能完全信任的情况下仍然进行存储和计算，能够检验数据是否受到保护、计算任务是否正确执行等问题。

云计算中心通常都会向用户声明其提供的安全性，使用户能够放心使用其提供的服务，然而如何验证其是否提供了声明的安全服务是用户能够信任云的关键。因此通过技术手段使得用户可以确信其数据和计算是安全且保密的，则对打消用户对云计算安全与隐私问题的顾虑有着极大的帮助。

2) 共享虚拟安全。在云计算中心，虚拟化技术是实现资源分配和服务提供的最基础和最核心的技术。通过虚拟化技术，将不同的硬件、软件、网络等资源虚拟为一个巨大的资源池，根据用户的需求，动态提供所需的资源。因此，虚拟化技术的安全性在云中显得格外重要。

虚拟机的安全除了传统上虚拟机监督程序的安全性以及虚拟机中恶意软件等造成的安全问题和隐私泄露之外，虚拟化技术本身的安全问题在云中也显得非常重要，而且这其中许多问题在云计算之前并未得到人们的重视。在云中，一台物理服务器通常会运行多台虚拟机，并为多个用户提供服务。这些用户共享同一物理设备，这就为攻击者提供了发起攻击的可能性。此外，资源的动态分配使得云中虚拟机的迁移成为普遍现象，而针对虚拟机迁移的迁移攻击也成为云中不可忽视的安全问题。虚拟化的安全需要从多个层面和角度进行考虑，才能够确保云计算平台的虚拟化安全。

3) "安全即服务"模式。云计算作为一种新的模式，虽然带来了一些新的安全威胁，但也为传统信息安全与隐私问题的解决提供了新的途径。在云计算之前，敏感数据大量分散在网络中，许多站点并没有很好的措施保障数据的安全，容易造成数据泄露。而利用云计算强大的计算与存储能力，可以将安全以服务的形式（安全即服务）提供给用户，使得客户能够随时使用到更好更安全的服务。安全即服务可以在反病毒、防火墙、安全检测和数据安全等多个方面为用户提供服务，实现安全服务的专业化、社会化。云安全服务中心可以通过搭建信息安全服务平台，集中对信息安全的相关威胁进行处理，能够及时为用户提供良好的安全保护。

8.1.2 云安全的思想来源与关键技术

云安全技术是 P2P 技术、网格技术、云计算技术等分布式计算技术混合发展、自然演化的结果。

(1) 云安全的思想来源

作为云创大数据总裁，刘鹏教授师从行业泰斗——谢希仁教授与李三立院士，在大数据和云计算领域具有十八年的研究积累，是我国该领域知名专家，在大数据库、大数据挖掘、分布式存储等技术领域卓有建树。早在 2002 年，刘鹏教授就曾开创性地提出了"计算池"模式，此后被 2007 年开始流行的"云计算"所证实；其 2003 年提出的"反垃圾邮件网格"，也被 2008 年后风靡的"云安全"所证实。

云安全的核心思想，与刘鹏教授提出的"反垃圾邮件网格"非常接近。刘鹏教授当时认为，垃圾邮件泛滥而无法用技术手段很好地自动过滤，是因为所依赖的人工智能方法不是成熟技术。垃圾邮件的最大的特征是：它会将相同的内容发送给数以百万计的接收者。

为此，可以建立一个分布式统计和学习平台，以大规模用户的协同计算来过滤垃圾邮件。

首先，用户安装客户端，为收到的每一封邮件计算出一个唯一的"指纹"，通过比对"指纹"可以统计相似邮件的副本数，当副本数达到一定数量，就可以判定邮件是垃圾邮件。

其次，由于互联网上多台计算机比一台计算机掌握的信息更多，因而可以采用分布式贝叶斯学习算法，在成百上千的客户端机器上实现协同学习过程，收集、分析并共享最新的信息。

"反垃圾邮件网格"体现了真正的网格思想，每个加入系统的用户既是服务的对象，也是完成分布式统计功能的一个信息节点，随着系统规模的不断扩大，系统过滤垃圾邮件的准确性也会随之提高。用大规模统计方法来过滤垃圾邮件的做法比用人工智能的方法更成熟，不容易出现误判假阳性的情况，实用性很强。反垃圾邮件网格就是利用分布于互联网里的千百万台主机的协同工作，来构建一道拦截垃圾邮件的"天网"。

"反垃圾邮件网格"思想提出后，被 IEEE Cluster 2003 国际会议选为杰出网格项目在 2004 年网格计算国际研讨会上做了专题报告和现场演示，引起较为广泛的关注，受到了我国最大邮件服务提供商网易公司创办人丁磊等的重视。既然垃圾邮件可以如此处理，病毒、木马等亦然，这与云安全的思想就十分相近了。

（2）云安全的关键技术

从技术实现的角度而言，"云安全"的信息采集和分析模式使其可以采用新的防御模式和技术，主要关键技术归纳如下。

1）双向自动反馈机制。当全球任何角落的终端用户连接到互联网后，与"云端"的服务器保持实时联络，当发现异常行为或恶意软件等风险后，自动提交到"云端"的服务器群组中，由"云计算"技术进行集中分析和处理。之后，"云计算"技术会生成一份对风险的处理意见，同时对全世界的客户端进行统一分发。客户端可以自动进行阻断拦截、查杀等操作。

2）基于 URL 地址判断风险程度。"云安全"从整个互联网上收集源信息，利用基于历史用户反馈的统计学分析方式，不停地对用户的互联网搜索、访问、应用的对象等进行判断。只要全球范围内有 1% 的用户提交需求给"云端"服务器，15 分钟之后全球的"云安全"库就会对该 URL 的访问行为进行策略控制。

3）Web 信誉服务。借助全球域名信誉数据库，Web 信誉服务按照恶意软件行为分析所发现的网站页面、历史位置变化和可疑活动迹象等因素来指定信誉分数，从而追踪网页的可信度，然后将通过该技术继续扫描网站并防止用户访问被感染的网站。

4）E-mail 信誉服务。按照已知垃圾邮件来源的信誉数据库检查 IP 地址，同时利用可以实时评估电子邮件发送者信誉的动态服务对 IP 地址进行验证。信誉评分通过对接口地址的行为、活动范围以及以前的历史不断分析而加以细化。按照发送者的 IP 地址，恶意电子邮件在"云"中即被拦截，从而防止僵尸或僵尸网络等 Web 威胁到达网络或用户的计算机。

5）文件信誉服务。该技术可以检查位于端点、服务器或网关处的每个文件的信誉。检查的依据包括已知的良性文件清单和已知的恶性文件清单。高性能的内容分发网络和本地缓冲服务器将确保在检查过程中使延迟时间降到最低。由于恶意信息被保存在"云"中，所以可以立即到达网络中的所有用户。

6）行为关联分析技术。通过行为分析的"相关性技术"把威胁活动综合联系起来，确定其是否属于恶意行为。按照启发式观点来判断 Web 威胁的单一活动是否实际存在威胁，可以检查潜在威胁不同组件之间的相互关系。来自世界各地的研究将补充客户端反馈内容，全天候威胁监控和攻击防御，以探测、预防并清除攻击，综合应用各种技术和数据收集方式，包括蜜罐、网络爬虫、反馈以及内部研究获得关于最新威胁的各种情报。

8.2 云安全问题与责任

近年来，随着云技术的探索与普及，越来越多的组织开始接受并向云计算转型，各种业务系统从本地数据中心迁移到云上，组织也随之部分地失去了对应用及数据的安全控制权。因为从使用本地部署到使用云服务的转变中，安全责任模式发生了深刻变化：过去使用本地部署时，组织对应用及数据具有完全的控制权，并完全承担安全责任；现在使用云服务时，安全责任演变为"责任共担模式"，在这种模式下，云服务提供商和云服务使用者共同分担安全责任。

8.2.1 云安全主要问题

移动化、云计算这些技术趋势使 IT 系统越来越复杂；业务创新性和精细化等需求也直接影响着作为支撑业务的 IT 系统发展，因此面对的安全问题也越来越多。与传统 IT 环境安全比较，云计算特有的安全问题主要有三个方面。

1）虚拟化环境下的技术及管理问题。传统的基于物理安全边界的防护机制难以有效保护基于共享虚拟化环境下的用户应用及信息安全。再者，云计算的系统如此之大，而且主要是通过虚拟机进行计算，一旦出现故障，如何快速定位问题所在，也是一个重大挑战。

2）云服务供需双方的协作问题。云计算这种全新的服务模式将资源的所有权、管理权及使用权进行了分离，因此用户失去了对物理资源的直接控制，会面临与云服务商协作的一些安全问题（主要是信任问题），如用户是否会面临云服务退出障碍，不完整和不安全的数据删除会对用户造成损害。此外，如何界定用户与服务提供商的不同责任也是很大一个问题。

3）云计算平台导致的安全问题。云计算平台聚集了大量用户应用和数据资源，更容易吸引黑客攻击，而故障一旦发生，其影响范围更多，后果更加严重。此外，其开放性对接口的安全也提出了一些要求。另外，云计算平台上集成了多个租户，引发的安全问题有多租户之间的信息资源如何进行安全隔离、服务专业化引发的多层转包安全问题等。

8.2.2 云安全风险类型

对于云服务客户，最适合其业务与安全需求的云计算安全方案和云服务模式与部署模型密切相关。每个迁移到云的应用都具有不同的安全需求，应根据这些需求部署相应的安全措施。云计算安全参考架构在理论与实践上继承了传统的网络安全与信息安全知识，同时也增加了基于云特性的安全需求。这些云特性包括：

- 宽带网络接入。

- 降低云服务客户对数据中心的可视性及控制力度。
- 动态的系统边界。
- 多租户。
- 数据驻留在云服务商。
- 自动部署与弹性扩展。

这些云计算自身的特性给云服务客户带来了与传统信息技术解决方案不同的安全风险，影响生态系统的安全。为保持迁移到云后的数据的安全级别，云服务客户应提前确定所有云特有的风险及调整后的安全措施，并通过商业合同或服务级别协议（SLA，Service-Level Agreement）要求云服务商识别、控制并正确部署所有的安全组件。具体而言，云安全风险主要有法律风险、政策与组织风险、技术风险三类。

(1) 法律风险

云计算服务具有应用地域广、信息流动性大等特点，信息服务或用户数据可能分布在不同地区甚至不同国家，可能导致组织（例如政府）信息安全监管等方面的法律差异与纠纷；同时，云计算的多租户、虚拟化等特点使用户间的物理界限模糊，可能导致司法取证难等问题。

(2) 政策与组织风险

政策与组织风险主要包括可移植性风险（过度依赖风险）和可审查性风险（合规风险）。

1) 可移植性风险（过度依赖风险）。用户将数据存放在云计算平台，没有云服务商的配合很难独自将其数据安全迁出。因此，在服务终止或发生纠纷时，云服务商可能以删除或不归还用户数据为要挟，损害用户对数据的所有权与支配权。此外，云服务商可以通过收集统计用户的资源消耗、通信流量、缴费等数据，获取用户的大量信息。对这些信息的归属往往没有明确规定，容易引起纠纷。

云计算服务缺乏统一的标准与接口，导致不同云计算平台上的用户数据与业务难以相互迁移，同样也难以从云计算平台迁移回用户的数据中心。同时，云服务商出于自身利益考虑，往往不愿意为用户的数据与业务提供可迁移能力，这种对特定云服务商的潜在依赖，可能导致用户的业务因云服务商的干扰或停止服务而终止，也可能导致数据与业务迁移到其他云服务商的代价过高。

2) 可审查性风险（合规风险）。可审查性风险是指用户无法对云服务商如何存储、处理、传输数据进行审查。虽然云服务商对云服务的安全性提供技术支持，但最终仍是云服务客户对其数据安全负责。因此，云服务商应满足合规性要求，并应进行公正的第三方审查。

(3) 技术风险

技术层面主要存在数据泄露、隔离失败、API滥用、业务连续性、基础设施不可控、运营以及恶意人员等风险。

1) 数据泄露风险。一方面，云服务客户能够在任何地点通过网络直接访问云计算平台；另一方面，云服务商可能控制用户的某些数据。因此，云服务商应提供安全、可靠、有效的用户认证及相应的访问控制机制保护用户数据的完整性与保密性，防止数据泄露与非法篡改。同时，云服务商拥有存储用户数据的介质，用户不能直接管理与控制存储介质，所以用户终止云计算服务后其数据还可能保存或残留在云计算平台上，仍然存在数据泄露风险。

2）隔离失败风险。在云计算环境中，计算能力、存储与网络在多个用户之间共享。如果不能对不同用户的存储、内存、虚拟机、路由等进行有效隔离，恶意用户就可能访问其他用户的数据并进行修改、删除等操作。

3）应用程序接口（API）滥用风险。云服务中的应用程序接口（API）允许任意数量的交互应用，虽然可以通过管理进行控制，但 API 滥用风险仍然存在。

4）业务连续性风险。业务连续性风险包括但不限于以下方面。

① 网络性能。例如，"宽带不宽"已成为云计算发展的瓶颈。网络攻击事件层出不穷、防不胜防，因此由于网络而造成云服务不可用的情况是云服务商无法控制的。

② 终端风险。在海量终端接入云服务的情况下，终端风险会严重威胁到云服务的质量；此外，如果用户在使用云服务时对云服务中某些参数设置不当，会对云服务的性能造成一定影响。

③ 拒绝服务攻击。由于用户、信息资源的高度集中，云计算平台容易成为黑客攻击的目标，由此拒绝服务造成的后果与破坏性将会明显超过传统的企业网应用环境。

当用户的数据与业务应用于云计算平台时，其业务流程将依赖于云计算服务的连续性，这对 SLA、IT 流程、安全策略、事件处理与分析等都提出了挑战。另外，当发生系统故障时，应保证用户数据的快速恢复。

5）基础设施不可控风险。公有云服务商的用户管理接口可以通过互联网访问，并可获得较大的资源集，可能导致多种潜在的风险，使恶意用户能够控制多个虚拟机的用户界面、操作云服务商界面等。

6）运营风险。云服务商常常通过硬件提供商和基础软件提供商采购硬件与软件，然后采用相关技术构建云计算平台，再向云服务客户提供云服务。硬件提供商和基础软件提供商等都是云服务供应链中不可缺少的参与角色，如果任何一方突然无法继续供应，云服务商又不能立即找到新的供应方，就会导致供应链中断，进而导致相关的云服务故障或终止。

7）恶意人员风险。在大多数情形，任何用户都可以注册使用云计算服务。恶意用户可以搜索并利用云计算服务的安全漏洞，上传恶意攻击代码，非法获取或破坏其他用户的数据和应用。此外，内部工作人员（例如云服务商系统管理员与审计员）的失误或恶意攻击更加难于防范，并会导致云计算服务的更大破坏。

8.2.3 云安全责任模式

据云安全联盟（Cloud Security Alliance，CSA）统计，64%的企业认为云上更安全。传统 IDC 要求用户对所有安全问题负责，到了云上，安全迎来责任共担新时代，安全问题变成由厂商与用户共同解决。

事实上，责任共担模式并非云计算厂商独创。小区公共治安维护依靠保安和片警，各家各户防火防盗，业主自己要承担起相应的责任，就是典型的责任共担模式。对云计算厂商来说，责任共担即是厂商充分承担起云平台本身的安全保障责任，并全力维护云上客户的安全。

目前，云安全责任共担模式在业界已经达成共识。亚马逊 AWS、微软 Azure 均采用了与用户共担风险的安全策略。例如，AWS 作为 IaaS+PaaS 为主的服务提供商，负责管理云本身的安全，业务系统安全则由客户负责。客户可以在 AWS 安全市场里挑选合适的产品来保护自己的内容、平台、应用程序、系统和网络安全。而微软 Azure 则采用了 IaaS、PaaS 和 SaaS 用户的"责任递减"模式。

(1) 亚马逊 AWS "云本身+云内部"安全责任共担模式

安全性和合规性是 AWS 与客户的共同责任。这种共担模式可以减轻客户的运营负担，因为 AWS 运行、管理和控制从主机操作系统和虚拟层到服务运营所在设施的物理安全性的组件。客户负责管理来宾操作系统（包括更新和安全补丁）、其他相关应用程序软件以及 AWS 提供的安全组防火墙的配置。客户应该仔细考虑自己选择的服务，因为他们的责任取决于所使用的服务，这些服务与其 IT 环境的集成以及适用的法律法规相关。责任共担还为客户提供了部署需要的灵活性和控制力。如图 8-2 所示，这种责任区分通常涉及云"本身"的安全和云"内部"的安全。

1) AWS 负责"云本身的安全"——AWS 负责保护运行所有 AWS 云服务的基础设施。该基础设施由运行 AWS 云服务的硬件、软件、网络和设备组成。

2) 客户负责"云内部的安全"——客户责任由客户所选的 AWS 云服务确定。这决定了客户在履行安全责任时必须完成的配置工作量。例如，Amazon Elastic Compute Cloud（Amazon EC2）等服务被归类为基础设施即服务（IaaS），因此要求客户执行所有必要的安全配置和管理任务。部署 Amazon EC2 实例的客户需要负责来宾操作系统（包括更新和安全补丁）的管理、客户在实例上安装的任何应用程序软件或实用工具，以及每个实例上 AWS 提供的防火墙（称为安全组）的配置。对于抽象化服务，例如 Amazon S3 和 Amazon DynamoDB，AWS 运营基础设施层、操作系统和平台，而客户通过访问终端节点存储和检索数据。客户负责管理其数据（包括加密选项），对其资产进行分类，以及使用 IAM 工具分配适当的权限。

3) 客户/AWS 责任共担模式还涵盖 IT 控制体系。正如 AWS 与客户共担 IT 环境的运行责任一样，IT 控制体系的管理、运行和验证也由二者共担。AWS 可以管理与 AWS 环境中部署的物理基础架构相关联的控制体系（以前可能由客户管理），从而帮助客户减轻运行控制体系的负担。每个客户在 AWS 中的部署方式都不相同，因此将某些 IT 控制体系的管理工作转移给 AWS 之后会形成（新的）分布式控制环境，为客户带来优势。然后，客户可以使用可用的 AWS 控制和合规性文档，根据需要执行控制体系评估和验证流程。

以下是由 AWS、AWS 客户和/或两者共同管理的控制机制示例。

① 继承控制体系——客户完全继承自 AWS 的控制体系。示例包括：物理和环境控制体系。

② 共享控制体系——同时适用于基础设施层和客户层，但位于完全独立的上下文或环境中的控制体系。在共享控制体系中，AWS 会提出基础设施方面的要求，而客户必须在使用 AWS 服务时提供自己的控制体系实施。示例包括：

补丁管理——AWS 负责修补和修复基础设施内的缺陷，而客户负责修补其来宾操作系统和应用程序。

配置管理——AWS 负责维护基础设施设备的配置，而客户负责配置自己的来宾操作系统、数据库和应用程序。

认知和培训——AWS 负责培训 AWS 员工，而客户必须负责培训自己的员工。

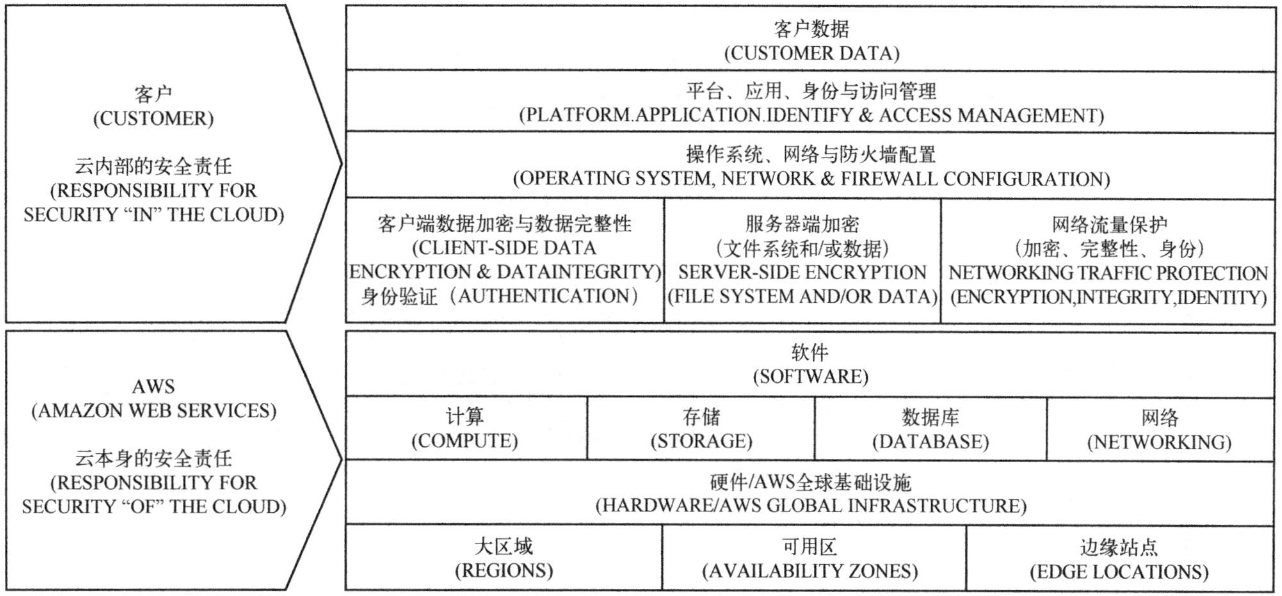

客户数据 (CUSTOMER DATA)		
平台、应用、身份与访问管理 (PLATFORM, APPLICATION IDENTIFY & ACCESS MANAGEMENT)		
操作系统、网络与防火墙配置 (OPERATING SYSTEM, NETWORK & FIREWALL CONFIGURATION)		
客户端数据加密与数据完整性 身份验证 (CLIENT-SIDE DATA ENCRYPTION & DATA INTEGRITY AUTHENTICATION)	服务器端加密 (文件系统和/或数据) (SERVER-SIDE ENCRYPTION (FILE SYSTEM AND/OR DATA))	网络流量保护 (加密、完整性、身份) (NETWORKING TRAFFIC PROTECTION (ENCRYPTION, INTEGRITY, IDENTITY))

软件 (SOFTWARE)

计算 (COMPUTE)	存储 (STORAGE)	数据库 (DATABASE)	网络 (NETWORKING)

硬件/AWS全球基础设施 (HARDWARE/AWS GLOBAL INFRASTRUCTURE)

大区域 (REGIONS)	可用区 (AVAILABILITY ZONES)	边缘站点 (EDGE LOCATIONS)

客户 (CUSTOMER)
云内部的安全责任 (RESPONSIBILITY FOR SECURITY "IN" THE CLOUD)

AWS (AMAZON WEB SERVICES)
云本身的安全责任 (RESPONSIBILITY FOR SECURITY "OF" THE CLOUD)

图8-2 AWS "云本身+云内部" 安全责任共担模式

③ 特定于客户的控制体系——完全由客户负责（基于其部署在 AWS 服务中的应用程序）的控制体系。示例包括：需要客户负责在特定安全环境中路由数据或对数据进行分区的服务、通信保护或分区安全性。

（2）Microsoft Azure"责任递减"共担模式

NIST（美国国家标准与技术研究所）定义云计算作为一种服务交付模式，应包括以下基本特征：

- 按需自助服务——用户可以自己提供所需服务。
- 广泛的网络访问——可在任何媒介或设备，包括手机上使用服务。
- 资源共用——多用户和共用资源的动态访问。
- 快速的弹性——资源可以在使用或释放时迅速扩大或收缩。
- 计量服务——基于所使用的服务收费。

NIST 还定义了三种主要的云服务交付机制：基础设施即服务（IaaS），平台即服务（PaaS）和软件即服务（SaaS）。

不同的云服务模式影响着云供应商（Cloud Provider）和云客户（Cloud Customer）之间共担责任的方式，如图 8-3 所示。图中，最左边的列，表示七个应该被纳入考虑的责任，所有这些都关乎计算环境的安全性和保密性。

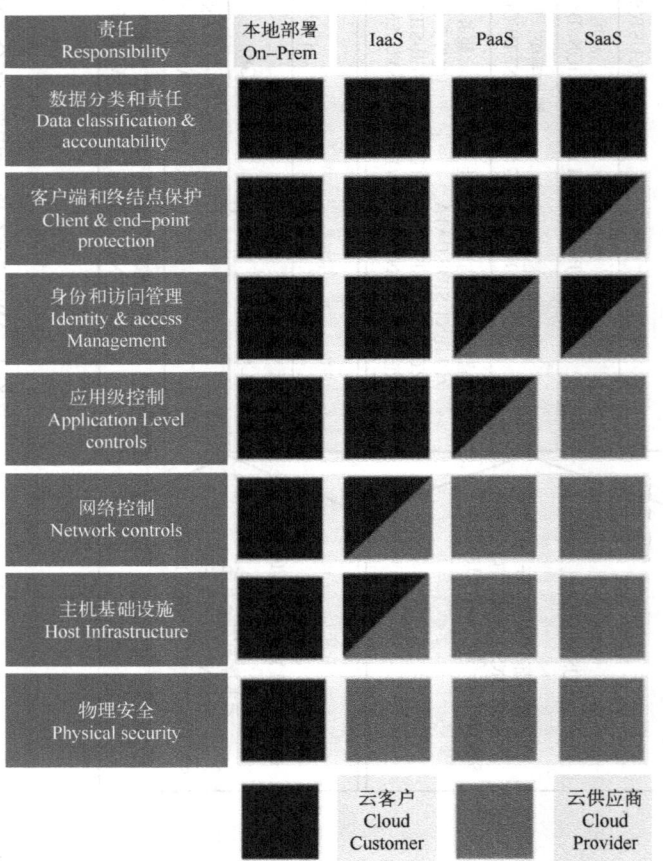

图 8-3　Azure"责任递减"共担模式

数据分类和责任、客户端和终结点保护属于客户范畴的单一责任，而平台即服务（PaaS）和软件即服务（SaaS）模型中涉及的物理架构、宿主机和网络属于云服务供应商方面的责任。

其余的责任由客户和云服务供应商共同承担。有些责任需要云服务供应商和客户共同管理，包括他们域的安全审核。例如，在使用 Azure 的 Active Directory 服务时要考虑身份和访问管理；服务配置的选择比如多因素身份验证由客户来决定，但是确保有效的功能性是 Azure 的责任。

1）数据分类和责任（Data classification & accountability）。不管在本地还是云模式，用户都要负责保证其数据被安全地识别、标记和正确分类。区分敏感的客户数据和为公众设计的营销内容必须由客户来完成。数据分类是一个复杂的过程，但它是所有组织在考虑任何变化（包括移动到云中）时需要考虑的一个重要问题。

2）客户端和终结点保护（Client & end-point protection）。由于采用更加多样化的设备，清晰界限的定义和用来连接到云服务的设备的职责界定也是至关重要的。云解决方案供应商可以提供管理终端设备的功能。但是，使用移动管理解决方案仍要求客户为他们自己的用户负责。

3）身份和访问管理（Identity & access）。用户或身份管理是一个组织以无缝方式提供的核心服务之一，并且操作简单、易于管理。身份和访问管理给用户提供了在其环境中访问和使用资源的能力，这是"谁（Who）"和"什么（What）"之间的纽带。

在 PaaS 和 SaaS 解决方案中，身份和访问管理是共担的责任，需要一个有效的实施计划，其中包括身份提供者的配置、管理服务的配置、用户身份的创建和配置、服务访问控制的实施。其他应考虑的注意事项包括多因素身份验证的使用、基于角色的访问控制、及时的管理控制，以及用户和控制点的监测和注册。IaaS 解决方案要求客户在托管的主机和虚拟机上配置，以及管理身份和访问控制。

4）应用级控制（Application level control）。平台管理的应用程序和服务，以及许多相关功能，通过提供 Azure 管理的更安全的解决方案降低客户的责任。托管的应用程序要求客户正确配置服务，但同时也提供更全面的安全功能和集成其他解决方案，如身份管理。云供应商和客户之间的共担责任可以用 Web 服务部署来说明。在 IaaS 模式中，客户有责任保护他们虚拟机上部署的操作系统和虚拟机应用层，使其免受攻击和损害。

5）网络控制（Network control）。网络控制包括配置、管理以及保护网络元素如虚拟网络、负载均衡、DNS 和网关的安全。这些控制为服务提供了交流和交互操作的方式。在 SaaS 解决方案中，网络控制作为软件核心产品的一部分，在提供给客户时经过了云供应商的管理和安全保障，因为云平台中的网络基础设施对客户来说是被抽象出来的。如 SaaS 解决方案，PaaS 中的大部分网络控制配置是由服务供应商完成的。在 Azure 中，混合解决方案是个例外，因为虚拟机被放置在 Azure 的虚拟网络中，它允许客户配置网络级服务。在 IaaS 解决方案中，客户和服务供应商共同负责网络解决方案的部署、管理、保护和配置。

6）主机基础设施（Host infrastructure）。主机基础设施责任包括云计算的配置、管理和安全（虚拟主机、容器、服务结构、自动缩放）、存储（对象、CDN、文件存储）和平台服务。云供应商负责宿主服务（例如服务的宿主操作系统）的运维及安全。

IaaS 供应商和客户共同承担确保服务最优配置和安全的职责。此职责包括确保网络可以正确连通、设备能够连接或安装正确的存储设备所必需的权限和网络访问服务的配置。与网络控制一样，基础设施部署中的主机控制要求客户熟悉管理和保护虚拟机，包括网络管理、打补丁、操作系统配置、应用功能的部署、访问控制和身份管理配置。IaaS 解决方案需要用户在宿主机操作系统及支持服务栈方面具有很深的理解。

7）物理安全（Physical security）。物理安全的组成部分，包括建筑或设施、服务器和网络设备。客户认为迁移服务至云端最显著的价值就是物理环境的管理。云服务商，例如 Azure 数据中心，使用建筑物安全流程和策略来帮助确保基础设施免受未经授权的物理访问，这种能力以一种高度可用的方法被维护着，如果有灾难发生时，服务会被转移到一个新的物理地点来提供持续的服务。其他的物理安全考虑包括冷却、空气管理（空气质量）、设备管理和功率调节等功能。

总之，基于共担责任模式，安全的分层方法如下。

- 在本地部署时，客户对安全和操作解决方案的所有方面都负有责任。
- 对 IaaS 来说，建筑、服务器、网络硬件和虚拟化等元素需要由平台供应商管理。客户负有或共同承担对操作系统、网络配置、应用程序、身份、客户端和数据进行保护与管理的责任。
- 对建立在 IaaS 部署上的 PaaS 来说，供应商还要负责网络控制的管理和保护。客户仍然负有或共同承担对应用程序、身份、客户端和数据进行保护与管理的责任。
- 对 SaaS 来说，由对应的供应商提供应用程序，客户与底层组件之间被隔离开来。尽管如此，客户依然有责任确保数据正确分类，并共同承担管理他们自己的用户和终端设备的职责。

对这种共担责任模式的理解的重要性是客户迁移至云端必不可少的前提。云供应商对安全性和合规工作提供了相当大的优势，但并没有免除客户保护他们的用户、应用程序和服务产品的责任。

(3) 阿里云责任共担模式

在我国，中央网信办出台的《关于加强党政部门云计算服务网络安全管理的意见》，明确党政部门在采购使用云计算服务过程中应遵守的四项大的原则规定：安全管理责任不变，数据归属关系不变，安全管理标准不变，敏感信息不出境。其中"安全管理责任不变，数据归属关系不变，安全管理标准不变"是可以普遍遵循的原则。

云服务商应为客户提供保护云端系统及数据的技术手段如下。

- 云账号应支持主子账号、双因素认证、分组授权、细粒度授权。
- 为客户提供安全审计手段。
- 为客户提供数据加密手段。
- 提供全局防护的云安全 SaaS 服务。
- 引入第三方安全厂商，为客户提供行业安全解决方案。

客户应综合使用云产品安全功能、SaaS 安全服务以及安全厂商的虚拟化安全产品共同保护云端应用。

基于阿里云的客户应用，其安全责任由双方共同承担：阿里云确保云服务平台的安全性，客户负责基于阿里云服务构建的应用系统的安全，如图 8-4 所示。

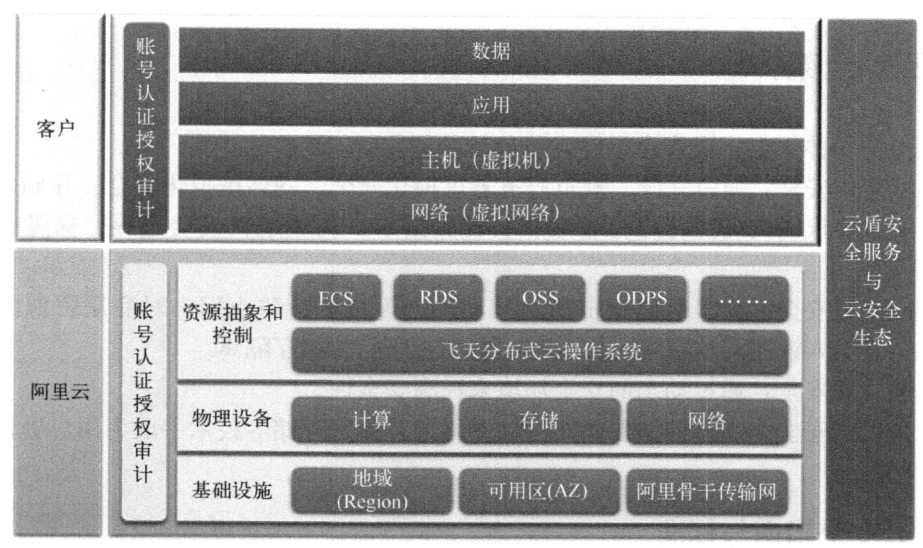

图 8-4 阿里云安全责任共担模型

1)阿里云安全责任。阿里云负责基础设施(包括跨地域、多可用区部署的数据中心,以及阿里巴巴骨干传输网络)、物理设备(包括计算、存储和网络设备)、飞天分布式云操作系统及之上的各种云服务产品的安全控制、管理和运营,从而为客户提供高可用和高安全的云服务平台。同时阿里云基于阿里巴巴集团多年攻防技术积累,为客户提供云盾安全服务,保护客户的应用系统。阿里云主要负责以下工作内容:

- 对云平台基础网络进行安全配置、策略变更管理,定期进行配置核查。
- 对云平台所有物理服务器进行操作系统安全加固及配置核查。
- 及时发现云平台及云产品的安全漏洞并修复。
- 通过故障监控、快速定位、自动化恢复、通告等一系列故障管控体系,保证云平台及云产品的可用性。
- 提供云产品安全功能及云盾安全服务,帮助客户保护其云端系统及数据的可用性、机密性和完整性。
- 引入第三方安全厂商,为客户提供业界领先的行业安全解决方案。
- 通过与外部第三方独立安全监管与审计机构合作,对阿里云进行安全合规与审计评估。

2)客户安全责任。客户负责以安全的方式配置和使用云服务器(ECS)、数据库(RDS)实例及其他云产品,基于这些云产品以安全可控的方式构建自己的应用;客户可选择使用云盾安全服务或者阿里云安全生态里的第三方安全厂商的安全产品为其应用系统提供安全防护。安全责任共担模式帮助客户减轻安全运营负担,使得客户能够更专注于核心业务。客户主要负责的工作内容包括虚拟网络安全、虚拟主机安全、应用安全、数据安全和安全管理。

8.3 云安全架构

在安全防护体系上，云安全架构应该包括以下方面。
- 底层架构安全：通过完善、规范服务器虚拟化安全、网络虚拟化安全、存储安全、高可用性要求以及虚拟化安全管理相关配置要求，构建逻辑安全边界，保障虚拟环境安全。
- 基础设施安全：完善对底层资源的调度和分配机制，防止用户对底层资源的过度占用，并引入沙箱隔离技术，实现不同应用程序间的相互隔离。
- 运营管理安全：通过动态的安全环境来提高安全性。
- 信息数据安全：通过数据的隔离、加密传输、加密存储等技术手段为用户提供端到端的保护。

8.3.1 云安全指南与标准

目前，国内外云安全相关标准众多，不少国家都有自己的标准，同时也有不同行业标准，不同的企业执行不同的标准，导致市场较为混乱，也影响了云计算的应用推广。未来，随着云计算全球化的推进，全球云安全标准将逐渐趋于统一，助力云计算行业快速发展。

（1）我国国家标准

《信息安全技术 云计算服务安全指南》（简称《指南》）与《信息安全技术 云计算服务安全能力要求》（简称《要求》），这两项标准是我国首批发布的云安全国家标准，构成了云计算服务安全管理的基础标准。

《指南》面向政府部门，提出了使用云计算服务时的信息安全管理要求。《要求》面向云服务商，提出了云服务商在为政府部门提供服务时应该具备的信息安全能力要求。此两项标准让国内外有了能有效指导云服务商、用户及第三方评估机构的云安全标准；支撑了云安全审查制度的实施；初步建立了云安全标准体系；提升了云产业整体安全能力；增强了我国云计算产业的国际影响力。

1)《信息安全技术 云计算服务安全指南》（GB/T 31167—2014）。该标准描述了云计算服务可能面临的主要安全风险，提出了政府部门采用云计算服务的安全管理基本要求，以及云计算服务的生命周期各阶段的安全管理和技术要求。该标准为政府部门采用云计算服务，特别是采用社会化的云计算服务提供全生命周期的安全指导，适用于政府部门采购和使用云计算服务，也可供重点行业或企事业单位参考。

该标准主要从政府部门等客户的视角认识云计算服务，了解云计算所带来的优势及安全风险，了解采用云计算服务的整个生命周期中的关键环节和要求。该标准本身不关注云计算技术自身细节。对云服务商的安全要求也不是该标准所关注的内容，其内容参考与该标准配套的另一个标准《信息安全技术 云服务商安全能力要求》。

2)《信息安全技术 云计算服务安全能力要求》（GB/T 31168—2014）。该标准描述了以社会化方式为特定客户提供云计算服务时，云服务商应具备的信息安全技术能力，适用于对政府部门使用的云计算服务进行安全管理，也可供重点行业和其他企事业单位使用云计算服务时参考，还适用于指导云服务商建设安全的云计算平台和提供安全的云计算服务。标准分为一般要求和增强要求。根据拟迁移到社会化云计算平台上的政府和行业信息、业务的敏感度及安全需求的不同，云服务商应具备的安全能力也各不相同。

《要求》提出的安全能力分为以下十类。

① 系统开发与供应链安全：云服务商应在开发云计算平台时对其提供充分保护，对为其开发信息系统、组件和服务的开发商提出相应要求，为云计算平台配置足够的资源，并充分考虑信息安全需求。云服务商应确保其下级供应商采取了必要的安全措施。云服务商还应为客户提供与安全措施有关的文档和信息，配合客户完成对信息系统和业务的管理。

② 系统与通信保护：云服务商应在云计算平台的外部边界和内部关键边界上监视、控制和保护网络通信，并采用结构化设计、软件开发技术和软件工程方法有效保护云计算平台的安全性。

③ 访问控制：云服务商应严格保护云计算平台的客户数据和用户隐私，在授权信息系统用户及其进程、设备（包括其他信息系统的设备）访问云计算平台之前，应对其进行身份标识及鉴别，并限制授权用户可执行的操作和使用的功能。

④ 配置管理：云服务商应对云计算平台进行配置管理，在系统生命周期内建立和维护云计算平台（包括硬件、软件、文档等）的基线配置和详细清单，并设置和实现云计算平台中各类产品的安全配置参数。

⑤ 维护：云服务商应定期维护云计算平台设施和软件系统，并对维护所使用的工具、技术、机制以及维护人员进行有效的控制，且做好相关记录。

⑥ 应急响应与灾备：云服务商应为云计算平台制订应急响应计划，并定期演练，确保在紧急情况下重要信息资源的可用性。云服务商应建立事件处理计划，包括对事件的预防、检测、分析、控制、恢复等，对事件进行跟踪、记录并向相关人员报告。服务商应具备灾难恢复能力，建立必要的备份设施，确保客户业务可持续。

⑦ 审计：云服务商应根据安全需求和客户要求，制订可审计事件清单，明确审计记录内容，实施审计并妥善保存审计记录，对审计记录进行定期分析和审查，还应防范对审计记录的未授权访问、篡改和删除行为。

⑧ 风险评估与持续监控：云服务商应定期或在威胁环境发生变化时，对云计算平台进行风险评估，确保云计算平台的安全风险处于可接受水平。服务商应制订监控目标清单，对目标进行持续安全监控，并在异常和非授权情况发生时发出警报。

⑨ 安全组织与人员：云服务商应确保能够接触客户信息或业务的各类人员（包括供应商人员）上岗时具备履行其信息安全责任的素质和能力，还应在授予相关人员访问权限之前对其进行审查并定期复查，在人员调动或离职时履行安全程序，对于违反信息安全规定的人员进行处罚。

⑩ 物理与环境保护：云服务商应确保机房位于我国境内，机房选址、设计、供电、消防、温湿度控制等符合相关标准的要求。云服务商应对机房进行监控，严格限制各类人员与运行中的云计算平台设备进行物理接触，确需接触的，需通过云服务商的明确授权。

（2）其他主要标准

目前国际上关于云安全的标准和认证主要有以下几个。

适用于任何云计算模式的国际标准 ISO/IEC 27017：2015、云安全联盟推出的 STAR 认证，以及专门针对公有云服务中个人信息保护的 ISO/IEC 27018：2019。按照国际标准的要求建立信息安全管理体系，已是众多顶级云计算供应商提升自身安全管理水平的重要手段，同时他们也以通过国际认证作为向客户展示自己安全管控水平的证明。

云安全联盟专注云安全与新兴技术安全的通用标准，并与政产学研各界广泛合作，例如与 NIST 一起在把美国的国家标准 FeRAMP 与 CSA STAR 统一为 FedSTAR，与德国政府 BSI 一起把德国的国家标准 C5 统一为 C5 STAR。

1）云数据保护标准——ISO/IEC 27017：2015。Information Technology – Security Techniques – Code of practice for information security controls based on ISO/IEC 27002 for cloud services，即《信息技术-安全技术-基于 ISO/IEC 27002 的云服务信息安全控制实用规则》。

ISO/IEC 27017 标准与 ISO/IEC 27001 系列标准配合使用，为云服务提供商和云服务客户提供加强控制服务。与许多其他技术相关标准不同的是，ISO/IEC 27017 标准阐明了双方在确保云服务安全可靠方面各自所扮演的角色和所承担的责任。

ISO/IEC 27017 标准不仅提供了 ISO/IEC 27002 标准中的 37 项基于云端的控制指导方针，而且还提出了七个方面的全新云控制。

- 客户和供应商之间就共同或单独责任达成协议，以清晰定义、记录和沟通与云服务相关的信息安全角色。
- 明确当客户和供应商之间的合同/协议终止时，应如何将资产从云端退回或转移。
- 供应商必须保护客户的虚拟环境并将其与其他客户和外部各方的环境分离。
- 客户和供应商必须确保对虚拟机进行配置和增强，以满足组织的需求。
- 客户有责任定义、记录和监控与云环境相关的管理运营和程序，在客户需要时，CSP 要共享关于重要运营和程序的文档。
- 供应商应支持客户有效监控云计算环境中的活动。
- 应进行一致性配置，从而使虚拟网络环境符合物理网络的信息安全政策。

云服务提供商如何从 ISO/IEC 27017 认证中受益？

- 增加他人对企业的信任感——让客户和利益相关者对其数据和信息的安全性更加放心。
- 提供竞争优势——展示对数据保护的稳健控制。
- 保护品牌声誉——降低因数据泄露引发的负面宣传风险。
- 防止罚款——确保遵守当地法规，降低对数据泄露的罚款风险。
- 助力企业发展——提供覆盖不同国家的通用指导方针，为在全球范围内开展业务和获得作为首选供应商的机会提供便利性。

云服务客户如何从 ISO/IEC 27017 培训中受益？

ISO/IEC 27017 标准是一项能为客户和云服务提供商提供业务帮助的独特技术标准。IT 经理和其他技术人员负责将组织迁移到云端或扩大云服务的参与度，通过确保他们理解其职责并在选择提供商时做出更有见地性的决策来减少他们的业务风险。

2）云隐私保护标准——ISO/IEC 27018：2019。Information Technology – Security Techniques – Code of practice for PII protection in public clouds acting as PII processor，即《信息技术-安全技术-PII 处理者在公有云中保护 PII 的实践指南》。

为了处理云计算技术所引发的问题，ISO 于 2014 年秋季创立了一项新的标准 ISO/IEC

27018。2019年1月，ISO/IEC发布了ISO/IEC 27018：2019版标准。云服务供应商要采用这一标准以确保客户数据安全，让客户能够高枕无忧。

这一新标准是对ISO/IEC 27001和ISO/IEC 27002标准的扩展。首先，在许多领域中扩展了现有的安全控制，以明确云服务客户和云服务供应商之间的责任。其次，添加了一组新的安全控制，以反映ISO/IEC 29100隐私框架标准中定义的隐私原则。其为云服务供应商如何处理个人可识别信息（PII）提供了指南。

PII被定义为：

① 可被用于识别与此类信息相关的PII当事人。

② 可直接或间接与PII当事人关联的任何信息。

扩展的安全控制包括：

① 在存储和任何可移动的物理介质中，对PII进行加密的要求。

② 一旦数据不再需要，在指定的时间内删除PII。

③ 符合云服务协议中明文规定的目的时，才进行PII处理。

④ 如法规所明文规定，在处理PII原则的权利问题上，可检查和纠正PII。

ISO/IEC 27018是公有云服务中个人可识别信息保护的一种行为准则。它在体系结构上沿用了被广泛使用且备受重视的ISO/IEC 27002信息安全控制行为准则的框架。

这一标准包含若干指南，根据ISO定义，这些指南旨在：

① 帮助公有云服务供应商在作为PII处理者开展业务时承担必要的责任。

② 使公有云PII处理者在相关事务中保持透明，从而让客户可以选择经过良好治理的、基于云的PII处理服务。

③ 协助客户和公有云PII处理者达成合同协议。

④ 为云服务客户提供行使审核和合规权利及责任的机制。单个云服务客户审核托管在多方虚拟化服务器（云）环境中的数据，不仅可能在技术上不切实际，而且也可能在物理及逻辑上增加网络安全风险。

尽管这些只是一些尚待完善的原则，但如果审视这些原则的含义以及它们能够如何为客户提供帮助，就可看到，这是第一次有了真正针对个人数据处理的框架。

ISO/IEC 27018为云服务供应商和云服务客户提供了一套针对PII适当保护的指导方针。一方面，能够确保云服务供应商在处理PII方面有着适当的程序，它还可以帮助制订更强的云服务协议。该标准就PII的问题，规定了云服务供应商如何培训员工，需要什么文件程序，并提供了相应的指导方针。另一方面，旨在为云服务客户提供真正的透明度，以便客户能够清楚了解云服务供应商在保护个人数据方面所做的事情。

8.3.2 云安全参考架构

在一种云服务中，信息与业务的安全性涉及所有参与该服务的云计算角色。为了清晰地描述云服务中各种参与角色的安全责任，需要构建云计算安全参考架构。

与NIST《云计算安全参考架构》类似，我国国家标准《信息安全技术 云计算安全参考架构》（GB/T 35279—2017），提出了云计算角色、角色安全职责、安全功能组件以及它们之间的关系，基于云计算的特性、三种服务模式与五类角色构建了云计算安全参考架构，如图8-5所示，适用于指导所有云计算参与者在进行云计算系统规划时对安全的评估与设计。

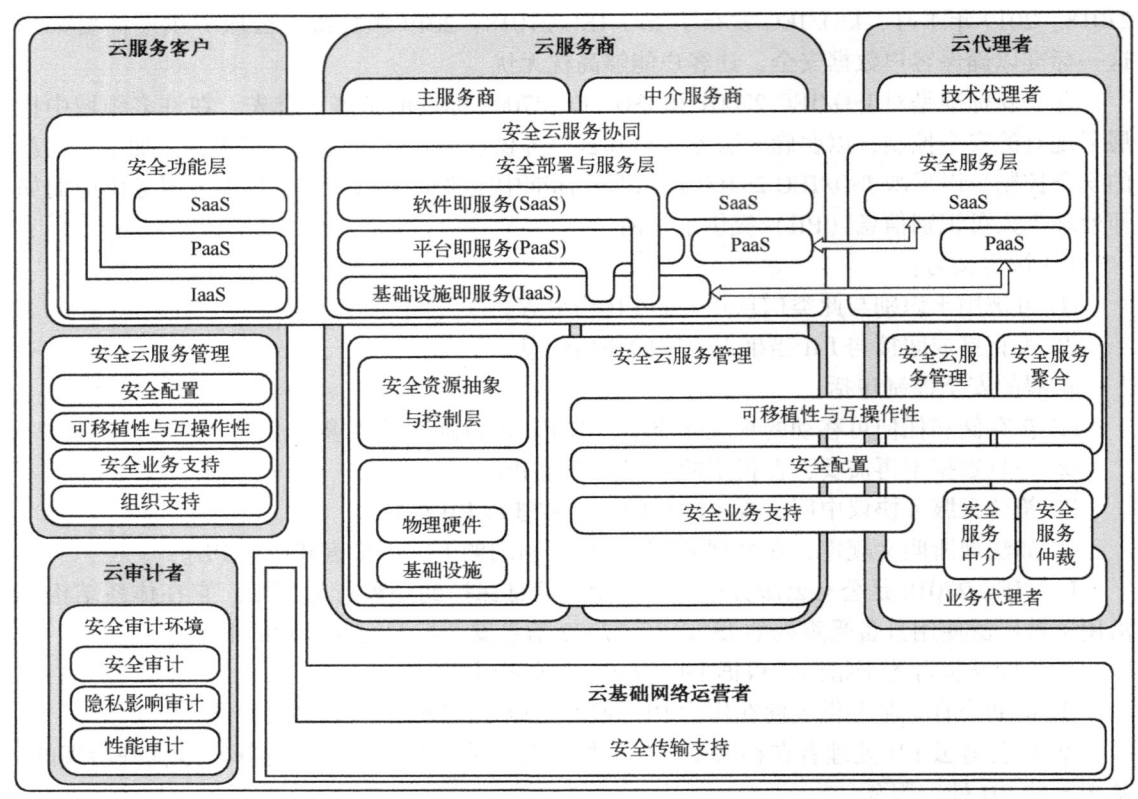

图 8-5 云计算安全参考架构

在云计算的业务执行流程中,主要有五类角色:云服务商、云服务客户、云审计者、云代理者和云基础网络运营者。每个角色可以由一个或多个实体(个人或机构)担任,针对不同的云计算服务模式与部署模型上述角色中的某几个角色也可以由同一实体担任,各类角色具体描述如下。

- 云服务商是负责为云服务客户直接或间接提供服务的实体,云服务商的相关活动主要包括云服务资源的部署、编排、运营、监控与管理等。
- 云服务客户是为使用云资源同云服务商建立业务关系的参与方,云服务客户可以直接作为用户使用云服务,云服务客户也可为保证用户使用的云服务运行稳定而提供计量、计费与资源购买等运营管理服务。
- 云代理者是管理云服务使用、性能与交付的实体,并在云服务商与云服务客户之间进行协商。一般来说,云代理者提供聚合、仲裁与中介三类服务。
- 云审计者负责对云服务进行独立评估、审计,负责审计云服务的供应与使用。云审计通常覆盖运营、性能与安全,检查一组特定的审计准则是否得到满足。
- 云基础网络运营者是云服务连接与传输的执行者,主要提供基础网络通信服务。

所有的云参与者都有责任保障云服务安全,确保能够满足云服务客户的安全需求,包括但不限于:

- 风险分析、风险评估、脆弱性评估、业务持续性规划与灾难备份规划。

- 物理与环境安全策略、用户账户终止程序、持续规划，包括测试协议、事件报告与应急响应规划、设备布局等。
- 符合国家、行业、企业等相关信息安全标准。
- 供应商设施、安全基础设施、人力资源管理、物理安全与环境安全。
- 将服务的恢复计划纳入量化的恢复点目标（RPO）与恢复时间目标（RTO）。
- 云服务商与云代理者的安全现状。

图 8-5 中的云计算安全参考架构是基于角色的分层描述，其中包括下述安全组件与子组件。

（1）云服务客户

1）安全云服务管理，包括服务提供与安全配置需求、可移植性与互操作安全需求、业务支持安全需求、安全组织支持（包括组织处理、策略与步骤）。

2）安全云服务协同，包括安全功能层。

（2）云服务商

1）安全云服务协同，包括安全部署与服务层、安全资源抽象与控制层（硬件与设施）——仅主服务商。

2）安全云服务管理，包括安全供应与配置、安全可移植性与互操作性、安全业务支持。

（3）云代理者

1）安全云服务协同——仅技术代理者，包括安全服务层。

2）安全服务聚合，包括安全聚合与配置（技术方面的配合）——仅技术代理者、安全可移植性与互操作性（技术方面的配合）——仅技术代理者。

3）安全云服务管理，包括安全供应与配置——仅技术代理者、安全可移植性与互操作性——仅技术代理者、安全业务支持。

4）安全服务中介，包括安全供应与配置。

5）安全服务仲裁，包括安全供应与配置。

（4）云审计者

安全审计环境，包括但不限于下列机制：安全组件与相关安全控制、安全档案、安全存储、数据位置、度量、服务级别协议、隐私等。

（5）云基础网络运营者

安全传输支持，包括安全可移植性与互操作性。

8.4 云数据安全

信息安全的主要目标之一是保护系统和应用程序的基础数据。当我们向云计算过渡的时候，传统的数据安全方法将遭到云模式架构的挑战。弹性、多租户、新的物理和逻辑架构，以及抽象的控制需要新的数据安全策略。

云数据安全问题，已引起社会的普遍关注。云数据安全与传统数据安全有很大区别。首先，传统 IT 系统，用户即是服务商，所以对数据安全保护的目标和利益是一致的。而在云计算的架构之下，用户和服务商发生了分离，数据的所有者和保管者分离，数据的所有权和保管权分离，这样必然会引发一些新的问题。

总结起来，大概有以下三类问题：

一是传统 IT 系统的安全问题仍然存在，因为云计算说到底还是信息系统的一种。

二是由于不涉及切身利益，云服务商在运营过程中容易忽略长期潜在的一些未知安全问题。

三是云服务商可能为了自己的利益损害用户数据安全，如未经用户同意，将用户数据用来大数据分析、机器学习，或者在用户合同到期后未完全删除用户数据，甚至未经同意将用户数据提供给第三方等。

具体的云数据安全风险如表 8-1 所示。

表 8-1 云数据安全风险

安 全 问 题	安 全 风 险
数据存放云端	超级权限、信任危机、数据泄露、数据污染、数据损坏、数据销毁、数据非法访问、数据非法传播等
数据可能源于云内自生产，也可能来源于外部	数据污染、恶意数据（如制造病毒）等
数据有可能从云内导出到云外	数据泄露（权限滥用、非法权限、非法传播、非法获得）等
数据存储分级：经常使用、偶尔使用、冷备	数据丢失、无法访问等
数据可靠性保障：无备份、RAID、缓存一致性	数据丢失、数据损坏、数据一致性遭破坏等
数据备份与恢复	数据丢失、数据损坏、数据恢复不可用等
隐私数据	隐私数据泄露、隐私数据非法获得、隐私数据查询、隐私数据非法利用、脱敏失效等

8.4.1 云数据安全生命周期管理

数据安全生命周期管理（DSLM，Data Security Life-cycle Management）与信息生命周期管理（ILM，Information Life-cycle Management）是不同的，其反映了安全受众的不同需要。

（1）数据安全生命周期

基于信息生命周期管理，数据安全生命周期（DSL，Data Security Life-cycle）可分为 6 个阶段，如图 8-6 所示，每个阶段都有一些与云服务模式相关的通用建议和控制方法。有些建议和方法需要客户实施，另一些则需要由云服务提供商实施。

1）数据生产。
- 识别可用的数据标签和分类。
- 企业数字权限管理（DRM）可能是一种选择。
- 数据的用户标记在 Web 2.0 环境中应用已经非常普遍，可能对分类数据会有较大帮助。

2）数据存储。
- 识别文件系统、数据库管理系统和文档管理系统等环境中的访问控制。
- 加密解决方案，涵盖如电子邮件、网络传输、数据库、文件和文件系统。
- 在某些需要控制的环节上，内容发现工具（如 DLP 数据丢失防护）会有助于识别和

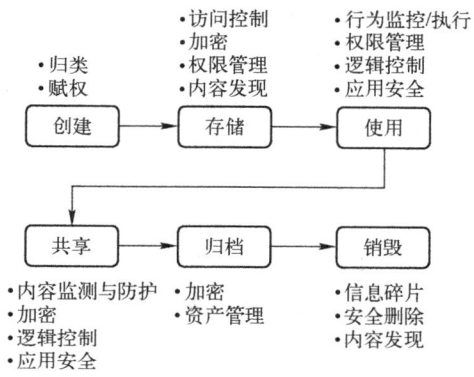

图 8-6 数据安全生命周期

审计。

3）数据使用。
- 活动监控,可以通过日志文件和基于代理的工具实现。
- 应用逻辑。
- 基于数据库管理系统解决方案的对象级控制。

4）数据共享。
- 活动监控,可以通过日志文件和基于代理的工具实现。
- 应用逻辑。
- 基于数据库管理系统解决方案的对象级控制。
- 识别文件系统、数据库管理系统和文档管理系统等环境中的访问控制。
- 加密解决方案,涵盖如电子邮件、网络传输、数据库、文件和文件系统。
- 通过 DLP 实现基于内容的数据保护。

5）数据归档。
- 加密,如磁带备份和其他长期存储介质。
- 资产管理和跟踪。

6）数据销毁。
- 加密和粉碎:所有加密数据相关的关键介质的销毁。
- 通过磁盘"擦拭"和相关技术实现安全删除。
- 物理销毁,如物理介质消磁。
- 通过内容发现以确认销毁过程。

(2) 云数据安全生命周期管理的关键挑战

1）数据安全。保密性、完整性、可用性、真实性、授权、认证和不可抵赖性。

2）数据存放位置。必须保证所有的数据,包括所有副本和备份存储在合同、服务水平协议和法规允许的地理位置。

3）数据删除或持久性。数据必须彻底有效地去除才被视为销毁。因此,必须具备一种可用的技术,能保证全面和有效地定位云计算数据、擦除/销毁数据,并保证数据已被完全消除或使其无法恢复。

4）不同客户数据的混合。数据尤其是保密/敏感数据不能在使用、存储或传输过程中,在没有任何补偿控制的情况下与其他客户数据混合。数据的混合将在数据安全和地缘位置等方面增加安全的挑战。

5）数据备份和恢复重建计划。必须保证数据可用，云数据备份和云恢复计划必须到位和有效，以防止数据丢失、意外的数据覆盖和破坏。不要随便假定云模式的数据肯定有备份并可恢复。

6）数据发现。由于法律系统持续关注电子证据发现，云服务提供商和数据拥有者将需要把重点放在发现数据并确保法律和监管当局要求的所有数据可被找回。这些问题在云环境中是极难解决的，将会需要管理、技术和必要的法律控制互相配合。

7）数据聚合和推理。数据在云端时，会有新增的数据汇总和推理方面的担心，可能会导致违反敏感和机密资料的保密性。因此，在实际操作中，应要保证数据拥有者和数据的利益相关者的利益，在数据混合和汇总的时候，避免数据遭到任何哪怕是轻微的泄漏。

8.4.2 云数据安全防护技术

针对云计算环境下的数据安全防护要求，需要通过采用数据隔离、访问控制、安全存储、加密传输、备份恢复、剩余数据保护等技术手段，为云计算用户提供端对端的数据安全与隐私保护，从而保障用户数据的可用性、保密性和完整性。

（1）数据安全隔离技术

为实现不同用户间数据信息的隔离，可根据应用具体需求，采用物理隔离、虚拟化和多租等方案实现不同租户之间数据和配置信息的安全隔离，以保护每个租户数据的安全与隐私。

（2）数据访问控制技术

在数据的访问控制方面，可通过采用基于身份认证的权限控制方式，进行实时的身份监控、权限认证和证书检查，防止用户间的非法越权访问。如可采用默认"deny all"的访问控制策略，仅在有数据访问需求时才显性打开对应的端口或开启相关访问策略。在虚拟应用环境下，可设置虚拟环境下的逻辑边界安全访问控制策略，如通过加载虚拟防火墙等方式实现虚拟机间、虚拟机组内部精细化的数据访问控制策略。

（3）数据加密存储技术

对数据进行加密是实现数据保护的一个重要方法，即使该数据被人非法窃取，对他们来说也只是一堆乱码，而无法知道具体的信息内容。在加密算法选择方面，应选择加密性能较高的对称加密算法，如 AES、3DES 等国际通用算法，或我国国家商用密码算法 SCB2 等。在加密密钥管理方面，应采用集中化的用户密钥管理与分发机制，实现对用户信息存储的高效安全管理与维护。对云存储类服务，云计算系统应支持提供加密服务，对数据进行加密存储，防止数据被他人非法窥探；对于虚拟机等服务，则建议用户对重要的用户数据在上传、存储前自行进行加密。

（4）数据加密传输技术

在云计算应用环境下，数据的网络传输不可避免，因此保障数据传输的安全性也很重要。数据传输加密可以选择在链路层、网络层、传输层等层面实现，采用网络传输加密技术保证网络传输数据信息的机密性、完整性、可用性。对于管理信息加密传输，可采用SSH、SSL等方式为云计算系统内部的维护管理提供数据加密通道，保障维护管理信息安全。对于用户数据加密传输,可采用 IPSec VPN、SSL 等 VPN 技术提高用户数据的网络传输安全性。

(5) 数据备份与恢复技术

不论数据存放在何处,用户都应该慎重考虑数据丢失风险,为应对突发的云计算平台的系统性故障或灾难事件,对数据进行备份及进行快速恢复是十分重要的。如在虚拟化环境下,应能支持基于磁盘的备份与恢复,实现快速的虚拟机恢复,应支持文件级完整与增量备份,保存增量更改以提高备份效率。

(6) 剩余数据保护技术

由于用户数据在云计算平台中是共享存储的,今天分配给某一用户的存储空间,明天可能分配给另外一个用户,因此需要做好剩余数据的保护措施。所以,要求云计算系统在将存储资源重新分配给新的用户之前,必须进行完整的数据擦除,在对存储的用户文件、对象删除后,对对应的存储区进行完整的数据擦除或标识为只写(只能被新的数据覆写),防止被非法恶意恢复。

8.5 云应用安全

目前,基于云的应用被广泛使用,并且以惊人的速度不断增长。由于基于云的应用可以通过互联网访问,并且任何人、在任何地方都可以访问。因此,云应用的安全性变得尤为重要。

云应用程序的安全是云安全项目的重要组成部分。应用程序安全的范围包括了从简单的个体用户应用到复杂得多的租户电子商务应用程序和网站应用程序。

8.5.1 用户认证与管理

管理身份和访问企业应用程序的控制仍然是当今的 IT 系统面临的最大挑战之一。虽然企业可以在没有良好的身份和访问管理策略的前提下利用若干云计算服务,但从长远来说,延伸企业身份管理服务到云计算一定是实现按需计算服务战略的先导。

云计算系统是大量用户、服务提供商、基础设施提供商协作共处的环境,通常它们属于不同的安全管理域。每个域对其内部资源具有最高的管理权限,对其他管理域的访问需要进行额外的认证和授权。云计算这种跨域共享资源的特性对跨域的身份认证和访问控制提出了严峻的挑战。

从用户角度来说,针对传统的用户身份认证,用户需要维护大量的口令、证书、密钥等来完成不同服务对用户身份认证的鉴别。

从管理者角度来说,管理域的信任边界具有动态变化的特性,管理域的网络、系统、应用边界可能扩展到多个不同的服务提供域,资源的动态加入和退出对传统的信任管理和控制机制提出了挑战。

从云服务提供商的角度来看,每一个管理域都有独立的身份认证模式和技术来完成该域用户的身份认证和授权,但是这些管理域之间如果没有考虑其互操作问题,则无法灵活实现跨域身份认证问题。

因此,为从根本上解决上述问题,同时考虑到操作、维护的一致性,需要采用统一的云服务身份管理模式和认证技术，通过分权分域的控制机制实现跨域的身份认证、授权和访问控制。

云计算系统应建立统一、集中的认证和授权系统，以满足云计算多租户环境下复杂的用户权限策略管理和海量访问认证要求，提高云计算系统身份认证和管理的安全性。

1）集中用户认证。采用主流认证方式，如 LDAP、数字证书认证、令牌卡认证、硬件信息绑定认证和生物特征认证，支持多因子认证；对不同类型和等级的系统、服务、端口采用相应等级的一种或多种组合认证方式，以满足云计算系统中不同子系统的安全等级与成本及易用性的平衡要求；提供用户访问日志记录，记录用户登录信息，包括系统标识、登录用户、登录时间、登录 IP、登录终端等标识。

2）集中用户授权。根据用户、用户组、用户级别的定义来对云计算系统资源的访问进行集中授权；采用集中授权或分级授权机制，支持细颗粒度授权策略。

3）访问策略管理。采用用户身份与终端绑定的策略、完整性认证检查策略和口令策略进行身份认证；支持采用集中授权或分级授权策略进行授权；设置账号安全策略，包括口令连续错误锁定账号、长期不用导致账号失效、用户账号未退出时禁止重复登录等。

4）集中账号管理。根据"业务需要"原则，应至少采用口令、令牌（如 Secure ID 和证书）、生物特征等方式中的一种验证访问账户信息的人员身份；必须分配唯一的用户账号给每个有权访问账户信息的系统用户；必须对用户密码采取严格管理措施，降低用户密码遭窃取或泄露的风险；必须在用户账号登录次数与时间上严格控制。

用户账号在整个传输过程中和在云平台系统中必须加密。对保存到期或已经使用完毕的账户信息，均应建立严格的销毁登记制度，对于所有需销毁的各类云计算账户信息，应有监督地及时妥善销毁；对于不同类别账户信息的销毁，应分别建立销毁登记记录。销毁记录至少应包括：使用人、用途、销毁方式与时间、销毁人签字和监督人签字等内容。

5）相关功能要求。支持对用户认证信息、授权信息等详细日志的集中存储和查询；支持对认证、授权等敏感数据的加密存储及传输。

8.5.2 内容安全检测

随着互联网、智能设备及各种新生业务的飞速发展，互联网上的数据呈现爆炸式增长，图片、视频、发文、聊天等互动内容已经成为人们表达感情、记录事件和日常工作不可或缺的部分。每天，通过互联网上传的视频、图片数量超过 10 亿个，通过各种社交网络、媒体平台的发文数量超过 5 亿篇，而且这种趋势还在继续快速增长。

这些日益增长的内容中也充斥着各种不可控的风险因素，比如色情视频和图片、涉政暴恐内容和各种垃圾广告。随着政府监管的日渐严格，这些都是各网站及平台亟待认真对待和管理的工作。另一方面，人们对这些非结构化内容的认识和解读还处于初级阶段，需要更加智能的技术和系统来帮助大家深度发掘这其中蕴藏的巨大商业价值。

（1）内容安全概念

内容安全是信息安全在政治、法律、道德层次上的要求。
- 信息内容在政治上是健康的。
- 信息内容符合国家的法律法规。
- 信息内容符合中华民族优良的道德规范。

除此之外，广义的内容安全还包括信息内容保密、知识产权保护、信息隐藏和隐私保护等诸多方面。如果数据中充斥着不健康的、违法的、违背道德的内容，即使它是保密的、未被篡改的，也不能说是安全的。因为这会危害国家安全、危害社会稳定、危害精神文明等。

内容审核系统（Content Moderation System，CMS）是一种多媒体内容智能识别服务，可高效准确地对图片、文本、视频、音频等对象进行多样化场景检测，有效降低色情、暴恐、涉政、垃圾广告及其他客户自定义的内容违规风险，也可解决网站和 App 开发者的违规识别难题。该系统在节约人工审核成本的同时，大幅提高识别效率，保护业务健康发展。

常用的检测场景包括：智能鉴黄、暴恐涉政识别、图文广告识别、logo 识别、敏感人脸识别、二维码识别、OCR 图文识别、文本反垃圾、语音反垃圾和文件内容反垃圾等。

（2）主要检测对象及功能

内容安全检测对象及功能如表 8-2 所示。

表 8-2 内容安全检测对象及功能

对象	功 能	描 述
图片	图片审核	检测图片违规或识别图片中的不良信息
	图文 OCR 识别	识别图片中的文字、卡证信息
	相似图检索	检测指定图片和相似图库中的样本图片的相似度
	图片敏感人脸检测	检测图片中是否包含敏感人脸内容
	人脸比对	检测两张人脸照片的相似度
	自定义人脸检索	从指定人脸库检索特定人脸图片，并返回与目标最相似的几个结果
	活体翻拍检测	检测图片中的活体对象来自直接拍摄或翻拍
	图片标签识别	识别图片中的标签内容
文本	文本反垃圾	检测文本中的违规内容
文件	文件内容反垃圾	解析待检测文件中的图片和文字部分，并分别检测其中的违规内容
视频	视频审核	检测视频中的违规内容或不良信息
	视频敏感人脸检测	检测视频中是否包含敏感人脸内容
	视频指纹识别	从指定视频分组中检索与目标视频相似的视频
	视频标签识别	识别视频中的标签内容
音频	语音反垃圾	检测语音文件或语音流中的违规信息
	声纹比对	检测待比对声纹与已注册用户声纹模型的相似度

- 图片。应支持检测静态照片、gif 动图，识别涉黄、涉政、涉毒等有害信息，支持自定义有害图片并进行定向打击，适用于用户头像、社交相册、文章配图等场景。
- 文本。基于深度学习模型及关键词库等，过滤涉黄、涉政、涉毒等有害信息，支持自定义关键词并进行定向打击，适用于用户评论、弹幕、文章内容等场景。
- 文件。支持对 PDF、Word、PPT、Excel、TXT 等类型文件进行文件内容的自动解析，并分别检测其中的图片和文本内容，以识别、审核和打击涉黄涉毒、非法广告、暴恐涉政、敏感人脸、不良场景等违规和有害内容。
- 视频。检测视频内容，识别涉黄、涉暴、涉政等有害信息，支持用户配置视频黑名单并进行定向打击，适用于长/短视频内容审查、电影内容审查等场景。

- 音频。识别音频中涉黄、谩骂、涉政的有害信息，支持用户自定义违规音频并进行定向打击，适用于游戏实时语音、直播语音、视频语音等场景。

(3) 内容安全检测服务形式

目前，内容安全检测服务包括三部分：站点检测、对象存储服务（Object Storage Service，OSS）违规检测、内容检测 API。

- 站点检测。针对拥有网站的用户，提供首页检测服务和全站网页内容检测服务，帮助检查网站首页或全站内容是否具有违规内容风险（如首页篡改、挂马暗链、色情低俗和涉政暴恐）。当站点中网页疑似有违规信息时，可通知并提供违规网页地址及快照查看功能，方便及时对网页内容进行整改。
- OSS 违规检测。针对使用云服务商 OSS 存储文件的用户，提供一键式的图像鉴黄、涉政暴恐等检测服务，可以将保存在 OSS 中的图片、视频等内容进行鉴黄、涉政暴恐等风险检测，并且提供删除和冻结文件的功能。
- 内容检测 API。内容检测 API 主要能对包含色情、涉政、暴恐、广告、垃圾信息的文本、图片、视频、语音进行检测和识别，通过系统化的方式提供审核、打标、自定义配置等能力来保障接入的效果和个性化需求落地，需要一定的开发工作量，通过调用云服务商提供的接口来进行内容检测。针对的用户包括但不限于：视频网站、直播平台、社交平台、媒体平台、垂直社区/论坛、电商网站、存储平台、内容分发网络（Content Delivery Network，CDN）平台等一切用户生成内容（User Generated Content，UGC）平台和一切需要对网站内容进行安全管控的平台。

(4) 内容安全审核技术

内容安全审核成为以短视频、新闻资讯、直播等平台优先级最高的运营需求，不管是通过人工审核还是以系统性的机器审核，都是以最安全与最适合产品的审核结果维度为主。随着国家监管的力度不断提升，暴力、血腥、政治、黄赌毒及危害青少年的不良社会导向等内容已成为重点关注区域。

1）图片识别与审核技术。图片的识别一般采用大数据标签学习与相似度对比技术。对于政治人物检测识别则使用 AI 系统中的人脸识别系统。人脸识别技术广泛采用区域特征分析算法，通过深度学习技术从视频和照片中提取人像特征点，利用生物统计学的原理进行分析建立数学模型，即人脸特征模板。在已建成的人脸特征模板与被测者的面像进行特征分析，根据分析的结果给出一个相似度值，最终搜索到最佳匹配人脸特征模板，并因此确定个人的身份信息。广义的人脸识别实际包括构建人脸识别系统的一系列相关技术，包括图像采集、人脸检测、特征建模、比对辨识、身份确认等；而狭义的人脸识别特指通过人脸进行身份确认或者身份查找的技术或系统。

2）文本识别与审核技术。对图片中的文字识别，使用最多的是文本识别技术（OCR）。

对长短文本及变形变异字体，会使用垃圾文本处理技术（如条件随机场（Conditional Random Field，CRF）分词、神经语言程序学（Neuro-Linguistic Programming，NLP）、N-gram 算法（统计语言模型）和随机森林算法）。随机森林指的是利用多棵树对样本进行训练并预测的一种分类器，通过对文本的处理进行归类，自动预测文本内容的形式。

对于上下段落中突然出现的垃圾文本或不相关的文字或词组，会采用上下语义识别技术（如 LSTM 深度神经网络、Word-Embedding 词嵌入向量）。此技术会判断该句话是否跟上下文结合，是否是一段无效的垃圾文本，很适合用于评论区的灌水、刷屏，甚至辱骂性的文字内容。

3）视频识别与处理技术。在视频识别与处理上，通常采用截帧上传服务器进行数据对比来识别。其审核模式与图片审核相同，会判断场景（室外还是室内）、会判断人脸（画面中出现的人是否敏感人物）、会判断是否色情（根据画面图片的裸露状态，可分为正常、性感、色情等不同维度）等。而那些不以直接性的画面展示的内容，机器审查存在很大困难，需要通过机器辅助人工进行审核，而非机器单独进行全方位过滤。

4）语音识别技术与能力。针对不同的内容有不同的识别技术。针对说话内容有语音识别、关键词检索等；针对语种的判别有语种识别的技术；针对说话人的识别有声纹识别技术；针对与说话无关的内容通常采用音频比对的技术来进行检测。

基于语音识别的关键词检索是先将语音识别的结果构建成一个索引网络，然后把关键词从索引网络中找出来。在进行关键词检索的时候，通过关键词表在网络中进行频率分析，找到概率最高的，输出其关键词匹配结果；在这一步可通过垃圾文本处理及上下语义分析，对转化的文本进行处理。

当前，音频的识别能力还远远达不到准确阶段，比如音频出现的"娇喘声"，单靠技术根本无法识别，或识别（转化）出来就是一串乱字。再如在人潮拥挤的杂音中出现的音频，也无法准确地转化成文字识别。遇到这种隐晦场景下的文本，通常还是需要人工去审核。

8.5.3 云 Web 应用安全

云平台存在网站多、环境复杂等问题，也面临着 Web 攻击（跨站脚本攻击、注入攻击、缓冲区溢出攻击、Cookie 假冒、认证逃避、表单绕过、非法输入、强制访问）、页面篡改（隐藏变量篡改、页面防篡改）和 CC（Challenge Collapsar）攻击等大量的 Web 安全问题，遭受着最新的 Web 攻击安全威胁。Web 应用攻击作为一种新的攻击技术，其在迅速发展过程中演变出各种各样、越来越复杂的攻击手法。新兴的 Web 应用攻击给 Web 系统带来了巨大的安全风险。

（1）常见云 Web 应用攻击及防范

Web 应用常见的五大攻击包括 XSS 攻击、CSRF 攻击、SQL 注入攻击、DoS 和 DDoS 攻击以及文件上传漏洞等。具体攻击手段及预防办法如下。

1）XSS 攻击。

即跨站脚本攻击（Cross-Site Scripting，XSS），为了不和层叠样式表（Cascading Style Sheets，CSS）的缩写混淆，故将跨站脚本攻击缩写为 XSS。XSS 是一种常见的 Web 安全漏洞，它允许攻击者将恶意代码植入提供给其他用户使用的页面中。不同于大多数攻击（一般只涉及攻击者和受害者），XSS 涉及三方，即攻击者、客户端与 Web 应用。XSS 的攻击目标是为了盗取存储在客户端的 Cookie 或者其他网站用于识别客户端身份的敏感信息。一旦获取到合法用户的信息后，攻击者甚至可以假冒合法用户与网站进行交互。

XSS 通常可以分为两大类。
- 存储型 XSS，主要出现在让用户输入数据，供其他浏览此页的用户进行查看的地方，包括留言、评论、博客日志和各类表单等。应用程序从数据库中查询数据，在页面中显示出来，攻击者在相关页面输入恶意的脚本数据后，用户浏览此类页面时就可能受到攻击。这个流程简单可以描述为：恶意用户的 HTML 输入 Web 程序→进入数据库→Web 程序→用户浏览器。
- 反射型 XSS，服务器接受客户端的请求包，不会存储请求包的内容，只是简单地把用户输入的数据"反射"给浏览器。

对于 XSS 攻击，可以做如下防范。
- 输入过滤。永远不要相信用户的输入，对用户输入的数据做一定的过滤。
- 输出编码。服务器端输出到浏览器的数据，可以使用系统的安全函数来进行编码或转义来防范 XSS 攻击。
- 安全编码。开发需尽量避免 Web 客户端文档重写、重定向或其他敏感操作，同时要避免使用客户端数据，这些操作需尽量在服务器端使用动态页面来实现。
- HttpOnly Cookie。预防 XSS 攻击窃取用户 Cookie 最有效的防御手段。Web 应用程序在设置 Cookie 时，将其属性设为 HttpOnly，就可以避免该网页的 Cookie 被客户端恶意 JavaScript 窃取，保护用户 Cookie 信息。
- Web 应用防火墙（Web Application Firewall，WAF），主要的功能是防范网页木马、XSS 以及 CSRF 等常见的 Web 漏洞攻击。

2）CSRF 攻击。

跨站请求伪造（Cross-Site Request Forgery，CSRF）攻击，也被称为 one click attack/session riding，缩写为 CSRF/XSRF。简单来说，就是攻击者盗用了用户的身份，以用户的名义发送恶意请求。对服务器来说这个请求是完全合法的，但是完成了攻击者所期望的一个操作，比如以用户的名义发送邮件、发消息，盗取用户的账号，添加系统管理员，甚至于购买商品和虚拟货币转账。造成的问题包括个人隐私泄露以及财产安全。

假定网站 A 为存在 CSRF 漏洞的网站，网站 B 为攻击者构建的恶意网站，用户 C 为网站 A 的合法用户。CSRF 攻击的原理及过程如下：

① 用户 C 打开浏览器，访问受信任网站 A，输入用户名和密码请求登录网站 A。

② 在用户信息通过验证后，网站 A 产生 Cookie 信息并返回给浏览器，此时用户登录网站 A 成功，可以正常发送请求到网站 A。

③ 用户未退出网站 A 之前，在同一浏览器中，打开一个 TAB 页访问网站 B。

④ 网站 B 接收到用户请求后，返回一些攻击性代码，并发出一个请求要求访问第三方站点即网站 A。

⑤ 浏览器在接收到这些攻击性代码后，根据网站 B 的请求，在用户不知情的情况下携带 Cookie 信息，向网站 A 发出请求。网站 A 并不知道该请求其实是由 B 发起的，所以会根据用户 C 的 Cookie 信息以 C 的权限处理该请求，导致来自网站 B 的恶意代码被执行。

对于 CSRF 攻击，可以做如下防范。
- 验证码。应用程序和用户进行交互过程中，特别是账户交易这种核心步骤，强制用户输入验证码，才能完成最终请求。在通常情况下，验证码能够很好地遏制 CSRF 攻击。但增加验证码降低了用户的体验，网站不能给所有的操作都加上验证码。所以只能将验证码作为一种辅助手段，在关键业务点设置验证码。
- Referer Check。HTTP Referer 是 header 的一部分，当浏览器向 Web 服务器发送请求时，一般会带上 Referer 信息告诉服务器是从哪个页面链接过来的，服务器借此可以获得一些信息用于处理，通过检查请求的来源来防御 CSRF 攻击。
- Anti-CSRF Token。目前比较完善的解决方案是加入 Anti-CSRF Token，即发送请求时在 HTTP 请求中以参数的形式加入一个随机产生的 Token，并在服务器建立一个拦截器来验证这个 Token。

3）SQL 注入攻击。

SQL 注入（SQL Injection），即应用程序在向后台数据库传递结构化查询语言（Structured Query Language，SQL）时，攻击者将 SQL 命令插入 Web 表单提交、输入域名或页面请求的查询字符串，最终达到欺骗服务器执行恶意的 SQL 命令的目的。

SQL 注入常见的产生原因如下。

① 转义字符处理不当。特别是输入验证和单引号处理不当。用户简单地在 URL 页面输入一个单引号，就能快速识别 Web 站点是否易受到 SQL 注入攻击。

② 后台查询语句处理不当。开发者完全信赖用户的输入，未对输入的字段进行判断和过滤处理，直接调用用户输入字段访问数据库。

③ SQL 语句被拼接。攻击者构造精心设计拼接过的 SQL 语句，来达到恶意的目的。

SQL 注入常见的注入方式如下。

① 内联 SQL 注入。向查询注入一些 SQL 代码后，原来的查询仍然会全部执行。内联 SQL 注入包含字符串内联 SQL 注入和数字内联 SQL 注入。

② 终止式 SQL 注入。攻击者在注入 SQL 代码时，通过注释剩下的查询来成功结束该语句。

对于 SQL 注入攻击，可以做如下防范。

① 防止系统敏感信息泄露。避免网站打印出 SQL 错误信息，比如类型错误、字段不匹配等，把代码里的 SQL 语句暴露出来，以防止攻击者利用这些错误信息进行 SQL 注入。

② 数据转义。对进入数据库的特殊字符（如'、"、\、<、>、&、*）进行转义处理，或编码转换。

③ 增加黑名单或者白名单验证。白名单验证一般指，检查用户输入是否是符合预期的类型、长度、数值范围或者其他格式标准。黑名单验证是指，若在用户输入中，包含明显的恶意内容则拒绝该条用户请求。在使用白名单验证时，一般会配合黑名单验证。

4）DoS 和 DDoS 攻击。

分布式拒绝服务（Distributed Denial of Service，DDoS）攻击是建立在拒绝服务（Denial of Service，DoS）攻击基础上的，可以通俗地理解为，DoS 是"单挑"，而 DDoS 是"群殴"，因为现代技术的发展，DoS 攻击的杀伤力降低，所以出现了 DDoS，攻击者借助公共网络，将大量的计算机设备联合起来，向一个或多个目标进行攻击。

造成远程服务器拒绝服务的行为被称为 DoS 攻击。其目的是使计算机或网络无法提供正常的服务。最常见的 DoS 攻击有计算机网络带宽攻击和连通性攻击。对于该类问题，可以做以下防范。

第一种是缩短同步序列编号（Synchronize Sequence Number，SYN）Timeout 时间，及时将超时请求丢弃，释放被占用的 CPU 和内存资源。

第二种是限制同时打开的 SYN 半连接数目，关闭不必要的服务。

第三种方法是设置 SYN Cookie，给每一个请求连接的 IP 地址分配一个 Cookie。如果短时间内连续受到某个 IP 的重复 SYN 报文，就认定是受到了攻击，以后从这个 IP 地址来的包会一概丢弃。

一般来说，第三种方法在防范该类问题上表现更佳。同时可以在 Web 服务器端采用分布式组网、负载均衡、提升系统容量等可靠性措施，增强总体服务能力。

DDoS 攻击是 DoS 攻击的一种方法，指借助于客户/服务器技术，将多个计算机联合起来作为攻击平台，对一个或多个目标发动 DDoS 攻击，从而成倍地提高拒绝服务攻击的威力。阻止合法用户对正常网络资源的访问，从而达成攻击者不可告人的目的。DDoS 的攻击策略侧重于通过很多"僵尸主机"，向受害主机发送大量看似合法的网络包，从而造成网络阻塞或服务器资源耗尽而导致拒绝服务。

对于 DDoS 攻击，可以做如下防范。

① 反欺骗：对数据包的地址及端口的正确性进行验证，同时进行反向探测。

② 协议栈行为模式分析：每个数据包类型需要符合 RFC（Request For Comments，注解请求或征询意见）文件规定，这就好像每个数据包都要有完整规范的着装，只要不符合规范，就自动识别并将其过滤掉。

③ 特定应用防护：非法流量总是有一些特定特征的，这就好比即便你混进了顾客群中，但你的行为还是会暴露出你的动机，比如老重复问店员同一个问题，老做同样的动作，这样你仍然还是会被发现的。

④ 带宽控制：真实的访问数据过大时，可以限制其最大输出的流量，以减少下游网络系统的压力。

5）文件上传漏洞。

文件上传漏洞是指由于程序员在对用户文件上传部分的控制不足或者处理缺陷，而导致的用户可以越过其本身权限向服务器上传可执行的动态脚本文件。这里上传的文件可以是木马、病毒、恶意脚本或者 WebShell 等。

这种攻击方式是最为直接和有效的，"文件上传"本身没有问题，有问题的是文件上传后，服务器怎么处理和解释文件。如果服务器的处理逻辑做得不够安全，则会导致严重的后果。

文件上传漏洞本身就是一个危害巨大的漏洞，WebShell 更是将这种漏洞的利用无限扩大。WebShell 就是以 asp、php、jsp 或者 cgi 等网页文件形式存在的一种命令执行环境，也可以将其称之为一种网页后门。大多数的上传漏洞被利用后攻击者都会留下 WebShell 以方便后续进入系统。攻击者在受影响系统放置或者插入 WebShell 后，可通过该 WebShell 更轻松、更隐蔽地在服务中为所欲为。

在 Web 中进行文件上传的原理是通过将表单设为 multipart/form-data，同时加入文件域，而后通过 HTTP 协议将文件内容发送到服务器，服务器端读取这个分段（multipart）的数据信息，并将其中的文件内容提取出来并保存的。通常，在进行文件保存的时候，服务器端会读取文件的原始文件名，并从这个原始文件名中得出文件的扩展名，而后随机为文件取一个文件名（为了防止重复），并且加上原始文件的扩展名来保存到服务器上。

造成文件上传漏洞的原因如下。

① 对于上传文件的后缀名（扩展名）没有做较为严格的限制。

② 对于上传文件的 MIMETYPE（用于描述文件的类型的一种表述方法）没有做检查。

③ 权限上没有对上传的文件目录设置不可执行权限。

④ Web Server 对上传文件或者指定目录的行为没有做限制。

文件上传后导致的常见安全问题如下。

① 上传文件是 Web 脚本语言，服务器的 Web 容器解释并执行了用户上传的脚本，导致代码执行。

② 上传文件是 Flash 的策略文件 crossdomain.xml，黑客用以控制 Flash 在该域下的行为。

③ 上传文件是病毒、木马文件，黑客用以诱骗用户或者管理员下载执行。

④ 上传文件是钓鱼图片或为包含了脚本的图片，在某些版本的浏览器中会被作为脚本执行，被用于钓鱼和欺诈，等等。

对于文件上传漏洞攻击，可以做以下防范。

① 检查服务器是否判断了上传文件类型及后缀。

② 定义上传文件类型白名单，即只允许白名单中的文件类型上传。

③ 文件上传目录禁止执行脚本解析，避免攻击者进行二次攻击。

（2）云 Web 应用防火墙技术

Web 应用防火墙（Web Application Firewall，WAF）基于云安全大数据能力，用于防御 SQL 注入、XSS 跨站脚本、常见 Web 服务器插件漏洞、木马上传、非授权核心资源访问等常见的开放式 Web 应用程序安全项目（Open Web Application Security Project，OWASP）攻击，并过滤海量恶意 CC 攻击，避免网站资产数据泄露，保障网站的安全与可用性。

WAF 通过记录分析黑客攻击样本库及漏洞情况，使用数千台防御设备和骨干网络以及安全替身、攻击溯源等前沿技术，构建网站应用级入侵防御系统，解决网页篡改、数据泄露和访问不稳定等异常问题，保障网站数据安全性和应用程序可用性。

WAF 的出现解决了传统防火墙无法解决的针对应用层的攻击问题：

- WAF 会对 HTTP 的请求进行异常检测，拒绝不符合 HTTP 标准的请求，从而减少攻击的影响范围。
- WAF 增强了输入验证，可以有效防止网页篡改、信息泄露、木马植入等恶意网络入侵行为，减小 Web 服务器被攻击的可能。
- WAF 可以对用户访问行为进行监测，为 Web 应用提供基于各类安全规则与异常事件的保护。
- WAF 还有一些安全增强的功能，用以解决 Web 程序员过分信任输入数据带来的问题，如隐藏表单域保护、抗入侵规避技术、响应监视和信息泄露保护。

1）WAF 的工作原理。

WAF 部署在 Web 应用程序前面，在用户请求到达 Web 服务器前对用户请求进行扫描和过滤，分析并校验每个用户请求的网络包，确保每个用户请求有效且安全，对无效或有攻击行为的请求进行阻断或隔离。通过检查 HTTP 流量，可以防止源自 Web 应用程序的安全漏洞（如 SQL 注入、跨站脚本攻击、文件包含和安全配置错误）的攻击。

2）WAF 的主要功能。

- 攻击防护：智能识别 Web 系统服务状态，实时在线优化防御规则库、分发虚拟补丁程序，提供持续的安全防御支持。数千台防御设备、数百 GB 海量带宽和内部高速传输网络，实时有效抵御各类 DDoS 攻击、CC 攻击。

- 安全替身：通过前沿的安全替身技术、虚拟补丁服务，采用主动发现、协同防御的方式将 Web 安全问题化于无形。即使在极端情况下，Web 系统被入侵，甚至被完全破坏，也能重新构造安全内容，以保障系统正常服务。
- 攻击溯源：现有全球 30 万黑客档案库及漏洞情况服务中心，对攻击进行实时拦截、联动动态分析。通过百亿日志的大数据分析追溯攻击人员和事件，并利用反向高级持续性威胁（Advanced Persistent Threat，APT）技术完善黑客档案库，为攻击取证提供详尽依据。
- 登录安全：通过对登录过程中失败的用户名、密码、登录频率和登录后地域变化等多因素进行关联判断，从而实现 Web 系统登录安全。

8.5.4 云 App 安全

应用程序（Application，App），多指移动设备（包括平板计算机、手机和其他移动设备）上适用于 iOS、Android 等系统平台的第三方应用程序，通常分为面向个人消费者的个人用户 APP 与面向企业用户开发的企业级 APP。

当前，基于云的 APP 被广泛使用，并且以惊人的速度不断增长。由于基于云的 APP 可以通过互联网访问，而且任何人，在任何时间、任何地点都可以访问，因此，APP 应用的安全性变得尤为重要。在创建和管理基于云的 APP 应用时，必须要保证用户所信赖的 APP 应用基础架构的每一层都是安全的。

随着智能手机等移动终端设备的流行与普及，不仅 APP 客户端的商业应用迅速发展，而且在很多设备上已经可以下载厂商官方的 APP 软件对不同的产品进行无线控制。由于移动终端的便捷性和 APP 的易操作性，人们逐渐习惯了使用 APP 客户端上网的方式。于是，一些公司和经销商选择在智能手机等设备上预装恶意软件进行扣费和隐私窃取等活动，APP 的安全问题和手机预装软件的恶性收费问题等浮出水面。

为了加强对移动互联网应用程序（APP）信息服务的规范管理，促进行业健康有序发展，保护公民、法人和其他组织的合法权益，国家互联网信息办公室于 2016 年 6 月 28 日发布了《移动互联网应用程序信息服务管理规定》（简称《规定》）。

《规定》明确，移动互联网应用程序提供者应当严格落实信息安全管理责任，建立健全用户信息安全保护机制，依法保障用户在安装或使用过程中的知情权和选择权，尊重和保护知识产权。

《规定》要求，移动互联网应用程序提供者和互联网应用商店服务提供者不得利用应用程序从事危害国家安全、扰乱社会秩序、侵犯他人合法权益等法律法规禁止的活动，不得利用应用程序制作、复制、发布、传播法律法规禁止的信息内容。同时，《规定》鼓励各级党政机关、企事业单位和各人民团体积极运用应用程序，推进政务公开，提供公共服务，促进经济社会发展。

《规定》将网络实名制分成两大层次：一是要求 APP 提供者对注册用户的实名制；二是要求 App 商店对上架应用提供者信息的实名制审核。对于 APP 提供者的责任，实行的是"前台自愿、后台实名"的原则，用户在前台可以匿名，而后台认证则可以通过电话号码、身份证或者其他实名制内容进行。

实名制中开发者的主要义务如下。

- 保护用户信息安全。明确信息使用目的、方式和范围，必须经过用户同意。
- 建立健全信息内容审核管理机制。加强用户行为监控，发现违规违法行为的，可以采取措施并报告主管部门。
- 未经过用户同意，不得开启收集地理位置、读取通讯录、使用摄像头、启用录音等功能，不得开启与服务无关的功能，不得捆绑安装无关应用程序。
- 尊重和保护知识产权，不制作、发布侵犯他人知识产权的应用程序。

实名制中应用商店的主要责任如下。
- 对 APP 开发/运营者进行真实性、安全性、合法性等审核，建立信用管理制度，并向有关部门报备。
- 督促开发/运营者妥善保护用户信息。
- 督促 APP 开发/运营者发布合法信息内容，建立健全安全审核机制。
- 督促 APP 开发/运营者发布合法的应用，尊重和保护应用程序提供者的知识产权。

（1）APP 安全问题

安全问题是 APP 开发和应用过程中必须格外关心的问题。大部分 APP 都会涉及用户信息，所以这些 APP 容易遭到黑客的攻击。如果 APP 的安全防护没有做好，可能会被黑客使用钓鱼软件或者植入恶意代码获取用户信息。为了确保用户具有良好的 APP 使用体验，而不受其他因素的影响，APP 需要解决好以下几个安全问题。

1）不识别黑客代码。

许多黑客创作代码的目的是想让开发人员采用他们的想法。许多人进行开发不是从零开始，而是选择开源框架或现成代码构建自己的 APP。移动应用开发公司不应该在没有验证的情况下采用第三方代码，尤其是用 APP 处理敏感的用户信息。

2）不清理缓存。

移动设备很容易受到安全漏洞的影响，因为很容易访问到内部的缓存信息。开发一个应用程序，应设定清理周期，智能进行缓存清理或输入密码进行清理。

3）不彻底执行安全测试。

对应用程序开发人员来说，对 APP 进行适当的安全测试并采取适当的措施来修复漏洞是本职工作。许多开发人员比较松散，以 beta 模式发布 APP，让用户陷入安全风险中。这不仅影响到用户数据的安全，还会带来消极的品牌形象。所以，应正确全面地进行测试，测试相机、GPS、传感器等各个方面。另外，在应用程序崩溃的情况下，在 iOS 禁用存储调试信息的 NSLog 语句，对于 Android 用户，可在设备重启时清除日志。

4）技术弱或不加密。

加密算法是阻挡黑客攻击用户手机或服务器的第一道防线。但是有了加密算法并不意味着不会遭到攻击，随着技术的发展，加密算法也需要升级。有些通过简单的语言存储用户信息的 APP 很容易遭到黑客攻击。

5）服务器端缺乏安全性。

许多 APP 开发者虽然为其 APP 提供了良好的安全性，但是疏忽了服务端的安全性。这种疏忽可能会导致信用卡、身份证等信息的泄露。如果要处理收集用户的大数据，应申请安全套接字认证（SSL），尽可能避免使用低级的加密算法，防止分析信息和广告信息的泄露。

6）升级和补丁修复不及时。

只要发布了 APP，黑客们就会利用 APP 暴露出的缺点。一旦问题暴露出来了，就必须去解决这些问题，及时利用补丁进行 APP 更新，以快速恢复 APP 功能及提升用户体验。不解决问题或解决问题不及时很可能会使 APP 失去竞争力。

7）未使用企业移动管理（EMM）保护设备。

企业移动管理解决方案极大地保护设备免遭越狱或刷机，这样可以避免移除移动操作系统提供的内置安全性，保证数据的安全。并且 EMM 提供了一种在应用程序启动之前对用户身份进行验证的机制，可以应用于各种安全策略以防止黑客入侵。

8）没有物理防御措施。

APP 开发者应考虑技术之外的问题（如设备丢失或被盗），可采取的应对措施，如 APP 可以实现会话超时、每周或每月清除设备的存储密码等。

(2) 云 APP 安全管理

由于 APP 的安全现状及安全问题，必然要求对 APP 进行安全管理。APP 安全管理是保护 APP 安全的重要手段。如今很多 APP 存在不安全因素，如账号密码被盗取、合法权益被侵害等。开发者或开发商是 APP 产生的源头，应将安全融入 APP 开发生命周期中去，使用一些 APP 安全管理方法、技术或工具。

APP 安全管理三部曲：检测、加固、监测。在开发阶段进行安全测试和检测，及时发现 APP 缺陷和安全漏洞，减少不必要的安全风险；在发布阶段进行 APP 安全加固，增加应用安全强度，防止应用被破解和二次打包；在运营阶段进行 APP 渠道监测，及时发现盗版应用，保障自身合法权益不受恶意损害。

1）APP 安全测试与检测。

采用静态和动态相结合的方式，在 APP 发布前对代码保护、动态防御、本地数据、网络数据、恶意漏洞等风险点进行安全检测，避免潜在的安全问题造成经济损失。具体检测工作包括但不限于以下方面。

① 静态反编译。静态分析应用源代码中存在的安全风险，检测包含 Android 组件安全、应用程序安全和数据安全等。

② 动态检测。运行应用于安卓模拟器中，检测包含客户端自身安全、Android 组件增强检测、应用通信安全和数据安全等。

③ 模拟人机交互。模拟用户和手机交互行为，检测交互过程中应用存在的通信安全风险。

④ 服务器指纹探测。探测后端服务器指纹，进行安全分析，检测后端服务器系统、开发框架、Web 服务器和数据库等服务组件安全。

⑤ 服务器后端 API 检测。抓取应用通信过程中的资源地址，检测应用与服务器通信接口是否存在 SQL 注入、XSS 跨站和中间人攻击等安全问题。

此外，还要进行 APP 渗透测试和源码审计。

APP 渗透测试是一项基于移动应用程序的完整生命周期进行全方位的安全检测工作。APP 渗透测试从逆向破解的角度出发，多方面对移动应用的代码、数据、密钥、业务逻辑、系统环境等内容进行静、动态的人工分析，以获取应用安装卸载过程、用户数据输入、存储处理、网络传输以及所处系统环境等方面的安全隐患。

APP源码审计是一项以发现程序错误、安全漏洞和违反程序规范为目标的源代码分析工作。APP源码审计通过自动化工具+人工审查的方式，对程序源代码逐条进行检查和分析，发现这些源代码缺陷引发的安全漏洞，并提供代码修订措施和建议。

2）APP安全加固保护。

加固是保护App安全的重要手段之一，不仅能够保障App代码安全，防止被破解、入侵、篡改，更是等保、测试等合规性要求。可从以下几个方面来对APP进行加固保护。

① 防篡改。通过完整性保护和签名校验保护，能有效避免应用被二次打包，杜绝盗版应用的产生。如：

- 防二次打包保护。应用内任意文件被修改、替换后，都将无法正常运行。
- 资源文件保护。资源文件被非法篡改、删除后，程序将无法正常运行。

② 防逆向。对代码进行隐藏及加密处理，使攻击者无法对二进制代码进行反编译，获得源代码或代码运行逻辑。如：

- iOS混淆加密。通过源码混淆加密、字符串加密、指令集化防止逆向分析。
- so文件保护。可对指定so文件进行安全防护，防止被逆向工具破解，暴露核心敏感逻辑。
- 高级数据库保护。使用加密算法对数据库文件进行透明加解密，防止直接查看数据库文件。
- Unity游戏加固保护。对游戏Unity核心代码进行加固保护，防止游戏unity核心模块泄漏。
- 本地数据文件保护SDK。使用加密算法对本地数据文件进行加解密，防止直接查看本地数据文件。
- 安全键盘保护SDK。任意时间内存中不存在明文完整的密钥，通过底层hook技术防止键盘被截屏监听。

③ 防调试。通过反调试技术，使攻击者无法调试原生代码或Java代码，阻止攻击者获取代码里的敏感数据。如：

- DEX专业加固保护。用DEX专业抽离保护使源代码不可见，防止利用调试器进行逆向破解。
- 高级内存保护。可对内存数据进行高强度防护，有效防止通过内存调试、内存dump等方式窃取源码。
- 内存防dump保护。防止通过动态调试、dump形式获取应用部分代码。
- 防调试器保护。防止使用各类静、动态调试工具影响应用运行。

3）APP渠道安全监测。

基于对全网APP的监测分析，构建移动应用安全大数据平台，实时监测全网移动应用的漏洞分布、内容违规、盗版仿冒以及恶意行为等信息，从地域、渠道、行业等多维度深度挖掘，呈现全网移动安全态势感知走势，为企业、行业监管部门、渠道市场等提供APP安全全景视图，助力净化移动互联网空间。渠道安全监测具体包括但不限于以下方面。

① APP全网监测。针对国内外主要渠道市场、手机论坛等应用分发渠道进行实时监测，并从安全、行业、地域、渠道市场等几大维度对APP相关信息进行数据处理。

② APP追根溯源。基于海量的移动应用安全数据，结合实时的APP相关信息，对具有

威胁的 APP 进行多维度关联分析，做到迅速定位风险源头，为行业监管部门和企业提供有效依据。

③ APP 安全告警。对于在监测过程中发现的风险 APP，应在第一时间通过多种方式发出风险预警，协助进行风险处理。

④ APP 安全可视化。基于先进的可视化技术，将抽象的海量移动应用安全数据进行可视化展示，让监管部门全方位地了解渠道市场、行业和辖区内 APP 整体的安全状况、分发量，让客户直观地掌握 APP 安全现状。

⑤ APP 渠道监测安全。基于多个检测分析引擎，提供全面且内容详尽的 APP 渠道监测安全报告，多维度展示 APP 在各渠道市场、各地域、各行业的分发、安全状况及正盗版状况，同时安全报告提供多种格式的保存方式以供使用。

总之，随着新型安全漏洞和安全问题的不断出现，APP 用户隐私信息泄露和资金被窃取等事件也越发频繁，APP 市场、APP 开发者和 APP 用户都应充分重视 APP 安全。

APP 市场需加强自身对 APP 安全的审核管理能力，督促 APP 服务提供商加大清查力度，对试图利用 APP 市场非法传播恶意、仿冒 APP 和违规内容的企业和个人，进行分析取证、打击治理。

APP 开发者可对 APP 做安全检测，对 APP 进行全面审核，以发现 APP 中潜在的风险和漏洞；同时针对风险漏洞，对 APP 进行全面的安全加固，防止 APP 被破解、被盗版。

APP 用户应提高网络安全意识，前往正规渠道下载 APP，拒绝下载、运行不熟悉和不知名的 APP，定期更换密码，各 APP、网站等不可使用同一密码，防止所有账户密码均被"攻陷"，造成信息泄露、资金被盗等情况发生。

本章小结

随着云计算技术的不断发展，云安全问题也日渐突出，如何确保云计算服务的安全已经成为社会各界关注的焦点。传统的安全部署模式在管理性、伸缩性、业务快速升级等方面已经无法跟上时代步伐，需要考虑建设灵活可靠、自动化快速部署和资源弹性可扩展的新型安全防护体系。

云安全技术的出现正是适应了云时代的发展。云安全技术不仅是一种全新的网络安全技术，也是一种全新的安全理念和思路，它化被动为主动，大大提高了计算机网络的安全防御能力。

本章从云安全内涵及关键技术出发，不仅介绍了云安全的主要问题、风险类型和常见责任模式，而且阐明了云安全指南、标准和参考架构，也详细说明了云数据安全生命周期管理和云数据安全防护技术，还从用户认证与管理、内容安全检测、云 Web 应用和云 APP 应用等方面解析了云应用安全技术等内容。

专业或关键术语

云计算；云存储；云安全；云计算安全；安全云计算；虚拟化技术；安全即服务；P2P

技术；网格技术；计算池；反垃圾邮件网格；双向自动反馈机制；信誉服务；行为关联分析技术；可移植性风险（过度依赖风险）；可审查性风险（合规风险）；数据泄露；隐私保护；应用程序接口（API）；拒绝服务攻击（DoS）；分布式拒绝服务攻击（DDoS）；云安全责任共担模式；基础设施即服务（IaaS）；平台即服务（PaaS）；软件即服务（SaaS）；云服务商；云服务客户；云代理者；云审计者；云基础网络运营者；云安全架构；个人可识别信息（PII）；云数据安全；数据安全生命周期；信息生命周期管理；云应用安全；内容安全；内容安全审核；XSS攻击；CSRF攻击；SQL注入攻击；文件上传漏洞；云Web应用防火墙（WAF）；APP（应用程序）；APP安全检测；APP渗透测试；APP源码审计；APP安全加固；APP渠道监测。

思考题

1. 什么是云安全？其有何特点？
2. 云安全的思想来源是什么？云安全有哪些关键技术？
3. 与传统IT环境安全相比，云技术主要有哪些安全问题？
4. 基于云特性的安全需求，云技术存在哪些类型的安全风险？
5. 举例说明云安全责任共担模式。
6. 针对云服务安全管理的需要，有哪些指南和标准？
7. 从安全责任视角，谈谈如何构建云安全架构？
8. 云数据安全风险主要表现在哪些方面？
9. 如何做好云数据安全生命周期管理？
10. 云数据安全生命周期管理面临哪些关键挑战？
11. 有哪些云数据安全防护技术？
12. 基于云应用安全视角，如何做好云用户的认证与管理？
13. 何谓内容安全？内容安全检测的对象和服务形式有哪些？
14. 从技术上谈谈如何做好内容安全审核？
15. 云Web应用有哪些常见攻击？如何防范？
16. 什么是云Web应用防火墙？谈谈其工作原理和主要功能。
17. APP是什么？其存在哪些安全问题？
18. APP安全管理有哪三部曲？请展开谈谈。

实战题

1. 勒索软件（Ransomware）是通过网络勒索金钱的常用方法。面对勒索软件的攻击，除了交赎金，你还能怎么办？
2. 假设你是企业管理者、云运维人员或安全技术人员等，在面对突发高危漏洞事件时，你应该如何应对？并谈谈企业或个人有哪些方法、从哪些方面入手进行漏洞修复？

第 9 章　大数据安全技术

本章要点

- 了解大数据的基本概念及其安全管理体系。
- 掌握大数据平台常用的安全防护技术。
- 了解大数据存储的安全策略。
- 掌握常用的大数据隐私保护技术。

引例

Oracle Micros 系统数据泄露致使 POS 商家受威胁

据国外安全研究机构 Krebs On Security 消息，2016 年 8 月 9 日，Oracle 旗下的 Micros 系统发生了大规模的数据泄露情况，黑客直接侵入了该公司的 Micros Systems 信用卡支付系统，而 Oracle Micros Systems 是全球顶尖的三大 POS 系统之一。

根据外媒当时报道称，俄罗斯一个"因入侵银行和零售商而知名"的有组织的网络犯罪团体似乎是该事件背后的攻击者，给 Oracle 数百个计算机系统带来影响，并且在客服支持站点放置了恶意代码，盗取了客户的用户名和口令。因为 Micros 系统是基于云计算的 POS 管理解决方案，所以此次受影响的用户主要为 POS 商家。据悉，使用该系统的 POS 终端商家在全球超过 33 万，分布于 180 个国家。

Oracle 方面证实，已经检测并解决了一些 Micros Systems 中的恶意代码，并称它的企业网络、云和其他服务没有受到影响。Oracle 表示，已经对传统的 Mricos 系统实施了额外的安全措施，以防止类似事件再次发生。Oracle 还要求所有 Micros 客户更改他们所有 Micros 账户密码。

但也有安全人士对此表示担心，他们认为如果黑客可以找到单独破解该系统终端的方法，那么就很有可能再次设计出可以攻击用户信用卡的恶意代码，然后窃取用户的信用卡信息。

此外，2018 年，ERPScan 的安全专家发现了 Oracle Micros POS 终端中的一个新漏洞，标记为 CVE-2018-2636，攻击者可能利用该漏洞从设备读取敏感数据，而无须从易受攻击的工作站进行身份验证。Oracle 的 Micros 在全球拥有超过 33 万台收款机，在至少 20 万家食品、饮料店和 3 万家酒店中广泛采用。

大数据（Big Data）是指无法在一定时间范围内用常规软件工具进行捕捉、管理和处理的数据集合，是需要新处理模式才能具有更强的决策力、洞察发现力和流程优化能力的海量、高增长率和多样化的信息资产。在维克托·迈尔-舍恩伯格及肯尼斯·库克耶的著作《大数据时代》中，大数据指不用随机分析法（抽样调查）这样捷径，而采用所有数据进行分析处理。

大数据安全是涉及技术、法律、监管、社会治理等领域的综合性问题，其影响范围涵盖国家安全、产业安全和个人合法权益。同时，大数据在数量规模、处理方式、应用理念等方面的革新，不仅会导致大数据平台自身安全需求发生变化，还将带动数据安全防护理念随之改变，同时引发对高水平隐私保护技术的需求和期待。

9.1 大数据安全及其管理体系

大数据的蓬勃发展，使得业界对于大数据安全问题的关注度日渐提升。2018年4月18日，中国信息通信研究院发布《大数据安全白皮书》，指出了当前大数据发展面临的安全问题，同时对推进大数据安全技术的发展提出了具体建议。

白皮书认为，大数据已经对经济运行机制、社会生活方式和国家治理能力产生深刻影响，需要从"大安全"的视角认识和解决大数据安全问题。无论是商业策略、社会治理还是国家战略的制定，都越来越重视大数据的决策支撑能力。但业界同时也要看到，大数据是一把双刃剑，大数据分析预测的结果对社会安全体系所产生的影响力和破坏力可能是无法预料与提前防范的。

9.1.1 大数据安全概述

"数据"是网络的"血液"，是企业得以发展的核心。云计算和物联网技术的快速发展，引发了数据规模的爆炸式增长和数据模式的高度复杂化，如何对这些大量又复杂的数据进行有效管理和合理分析成为各大企业亟待解决的问题，同时该问题也受到了各国政府的高度重视。

1. 大数据的定义

麦肯锡公司是研究大数据的先驱，它将大数据定义为"大小超出常规数据库工具获取、存储、管理和分析能力的数据集"；但它同时强调，并不是说一定要超过特定TB值的数据集才能算是大数据。

国际数据公司（IDC）从大数据的四个特征来定义大数据，即海量的数据规模（Volume）、快速的数据流转和动态的数据体系（Velocity）、多样的数据类型（Variety）、巨大的数据价值（Value）。

维基百科给出的定义是：大数据（Big Data），或称巨量资料，指的是所涉及的资料量规模巨大到无法通过目前主流软件工具，在合理时间内通过撷取、管理、处理、整理等形成能帮助企业经营决策的信息。

以上几个定义，无一例外地都突出了"大"字。"大"是大数据的一个重要特征，但远远不是全部。尽管目前大数据的重要性已被社会各界认同，但大数据的定义众说纷纭，Apache Hadoop组织、麦肯锡、国际数据公司及其他研究者都对大数据有不同的定义。但无论是哪种定义都具有一定的狭义性。总结以上各种大数据定义的共同点，可以这样认为：大数据是"在多样的或者大量数据中，迅速获取信息的能力"。

2. 大数据的特点

如图9-1所示，业界通常用5V来概括大数据的特点，即Volume（容量）、Velocity（速率）、Variety（多样性）、Veracity（真实性）和Value（价值）。

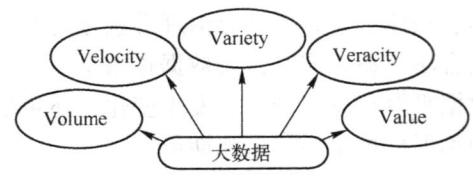

图 9-1 大数据 5V 特点

(1) 容量（Volume）

容量是指大规模的数据量，并且数据量呈持续增长趋势。目前一般指超过 10 TB 规模的数据量，但未来随着技术的进步，符合大数据标准的数据集大小也会变化。

大规模的数据对象构成的集合，即称为"数据集"。

不同的数据集具有维度不同、稀疏性不同（有时一个数据记录的大部分特征属性都为 0），以及分辨率不同（分辨率过高，数据模式可能会淹没在噪声中；分辨率过低，模式无从显现）的特性。

因此数据集也具有不同的类型，常见的数据集类型包括：记录数据集（是记录的集合，即数据库中的数据集）、基于图形的数据集（数据对象本身用图形表示，且包含数据对象之间的联系）和有序数据集（数据集属性涉及时间及空间上的联系，存储时间序列数据、空间数据等）。

(2) 速率（Velocity）

速率即数据生成、流动速率快。数据流动速率指对数据采集、存储以及分析具有价值信息的速度。

大数据往往以数据流的形式动态、快速地产生，具有很强的时效性，用户只有把握好对数据流的掌控才能有效利用这些数据。数据自身的状态与价值也往往随时空变化而发生演变，因此也意味着数据的采集和分析等过程必须迅速及时。

(3) 多样性（Variety）

多样性是指大数据包括多种不同格式和不同类型的数据。数据来源包括人与系统交互时与机器自动生成，来源的多样性导致数据类型的多样性。根据数据是否具有一定的模式、结构和关系，数据可分为三种基本类型：结构化数据、非结构化数据和半结构化数据。

1）结构化数据指遵循一个标准的模式和结构（conform to a data model or schema），以二维表格的形式存储在关系型数据库里的行数据。结构化数据是先有结构、后产生数据。由于关系型数据库发展较为成熟，因此结构化数据的存储、分析方法也发展得较为全面，有大量的工具支持结构化数据分析，分析方法大部分以统计分析和数据挖掘为主。其中，关系型数据库（Relational Database）是创建在关系模型基础上的数据库，关系模型即二维表格模型，因此一个关系型数据库包括一些二维表且这些表之间具有一定的关联。关系型数据库可运用 SQL 语言通过固有键值提取相应信息。

2）非结构化数据是指不遵循统一的数据结构或模型的数据（如文本、图像、视频、音频），不方便用二维逻辑表来表现。这部分数据在企业数据中占比大，且增长速率更快。非结构化数据更难被计算机理解，不能直接被处理或用 SQL 语句进行查询。非结构化数据常以二进制大型对象（BLOB，将二进制数据存储为一个单一个体的集合）形式，整体存储在关系型数据库中，或存储在非关系型数据库（NoSQL 数据库）中。其处理分析过程也更为

248

复杂。

3）半结构化数据是指有一定的结构性，但本质上不具有关系性，介于完全结构化数据和完全非结构化数据之间的数据。它可以说是结构化数据的一种，但是结构变化很大。因此，为了了解数据的细节，不能将数据简单按照非结构化数据或结构化数据进行处理，需要特殊的存储（化解为结构化数据/用 XML 格式来组织并保存到 CLOB 字段中）和处理技术。半结构化数据包含相关标记，用来分隔语义元素以及对记录和字段进行分层。因此，它也被称为自描述的结构（以树或者图的数据结构存储的数据）。先有数据，再有结构。两种常见的半结构化数据：XML 文件和 JSON 文件。常见来源包括电子转换数据（EDI）文件、扩展表、RSS 源和传感器数据。

除此之外，还有一种用于描述其他数据的数据，即"元数据"。元数据可说明已知的数据的一些属性信息（数据长度、字段、数据列、文件目录等），提供了数据系谱信息（包含数据的演化过程）和数据处理的起源。元数据可分为三种不同类型，分别为记叙性元数据、结构性元数据和管理性元数据，主要由机器生成并添加到数据集中。例如数码照片中提供文件大小和分辨率的属性文件。元数据的作用也类似于数据仓库中的数据字典。

（4）真实性（Veracity）

真实性是指数据的质量和保真性。大数据环境下的数据最好具有较高的信噪比。

信噪比与数据源和数据类型无关。

（5）价值（Value）

价值即低价值密度。随着数据量的增长，数据中有意义的信息却没有成相应比例增长。而价值同时与数据的真实性和数据处理时间相关，如图 9-2 所示。

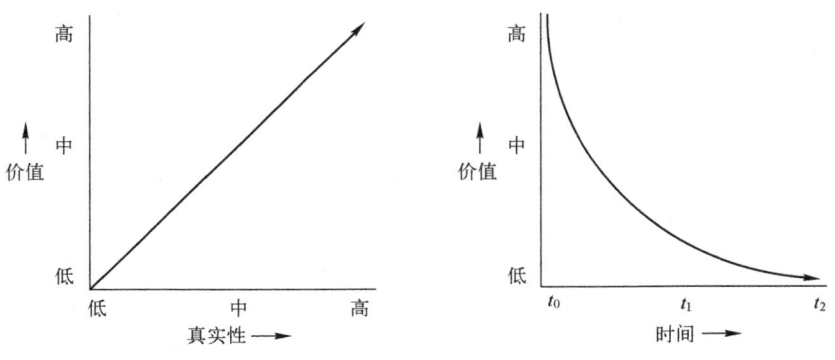

图 9-2 价值与数据真实性、时间的关系

大数据以浅显易懂的概念、广泛潜在的应用需求和可展望的巨大经济效益，成为继移动互联网、云计算、物联网之后信息技术领域的又一热点，但大数据的发展仍然面临着许多问题，安全与隐私问题是人们公认的关键问题之一。正如 Gartner 咨询公司所说："大数据安全是一场必要的斗争。"大数据所含信息量较高，虽然相对价值密度较低，但是对它里面所蕴藏的潜在信息，随着快速处理和分析提取技术的发展，可以快速捕捉到有价值的信息以提供参考决策。因此，大数据在掀起新一轮生产率提高和消费者盈余浪潮的同时，面临着信息安全的挑战。当前很多组织都认识到大数据的安全问题，并积极行动起来关注大数据安全。许多传统的信息安全技术可用于大数据安全防护，但由于大数据的产生使数据分析与应用更加

复杂，数据类型及数据量的增多使数据安全和隐私保护问题更加突出，现有的安全防护策略难以满足大数据安全的需求。

9.1.2 大数据安全面临的问题及挑战

当前，大数据安全面临着许多挑战，需要通过研究关键技术、制订安全管理策略来应对这些挑战。

1. 大数据面临许多安全问题

当前，大数据的应用和发展面临着许多安全问题，具体来说有以下几个方面。

（1）大数据成为网络攻击的显著目标

在网络空间中，大数据是更容易被"发现"的大目标，承载着越来越多的关注度。一方面，大数据不仅意味着海量的数据，也意味着更复杂、更敏感的数据，这些数据会吸引更多的潜在攻击者，成为更具吸引力的目标；另一方面，数据的大量聚集，使黑客一次成功的攻击能够获得更多的数据，无形中降低了黑客的进攻成本，增加了"收益率"。

（2）大数据加大隐私泄露风险

从基础技术角度看，Hadoop 对数据的聚合增加了数据泄露的风险。作为一个分布式系统架构，Hadoop 可以用来应对 PB 甚至 ZB 级的海量数据存储；作为一个云化的平台，Hadoop 自身存在云计算面临的安全风险，企业需要实施安全访问机制和数据保护机制。

同样，大数据依托的基础技术——NoSQL（非关系型数据库）与当前广泛应用的 SQL（关系型数据库）技术不同，没有经过长期改进和完善，在维护数据安全方面也未设置严格的访问控制和隐私管理机制。NoSQL 技术还因大数据中数据来源和承载方式的多样性，使企业很难定位和保护其中的机密信息，这是 NoSQL 内在安全机制的不完善，即缺乏机密性和完整性。另外，NoSQL 对来自不同系统、不同应用程序及不同活动的数据进行关联，也加大了隐私泄露的风险。此外，NoSQL 还允许不断对数据记录添加属性，这也对数据库管理员的安全性预见能力提出了更高的要求。从核心价值角度看，大数据的技术关键在于数据分析和利用，但数据分析技术的发展，势必对用户隐私产生极大威胁。

（3）大数据技术被应用到攻击手段中

在企业用数据挖掘和数据分析等大数据技术获取商业价值的同时，黑客也正在利用这些大数据技术向企业发起攻击。黑客最大限度地收集更多有用信息，如社交网络、邮件、微博、电子商务、电话和家庭住址等，为发起攻击做准备，大数据分析让黑客的攻击更精准。此外，大数据为黑客发起攻击提供了更多机会。黑客利用大数据发起僵尸网络攻击，可能会同时控制上百万台傀儡机并发起攻击，这个数量级是传统单点攻击不具备的。

（4）大数据成为高级可持续攻击（APT）的载体

黑客利用大数据将攻击很好地隐藏起来，传统的防护策略难以检测出来。传统的检测是基于单个时间点进行的基于威胁特征的实时匹配检测，而高级可持续攻击（APT）是一个实施过程，并不具备能够被实时检测出来的明显特征，因此无法被实时检测。同时，APT 攻击代码隐藏在大量数据中，让其很难被发现。此外，大数据的价值低密度性，让安全分析工具很难聚焦在价值点上，黑客可以将攻击隐藏在大数据中，给安全服务提供商的分析制造了很大困难。黑客发起的任何一个会误导安全厂商目标信息提取和检索的攻击，都会导致安全监测偏离应有的方向。

2. 现有的存储系统架构和安全防护面临挑战

大数据环境下，数据量大、数据类型多样、数据构成复杂，这使现有的存储系统架构和安全防护面临挑战。

（1）对数据隔离的要求更高

数据大集中的后果是复杂多样的数据存储在一起，如开发数据、客户资料和经营数据存储在一起，可能会出现违规地将某些生产数据放在经营数据存储位置的情况，造成企业安全管理不合规。

（2）存储系统的安全防护存在漏洞

随着结构化数据和非结构化数据量的持续增长以及分析数据来源的多样化，以往的存储系统已经无法满足大数据应用的需要。对于占数据总量80%以上的非结构化数据，通常采用NoSQL存储技术完成对大数据的抓取、管理和处理，虽然NoSQL数据存储具有可扩展性和可用性等优点，利于挖掘分析，为大数据存储提供了初步解决方案，但是NoSQL数据存储仍存在以下问题：一是相对于严格访问控制和隐私管理的SQL技术，目前NoSQL还无法沿用SQL的模式，而且适应NoSQL的存储模式并不成熟；二是虽然NoSQL软件从传统数据存储中取得了经验，但NoSQL仍然存在各种漏洞，毕竟它使用的是新代码；三是由于NoSQL服务器软件没有内置足够的安全保护，所以客户端应用程序需要内建安全因素，这又反过来导致诸如身份验证、授权过程和输入验证等大量安全问题的产生。而结构化数据的安全防护也存在漏洞，例如，物理故障、人为误操作、软件问题、病毒、木马和黑客攻击都可能严重威胁数据的安全性。

3. 现有的安全防护产品面临挑战

"数据量大"是大数据最突出的特征，在大数据环境下，数据的生命周期也有所变化，这都使现有的安全防护产品面临挑战。

1）对于海量数据，常规的安全扫描手段需要耗费过多的时间，已经无法满足安全需求；此外，安全防护产品的更新升级速度无法跟上数据量非线性增长的速度，大数据安全防护存在漏洞。

2）传统数据安全往往是围绕数据生命周期部署的，即数据的产生、存储、使用和销毁。随着大数据应用越来越多，数据的拥有者和管理者相分离，原来的数据生命周期逐渐转变成数据的产生、传输、存储和使用。由于大数据的规模没有上限，且许多数据的生命周期极为短暂，因此，传统安全产品要想继续发挥作用，就需要及时解决大数据存储和处理的动态化、并行化特征，动态跟踪数据边界，管理对数据的操作行为。

4. 实施访问控制面临挑战

访问控制是实现数据受控共享的有效手段，由于大数据可能被用于多种不同场景，其访问控制需求十分突出。在大数据环境中，实施访问控制面临挑战，主要体现在三个方面。

（1）难以预设角色，难以实现角色划分

由于大数据应用范围广泛，它通常要被来自不同组织或部门、不同身份与目的的用户所访问，实施访问控制是基本需求。然而，在大数据场景下，有大量的用户需要实施权限管理，且用户具体的权限要求未知。面临未知的大量数据和用户，预先设置角色十分困难。

（2）难以预知每个角色的实际权限

由于大数据场景中包含海量数据，安全管理员可能缺乏足够的专业知识，无法准确地为用户指定其可以访问的数据范围，且从效率角度讲，定义用户所有授权规则也不是理想的方式。以医疗领域应用为例，医生为了完成工作可能需要访问大量信息，但对于数据能否访问应该由医生来决定，不应该需要管理员对每个医生做特别的配置；但同时又应该提供对医生访问行为的检测与控制，限制医生对病患数据的过度访问。

（3）不同类型的大数据中可能存在多样化的访问控制需求

在 Web 个人用户数据中，存在基于历史记录的访问控制；在地理地图数据中，存在基于尺度以及数据精度的访问控制需求；在流数据处理中，存在数据时间区间的访问控制需求等。如何统一描述与表达访问控制需求是一个挑战性问题。

9.1.3 大数据安全管理体系

大数据时代数据安全主要面临以下挑战：
- 外部非授权人员对信息系统进行恶意入侵，非法访问隐私数据。
- 数据具有易复制性，发生数据安全事件后，无法进行有效的追溯和审计。
- 大数据有流动、共享的需求，大量数据的汇聚传输加大了数据泄露的风险等。

因此，保护大数据安全需要搭建统一的数据安全管理体系，通过分层建设、分级防护，达到平台能力及应用的可成长、可扩充，创造面向数据的安全管理体系框架（如图 9-3 所示）。平台架构自下而上可以分为：数据分析层、敏感数据隔离交互层、数据防泄露层、数据脱敏层和数据监控与加固层。

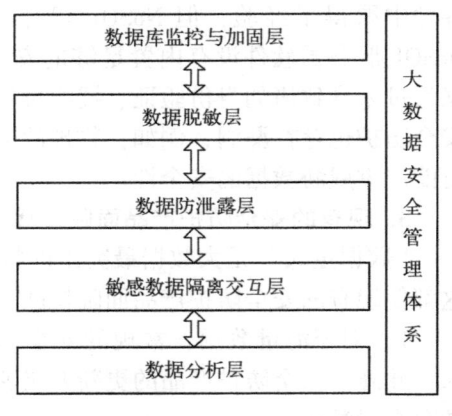

图 9-3 大数据安全管理体系架构

1. 数据分析层

数据分析层是数据安全管理体系的基石，通过收集和归并各类业务系统产生的海量信息数据，运用关联分析技术、逻辑推理技术、风险管理技术等，对海量数据事件进行统一的加工分析，实现对数据风险的统一监控和未知风险的预警处理。

2. 敏感数据隔离交互层

敏感数据隔离交互层是通过数据指纹特征采集、内容检测和响应处理三个步骤，突破深度内容识别，解决既可以连通网络又可以保障数据销毁安全性的一种手段。

3. 数据防泄露层

数据防泄露层针对数据流动、复制等需求，通过深度内容分析和事务安全关联分析来做识别、监视和保护静止的数据、移动的数据以及使用中的数据，达到敏感数据利用的事前、事中、事后完整保护，实现数据的合规使用，同时防止主动或被动意外的数据泄露。

4. 数据脱敏层

数据脱敏层通过独特的数据抽取方法使用户能够快速创建小容量子集，对敏感信息进行脱敏、变形，由此提高数据管理人员的工作效率，同时规避数据泄露风险，对客户信息资产安全、敏感信息保护提供完善的保护。

5. 数据库监控与加固层

数据库监控与加固层的核心是让数据保护变得更加牢固，具有数据库状态监控、数据库审计、数据库风险扫描、访问控制等多种引擎，可提供黑白名单和例外政策、用户登录控制、用户访问权限控制，并实时监控数据库访问行为和灵活的告警机制。

数据安全防护任重道远，只有通过将有效的技术手段和相关的管理措施相结合，才能从根本上解决数据安全和数据泄露的保护问题。在进攻和防守永无止境的今天，只有不断地技术创新、管理创新，才能最终有效地保障数据的安全。

9.2 大数据平台安全防护

9.2.1 大数据安全防护现状

随着移动互联网、物联网和云计算技术的发展，数据规模的不断增加，大数据已进入大众生活。企业组织开发大数据平台来运营和管理其大数据业务并深度地挖掘大数据的价值。大数据具有的5V特点驱动着开发新的数据处理方法和管理方式。《中国大数据发展调查报告（2018年）》显示2017年中国大数据产业总体规模为4700亿元人民币，同比增长30%；2017年大数据核心产业规模为236亿元人民币，增速达到40.5%，预计2018～2020年增速将保持在30%以上。

大数据在各应用领域发展迅速，为社会带来了巨大价值。同时，安全问题已成为制约大数据平台建设部署及业务发展的重要阻碍。比如：①大数据平台使用开源软件来构建大数据平台，这些软件设计初衷是为了高效的数据处理，但在安全功能方面缺乏严谨的设计，存在安全漏洞，安全防护能力较差；②大数据需要汇集多源数据进行集中管理，包括用户敏感隐私数据，数据集中管理也带来风险的积聚效应；③数据开放是大数据业务发展的重要方向，同时也必然存在用户隐私泄露等关键问题。

1. 数据安全防护现状

大数据的数据生命周期是指数据从创建到销毁的整个过程，包括采集、存储、处理、应用、流动和销毁等环节。通过对大数据平台数据全生命周期各阶段进行针对性的风险分析，提出对应的解决办法。当前主要的解决方法是对各阶段风险进行分析，并将对应的解决方案及技术移植到传统的数据安全防护产品，使得传统的数据安全技术，如数据库安全网关、数据脱敏、数据识别、数据防泄露能够支持大数据平台，从而为大数据平台提供传统的安全防护能力。

2. 数据全生命周期风险分析

（1）采集阶段

大数据平台数据采集阶段主要的风险集中在采集源、采集终端、采集过程中，包括采集阶段面临的非授权采集、数据分类分级不清、敏感数据识别不清、采集时缺乏细粒度的访问控制、数据无法追本溯源、采集到敏感数据的泄密风险、采集终端的安全性以及采集过程的事后审计等。针对采集阶段面临的风险，主要的应对措施是使用传统IT环境的数据安全防护措施，包括文档加密技术、数据库访问控制等，这些都是较为成熟的技术。

（2）存储阶段

数据存储在大数据平台时面临数据分类分级不清、重要数据的保密性问题，重要数据缺乏细粒度访问控制的要求。

针对大数据平台数据在存储阶段的风险，主要的应对技术包括对大数据平台数据进行识别和分类分级、对重要数据存储提供加密手段、对存储在平台中的敏感数据提供更强细粒度的访问控制能力。

（3）处理阶段

数据处理时面临的安全风险包括数据使用时缺乏访问控制、数据结果的访问接口缺乏控制、数据处理结果缺乏敏感数据保护措施、缺乏安全审计和数据溯源的能力。

针对大数据平台数据在处理阶段的风险，主要的应对技术包括数据细粒度访问控制、敏感数据标记访问控制、数据脱敏、处理过程日志记录以及数据追本溯源技术。

（4）应用阶段

数据应用阶段主要指数据最终通过大数据平台提供给其他业务系统、用户使用。此时数据安全风险主要有数据交换和数据输出时未授权输出及交换，输出的数据在应用或终端存在安全泄露的问题。

针对大数据平台数据应用阶段的风险，主要的应对技术包括数据输出时脱敏、数据输出日志审计以及数据到业务系统、用户端时需通过数据泄露防护技术进行数据防泄露。

（5）流动阶段

数据流动主要是指数据在大数据平台中各节点之间、各组件之间以及从其他系统到大数据平台、从大数据平台到其他外部系统之间，主要的风险在于传输时存在泄露问题，应提供数据传输加密能力，保护数据流动时的安全，并提供相关的安全审计能力。

（6）销毁阶段

数据销毁主要是指在获得用户的授权许可或用户请求后应对用户数据进行清除或销毁，使用机构授权的技术和方法对敏感信息进行清除或销毁，保证无法还原，并且具备安全审计能力；应提供数据销毁过程的安全审计功能，审计覆盖到各系统每个用户，对数据销毁过程中的重要用户行为和重要安全事件保留审计日志并进行审计；应保证包括鉴别信息、敏感信息、个人信息等重要数据的存储空间被释放或重新分配前得到完全清除。

9.2.2 大数据平台安全防护体系

大数据平台安全防护从基础设施、大数据接口、大数据存储、计算分析和平台管理五个方面开展安全防护措施，图9-4展示了大数据平台安全防护体系。

1. 基础设施安全防护

基础设施是承载大数据的虚拟、物理资源及网络资源等；在传统的网络安全的基础上，重点考虑符合大数据安全特性的防护措施。对承载大数据平台的云与虚拟化资源进行防恶意软件、Web应用防护、防火墙、入侵检测、完整性监控和日志审计等，要实现跨物理、虚拟和云环境的一体化安全管理。

2. 大数据接口安全防护

主流的大数据接口组件有Sqoop、Flume和Kafka等。Sqoop是用于在Hadoop与关系型数据库间有效地进行批量数据传输的工具。Flume是一种分布式的、可靠的，适用于高效地收集、聚合和移动大量日志数据的服务。Kafka用于构建实时数据管道应用和流处理应用。大数据接口安全包括接口鉴权、传输安全、数据采集安全以及流量管控，主要从以下方面开展安全防护。

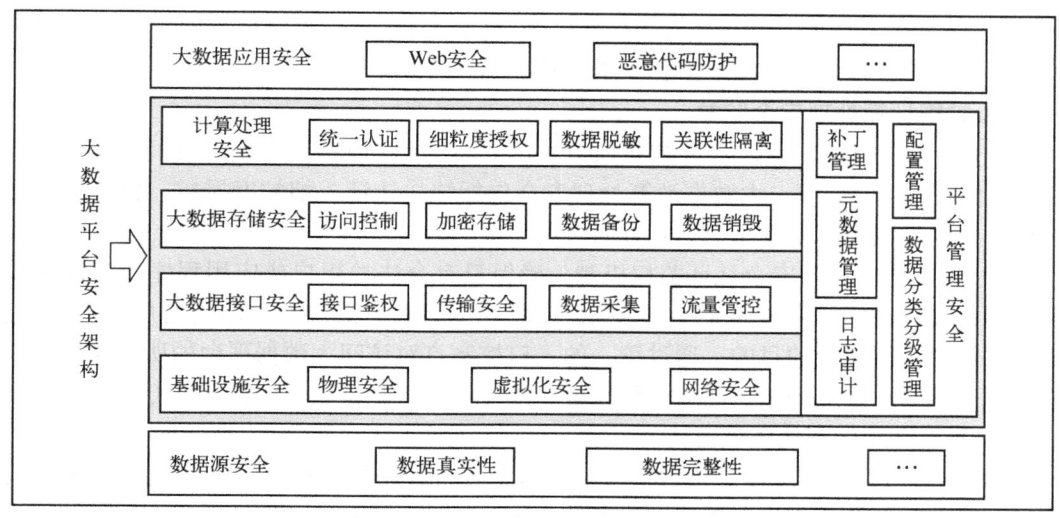

图 9-4 大数据平台安全防护体系

1）认证鉴权：对采集终端和采集人员开展接入鉴权，并对采集行为进行监控，一旦发现异常采集行为须及时告警；限制采集系统的 IP 地址、端口号等，同时对采集人员进行基于账号密码或其他方式的认证鉴权；对采集数据的传输过程实施基于设备的身份认证。

2）核心数据区域监控：严格限制在重要链路接入流量采集设备，同时限制对核心设备执行端口镜像类操作；严格限制采集过程中临时数据存储区域，不得任意修改存储区域地址。

3）日志与审计：对采集行为进行日志记录，并对重复采集和传输量超过设定阈值、采集传送过程中传输中断、传送过程中对目标文件库的存储量超过设定阈值等异常采集行为及时告警。

3. 大数据存储安全防护

大数据存储包括分布式文件系统、分布式数据库、非结构化数据库、内存数据库等，主流的组件有 Hive、HBase、HDFS、Redis 和 Mango DB 等。大数据存储安全包括数据的访问控制、加密存储、数据备份与恢复、数据销毁安全，主要从如下几方面开展安全防护措施。

1）数据访问控制：对应用程序的访问应做好访问认证和授权控制；对数据的关键性敏感操作进行多人分权授权管控，确保单人无法拥有重要数据的完整操作权限，如对关键敏感数据的批量导出、复制、销毁、公布和使用等。

2）数据加密存储：支持文件系统加密，利用加密技术保证了平台数据不被破坏和窃取；可根据数据敏感度等支持分级的加密方法，可分别进行不加密、部分加密（脱敏）、完全加密等不同存储；应支持分等级的数据加密方法，根据数据密级采用不同的安全存储机制。

3）数据完整性：对关键数据具有完整性检测机制，能够发现数据存储阶段造成的关键数据损坏和丢失。

4）数据备份和恢复：提供针对关键数据的备份和恢复机制，确保关键数据的可用性和完整性。一旦发生关键数据丢失或破坏，可以利用备份来恢复数据，从而保证在故障发生后数据不丢失。

5）数据残留与销毁：数据删除后应保证系统内的文件、目录和数据库记录等资源所在的存储空间被释放或重新分配前得到完全清除，不可恢复。

4. 大数据计算处理安全防护

大数据计算处理是针对海量数据提出的高效的计算框架，主流的计算框架有 Map Reduce、Spark、Storm 等。大数据计算处理安全包括统一认证、细粒度授权、数据脱敏支撑以及数据关联性隔离，主要从如下几方面开展安全防护措施。

1）认证授权：具备安全认证鉴权机制，确保只有合法的用户或应用程序才能发起数据处理请求；支持对敏感数据的屏蔽、隐藏，使管理员能够灵活控制返回给用户的敏感信息，从而达到敏感数据保护的目的；通过统一的入口控制点对访问大数据平台的所有应用提供统一认证；对所有上层应用的访问进行细粒度授权控制，防止越权访问；认证方式可采用 Kerberos 或与系统兼容的其他认证方式。

2）数据脱敏：数据脱敏是指对某些敏感信息通过脱敏规则进行数据的变形，实现敏感数据的可靠保护，实现在不泄露用户隐私的前提下保障业务系统的正常运行；支持针对不同用户和不同敏感数据根据需求设置不同的脱敏算法；支持管理员可以配置用户查询特定数据库的特定表的特定列的脱敏算法；所选择脱敏算法具有一定的安全性、健壮性，不能被轻易破解或还原；数据脱敏之后不应影响业务连续性，不应对系统性能造成较大影响；应能支持动态添加或删除脱敏算法，同时确保系统平滑升级，应用无须中断。

3）数据封装：数据封装能够尽可能屏蔽内部的具体细节，避免受到外界的干扰和误用，从而确保了安全。

4）数据关联性隔离：支持针对不同应用进行数据关联性隔离，防止不同应用之间的数据关联分析，产生数据泄露；在响应同一应用或同一用户的多个数据访问请求时，也需要做好数据关联性隔离，防止不同数据访问请求关联分析产生敏感数据。

5）数据转移控制：对于系统间和后台数据的导出行为，支持基于操作权限控制、频次控制、流量控制、源服务器限制等方式进行安全控制；支持对数据的特定输出进行标记信息安全嵌入，所嵌入的标记信息具有鲁棒性，信息不易剔除，以备在发生数据安全问题时，可以还原标记信息进行数据追踪；具备对数据转移输出等环节的日志安全记录、安全存储的功能，支撑数据流转的安全审计及责任定位。

5. 平台管理安全防护

平台管理是对分布式存储、处理和应用提供协调服务，主流的组件有 Zoo Keeper、Ambari、Oozie 等。平台管理安全包括对平台中的资源调用、补丁管理、元数据管理、日志审计以及数据分类分级管理等，主要从如下几方面开展安全防护措施。

1）补丁管理：对大数据平台组件提供版本检测和依赖性管理，对出现的版本冲突事件进行报警；提供完善的补丁管理，可获取并展示补丁的详细信息，包括补丁的发布时间、严重级别、内容描述等；提供补丁统一分发功能，可由管理员手动或自动在线获得补丁，并统一分发给大数据平台中的各个节点。

2）元数据管理：对元数据的访问、修改及删除等操作设置权限管理；对涉及元数据的所有操作进行日志记录。

3）日志管理：对大数据平台各组件所产生的日志进行记录；应用相关的日志应包括用户对应用的访问日志及系统对应用的访问日志；日志记录的具体内容应包括操作时间、操作账号、客户端IP、服务器IP、操作类型、操作名称、操作内容、操作结果等信息；能够实现日志的自动分析，及时检测异常行为并告警。

4）配置管理：对大数据平台内各组件的安全配置进行管理，包括管理员权限控制、脱敏机制的开启、远程调用的开启等。

5）数据分类分级支撑管理：平台支持对数据按照重要性及敏感度进行分类别、分级别的差异化管理。

9.2.3 大数据平台安全防护技术

在大数据场景下，数据在生命周期的各个阶段都面临着安全风险，因此，大数据安全防护策略需着眼于数据的全生命周期来进行安全管控，保障数据在存储、传输、使用、销毁等各个环节的安全。目前，大数据安全防护技术依赖于传统的安全防护技术，虽然能够取得一定的效果，但还存在许多不足；和大数据安全相关的一些关键技术也在研究当中，已经取得了一定的进展。

1. 数据加密技术

数据加密是用某种特殊的算法改变原有的信息数据使其不可读或无意义，使未授权用户获得加密后的信息，因不知解密的方法仍无法了解信息的内容。加密建立在对信息进行数学编码和解码的基础上，是保障数据机密性最常用也是最有效的一种方法。

在大数据环境中，数据具有多源、异构的特点，数据量大且类型众多，若对所有数据制定同样的加密策略，则会大大降低数据的机密性和可用性。因此，在大数据环境下，需要先进行数据资产安全分类分级，然后对不同类型和安全等级的数据指定不同的加密要求和加密强度。尤其是大数据资产中非结构化数据涉及文档、图像和声音等多种类型，其加密等级和加密实现技术不尽相同，因此，需要针对不同的数据类型提供快速加解密技术。

2. 身份认证技术

在虚拟的互联网世界中，要想保证通信的可信和可靠，必须正确识别通信双方的身份，这就要依赖于身份认证技术，目的在于识别用户的合法性，从而阻止非法用户访问系统。身份认证技术是确认操作者身份的过程，基本思想是通过验证被认证对象的属性来确认被认证对象是否真实有效。

用户身份认证的方法有很多，主要分为三类：一是基于被验证者所知道的信息，即知识证明，如使用口令、密码等进行认证；二是基于被验证者所拥有的东西，即持有证明，如使用智能卡、USB Key等进行证明；三是基于被验证者的生物特征，即属性证明，如使用指纹、笔迹、虹膜等进行认证。当然也可以综合利用这三种方式来鉴别，一般情况下，鉴别因子越多，鉴别真伪的可靠性越大，当然也要综合考虑鉴别的方便性和性能等因素。

在大数据环境中，用户数量众多、类型多样，必然面临着海量的访问认证请求和复杂的用户权限管理的问题，而传统的基于单一凭证的身份认证技术不足以来解决上述问题。

3. 访问控制技术

访问控制指对用户进行身份认证后，需要按用户身份及用户所归属的某预定义组来限制用户对某些信息项的访问，或限制用户对某些控制功能的使用。访问控制技术可以可靠地支持对多用户的不同级别或类别的信息进行有效隔离和完整性保护。包含在授权数据库中的访问控制策略用来指出什么类型的访问在什么情况下被谁允许，访问控制策略一般分为自主访问控制（DAC）、强制访问控制（MAC）和基于角色的访问控制（RBAC）三种。以上3种策略并不是相互排斥的，一种访问控制机制可以使用两种甚至三种策略来处理不同类别的系统资源。

在大数据场景下，采用角色挖掘技术可根据用户的访问记录自动生成角色，高效地为海量用户提供个性化数据服务，同时也可用于及时发现用户偏离日常行为所隐藏的潜在危险。但当前角色挖掘技术大都基于精确、封闭的数据集，在应用于大数据场景时，还需要解决数据集动态变更以及质量不高等特殊问题。

4. 安全审计技术

安全审计是指在信息系统的运行过程中，对正常流程、异常状态和安全事件等进行记录和监管的安全控制手段，防止违反信息安全策略的情况发生，也可用于责任认定、性能调优和安全评估等目的。安全审计的载体和对象一般是系统中各类组件产生的日志，格式多样化的日志数据经规范化、清洗和分析后形成有意义的审计信息，辅助管理者形成对系统运行情况的有效认知。

按照审计对象的不同，安全审计分为系统级审计、应用级审计、用户级审计及物理访问审计四类。

在大数据环境中，设备类型众多，网络环境复杂，审计信息海量，传统的安全审计技术和已有的安全审计产品难以快速准确地进行审计信息的收集、处理和分析，难以全方位地对大数据环境中的各个设备、用户操作、系统性能进行实时动态监视及实时报警。

5. 跟踪与取证技术

早在大数据概念出现之前，数据溯源（Data Provenance）技术就在数据库领域得到广泛研究。其基本出发点是帮助人们确定数据仓库中各项数据的来源，例如，了解它们是由哪些表中的哪些数据项运算而成，据此可以方便地验算结果的正确性，或者以极小的代价进行数据更新。除数据库以外，还包括XML数据、流数据与不确定数据的溯源技术。数据溯源技术也可用于文件的溯源与恢复，例如，研究者通过扩展Linux内核与文件系统，创建一个数据起源存储系统原型系统，可以自动搜集起源数据。此外，也有在云存储场景中的应用。

未来数据溯源技术将在网络安全领域发挥重要作用。在2009年呈报美国国土安全部的"国家网络空间安全"的报告中，将其列为未来确保国家关键基础设施安全的三项关键技术之一。然而，数据溯源技术在大数据安全中的应用还面临如下挑战。

（1）数据溯源与隐私保护之间的平衡

一方面，基于数据溯源对大数据进行安全保护，首先要通过分析技术获得大数据的来源，然后才能更好地支持安全策略和安全机制的工作；另一方面，数据来源往往本身就是隐私敏感数据，用户不希望这方面的数据被分析者获得。因此，如何平衡这两者的关系是需要研究的问题之一。

（2）数据溯源技术自身的安全性保护

当前数据溯源技术并没有充分考虑安全问题，例如，标记自身是否正确、标记信息与数据内容之间是否安全绑定等。而在大数据环境下，其大规模、高速性、多样性等特点使该问题更加突出。

6. 恢复与销毁技术

数据恢复技术就是把遭到破坏，或由硬件缺陷导致的不可访问或不可获得，或由于误操作、突然断电、自然灾害等突发灾难所导致的，或遭到犯罪分子恶意破坏等各种原因导致的原始数据在丢失后进行恢复的功能。数据恢复技术主要包括几类：软恢复、硬恢复、大型数据库系统恢复、异型系统数据恢复和数据覆盖恢复等。

（1）软恢复

软恢复针对的是存储系统、操作系统或文件系统层次上的数据丢失，这种丢失原因是多方面的，如系统软硬件故障、死机、病毒破坏、黑客攻击、误操作、阵列数据丢失等。这方面的研究工作起步较早，主要难点是文件碎片的恢复处理、文档修复和密码恢复。

（2）硬恢复

硬恢复针对的是硬件故障所造成的数据丢失，如磁盘电路板损坏、盘体损坏、磁道损坏、磁盘片损坏、硬盘内部系统区严重损坏，恢复起来难度较大，如果是内部盘片数据区严重划伤，会造成数据彻底丢失而无法恢复数据。

（3）大型数据库系统恢复

大型数据库系统中存储相当重要的数据，数据库恢复技术是数据库技术中的一项重要技术，其设计代码占到数据库设计代码的10%，常用的方法有冗余备份、日志记录文件、带有检查点的日志记录文件、镜像数据库等。

（4）异型系统数据恢复

异型操作系统的数据恢复指的是不常用、比较少见的操作系统下的数据恢复，如MAC、OS2、嵌入式系统、手持系统和实时系统。

（5）数据覆盖恢复

数据被覆盖后再要恢复的话，难度非常大，这与其他四类数据恢复有本质的区别。目前，只有硬盘厂商及少数几个国家的特殊部门能够做到，它的应用一般都与国家安全有关。

从管理角度来讲，对于敏感程度高的数据，对接触到它的人员可分为数据使用者和数据保管者。数据使用者在使用完敏感数据后就应该将其销毁，在使用过程中，应有专人监督，另设专人负责销毁。对于敏感程度低的数据，由于它散落在各个角落，不可能对其进行非常彻底的清除，所以，只能要求人员自行销毁，并定期对其进行提醒。

从技术角度来讲，对于不同敏感程度的数据，可采用不同成本的销毁方法。例如，日常工作中，将自身数据的敏感程度分为四个层次：较低、一般、较高、最高。对军队来说，相当多的数据应该属于最高。对于敏感度较低的数据可采用覆写软件对其覆写，覆写算法可选得较为简单，覆写遍数可以只设为一遍。对于敏感度一般的数据可采用更复杂的覆写算法和更多的覆写遍数，这样增加了安全性，但同时加大了时间成本；对于较高敏感度的数据，覆写软件不够安全，可以采用消磁法进行销毁；对于敏感度最高的数据，可能还要配合焚毁或物理破损等手段，当然，需要通过这种方式销毁的数据很少，可委托专门机构进行销毁。另外，对于一般的基层单位，对返修和报废的设备通常都有较为成熟的管理流程，只要在已有的流程中增加数据销毁一环，即可极大地提高整体的网络安全程度。

9.3 大数据存储安全策略

目前，大数据采用虚拟化海量存储技术来存储数据资源，涉及数据传输、隔离、恢复等问题。解决大数据的安全存储策略主要包括数据加密、用户安全认证、数据备份和使用跟踪过滤器。

1. 数据加密

首先在大数据安全服务的设计中，根据数据安全存储的需求，对大数据加密后再存储，比如 HBASE 就提供了数据加密功能，该功能细致到能对某一列的隐私数据进行加密；其次可以通过链路加密，实现在数据集节点和应用程序之间安全地传输大数据，在传输服务过程中，为数据流的上传与下载提供有效保护；最后还可以通过内建的审计跟踪和网络数据统计分析，对可能存在的恶意用户进行识别并屏蔽。

2. 用户安全认证

通过对用户身份信息的管理和引入密钥分配中心（KDC，Key Distribution Center）这样的第三方认证服务器，对集群内部和外部的访问进行身份识别和安全认证，屏蔽非法用户的恶意访问，从而进一步提升数据的安全性。

3. 数据备份

通过系统容灾、定时备份、数据找回和自动健康诊断等功能，实现对大数据集群内部的数据保护，确保大数据环境一旦出现损坏，可以将影响和损失降到最低。

4. 使用跟踪过滤器

比如对数据流向的 IP 进行监控，一旦发现数据离开了允许的范围，就自动阻止数据传输。

9.4 大数据隐私保护

如何在不泄露用户隐私的前提下，提高大数据的利用率，挖掘大数据的价值，是目前大数据研究领域的关键问题。具体而言，实施大数据环境下的隐私保护，需要在大数据产生的整个生命周期中考虑两个问题：如何从大数据中分析挖掘出更多的价值；如何保证在大数据的分析使用过程中，用户的隐私不被泄露。这些都是围绕大数据隐私保护生命周期模型展开。

9.4.1 大数据隐私保护生命周期模型

1. 数据发布

与传统针对隐私保护进行的数据发布手段相比，大数据发布面临的风险是大数据的发布是动态的，且针对同一用户的数据来源众多，总量巨大。需要解决的问题是，如果在数据发布时，保证用户数据可用的情况下，高效、可靠地去掉可能泄露用户隐私的内容。传统针对数据的匿名发布技术，包括 k-匿名、l-diversity 匿名、t-closeness 匿名、个性化匿名、m-invariance 匿名、基于"角色构成"的匿名方法等，可以实现对发布数据时的匿名保护。在大数据环境下，需要对这些数据进行改进和发展。

2. 数据存储

在大数据时代，数据存储方一般为云存储平台，大数据的存储者和拥有者是分离的，云存储服务商并不能保证是完全可信的。用户的数据面临着被不可信的第三方偷窃数据或者篡改数据的风险。加密方法是解决该问题的传统思路，但是，由于大数据的查询、统计、分析和计算等操作也需要在云端进行，为传统加密技术带来了新的挑战。同态加密技术、混合加密技术、基于 BLS 短签名 POR 模型、DPDP、Knox 等方法，是针对数据存储时防止隐私泄露而采取的一些方法。

3. 数据挖掘

在大数据环境下，由于数据存在来源多样性和动态性等特点，在经过匿名等处理后的数据，经过大数据关联分析、聚类、分类等数据挖掘方法后，依然可以分析出用户的隐私。针对数据挖掘的隐私保护技术，就是在尽可能提高大数据可用性的前提下，研究更加合适的数据隐藏技术，以防范利用数据挖掘方法引发的隐私泄露。现在的主要技术包括：基于数据失真和加密的方法，比如数据变量、隐藏、随机扰动、平移、翻转等技术。

4. 数据使用

在大数据的环境下，如何确保合适的数据及属性能够在合适的时间和地点，给合适的用户访问和利用，是大数据访问和使用阶段面临的主要风险。为了解决大数据访问和使用时的隐私泄露问题，现在的技术主要包括：时空融合的角色访问控制、基于属性集加密访问控制、基于密文策略属性集的加密、基于层次式属性集的访问控制等技术。

9.4.2 大数据隐私保护技术

1. 大数据发布隐私保护技术

大数据发布隐私保护技术主要包括匿名技术和数据发布匿名，其中，匿名技术又包括静态匿名技术、动态匿名技术和匿名并行化处理。

匿名技术：数据持有方在公开发布数据时，这些数据通常会包含一定的用户信息，服务方在数据发布之前需要对数据进行处理，使用户隐私免遭泄露。一般的，用户更希望攻击者无法从数据中识别出自身，更不用说窃取自身的隐私信息。

数据发布匿名：在确保所发布的信息数据公开可用的前提下，隐藏公开数据记录与特定个人之间的对应联系，从而保护个人隐私。实践表明，仅删除数据表中有关用户身份的属性作为匿名实现方案是无法达到预期效果的。现有的方案是静态匿名技术（以信息损失为代价，不利于数据挖掘与分析）、个性化匿名、带权重的匿名等。后两类给予每条数据记录以不同程度的匿名保护，减少了非必要的信息损失。

（1）大数据中的静态匿名技术

在静态匿名策略中，数据发布方需要对数据中的准标识码进行处理，使得多条记录具有相同的准标识码组合，这些具有相同准标识码组合的记录集合被称为等价组。

k-匿名技术就是每个等价组中的记录个数为 k 个，即针对大数据的攻击者在进行链接攻击时，对于任意一条记录的攻击同时会关联到等价组中的其他 k-1 条记录。这种特性使得攻击者无法确定与特定用户相关的记录，从而保护了用户的隐私。

l-diversity 匿名策略是保证每一个等价类的敏感属性至少有一个不同的值，l-diversity 使得攻击者最多以 1/l 的概率确认某个个体的敏感信息。

t-closeness 匿名策略以搬土距离（EMD，Eearth Mover's Distance）衡量敏感属性值之间的距离，并要求等价组内敏感属性值的分布特性与整个数据集中敏感属性值的分布特性之间的差异尽可能大。在 l-diversity 基础上，考虑了敏感属性的分布问题，要求所有等价类中敏感属性值的分布尽量接近该属性的全局分布。

这些策略会造成较大的信息损失，有可能使得数据的使用方做出误判。

（2）大数据中的动态匿名技术

针对大数据的持续更新特性，有的学者提出了基于动态数据集的匿名策略，这些匿名策略不但可以保证每一次发布的数据能满足某种匿名标准，攻击也将无法联合历史数据进行分析和推理。这些技术包括：支持新增的数据重发布匿名技术、m-invariance 匿名技术、基于角色构成的匿名等支持数据动态更新匿名保护的策略。

支持新增的数据重发布匿名技术使得数据集即使因为新增数据而发生改变，但多次发布后不同版本的公开数据仍然能满足 l-diversity 准则，以保证用户的隐私。数据发布者需要集中管理不同发布版本中的等价类，若新增的数据集与先前版本的等价类无交集并能满足 l-diversity 准则，则可以作为新版本发布数据中的新等价类出现，否则需要等待。若一个等价类过大，则要进行划分。

m-invariance 匿名技术：在支持新增操作的同时，支持数据重发布对历史数据集的删除。

（3）大数据中的匿名并行化处理

大数据的巨规模特性使得匿名技术的效率变得至关重要。大数据环境下的数据匿名技术也是大数据环境下数据处理技术之一，通用的大数据处理技术也能应用于数据匿名发布这一特定目的。分布式多线程是主流的解决思路，一类实现方案是利用特定的分布式计算框架实施通常的匿名策略，另一类实现方案是将匿名算法并行化，使用多种技术加速匿名算法的计算效率，从而节省了大数据中的匿名并行化处理的计算时间。

使用已有的大数据处理工具与修改匿名算法实现方式是大数据环境下数据匿名技术的主要趋势，这些技术能极大地提高数据匿名处理效率。

2. 大数据存储隐私保护技术

（1）大数据加密存储技术

传统的 DES、AES 等对称加密手段，虽能保证对存储的大数据隐私信息的加解密速度，但其密钥管理过程较为复杂，难以适用于有着大量用户的大数据存储系统。传统的 RSA、Elgamal 等非对称加密手段，虽然密钥易于管理，但算法计算量太大，不适用于对不断增长的大数据隐私信息进行加解密。数据加密加重了用户和云平台的计算开销，同时限制了数据的使用和共享，造成了高价值数据的浪费。

同态加密算法可以允许人们对密文进行特定的运算，而其运算结果解密后与用明文进行相同运算所得的结果一致。全同态加密算法则能实现对明文所进行的任何运算，都可以转化为对相应密文进行恰当运算后的解密结果。将同态加密算法用于大数据隐私存储保护，可以有效避免存储的加密数据在进行分布式处理时的加解密过程。

（2）大数据审计技术

当用户将数据存储在云服务器中时，就丧失了对数据的控制权。为了防止数据在用户不知情的情况下被修改，可以采用云存储中的审计技术。云存储审计指的是数据拥有者或第三方机构对云中的数据完整性进行审计。通过对数据进行审计，确保数据不会被云服务提供商篡改、丢弃，并且在审计的过程中用户的隐私不会被泄露。

3. 大数据挖掘隐私保护技术

隐私保护数据挖掘，即在保护隐私前提下的数据挖掘，主要的关注点有两个：一是对原始数据集进行必要的修改，使得数据接收者不能侵犯他人隐私；二是保护产生模式，限制对大数据中敏感知识的挖掘。

(1) 关联规则的隐私保护

这种保护有两类方法。

1) 变换：修改支持敏感规则的数据，使得规则的支持度和置信度小于一定的阈值而实现规则的隐藏。

2) 隐藏：不修改数据，对生成敏感规则的频繁项集进行隐藏。

(2) 分类结果的隐私保护

分类方法的结果通常可以发现数据集中的隐私敏感信息，因此需要对敏感的分类结果信息进行保护。这类方法的目标是在降低敏感信息分类准确度的同时，不影响其他应用的性能。

(3) 聚类结果的隐私保护

先对原始数据进行几何变换，以对敏感信息进行隐藏，然后是聚类过程，经过几何变换后的数据可以直接应用传统的聚类算法进行聚类。

4. 大数据访问控制技术

大数据访问控制技术主要用于决定哪些用户可以以何种权限访问哪些大数据资源，从而确保合适的数据及合适的属性在合适的时间和地点，给合适的用户访问，其主要目标是解决大数据使用过程中的隐私保护问题。

(1) 基于角色的访问控制技术

不同角色的访问控制权限不尽相同。通过为用户分配角色，可实现对数据的访问权限控制，因此，角色挖掘是前提。

(2) 基于属性的访问控制

通过将各类属性，包括用户属性、资源属性、环境属性等组合起来用于用户访问权限的设定。

9.4.3 大数据隐私保护对策

大数据安全威胁渗透在数据生产、采集、处理和共享等方面，大数据产业链的各个环节，风险成因复杂交织；既有外部攻击，也有内部泄露；既有技术漏洞，也有管理缺陷；既有新技术新模式触发的新风险，也有传统安全问题的持续触发。对于未来大数据安全技术发展，《大数据安全标准化白皮书（2018）》给出了具体对策建议。

1. 站在总体安全观的高度，应构建大数据安全综合防御体系

安全是发展的前提，必须全面提高大数据安全技术保障能力，进而构建贯穿大数据应用云管端的综合立体防御体系，以满足国家大数据战略和市场应用的需求。一是建立覆盖数据收集、传输、存储、处理、共享、销毁全生命周期的安全防护体系，综合利用数据源验证、大规模传输加密、非关系型数据库加密存储、隐私保护、数据交易安全、数据防泄露、追踪溯源、数据销毁等技术，与系统现有网络信息安全技术设施相结合，建立纵深的防御体系；二是提升大数据平台本身的安全防御能力，引入用户和组件的身份认证、细粒度的访问控制、数据操作安全审计、数据脱敏等隐私保护机制，从机制上防止数据的未授权访问和泄露，同时增加对大数据平台组件配置和运行过程中隐含的安全问题的关注，加强对平台紧急安全事件的响应能力；三是实现从被动防御到主动检测的转变，借助大数据分析、人工智能等技术，实现自动化威胁识别、风险阻断和攻击溯源，从源头上提升大数据安全防御水平，提升对未知威胁的防御能力和防御效率。

2. 从攻防两方面入手，强化大数据平台安全保护

平台安全是大数据系统安全的基石，基于前面的分析可以看出，针对大数据平台的网络攻击手段正在发生变化，企业面临愈加严峻的安全威胁和挑战，传统的安全监测手段难以应对上述的攻击变化，未来大数据平台安全技术的研究不仅要解决运行安全问题，还要进行理念创新，针对不断演进的网络攻击形态，设计大数据平台安全保护体系。在安全防护技术方面，目前无论是开源还是商业化大数据平台，都处在高速发展阶段，在平台安全机制方面的不足之处依然存在，同时，新技术新应用的发展也为平台安全带来未知的安全隐患，需要产业各方在大数据平台安全方面加大投入，从攻防两方面入手，密切关注大数据攻击和防御两方面的技术发展趋势，建立适应大数据平台环境的安全防护和系统安全管理机制，构筑更加安全可靠的大数据平台。

以关键环节和关键技术为突破点，完善数据安全技术体系。大数据环境下，数据在流动中发挥价值，其应用生态环境日益复杂，数据生命周期各环节都面临新的安全保障需求，数据的采集和溯源成为突出的安全风险点，跨组织数据合作的广泛开展触发了多源汇聚计算的机密性保障需求。目前，敏感数据识别、数据防泄露、数据库安全防护等技术发展相对成熟，多源计算中的机密性保护、非结构化数据库安全防护、数据安全预警以及数据发生泄露事件的应急响应和追踪溯源等方面还比较薄弱。业界应积极推动产学研用结合，加快密文计算等关键技术在运算效率提升方面的研究和应用推广。企业应加强数据采集、运算、溯源等关键环节的保障能力建设，强化数据安全监测、预警、控制和应急处置能力，以数据安全关键环节和关键技术的研究为突破点，完善大数据安全技术体系，促进整个大数据产业的健康发展。

3. 加强隐私保护核心技术产业化投入，兼顾数据利用和隐私保护双重需求

在大数据应用场景下，数据利用和隐私保护是天然矛盾的两端，同态加密、多方安全计算、匿名化等技术可以实现这两者良好的平衡，是解决大数据应用过程中隐私保护问题的理想技术，隐私保护核心技术方面的进展必然会极大地推动大数据应用的发展。目前，隐私保护技术的核心问题是效率，存在计算开销大、存储开销大、缺乏评价标准等问题，均处于理论研究阶段，尚未在工程实践中广泛应用，难以应对多数据源攻击、基于统计的攻击等隐私安全威胁。在大数据场景下，个人隐私保护已成为一个备受关注的议题，未来日益增长的隐私保护需求将带动专业化隐私保护技术的研发和产业应用，需要鼓励企业、科研机构研究同态加密、多方安全计算等前沿隐私保护算法，同时推动数据脱敏、数据审计等技术手段在大数据环境下的增强应用，提升大数据环境下隐私保护技术水平。

4. 重视大数据安全评测技术的研发，构建第三方安全检测评估体系

当前，国家就大数据安全进行了一系列重大决策部署，《"十三五"国家信息化规划》提出实施大数据安全保障工程。可以预见，未来大数据安全政府监管将进一步加强，数据安全相关立法进程将进一步加快，大数据安全监管措施和技术手段将进一步完善，大数据安全监管惩戒力度将进一步加强。同时，构建大数据安全评估体系将成为保障大数据安全的有效举措，通过制定大数据安全技术标准和测评标准，建立大数据平台及大数据服务安全评估体系，推进第三方评估机构和人员资质认证等配套管理制度建设，可以从平台防护、数据保护、隐私保护等方面切实促进大数据安全保障能力的全面提升。

本章小结

在大数据时代背景下,云计算技术的发展导致大数据在收集、存储、共享、使用等过程面临的安全威胁愈演愈烈,大数据泄露的企业个人隐私信息给用户带来了巨大的损失。因此,大数据的信息安全问题也成为制约大数据应用发展的瓶颈,可以说没有安全防护的大数据,将是数据灾难。

本章概要介绍了大数据安全的基本概念、面临的问题及挑战;接着介绍了大数据平台的安全防护体系和安全防护技术;在此基础上,介绍了大数据存储的安全策略、大数据隐私保护生命周期模型和隐私保护技术等内容。

专业或关键术语

大数据;大数据安全;数据分析;敏感数据隔离交互;敏感数据隔离;数据脱敏;数据监控与加固;数据全生命周期;数据封装;数据关联性隔离;数据转移控制;补丁管理;元数据管理;数据加密技术;身份认证技术;访问控制技术;安全审计技术;跟踪与取证技术;恢复与销毁技术;软恢复;硬恢复;大型数据库系统恢复;异型系统数据恢复;大数据隐私保护生命周期模型;匿名技术。

思考题

1. 什么是大数据?大数据的5V特点有哪些?
2. 大数据安全管理体系由哪些部分组成?
3. 什么是数据全生命周期?
4. 大数据平台安全防护技术有哪些?
5. 如何进行大数据的安全存储策略?
6. 简述大数据隐私保护生命周期模型。

实战题

1. 国内外大数据平台安全、数据安全、隐私保护相关的技术已经取得了一定的进展;但在应对一些新的网络攻击形式、数据应用场景、隐私保护需求方面,大数据安全技术的现有能力和水平还存在一定差距。根据所学知识,简析大数据安全技术发展现状。

2. 大数据在生命周期过程中需要大数据平台为其提供支撑,以实现大数据的收集、传输、存储和分析等功能。从大数据生命周期和大数据平台两个维度分析大数据面临的安全问题和关键技术研究现状。

第10章 电子商务安全评估与管理

本章要点

- 了解电子商务安全管理基础知识。
- 了解电子商务风险管理、安全模型及安全威胁,把握电子商务安全评估方法与准则。
- 了解电子商务安全相关法律法规和政策制度,树立电子商务安全法律意识。
- 认知电子商务安全管理的重要性,掌握电子商务安全管理的模型、策略与标准。

引例

全国组织刷单入刑第一案 刷单组织者获刑五年零九个月

"全国组织刷单入刑第一案"很好地体现出新修订的《反不正当竞争法》对"网络水军"等不法经营者的严厉制裁,真正做到让法律"露出牙齿"。

2013年2月,被告人李某通过创建"零距网商联盟"网站和利用YY语音聊天工具建立刷单炒信平台,吸纳淘宝卖家注册账户成为会员,并收取300~500元不等的会员费和40元的平台管理维护费。李某通过制订刷单炒信规则与流程,组织及协助会员通过平台发布或接受刷单炒信任务,在淘宝网上进行虚假交易并给予虚假好评,进而提升淘宝店铺的销量和信誉,欺骗淘宝买家。

截至2014年6月,李某非法获利90余万元。2014年初阿里巴巴运用大数据手段发现"零距网商联盟"网站在淘宝网上存在刷单行为。同年5月,阿里向杭州市经侦支队报案,李某后被传唤到案。2016年6月,李某被公诉机关以涉嫌非法经营罪起诉至余杭区法院。

2017年6月20日,组织刷单的李某因犯非法经营罪被杭州市余杭区法院判处有期徒刑五年零六个月,并处罚金90万元,连同此前因侵犯公民个人信息罪被判处有期徒刑九个月,并处罚金2万元,数罪并罚,决定执行有期徒刑五年零九个月,并处罚金92万元。这也是阿里巴巴运用大数据主动发现并向警方输送刷单线索,进入刑事宣判的第一案。

李某在炒信过程中非法获利的途径主要有以下几个方面:一是会员费和培训费,每名会员需交540元;二是卖任务点的收入,以每个点5元的价格出售获利;三是帮助别人炒信获利;四是销售空包获利,通过代售空包的差价获取利益。

刷单炒信行为不仅给消费者、网购市场带来极坏的影响,也严重破坏了社会诚信体系。该判决的出现,标志着国家已经形成治理刷单炒信行为的法律治理体系。

作为刷单平台非法经营被刑事追诉的首案,该案极大地增强了对刷单炒信等违法行为的震慑,有利于进一步净化网络交易环境,彰显对经营秩序的法律保护。

随着电子商务的发展,安全问题越来越突出。概括地说,电子商务的安全主要体现在交易的有效性和可执行性、交易机制的可靠性、交易过程的完整性和保密性。目前,电子商务安全问题的解决,可分为技术和法律两方面。

前面各章从技术方面阐述了电子商务的安全保障。本章是从安全评估、安全立法和安全管理的角度讲述电子商务的安全保障。本章主要讲述电子商务安全评估的方法与准则；介绍国内外电子商务安全立法的相关法律法规以及与电子商务安全管理相关的一些内容。

10.1　电子商务安全评估

10.1.1　风险管理

从本质上讲，安全就是风险管理。一个组织者如果不了解其信息资产的安全风险，很多资源就会被错误使用。风险管理提供信息资产评估的基础。通过风险识别，可以知道一些特殊类型的资产价值以及包含这些信息的系统的价值。

1. 风险的概念

风险是构成安全基础的基本观念。风险是丢失需要保护的资产的可能性，如果没有风险，就不需要安全了。风险是从事安全产业者应了解的一个观念。

以传统的保险业为例来了解风险的含义。一个客户因感到危险，所以向保险公司购买保险。买保险前，如果出车祸，他需要花很多修理费，买了保险后就可减少花大笔钱的风险。保险公司设定保险费的依据有两个，一个是汽车修理的费用，另一个是该客户发生车祸的可能性。

从上面的例子可以看出，风险包含两个部分。第一个是车的修理费，如果车祸发生，保险公司就要付这笔费用，将它定为保险公司的漏洞或脆弱性；第二个是客户发生车祸的可能性，这是对保险公司的威胁，因为它有可能使保险公司付修理费。因此漏洞和威胁是测定风险的两个组成部分。图 10-1 表示漏洞和威胁之间的关系，由图可知，如果没有威胁，也就没有风险；同样地，如果没有漏洞，也就没有风险。

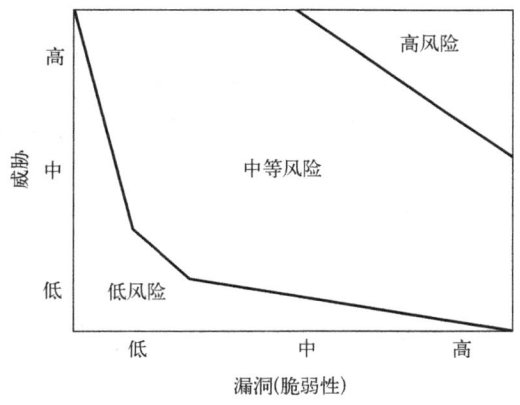

图 10-1　漏洞和威胁的关系

（1）漏洞

漏洞是攻击的可能的途径。漏洞有可能存在于计算机系统和网络中，它允许打开系统，使技术攻击得逞。漏洞也有可能存在于管理过程中，它使系统环境对攻击开放。

漏洞的多少是由需要打开系统的技术熟练水平和困难程度来确定的，还要考虑系统暴露的后果。如果漏洞易于暴露，并且一旦受到攻击，攻击者可以完全控制系统，则称高值漏洞或高脆弱性。如果攻击者需要对设备和人员投入很多资源，漏洞才能暴露，并且受到攻击后，也只能获取一般信息，而非敏感信息，则称低值漏洞或低脆弱性。

漏洞不仅和计算机系统、网络有关，而且和物理场地安全、员工的情况、传送中的信息安全等有关。

（2）威胁

威胁是一个可能破坏信息系统环境安全的动作或事件。威胁包含以下三个组成部分。

1）目标。

威胁的目标通常是针对安全属性或安全服务，包括机密性、完整性、可用性、可审性等。这些目标是在威胁背后的真正理由或动机。一个威胁可能有几个目标，例如，可审性可能是攻击的首要目标，这样可防止留下攻击者的记录，然后，把机密性作为攻击目标，以获取一些关键数据。

2）代理。

代理是为另一个对象提供一个替身或占位符以控制对这个对象的访问，简言之就是用一个对象来代表另一个对象。

代理需要有三个特性。

- 访问。一个代理必须有访问所需要的系统、网络、设施或信息的能力。可以是直接访问，例如，代理有系统的账号。也可以是间接访问，例如，代理通过其他的方法来访问系统。代理有的访问直接影响到为了打开漏洞所必须执行的动作的能力。
- 知识。一个代理必须具有目标的知识，有用的知识包括用户 ID、口令、文件位置、物理访问过程、员工的名字、访问电话号码、网络地址、安全程序等。代理对目标越熟悉，就具有越多的存在漏洞的知识；代理对存在的漏洞知道得越具体，就越能获得更多打开漏洞的知识。
- 动机。一个代理对目标发出威胁，需要有动机，通常动机是考虑代理攻击目标的关键特性。动机可能是不同的，有的为了竞争、挑战；有的是贪心，以获得钱、物、服务、信心；有的是对某组织或个人有恶意伤害的企图。

根据代理的三个特性，应该考虑的代理可能是各种各样的，包括员工、和组织有关的外部员工、黑客、商业对手、恐怖分子、罪犯、客户、访问者以及自然灾害等。

当考虑这些代理时，应该做出定量的判断，以得出每个代理对访问组织的目标的必要性，根据前面分析的漏洞考虑攻击的可能性。

3）事件。

事件是代理采取的行为，从而导致对组织的伤害。例如，一个黑客改变一个组织的 Web 页面来攻击它并造成伤害。另外要考虑的是，假如代理得到访问会产生什么样的伤害。

常见的事件如下。

- 对信息、系统、场地滥用授权访问。
- 恶意地改变信息。
- 偶然地改变信息。
- 对信息、系统、场地非授权访问。

- 恶意地破坏信息、系统、场地。
- 偶然地破坏信息、系统、场地。
- 对系统和操作的恶意物理损害。
- 对系统和操作的偶然物理损害。
- 由于自然物理事件引起的系统和操作的损害。
- 引入针对系统的恶意软件。
- 破坏内部或外部的通信。
- 被动地窃听内部或外部的通信。
- 偷窃硬件。

（3）威胁+漏洞=风险

风险是威胁和漏洞的综合结果。没有漏洞的威胁没有风险，没有威胁的漏洞也没有风险。风险的度量是要确定事件发生的可能性。

风险可划分成低、中、高三个级别。

1）低级别风险是漏洞使组织的风险达到一定水平，然而不一定发生。如有可能应将这些漏洞去除，但应权衡去除漏洞的代价和能减少的风险损失。

2）中级别风险是漏洞使组织的信息系统或场地的风险（机密性、完整性、可用性和可审性）达到相当的水平，并且已有发生事件的现实可能性，应采取措施去除漏洞。

3）高级别风险是漏洞对组织的信息、系统或场地的机密性、完整性、可用性和可审性已构成现实危害，必须立即采取措施去除漏洞。

2. 风险的识别与测量

（1）风险的识别

对一个组织而言，识别风险除了要识别漏洞和威胁外，还应考虑已有的对策和预防措施，如图10-2所示。

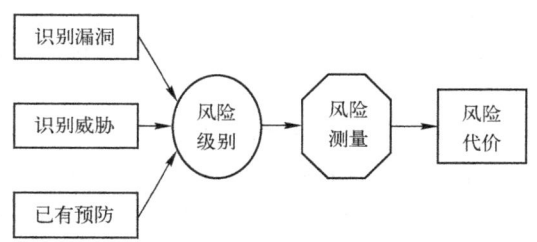

图10-2 一个组织的风险评估的组成

1）识别漏洞。

识别漏洞时，从确定对该组织的所有入口开始，也就是寻找该组织内的系统和信息的所有访问点。这些入口包括Internet的连接、远程访问点、与其他组织的连接、设备的物理访问以及用户访问点等。

对每个访问点识别可访问的信息和系统，然后识别如何通过入口访问这些信息和系统，应该包括操作系统和应用程序中所有已知的漏洞。

2）识别威胁。

威胁评估是十分具体的，有时也是很困难的。在试图识别一个组织或目标的威胁时，经常会把注意力转到它们的竞争对手身上。然而，真正的威胁往往是非常隐蔽的，在攻击事件发生以前，真正的目标威胁往往并不暴露出来。

一个目标威胁是对一个已知的目标具有已知的代理、已知的动机、已知的访问和执行已知的事件的组合。例如，有一个不满意的员工（代理）希望得到正在该组织进行的最新设计的知识（动机），该员工能访问组织的信息系统（访问），并知道信息存放的位置（知识）。该员工正窥测新设计的机密并且企图获得所需文件。

识别所有的目标威胁是非常费时和困难的。可以变更一种方法，即假设存在一个威胁的通用水平，这个威胁可能包括任何具有访问组织信息或系统的可能性的人。这个威胁确实是存在的，因为人们（员工、客户、供应商等）为了工作必须访问该组织的系统和信息，然而，他们不必具有对组织某些部分的直接的或特定的威胁的知识。

假如我们假设一个通用的威胁（某些人可能具有访问、知识、动机做某些坏事），就能检查组织内允许这些访问发生可能产生的漏洞。将任何这样的漏洞计入风险，因为我们已经假定这些有可能暴露漏洞的威胁。

3）检查对策和预防措施。

在分析评估攻击的可能途径时，必须同时检查如果漏洞真正存在，应采取的对策和预防措施。这些预防措施包括防火墙、防病毒软件、访问控制、双因子身份鉴别系统、仿生网络安全程序、用于访问设备的读卡器、文件访问控制、对员工进行安全培训等。

对于组织内的每个访问点都应有相应的预防措施。例如，某个组织有一个 Internet 连接，这就提供了访问该组织内部系统的可能性。可以采用防火墙来保护这个访问点，通过设置和检查防火墙的规则，可以很好地识别来自外部对内部系统访问的企图。这样外部攻击者就不能利用访问点的某些漏洞，因为防火墙阻止其访问存在这些漏洞的系统。

4）识别风险。

一旦对漏洞、威胁、预防措施进行了识别，就可确定该组织面临的风险。这样问题就变得简单了，也就是说，即使给出了已存在的、具有预防措施的、可识别的访问点的情况下，还存在有可能进入该组织的访问点。

为了解决这个问题，首先确定每个访问点可能面临的威胁，并检查通过每个访问点的可能的目标（机密性、完整性、可用性和可审性），基于它的危险程度给每个风险分成高、中、低等级。必须指出，对于相同的漏洞，可能得出基于访问点的不同级别的风险。例如，一个内部系统在它的邮件系统内有一个漏洞，对外部来说，攻击者必须通过 Internet 防火墙才能发现系统，这样通过该访问点，系统是不可访问的，因此没有风险；然而，对内部员工而言，他们无须通过防火墙进入网络，因而可访问系统，这就意味着内部员工可以利用这个漏洞来访问系统，而内部员工并未列为威胁源，因此可将它列为中等风险级别。

上述例子中，如果物理安全控制很弱，任何人可随意进出，使非授权者可操作该系统，则该系统即使有防火墙这类预防措施，对具有恶意动机的攻击者来说也是无效的。由于缺乏物理安全预防措施，这种情况下应列为高风险级别。

当然，仅仅将风险分成高、中、低三个级别还未解决风险识别的全部问题，还应了解如果漏洞暴露，对该组织的危害是否是持续的；以及该组织需要花费多少资源，才能减少风险。

（2）风险的测量

传统上，风险测量的方法是：风险=威胁×漏洞×影响。其中，威胁随着暴露的漏洞增加而增加，漏洞与系统的复杂度成正比，影响与资产价值成正比。而影响＝资产价值×$(Td+Tr-Tp)$，Td是检测到攻击行为所需的时间，Tr是对攻击响应和阻止的时间，Tp是攻击者突破系统需要的时间。

目前，一般将风险测量分为两大类：一是定量分析与测量，以受损资产的绝对价值为基础，应用各种逼近模型，然后直接得出"精确的"数学值，并以此数学值来描述资产风险，最后整个网络中各项资产风险损失之和就是整个网络的风险；二是定性分析与测量，考虑资产的相对价值，即资产的重要程度，结合威胁和漏洞的严重程度，通过加权的办法，给出一个大致的风险等级和相应代价。

此外，常用的方法还有网络安全风险的三维向量法，具体是：

网络风险＝（网络节点风险,通信链路风险,网络管理风险）

网络节点风险描述了网络的静态风险。因为网络节点是网络的基础性结构，这些节点包括了硬件设备、软件程序、固件、数据等大部分的信息资产。网络链路面临的风险是从动态的角度来考虑的。

网络通信链路也是网络的支撑结构之一。实际上通信链路的风险主要是针对通信链路上的信息流而言的。

网络管理面临的风险主要是从网络运营维护的角度来考虑的。它涉及的因素包括人员安全意识、安全培训、规章制度、安全策略等方面。

三种风险的可承受极限决定整个网络风险的可承受范围。进行网络风险评估的目标就是要测评网络风险是否在指定的可承受范围之内，如果风险过大，就应采取风险控制措施，以便将风险控制在指定范围之内。

风险测量必须识别出在受到攻击后该组织需要付出的代价。图10-3表示风险测量的全过程，即一旦确定了风险并得出了风险的级别，就可以测量出风险的大小及其代价。

认识到风险使该组织付出的代价也是确定如何管理风险的决定因素。风险永远不可能完全去除，风险必须管理。

代价是多方面的，包括资金、时间、资源、信誉以及丢失生意等。

1）资金。

资金是最显而易见的风险代价，包括损失的生产能力、设备或金钱的被窃、调研的费用、修理或替换系统的费用、专家费用、员工加班时间等。

最困难的资金代价估计是损失的生产能力这一项。有的生产能力损失是永远不可恢复的；有的生产能力损失可在付出一定费用恢复系统后恢复；有些则是难以估计的。例如，在一个制造工厂，它依靠计算机系统调度生产、预订原料、跟踪生产流程，如计算机系统受到攻击后，

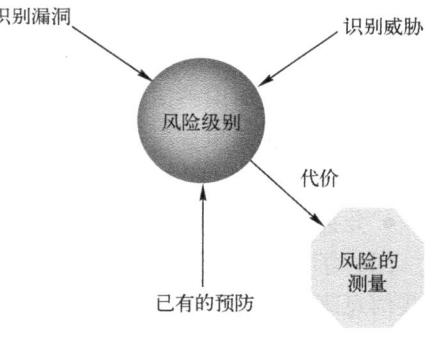

图10-3 风险测量

系统不可用了，有可能使 24 小时后原材料供应不上了，而调度生产在一个 8 小时班后也停了。设想一下，如果计算机系统 7 天不可用，这时该工厂的损失有多大，需要计算这 7 天停工的损失，以及为使生产恢复正常需要加班的时间，甚至还有一些不可估计的损失。

2）时间。

时间的代价很难量化。由于安全事件使一个技术人员不能执行其正常的任务，或许可以按时间的总和计算，但又如何计算其他人员等待计算机修复所付出的时间代价呢？时间可能以关键系统停机时间来计算，例如一个组织的网站受破坏了，该系统只能离线并修复。那么如何计算该网站停机所造成的影响？

再如，由于攻击得逞导致该组织的产品交付延迟，如何来计算由于该延迟引起的损失？但无论如何，时间损失必须计入风险测量中。

3）资源。

资源可以是人、系统、通信线路、应用程序。资源代价是指如攻击得逞，需要消耗多少资源来恢复正常。很明显，对一些能用钱来计算的资源是可能计算的，然而对一些不可用钱来计算的资源就难以估算，如本应去完成另一任务的人来处理当前事故，由此造成另一任务的延误所形成的代价中，当前事故的代价较易估算，而延误代价难以估计。又如，攻击使得网速变慢，由此导致通信线路不能正常支持各种相关工作的顺利完成，其造成的损失和代价中，网速变慢的损失较易估计，而后者则较难确定代价。

4）信誉。

一个组织的信誉损失是十分重大的损失，这类损失的代价也难以测量。信誉就是诚信、可信。一个组织在公众心目中的可信度是十分重要的。例如，银行的信誉就等于该银行在公众心目中的可信度，客户的钱是否能安全地存放决定了客户是否愿意将钱存入该银行，否则客户就会将已存的钱从该银行取走，甚至使银行倒闭。又如，一个慈善机构的信誉就是能否合理地使用捐款，这决定了它是否能募集到资金。

对每个识别风险的风险测量的可能结果，应回答以下问题：

- 识破风险所需的花费是多少？包括员工或顾问为跟踪并识别风险所花时间、购买新设备的费用等。
- 为了成功地识破风险要花多少时间？
- 什么样的资源会受到影响？而组织的哪一部分依赖于这些资源？
- 该事件对组织的信誉影响如何？
- 会丢失多少经营的业务？什么类型的业务会丢失？

回答了上述问题以后，可列出一个风险评估表，以表示每个风险可能引起的后果。利用这些信息来评估并开发相应的风险管理项目。

10.1.2 安全成熟度模型

成熟度模型可用来测量安全解决方案（软件、硬件和系统）的能力和效力。因此它可用于安全评估，以测量符合组织实际的最佳安全体系结构的能力和效力。可以就以下三个方面进行分析：计划、技术和配置、操作运行过程。安全计划包括安全策略、标准、指南以及安全需求；技术和配置的成熟度水平根据选择的特定产品、准则，在企业内的安置以及产品配置而定；操作运行过程包括变更管理、报警和监控，以及安全教育方面。美国的卡内基·

梅隆大学的软件工程研究所（Software Engineering Institute，SEI）制定了系统安全工程能力成熟度模型（System Security Engineering Capability Maturity Model，SSE—CMM）。它将安全成熟度能力级别分成四级，以适应不同级别的安全体系结构，如表10-1所示。

表10-1　安全成熟度能力级别

安全成熟度能力级别	说　　明
无效力（50%）	总的安全体系结构没有遵从企业安全策略、法规，以及最佳经营实际
需要改进（65%）	安全体系结构中无效力的应少于35%
合适（85%）	企业的安全计划、部署、配置和过程控制使安全体系结构能满足总的目标
极好（超过100%）	安全体系结构超过了总的目标及要求

1. 安全计划

一个好的安全体系结构必须建立在一个坚固的安全计划基础之上。计划的文本必须清晰、完整。很多组织的安全策略、标准和指南存在以下一些问题。

1) 内容太旧，已过时，不适用于当前的应用。安全策略应每年更新，以适应技术的变化。

2) 计划文本有很多用户阅读，如开发者、风险管理者、审计人员，所用语言又适用于多种解释。如果陈述太抽象，那么实施时将无效力。

3) 表达不够详细。很多组织的安全策略观念只是一个口令管理。组织安全策略文本中通常缺少信息的等级分类以及访问控制计划文本。

4) 用户需要知道有关安全的文本。如果用户不能方便地获得和阅读文本，就会无意地犯规，且难以追查责任。

2. 技术和配置

当今市场上有很多安全厂商和安全产品，但是没有一个产品能提供完全的安全解决方案。诸如防火墙、IDS、VPN、鉴别服务器都只能解决有限的问题。安全专业人员应能适当地选择产品，正确地将它们安置在基础设施中，合适地配置和支持。然而，他们经常会不正确地采购安全产品，例如，有人认为只要在需要保护的有价值的资产前放置一个防火墙，就什么问题都能解决。从网络的观点看这种布置部分正确，但防火墙不提供应用和平台的保护，也不提供有用的入侵检测信息，所以只是部分解决问题。

安全产品的合适配置也是一个挑战。有时产品的默认配置是拒绝所有访问，只有清晰的规则允许的少数访问才能通过。安全产品配置需要熟练的专业人员来有效配置和管理。

3. 运行过程

运行过程包括安全组件需要的必要支持和维护、变更管理、经营业务的连续性、用户安全意识培训、安全管理，以及安全报警与监控。安全基础设施组件的支持和维护类似于主机和应用服务器所需的支持。允许的变更管理要有能退回到目前工作版本的设施，并且要和经营业务连续性计划协调一致。

安全设备会产生一些不规则的日志信息，这对管理员来说是复杂的，一旦配置有差错，就会阻止访问网络、应用或平台。对各类管理人员的培训是任何安全体系结构成功的关键。最后，识别安全事故的能力按照一个逐步升级的过程来恢复是最重要的。

技术变化十分迅速，这对从事安全专业的人员提出了更高的要求，因此选择高水平的人员从事该项工作是必需的。每个企业员工都要接受安全培训，要对不同的人员（例如安全管理员、最终用户和数据拥有者）进行有针对性的培训。

10.1.3 威胁的处理

如前所述，风险是构成安全基础的基本观念。风险是丢失需要保护的资产的可能性。测定风险的两个组成部分是漏洞和威胁。漏洞是对系统进行攻击可能的途径，威胁是一个可能破坏信息系统安全环境的动作或事件。

本节从安全的验证和评估出发，具体分析各种威胁源、威胁是如何得逞的以及针对这些威胁的对策。

1. 威胁的来源

弄清楚威胁的来源是减少威胁得逞可能性的关键，下面介绍各种主要的威胁源。

（1）人为差错和设计缺陷

系统面临的最大的威胁来源于操作中人为的疏忽行为。据统计，造成信息系统在经费和生产力方面损失的一半是由于人为的差错，另一半则是有意的、恶意的行为。这些人为差错包括不适当地安装和管理设备、软件，不小心删除文件，升级错误的文件，将不正确的信息放入文件，忽视口令更换或做硬盘后备等行为，从而引起信息的丢失、系统的中断等事故。

上述事故由于设计的缺陷，没有能防止很多普遍的人为差错引起的信息丢失或系统故障。设计的缺陷还会引起各种漏洞的暴露。

（2）内部人员

信息保护设施的侵犯是由一些试图进行非授权行动或越权行动的可信人员执行的。其动机有些是出于好奇，有些是恶意的，有些则是为了获利。内部人员的入侵行为包括复制、窃取或破坏信息，然而这些行为又难以检测。这些个体持有许可或其他的授权，或者通过那些无须专门授权的行为使网络运行失效或侵犯保护设施。根据统计，内部人员的侵犯占所有严重安全侵犯事件的 70%~80%。

（3）临时员工

外部的顾问、合同工、临时工应和正式员工一样，必须有同样的基本信息安全要求和信息安全责任，但还需有一些附加的限制。例如，和正式员工一样，需签署一个信息安全遵守合同，接受相应的安全意识培训。除此之外，临时员工还必须有一个专门的协议，只允许访问那些执行其委派的任务所需的信息和系统。

（4）自然灾害和环境危害

高温和低温、湿度过大、风暴、龙卷风、照明、水淹、火灾以及地震等，都能破坏主要的信息设施及其后备系统，应制订灾难恢复计划，预防和处理这些灾害。

（5）黑客和其他入侵者

为了获得钱财、企业秘密或纯粹是为了破坏系统而发起的入侵攻击行为近年来呈上升趋势。实施这些网络攻击行为的群体包括青少年黑客、专业罪犯、工业间谍、商业间谍或外国智能代理等。

（6）病毒和其他恶意软件

病毒、蠕虫、特洛伊木马以及其他恶意软件通过磁盘、预安装的软件、电子邮件和连接到其他网络进入网络。这些威胁也可能是由于人为差错、内部人员或入侵者引起的。

2. 威胁情况与对策

采取对策以防止各种威胁情况,不仅需要了解威胁的来源,还应知道这些威胁是怎样侵袭安全体系结构的。下面列举各种情况。

(1) 社会工程攻击

社会工程攻击假冒已知授权的员工,采用伪装的方法或电子通信的方法,具体情况如下。

- 攻击者发出一封电子邮件,声称是系统的根用户,通知用户改变口令以达到暴露用户口令的目的。
- 攻击者打电话给系统管理员,声称自己是企业经理,丢失了 Modem 池的号码、忘记了口令。
- 谎说是计算机维修人员,被批准进入机房,并访问系统控制台。
- 含有机密信息的固定存储介质(硬盘、光盘)被丢弃或不合适地标号,被非授权者假装搜集废物获得。

上面四种威胁情况都可以使攻击得逞。针对社会工程攻击的保护措施大多是非技术的方法。下面列出的每一种保护措施可防御上面提到的攻击。

- 培训所有企业用户的安全意识。
- 培训所有系统管理员的安全意识,并有完善的过程、处理、报告文本。
- 对允许外访人员进入严格限制区域的负责人进行安全意识培训。

(2) 电子窃听

Internet 协议集在设计时并未考虑安全问题。Telnet、FTP、SMTP 和其他基于 TCP/IP 的应用易于从被动的线接头获取。用户鉴别信息(如用户名和口令)也易于从网络中探测到,并可被伪装成授权员工使用。假如外部人员对企业设施获得物理访问,则可以将带有无线 Modem 的计算机接到局域网或集线器上,所有通过局域网或集线器的数据易于被任何威胁者取得。此外,假如外部人员能电子访问带有 Modem 服务器进程的工作站,就可以将其作为进入企业网络的入口。任何在 Internet 上传输的数据对泄露威胁都是漏洞。上述所有威胁都有可能使这些攻击得逞。

防止窃听的保护措施包括鉴别和加密。可使用双因子鉴别提供强的鉴别,典型的做法是授权用户持有一个编码信息的物理标记再加上一个用户个人标识号(PIN)或口令。保护传输中的口令和 ID,可以采用加密的措施。链路加密(SSL 和 IPv6)保护直接物理连接或逻辑通信通路连接的两个系统之间传输的信息。应用加密(安全 Telnet 和 FTP、S/MIME)提供报文保护,在源端加密,只在目的地解密。数字签名可认证发送者的鉴别信息,如伴随用哈希算法可保护报文的完整性。

(3) 软件缺陷

当前最常见的两大软件缺陷是缓冲器溢出和拒绝服务攻击。当写入太多的数据时,就会发生缓冲区溢出,通常是一串字符写入固定长度的缓冲区。对数据缓冲区的输入没有足够的边界检查,使得输入超过缓冲区的容量。一般情况下,系统崩溃是由于程序试图访问一个非法地址。然而,也有可能用一个数据串来代替生成可检测的差错,从而造成攻击者希望的特定系统的漏洞。卡内基·梅隆大学的软件工程研究所的计算机应急响应组(Computer Emergency Response Team，CERT）有196个有关缓冲区溢出的文档报告，如 Microsoft 的邮件服务器 Outlook Express 和 Internet 信息服务器（IS），还有一些众人熟知的有关网络服务的，如网络定时协议（Network Time Protocol，NTP）、Sendmail、BIND、SSHvl. 37 和 Kerberos。

拒绝服务攻击可以使得目标系统响应变慢，以致完全不可用。有很多原因可导致这种结果：编程错误以致使用100%的 CPU 时间；由于内存的漏洞使系统的内存使用连续增加；Web 请求或远程过程调用（RPC）中发生的畸形数据请求；大的分组请求，如大量电子邮件地址请求和 Internet 控制报文协议（Internet Control Message Protocol，ICMP）请求；不停地进行网络通信，UDP 和 ICMP 造成广播风暴和网络淹没；伪造的路由信息或无响应的连接请求；布线、电源、路由器、平台或应用的错误配置。

CERT 有318条内容是关于对各种应用和平台操作系统的拒绝服务攻击。在大多数情况下，由于攻击者已经损坏了执行攻击的计算机，使得要追查这些实施攻击的个体很困难。

(4) 信任转移（主机之间的信任关系）

信任转移是把信任关系委托给可信的中介。一旦外部人员破坏了中介信任的机器，其他的主机或服务器也易于破坏。这样的攻击例子如下：误用一个 .rhosts 文件使受损的计算机不需口令就能攻击任何在 .rhosts 文件中的计算机；假如外面的用户伪装成一个网络操作系统用户或服务器，则所有信任该特定用户或服务器的其他服务器也易于受破坏；一个通过网络文件系统（Network File System，NFS）由各工作站共享文件的网络，假如其中一个客户工作站受损，一个攻击者能在文件系统服务器上生成可执行的特权，那么攻击者就能如同正常用户一样登录服务器并执行特权命令。

信任转移的保护措施主要是非技术方法。大部分 UNIX 环境不提供信任转移的自动机制。因此，系统管理员在映射主机之间的信任关系时必须特别小心。

(5) 数据驱动攻击（恶意软件）

驱动攻击是由嵌在数据文件格式中的恶意软件引起的。这些数据文件格式有 PS 编程语言（PostScript）文件、在文本中的 MS Word 基本命令、shell 命令表（ShellScript），下载的病毒或恶意程序等。数据驱动攻击的例子如下。

- 一个攻击者发送一个带有文件操作的 postscript 文件，将攻击者的主机标识加到 .rhosts 文件；或者打开一个带有 Word 基本命令的 MS Word 文本，能够访问 Windows 动态链接库（Dynamic Link Library，DLL）内的任何功能，包括 Winsock.dll。
- 一个攻击者发送一个 PostScript 文件，该文件常驻在基于 PostScript 的传真服务器中，就能将每一个发送和接收的传真副本发送给攻击者。
- 一个用户从网上下载 ShellScript 或恶意软件，将受害者的口令文件邮寄给攻击者，并删除所有受害者的文件。
- 利用 HTTP 浏览器包装特洛伊木马等恶意软件。

(6) 拒绝服务（DoS）

DoS 攻击并不利用软件的缺陷，而是利用实施特定协议的缺陷。这些攻击会中断计算平台和网络设备的运行，使特定的网络端口、应用程序（如 SMTP 代理）和操作系统内核超载。这些攻击的例子有 TCPSYN 淹没、ICMP 炸弹、电子邮件垃圾、Web 欺骗、域名系统（Domain Name System，DNS）拦劫等。保持计算平台和网络设备的系统与协议的及时更新能避免大多数这些攻击。还要防止有些攻击对网络防火墙等网络过滤系统的利用。

(7) DNS 欺骗

域名系统（DNS）是一个分布式数据库，用于 TCP/IP 应用中，映射主机名和 IP 地址，以及提供电子邮件路由信息。如果 Internet 地址值到域名的映射绑定过程被破坏，域名就不再是可信的。这些易破坏的点是讹用的发送者、讹用的接收者、讹用的中介，以及服务提供者的攻击。例如，假如一个攻击者拥有自己的 DNS 服务器，或者破坏一个 DNS 服务器，并加一个含有受害者 .rhosts 文件的主机关系，就很容易登录和访问受害者的主机。

对 DNS 攻击的保护措施包括网络防火墙和过程方法。网络防火墙安全机制依靠双 DNS 服务器，一个用于企业网络的内部，另一个用于外部，即对外公开的部分。这是为了限制攻击者了解内部网络主机的 IP 地址，从而加固内部 DNS 服务。Internet 工程任务组（Internet Engineering Task Force，IETF）正致力于标准安全机制工作以保护 DNS。所谓过程方法，是指对关键的安全决定和策略不依赖于 DNS。

(8) 源路由

通常 IP 路由是动态的，每个路由器决定将数据包发往下面哪一个站。但 IP 的路由也可事先由发送者来确定，称为源路由。严格的源路由依赖于发送者提供确切的通路，IP 数据报必须按此通路走。松散的源路由依赖于发送者提供一张最小的 IP 地址表，数据报必须按该表的规定通过。攻击者首先使受害者可信主机不工作，假装该主机的 IP 地址，然后使用源路由控制路由到攻击者主机。受害者的目标主机认为分组来自受害者的可信主机。源路由攻击的保护措施包括网络防火墙和路由屏蔽。路由器和防火墙能阻拦路由分组进入企业网络。

(9) 内部威胁

内部威胁包括前面提到的由内部人员作恶或犯罪的威胁。大多数计算机安全统计表明，70%~80%的计算机欺骗来自内部。这些内部人员通常有反对公司的动机，能对计算机和网络进行直接物理访问，以及熟悉资源访问控制。在应用层的主要威胁是被授权的人员滥用和误用授权。网络层的威胁是由于能对 LAN 进行物理访问，使内部人员能见到通过网络的敏感数据。

针对内部威胁的防护应运用一些基本的安全概念：责任分开、最小特权、对个体的可审性。责任分开是将关键功能分成若干步，由不同的个体承担，如财务处理的批准、审计、分接头布线的批准。最小特权原则是限制用户访问的资源，只限于工作必需的资源。这些资源的访问模式可以包括文件访问（读、写、执行、删除）或处理能力（系统上生成或删除进程的能力）。个体的可审性是保持个体对其行为负责。可审性通常由系统的用户标识和鉴别以及跟踪用户在系统中的行为来完成。

10.1.4 安全评估方法

1. 安全评估过程

安全评估方法的第一步是发现阶段，所有有关安全体系结构适用的文本都必须检查，包括安全策略、标准、指南、信息等级分类和访问控制计划，以及应用安全需求。全部基础设施安全设计也须检查，包括网络划分设计、防火墙规则集、入侵检测配置、平台加固标准、网络和应用服务器配置。

评估的第二步是人工检查阶段，将文本描述的体系结构与实际的结构进行比较，找出其差别。可以采用手工的方法，也可采用自动的方法。使用网络和平台信息识别工具，在网络内部执行，可表示出所有的网络通路以及主机操作系统类型和版本号。NetSleuth 工具是一个 IP 可达性分析器，能提供到网络端口级的情况。QUESO 和 NMAP 这些工具具有对主机全部端口扫描的能力，并能识别设备的类型和软件版本。

评估的第三步是漏洞测试阶段。这是一个系统的检查，以决定安全方法的适用、标识安全的差别、评价现有的和计划的保护措施的有效性。漏洞测试阶段又可分成三步。第一步包括网络、平台和应用漏洞测试。网络漏洞测试的目标是从攻击者的角度检查系统。可以从一个组织的 Intranet 内，也可以从外部的 Internet，或者一个 Extranet 合作伙伴进入组织。用于网络漏洞测试的工具通常是多种商业化的工具（例如 ISS 扫描器、Cisco 的 Netsonar）以及公共使用的工具（例如 Nessus 和 NMAP）。这些测试工具都以相同的方式工作。首先对给出的网络组件（例如防火墙、路由器、VPN 网关、平台）的所有网络端口进行扫描。一旦检测到一个开启的端口，就使用已知的各种方法攻击这个端口（例如在 Microsoft IIS 5.0、Kerberos、SSH Daemon 和 Sun Solstice Admin Suite Daemon 的缓冲区溢出）。大部分商业产品能生成一个详细的报告，根据攻击产生的危害，按风险级别列出分类的漏洞。漏洞测试的第二步是平台扫描，又称系统扫描。平台扫描验证系统配置是否遵守给定的安全策略。此外，它还检测任何安全漏洞和配置错误（例如不安全的文件保护——注册和配置目录）以及可利用的网络服务（例如 HTTP、FTP、DNS、SMTP）。一旦平台的安全加固已经构建，系统扫描将构成基础，它定时地检测任何重要的变化（例如主页更换、Web 站点受损）。漏洞测试的第三步是应用扫描。应用扫描工具不像网络或平台工具那样是自动的，因此，它是一个手动的处理过程。其理念是模仿攻击者成为授权用户后对系统的危害行为。

安全评估的最后一步是认证安全体系结构的处理过程部分，包括自动的报警设施以及负责配置所有安全体系结构组件（如防火墙、IDS 和 VPN）的人。安全控制出现的问题最多的是人为的差错。例如，引起防火墙不能安全运行的主要原因是配置的错误以及不好的变更管理过程，如下面的这种情况：有一个防火墙管理员在深夜接到一个紧急电话，声称由于网络的问题使应用出错；管理员取消管理集对分组的限制，观察是否是防火墙阻断了这个分组；应用开始正常工作，管理员回去睡觉，但忘了防火墙管理集是打开着的；之后企业网络被入侵，因为防火墙并不执行任何访问控制。

在漏洞分析测试期间，安全体系结构监控和报警设施应在最忙的状态。测试可以事先通知，允许净化安全日志、分配合适的磁盘空间，测试也可以事先不通知，可以测量安全支持人员的反应时间。

将上面四个漏洞分析测试阶段的结果汇总、分析，可得出总的风险分析报告。很多自动工具厂商有内置的报告产生器，根据可能引起危害的漏洞进行分类。风险分析信息必须应用到经营业务，转而成为经营业务影响分析的报告。很多安全评估报告没有将风险分析反馈到对经营业务的影响，安全评估的价值就很小。图 10-4 表示基于安全成熟度模型的安全评估阶段。

2. 网络安全评估

由于 Internet 协议 TCP/IP 的实施没有任何内置的安全机制，因此大部分基于网络的应用也是不安全的。网络安全评估的目标是保证所有可能的网络安全漏洞是关闭的。多数网络安全评估是在公共访问的计算机上，从 Internet 上的一个 IP 地址来执行的，诸如 E-mail 服务器、域名服务器（DNS）、Web 服务器、FTP 和 VPN 网关等。另一种不同的网络评估实施是给出网络拓扑、防火墙规则集和公共可用的服务器及其类型的清单。

网络评估的第一步是了解网络的拓扑。假如防火墙在阻断跟踪路由分组，这就比较复杂，因为跟踪路由器是用来绘制网络拓扑的。

第二步是获取公共访问计算机的名字和 IP 地址，这是比较容易完成的，只要使用 DNS 并在 ARIN（American Registry for Internet Number）注册所有的公共地址即可。

最后一步是对全部可达主机做端口扫描处理。端口是用于 TCP/IP 和 UDP 网络中将一个端口标识到一个逻辑连接的术语。端口号标识端口的类型，例如 80 号端口专用于 HTTP 通信。假如给定端口有响应，那么将测试所有已知的漏洞。表 10-2 列出了各种类型的端口扫描技术。

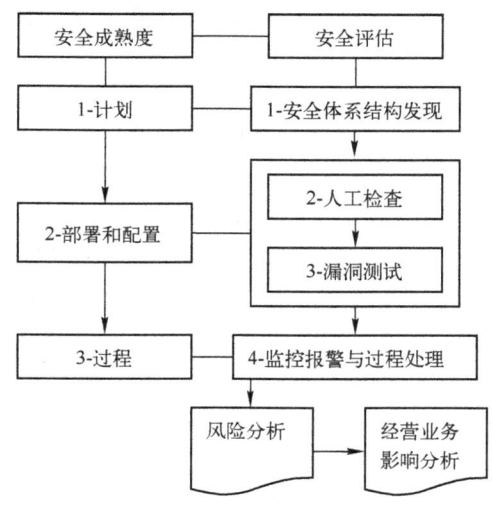

图 10-4 基于安全成熟度模型的安全评估阶段

表 10-2 端口扫描技术

端口扫描技术	描 述
原型 TCP/IP 连接	打开一个连接，观察感兴趣的端口并监听（在攻击的主机上不需专门的特权）。假如平台、防火墙或 IDS 正在监控该分组，则易于检测端口的扫描
TCPSYN（半开）	这个类型的扫描不是完全的 TCP "三次握手"（SYN 输出，Ack 返回，Rst 输出）。在大多数情况下，监控不会捕获它，但需要根据管理特权来控制低层联网数据
TCP FIN，Xmas 或 Null（偷袭）扫描	TCP 协议文本（RFC 793）规定关闭的端口必须对 reset（RST）分组响应。利用该特性能在无检测情况检测哪些端口是开启或关闭的。Microsoft 的联网栈不响应 RST 分组，这是另一种来识别网络上平台类型的方法
TCP FTP 代理（反弹攻击）扫描	这种技术可利用一个 FTP 服务器到代理（转发请求）的连接进入组织。换句话说，能使用位于防火墙后的一个 FTP 扫描在防火墙内的地址
TCP ACR 和 Windows 扫描	这个技术用于某些操作系统联网核心 TCP 窗口大小报告的异常
UDP 未处理 ICMP 端口不可达扫描	很多 UDP 服务（例如 SNMP、NFS、TFTP 和 DNS）运行在平台上。这个方法是对目标主机的每个端口发送一个字节的 UDP 分组。假如返回一个不可达 ICMP 端口，那么该端口是关闭的，否则假定端口是开启的
直接 RPC 扫描	这个技术用于所有打开的 TCP/UDP 端口，并用 Sun RPC 程序 NULL 命令将其扩散。假如 RPC 运行在任何端口，那么程序及版本号将发送到攻击的机器
由 TCP/IP 远程用户信息服务程序实现远程 OS 标识	内联网堆栈标识主机操作系统及版本

3. 平台安全评估

平台安全评估的目的是认证平台的配置（操作系统不易受已知漏洞损害、文件保护及对配置文件有适当的保护）。认证的唯一方法是在该平台上执行一个程序（有时该程序称为

"代理",因为由其开始对全部程序进行集中管理)。假如平台已经适当加固,那么就要有一个基准配置。评估的第一部分是认证基准配置、操作系统、网络服务(FTP、rlogin、telnet、SSH 等)没有变更。因为黑客入侵时首先是将这些文件版本替换成自己的版本。黑客的版本通常是记录管理员的口令,并转发给 Internet 上的攻击者。所以,假如有文件需要打补丁或需要使用服务包,代理程序将通知管理员,进行安全预警以保护平台安全。

评估的第二部分是认证管理员的口令,大部分机器不允许应用程序的用户登录到平台,对应用程序的用户鉴别是在平台上运行的应用程序自身来完成,而不是由平台来完成。此外,还要测试本地口令的强度,如口令长度、口令组成和字典攻击。最后,还有跟踪审计子系统,在黑客作案前就能跟踪其行迹。

4. 应用安全评估

应用安全评估比使用像网络和平台扫描这些自动工具而言,需要更高的技术水平。黑客的目标是透过系统平台得到对应用程序的访问,强迫应用程序执行某些非授权用户的行为。很多基于 Web 应用的开发者使用通用网关接口(Common Gateway Interface,CGI)来分析表格,黑客能利用很多已知漏洞来访问使用 CGI 开发的 Web 服务器平台(例如放入 "&" 这些额外的字符)。

编写质量低的应用程序,其最大风险是允许访问执行应用程序的平台。当一个应用程序损坏时,安全体系结构必须将黑客纳入平台安全评估中,防止应用程序造成安全问题。一旦一台在公共层的计算机受损,黑客就可用它来攻击其他计算机。黑客最通用的方法是在受损的计算机上安装一台口令探测器以获得口令进行攻击。

10.2 电子商务安全立法

10.2.1 与网络相关的法律法规

目前,国外许多政府纷纷制定计算机安全方面的法律法规,如美国的《信息自由法》《反腐败行为法》《伪造访问设备和计算机欺骗与滥用法》《计算机安全法》;英国的《数据保护法》;德国的《信息和通信服务规范法》,即《多媒体法》;俄罗斯的《联邦信息、信息化和信息保护法》;美国和加拿大的《个人隐私法》;经济合作发展组织各成员国联合通过的《过境数据流宣言》;意大利等国将计算机犯罪与刑法、民法联系起来,修改有关法律。

我国近几十年来也连续出台了一系列相关的法律、法规,用以规范操作者的行动,如《计算机软件保护条例》《中国公众媒体通信管理办法》《计算机病毒控制条例》《中华人民共和国计算机信息系统安全检查办法》《中华人民共和国计算机信息系统安全申报注册管理办法》。

1987 年颁布了《电子计算机系统安全规范(草案)》,该法规对涉及计算机系统安全的组织与管理、安全技术措施、安全监察等主要环节做出具体说明,使计算机系统的设计、安装、运行等有了一个衡量系统安全的依据。

1988 年 9 月颁布的《中华人民共和国保守国家秘密法》,规定采用电子信息等技术存取、处理、传递国家秘密的办法,由国家保密工作部门会同中央有关机关制定。

为保护计算机信息系统处理的国家秘密安全，根据《中华人民共和国保守国家秘密法》，制定了《计算机信息系统保密管理暂行规定》。

1989 年，公安部发布了《计算机病毒控制规定（草案）》。

1991 年，国务院常务会议通过《计算机软件保护条例》。

1994 年 2 月，国务院正式颁布了《中华人民共和国计算机信息系统安全保护条例》，以法规的形式规定了不允许任何组织和个人利用计算机信息系统从事危害国家利益、集体利益和公民合法权益的活动，不得危害计算机信息系统的安全。

1996 年 1 月国务院颁布了《中华人民共和国计算机信息网络国际联网管理暂行规定》（下称《暂行规定》），规定国家对国际联网实行统筹规划、统一标准、分级管理、促进发展的原则。

1996 年 1 月公安部颁布了《公安部对与国际联网的计算机信息系统进行备案工作的通知》，通知要求凡是在中华人民共和国境内，通过物理通信信道直接或者间接与境外（含港、澳、台地区）的计算机信息系统进行联网的计算机信息系统的使用单位和个人均应当登记备案。

1997 年 7 月 1 日，开始实施公安部颁布的《计算机信息系统安全专用产品分类原则》，该标准适用于保护计算机信息系统安全专用产品，涉及实体安全、运行安全和信息安全三方面。

1997 年 10 月，我国第一次在修订刑法时，对利用计算机进行犯罪和针对计算机进行犯罪的相关的罪行罪名做了界定。

1997 年 12 月国务院颁布了《中华人民共和国计算机信息网络国际联网管理暂行规定实施办法》，进一步规定了国家对国际联网的建设布局、资源利用进行统筹规划。

1997 年 12 月国务院颁布了《计算机信息网络国际联网安全保护管理办法》，规定任何单位和个人不得利用国际联网危害国家安全、泄露国家秘密，不得侵犯国家的、社会的、集体的利益和公民的合法权益，不得从事违法犯罪活动。

1997 年 12 月公安部颁布了《计算机信息系统安全专用产品检测和销售许可证管理方法》，对检测机构的申请与审批、安全专用产品的检测、销售许可证的审批与办法、违反方法的处罚做了明确的规定。

1997 年，国务院信息化工作领导小组发布《中国互联网络域名注册暂行管理办法》《中国互联网络域名注册实施细则》。

1997 年，原邮电部出台《国际互联网出入信道管理办法》。

1999 年 3 月 15 日，全国人大通过的《合同法》已经注意到了电子交易迅速发展对法律规范所提出的要求，《合同法》专门对数据电文做出了数条规定。

2000 年，《互联网信息服务管理办法》正式实施。

2000 年 4 月公安部颁布了《计算机病毒防治管理办法》，规定了任何单位和个人不得制作和传播计算机病毒，不得向社会发布虚假的计算机病毒疫情。

2000 年 10 月，信息产业部发布《互联网电子公告服务管理规定》。

2000 年 11 月，国务院新闻办公室和信息产业部联合发布《互联网站从事登载新闻业务管理暂行规定》。

2000 年 12 月 28 日九届全国人大常委会通过了《全国人大常委会关于维护互联网安全

的决定》，用以规范互联网用户的行为。

2002年6月24日颁布《电子商务交易的法律问题和对策》。

2005年4月1日颁布施行《中华人民共和国电子签名法》和《电子认证服务管理办法》，用以规范电子签名行为和电子认证服务行为，确保电子签名的法律效力和对电子认证服务提供者实施监督管理。

2006年5月10日国务院第135次常务会议通过，自2006年7月1日起施行《信息网络传播权保护条例》，以保护著作权人、表演者、录音录像制作者的信息网络传播权，鼓励有益于社会主义精神文明、物质文明建设的作品的创作和传播。

2010年3月1日起施行《通信网络安全防护管理办法》，用以加强对通信网络安全的管理，提高通信网络安全防护能力，保障通信网络安全畅通。

2016年11月7日第十二届全国人大常委会第二十四次会议通过，自2017年6月1日起施行《中华人民共和国网络安全法》，用以保障网络安全，维护网络空间主权和国家安全、社会公共利益，保护公民、法人和其他组织的合法权益，促进经济社会信息化健康发展。

此外，我国还缔约或者参与了许多与计算机相关的国际性的法律法规，如《世界知识产权组织公约》《保护文学和艺术作品伯尔尼公约》《世界版权公约》。加入世界贸易组织后，我国要执行与贸易有关的知识产权协议和网络服务业的相关法律规范。

10.2.2 网络安全管理的相关法律法规

1. 网络服务机构设立的条件

根据《中华人民共和国计算机信息网络国际联网管理暂行规定》，从事网络服务业必须具备以下条件：

1）是依法设立的企业法人或者事业法人。
2）具有相应的计算机信息网络、装备以及相应的技术人员和管理人员。
3）具有健全的安全保密管理制度和技术保护措施。
4）符合法律和国务院规定的其他条件。

互联网接入单位从事国际联网经营活动的，除必须具备本条款规定条件外，还应当具备为用户提供长期服务的能力。从事国际联网经营活动的接入单位的情况发生变化，不再符合本条第一款、第二款规定条件的，其国际联网经营许可证由发证机构予以吊销；从事非经营活动的接入单位的情况发生变化，不再符合本条第一款规定条件的，其国际联网资格由审批机构予以取消。

根据《中华人民共和国计算机信息网络国际联网管理暂行规定实施办法》规定：

国际出入口信道提供单位有责任向互联单位提供所需的国际出入口信道和公平、优质、安全的服务，并定期收取信道使用费。互联单位开通或扩充国际出入口信道，应当到国际出入口信道提供单位办理有关信道开通或扩充手续，并报国务院信息化工作领导小组办公室备案。国际出入口信道提供单位在接到互联单位的申请后，应当在100个工作日内为互联单位开通所需的国际出入口信道。国际出入口信道提供单位与互联单位应当签订相应的协议，严格履行各自的责任和义务。

对从事国际联网经营活动的接入单位，实行国际联网经营许可证制度。经营许可证的格式由国务院信息化工作领导小组统一制定。经营许可证由经营性互联单位主管部门颁发，报国务院信息化工作领导小组办公室备案。互联单位主管部门对经营性接入单位实行年检制度。跨省（区）、市经营的接入单位应当向经营性互联单位主管部门申请领取国际联网经营许可证。在本省（区）、市内经营的接入单位应当向经营性互联单位主管部门或者经其授权的省级主管部门申请领取国际联网经营许可证。经营性接入单位凭经营许可证到国家工商行政管理机关办理登记注册手续，向提供电信服务的企业办理所需通信线路手续。

根据《中华人民共和国计算机信息网络国际联网管理暂行规定实施办法》（下称《实施办法》），对从事国际联网经营活动的接入单位（简称经营性接入单位）实行国际联网经营许可证（简称经营许可证）制度。经营许可证的格式由国务院信息化工作领导小组统一制定。经营许可证由经营性互联单位主管部门颁发，报国务院信息化工作领导小组办公室备案。互联单位主管部门对经营性接入单位实行年检制度。跨省（区）、市经营的接入单位应当向经营性互联单位主管部门申请领取国际联网经营许可证。在本省（区）、市内经营的接入单位应当向经营性互联单位主管部门或者经其授权的省级主管部门申请领取国际联网经营许可证。经营性接入单位凭经营许可证到国家工商行政管理机关办理登记注册手续，向提供电信服务的企业办理所需通信线路手续。

如果接入单位违反《暂行规定》及《实施办法》，同时触犯其他有关法律、行政法规的，依照有关法律、行政法规的规定予以处罚。构成犯罪的，依法追究刑事责任。

2. 网络服务业的对口管理

《中华人民共和国计算机信息系统安全保护条例》规定，对计算机信息系统中发生的案件，有关使用单位应当在24小时内向当地县级以上人民政府公安机关报告。对计算机病毒和危害社会公共安全的其他有害数据的防治研究工作，由公安部归口管理。国家对计算机信息系统安全专用产品的销售实行许可证制度。具体办法由公安部会同有关部门制定。

3. 互联网出入口信道管理

在《实施办法》中规定，我国境内的计算机信息网络直接进行国际联网，必须使用国家公用电信网提供的国际出入口信道。任何单位和个人不得自行建立或者使用其他信道进行国际联网。已经建立的中国公用计算机互联网、中国金桥信息网、中国教育和科研计算机网、中国科学技术网等四个互联网络，分别由现工业与信息化部（原邮电部、原电子部两者合并而成）、国家教育委员会和中国科学院管理。中国公用计算机互联网、中国金桥信息网为经营性互联网络；中国教育和科研计算机网、中国科学技术网为公益性互联网络。经营性互联网络应当享受同等的资费政策和技术支撑条件。公益性互联网络是指为社会提供公益服务的，不以盈利为目的的互联网络。公益性互联网络所使用信道的资费应当享受优惠政策。

同时还规定，如果需要新建互联网络，"必须经部（委）级行政主管部门批准后，向国务院信息化工作领导小组提交互联单位申请书和互联网络可行性报告，由国务院信息化工作领导小组审议提出意见并报国务院批准。互联网络可行性报告的主要内容应当包括：网络服务性质和范围、网络技术方案、经济分析、管理办法和安全措施等。"

4. 计算机网络系统运行管理

根据《实施办法》要求，"国际出入口信道提供单位、互联单位和接入单位必须建立网络管理中心，健全管理制度，做好网络信息安全管理工作。互联单位应当与接入单位签订协议，加强对本网络和接入网络的管理；负责接入单位有关国际联网的技术培训和管理教育工作；为接入单位提供公平、优质、安全的服务；按照国家有关规定向接入单位收取联网接入费用。接入单位应当服从互联单位和上级接入单位的管理；与下级接入单位签订协议，与用户签订用户守则，加强对下级接入单位和用户的管理；负责下级接入单位和用户的管理教育、技术咨询和培训工作；为下级接入单位和用户提供公平、优质、安全的服务；按照国家有关规定向下级接入单位和用户收取费用。"

5. 安全责任

根据《暂行规定》，互联单位、接入单位和用户应当遵守国家有关法律、行政法规，严格执行国家安全保密制度；不得利用国际互联网从事危害国家安全、泄露国家秘密等违法犯罪活动，不得制作、查阅、复制和传播妨碍社会治安和淫秽色情等有害信息；发现有害信息应当及时向有关主管部门报告，并采取有效措施，不得使其扩散。

我国1997年实行的新《刑法》规定了5种形式的计算机犯罪：非法侵入计算机系统罪（第285条）；破坏计算机信息系统功能罪（第286条第1款）；破坏计算机数据、程序罪（第286条第2款）；制作、传播计算机破坏性程序罪（第286条第3款）；利用计算机实施的其他犯罪（第287条）。网络环境下，这几种犯罪形式出现的可能性很大。此外，还必须建立完善的人为的安全因素。

10.2.3 网络用户的法律规范

1. 用户接入互联网的管理

根据《暂行规定》的规定，个人、法人和其他组织用户使用的计算机或者计算机信息网络必须通过接入网络进行国际联网，不得以其他方式进行国际联网。用户向接入单位申请国际联网时，应当提供有效身份证明或者其他证明文件，并填写用户登记表。

2. 用户使用互联网的管理

根据《暂行规定》，从事国际联网业务的单位和个人，应当遵守国家有关法律、行政法规，严格执行安全保密制度，不得利用国际互联网从事危害国家安全、泄露国家秘密等违法犯罪活动，不得制作、查阅、复制和传播妨碍社会治安的信息和淫秽色情等信息。

根据《暂行规定》，用户应当服从接入单位的管理，遵守用户守则；不得擅自进入未经许可的计算机系统，篡改他人信息；不得在网络上散发恶意信息，冒用他人名义发出信息，侵犯他人隐私；不得制造、传播计算机病毒及从事其他侵犯网络和他人合法权益的活动；用户有权获得接入单位提供的各项服务；有义务交纳费用。

10.2.4 互联网信息传播安全管理制度

在我国，互联网的发展为人们提供了较为充分、快捷的新闻信息，但是由于缺乏必要的管理，信息的真实性、信息的版权等较为混乱。2000年9月20日公布施行了《互联网信息服务管理办法》。2012年，工信部修订了该办法。

它把互联网信息服务分为经营性和非经营性两类。经营性互联网信息服务，是指通过互联网向上网用户有偿提供信息或者网页制作等服务活动。

非经营性互联网信息服务，是指通过互联网向上网用户无偿提供具有公开性、共享性信息的服务活动。

国家对经营性互联网信息服务实行许可制度；对非经营性互联网信息服务实行备案制

度。未取得许可或者未履行备案手续的，不得从事互联网信息服务。

从事新闻、出版、教育、医疗保健、药品和医疗器械等互联网信息服务，依照法律、行政法规以及国家有关规定须经有关主管部门审核同意的，在申请经营许可或者履行备案手续前，应当依法经有关主管部门审核同意。

2012年修订的主要内容有：明确论坛、微博等的许可审批；完善办网站准入条件；强化相关服务提供者的安全管理责任；强化相关服务提供者的记录留存义务；对用户真实身份信息注册做出规定；加强个人信息保护；规范政府部门监督检查行为等。

1. 从事互联网信息服务应提交的材料

首先，应在三年内未受到电信主管部门吊销互联网信息服务增值电信业务经营许可证件或者取消备案的处罚。在申请互联网信息服务增值电信业务经营许可或者履行备案手续时，应当向电信主管部门提供以下材料：

1）主办者等相关人员的真实身份证明文件、地址、联系方式等基本情况。
2）拟使用的网站名称、互联网地址、服务器所在地、接入服务提供者等有关情况。
3）拟提供的服务项目及相关主管部门的许可文件。
4）公安机关出具的安全检查意见。

从事互联网信息服务，应当具备符合国家规定的网络安全与信息安全管理制度和技术保障措施。

2. 从事经营性互联网信息服务应具备的条件

除应当遵守本办法第七条（即上述材料）的规定外，还应当具备以下条件：

1）经营者为依法设立的企业法人。
2）有与从事互联网信息服务相适应的资金、场所、设施和专业人员。
3）有可以证明为用户提供长期服务的能力。
4）有业务发展计划及相关技术方案。

申请从事经营性互联网信息服务，应当向电信主管部门提出申请，电信主管部门应当自受理申请之日起60日内审查完毕，做出批准或者不予批准的决定。

3. 从事非经营性互联网信息服务应提交的材料

应当向省、自治区、直辖市电信管理机构或者国务院信息产业主管部门办理备案手续。办理备案时，应当提交下列材料：

1）主办单位和网站负责人的基本情况。
2）网站网址和服务项目。
3）服务项目属于本办法第十条规定范围的，已取得有关主管部门的同意文件。省、自治区、直辖市电信管理机构对备案材料齐全的，应当予以备案并编号。

从事互联网信息服务，拟开办电子公告服务的，应当在申请经营性互联网信息服务许可或者办理非经营性互联网信息服务备案时，按照国家有关规定提出专项申请或者专项备案。

4. 互联网信息服务提供者的义务

互联网信息服务提供者应履行如下义务。

1）应当按照经许可或者备案的项目提供服务，不得超出经许可或者备案的项目提供服务。非经营性互联网信息服务提供者不得从事有偿服务。

互联网信息服务提供者变更服务项目、网站网址等事项的，应当提前30日向原审核、发证或者备案机关办理变更手续。

2）互联网信息服务提供者应当在其网站主页的显著位置标明其经营许可证编号或者备案编号。

3）互联网信息服务提供者应当向上网用户提供良好的服务，并保证所提供的信息内容合法。

4）从事新闻、出版以及电子公告等服务项目的互联网信息服务提供者，应当记录提供的信息内容及其发布时间、互联网地址或者域名；互联网接入服务提供者应当记录上网用户的上网时间、用户账号、互联网地址或者域名、主叫电话号码等信息。

互联网信息服务提供者和互联网接入服务提供者应当记录日志信息保存 12 个月，并在国家有关机关依法查询时，提供技术支持。

互联网信息服务提供者、互联网接入服务提供者对用户的身份信息、日志信息等个人信息负有保密义务，不得出售、篡改、故意泄露或违法使用用户的个人信息。

5. 互联网信息服务提供者不得制作、复制、发布、传播的信息

互联网信息服务提供者不得制作、复制、发布、传播含有下列内容的信息，或者故意为制作、复制、发布、传播含有下列内容的信息提供服务：

1）反对宪法所确定的基本原则的。
2）危害国家安全，泄露国家秘密，颠覆国家政权，破坏国家统一的。
3）损害国家荣誉和利益的。
4）煽动民族仇恨、民族歧视，破坏民族团结的。
5）破坏国家宗教政策，宣扬邪教和封建迷信的。
6）散布谣言，扰乱社会秩序，破坏社会稳定的。
7）散布淫秽、色情、赌博、暴力、凶杀、恐怖或者教唆犯罪的。
8）侮辱或者诽谤他人，侵害他人合法权益的。
9）含有法律、行政法规禁止的其他内容的。

互联网信息服务提供者发现其网站传输的信息明显属于上述所列内容之一的，应当立即停止传输，保存有关记录，并向国家有关机关报告。

10.2.5 其他法律法规

1. 有关网络有害信息的法律规范

随着互联网上信息量的迅速膨胀，各种无用的甚至有害的信息在迅速泛滥，控制网络有害信息的传播是一项迫切的任务。

网络有害信息的主要表现有以下几种。

1）政治领域中的有害信息。互联网上存在大量政治垃圾和毒瘤，如邪教宣传、封建迷信、种族歧视和纳粹思想的传播。

2）伦理道德领域的有害信息。这方面的内容尤其"丰富"，包括色情、暴力宣传、犯罪教唆和教授方法等。

3）信息传播领域的有害信息，主要指失实和垃圾信息。这类信息占用资源多，并且很难甄别和鉴选，是一种有害信息的存在形态。

4）计算机病毒。20 世纪 80 年代初期，根本不存在计算机"病毒"，仅仅 10 年后，病毒已经发展到了几千种，并且有愈演愈烈之势。曾经耸人听闻的CIH病毒在当时造成数十亿美元的损失。

而目前，网络环境的发展，使病毒具有网络的特点，甚至出现了专门破坏和删除杀毒软件的病毒。

针对以上几种情况，不同的国家和地区，对于有害信息的界定不同，因此管理法规也不同。但是有一点是共同的，就是必须加强网络信息的管理，加强审查与限制是必需的，尽管可能带来信息交流的不便。

我国对于网络有害信息的法律规范已经做了描述和规定，具体内容可以参见本章前几节和《互联网信息服务管理办法》《信息网络传播权保护条例》等。

2. 即时通信工具公众信息服务的法律规定

即时通信是指能够即时发送和接收互联网消息等的业务。自1998年面世以来，特别是近几年的迅速发展，即时通信的功能日益丰富，逐渐集成了电子邮件、博客、音乐、电视、游戏和搜索等多种功能。即时通信不再是一个单纯的聊天工具，它已经发展成集交流、资讯、娱乐、搜索、电子商务、办公协作和企业客户服务等为一体的综合化信息平台。常见的即时通信工具有QQ、微信和微博等。

我国互联网信息办公室于2014年8月7日正式发布了《即时通信工具公众信息服务发展管理暂行规定》（下称《规定》），规定自公布之日起施行。

《规定》共十条，对即时通信工具服务提供者、使用者的服务和使用行为进行了规范，根据规定要求，国家互联网信息办公室负责统筹协调指导即时通信工具公众信息服务发展管理工作，省级互联网信息内容主管部门负责本行政区域的相关工作。《规定》对通过即时通信工具从事公众信息服务活动提出了明确管理要求。

《规定》对即时通信工具和公众信息服务都做了明确定义：即时通信工具是指基于互联网面向终端使用者提供即时信息交流服务的应用，微信、QQ、飞信、陌陌等热门应用均包括在内；公众信息服务则指的是即时通信工具的公众账号及其他形式向公众发布信息的活动，例如微信上的各种公众号。

《规定》明确要求：

即时通信工具服务提供者应当取得法律法规规定的相关资质，若即时通信服务提供者从事公众信息服务活动，应当取得互联网新闻信息服务资质。

即时通信工具服务提供者应当落实安全管理责任，建立健全各项制度，配备与服务规模相适应的专业人员，保护用户信息及公民个人隐私，自觉接受社会监督，及时处理公众举报的违法和不良信息。

即时通信工具服务提供者应当按照"后台实名、前台自愿"的原则，要求即时通信工具服务使用者通过真实身份信息认证后注册账号。即时通信工具服务使用者注册账号时，应当与即时通信工具服务提供者签订协议，承诺遵守法律法规、社会主义制度、国家利益、公民合法权益、公共秩序、社会道德风尚和信息真实性等"七条底线"。

即时通信工具服务使用者为从事公众信息服务活动开设公众账号，应当经即时通信工具服务提供者审核，由即时通信工具服务提供者向互联网信息内容主管部门分类备案。

新闻单位、新闻网站开设的公众账号可以发布、转载时政类新闻，取得互联网新闻信息服务资质的非新闻单位开设的公众账号可以转载时政类新闻。其他公众账号未经批准不得发布、转载时政类新闻。

即时通信工具服务提供者应当对可以发布或转载时政类新闻的公众账号加注标识。

鼓励各级党政机关、企事业单位和各人民团体开设公众账号，服务经济社会发展，满足公众需求。

即时通信工具服务使用者从事公众信息服务活动，应当遵守相关法律法规。

对违反协议约定的即时通信工具服务使用者，即时通信工具服务提供者应当视情节采取警示、限制发布、暂停更新直至关闭账号等措施，并保存有关记录，履行向有关主管部门报告义务。

对违反本规定的行为，由有关部门依照相关法律法规处理。

3. 网上交易的相关法律法规

电子商务（Electronic Commerce），就是利用现代计算机技术通过电子信息网络所进行的商务活动。近年来，由于世界秩序的逐步稳定和经济发展，世界各国企业尤其是跨国公司得以迅猛发展，而随着跨国公司的管理地域和范围的不断扩张，世界经济逐步趋向全球化。同时，互联网的广泛应用带动了全球信息化进程，而全球信息化又进一步深化和扩大了经济全球化的趋势。所以，电子商务代表了21世纪的新经济。

如果按照电子商务的交易流程来看，电子商务中的核心部分就是电子交易，通常将电子交易称为电子商务，这只是就其狭义概念而言，其实广义的电子商务还包括：电子商务企业的市场准入、技术开发和资本运作等活动。

作为一种贸易形式，就需要有相关的法律法规。

1993年，当时的联合国国际贸易法委员会（UNCITRAL，简称贸法会），在维也纳召开第26届大会，全面审议世界上第一部EDI统一法草案——《电子数据交换及贸易数据通信手段有关法律方面的统一规则草案》。

1996年贸法会正式决定将"电子数据交换（EDI）"改称"电子商务（Electronic Commerce）"。同年12月，联合国通过了贸法会起草的《电子商业示范法》（简称《示范法》），这是迄今为止世界上第一个也是最有价值的关于电子商务的法律文件。在这份法律文件中，详细规定了关于电子交易的流程，包括对数据电文的法律承认、书面形式、电子签名、原件、数据电文的可接受性和证据力、数据电文的留存、电子合同的订立和有效性、数据电文的收讫和发出时间、地点等均作了详细规定。

1998年5月，WTO的132个成员签署了《关于电子商务的宣言》，规定至少1年内免征互联网上所有贸易活动关税。1998年9月，WTO总务理事会通过了一个极具影响力的《电子商务工作方案》；1999年9月，通过了一项《数字签名统一规则草案》，就电子合同实施中的电子签名问题做了初步的规定。

1998年8月，美国伊利诺伊州通过了世界上第一部关于电子商务安全的专门法——《电子商务安全法》。

1997年7月，美国总统克林顿发表了《全球电子商务纲要》，宣布即将制定电子商务法。

1999年7月，由全美300名法学教授、法官、律师等组成的"全美通用州立法委员会（NCCUSL）"草拟了《计算机及信息交易统一法》（Uniform Computer and Information Transaction Act，UCITA）。这部法律实际上是一部网络商业合同法，其中许多规定是根据美国《合同法》和《统一商法典》制定的。这部法律将美国传统商业合同法原则和现代电子信息紧密结合，有力促进了电子交易的发展。

2000年6月，美国国会众议院以426票对4票的压倒性优势通过《电子签名法》，使得电子签名与书面签名具有同等法律效力，从而为电子交易顺利进行扫清了障碍。

1999年3月，加拿大通过《统一电子商务法》，该部法律共分四部分，第一部分对基本功能对等规则进行了规定，明确说明这些规则适用于人们以明示或默示的方式同意使用电子文件的任何交易。第二部分为"合同"，对电子商务合同的成立以及效力、电子文件收讫的承认以及发送和接收电子文件的时间和地点等问题做出规定。第三部分规定政府可以根据当时的规则，选择使用电子文件。第四部分对货物的运输做出特别规定，允许在许多需要特别文件形式的领域中使用电子文件。

1998年，欧盟首次提出了《关于电子商务的欧洲建议》，此后又于1998年发表《欧盟电子签名法律框架指南》和《欧盟隐私保护指令》。1999年12月7日，欧盟通过《统一数字签名规则》（简称"统一法令"），明确规定了在某一成员国签订的电子商务合同，其效力在其他任何一个成员国都应被承认等重要问题。2000年3月，在里斯本举行的欧盟首脑特别会议上，欧盟又通过了2000年电子贸易的法律框架，决定于该年度正式通过统一的电子商务法。

1998年，新加坡颁布了《1998电子交易法令》。是一部内容比较全面和完善的专门立法，它采纳了绝大部分联合国贸法会《示范法》的绝大部分条文，但远较《示范法》复杂和完备，因为它还规定了许多后者并未涉及的内容。法案包括12部分：前言、电子记录与签名概述、网络服务供应者的义务、电子合同、安全电子记录与签字、电子签字的效力、与电子签字有关的一般责任、证明机构的责任、签署者的责任、证明机构的管理、政府对电子记录与签字的应用、其他。

新加坡的电子交易法包括确认交易中所有买卖双方的身份，提供能够在网上签署的电子商务合同，核实电子商务文件的发出和收到时间并确认其完整性，收集纯粹电子记录的出处，允许通过网络提供公共领域的服务。1996年，日本成立了"电子商务促进委员会（ECOM）"。

我国政府对电子商务的立法态度还是十分积极的。党的十五大提出了加速推进国民经济信息化的构想。从1994年起我国已经颁布了一系列关于电子交易方面的法律规范。关于网络支付方面，有1994年中国人民银行颁布的《中国人民银行关于改变电子联行业务处理方式的通知》；关于数据传输方面，有国家海关总署于1999年颁布的《海关舱单电子数据传输管理办法》；关于网络管理方面，有国务院1997年颁布的《中华人民共和国计算机信息网络国际联网管理暂行规定》以及1998年颁布的关于上述规定的《实施办法》、公安部1997年颁布的《计算机信息网络国际联网安全保护管理办法》。除此之外，福建、河南、上海等省市也颁布了关于网络管理方面的规定。

最近几年，全国人大关于互联网的法律频频出台，《中华人民共和国电信条例》《关于维护互联网安全的决定》《互联网信息服务管理办法》等系列法律规范的颁布使中国互联网发展踏上新台阶。但是，由于立法经验和实践的欠缺，中国目前关于互联网的法规和规章大多集中于网站经营和通信管制方面，对电子商务以及电子交易的运作环境和行为并未做出任何实质性的规范。

但值得特别指出的是，1999年3月15日全国人大通过的《合同法》已经注意到了电子交易迅速发展对法律规范所提出的要求，《合同法》专门对数据电文做出了数条规定（如第11、16、26、33、34条等）。规定了实行电子交易必须注意的数个重要问题，扩展了传统观念上的"书面形式"，将"数据电文"收编入内。

在刑法方面，刑法285条、286条、287条对破坏作为网络交易基础设施的计算机系统或者利用计算机网络系统进行犯罪的行为做出了处罚规定。

此外，2000年3月，在九届全国人大三次会议上，已有代表就专门为电子商务立法提交了议案，列为大会第一号议案。可以说，早在2000年电子商务立法就已经提到人大的议事日程上了。

为规范网上交易及服务行为，保护消费者和经营者的合法权益，促进网络经济持续健康发展，2010年，原国家工商行政管理总局研究起草发布了《网络商品交易及有关服务行为管理暂行办法》。该办法共分为六章四十四条，主要规定了立法依据、立法宗旨和原则、立法调整对象、网络商品经营者和网络服务经营者经营原则、工商行政管理部门促进网络商品交易及有关服务行为发展的职责和任务以及行业自律等方面的内容；规定了网络商品交易及有关服务行为规范；规定了提供网络交易平台服务的经营者的义务与责任；规定了网络商品交易及有关服务行为监督管理职责；规定了违反《办法》的法律责任等。

2014年1月26日，原国家工商行政管理总局公布了《网络交易管理办法》，自2014年3月15日起施行，同时废止原国家工商行政管理总局2010年5月31日发布的《网络商品交易及有关服务行为管理暂行办法》。从《暂行办法》到《办法》，行政规章的名称缩短，涵盖的范围却更加广泛。新办法充分适应了网络交易发展的新特点，还细化了对消费者合法权益的各项保护措施。

《办法》明确规定了网络购物中，除网上购物的消费者定制的、鲜活易腐的商品、拆封的音像数码商品以及交付的报纸、期刊外，有权自收到商品之日起七日内退货，且无须说明理由。此项规定与同日开始实施的新《消费者权益保护法》对于网购商品过程中保护消费者权益的条款一致。

《办法》明确规定采集信息应当遵循合法、正当、必要三原则，收集、使用目的、方式和范围应当公开并经被收集者同意。对于个人信息或者商业秘密等具有保密义务，不得任意披露。

《办法》监管的范围更加广泛，包含了对网络交易主体、客体和行为三方面的规范，涵盖了网络销售商品以及提供服务的经营活动、支付结算、物流、第三方交易平台、宣传推广等各种营利性行为。

《办法》对网购发票和凭证进行了规定，网络商品经营者销售商品或者提供服务，应当按照国家有关规定或者商业惯例向消费者出具发票等购货凭证或者服务单据；征得消费者同意的，可以以电子化形式出具。电子化的购货凭证或者服务单据，可以作为处理消费投诉的依据。消费者索要发票等购货凭证或者服务单据的，网络商品经营者必须出具。

《办法》针对网络交易中第三方支付平台的行为也做出了规范。特别强调，第三方交易平台经营者拟终止提供第三方交易平台服务，应当至少提前三个月在其网站主页面醒目位置予以公示并通知相关经营者和消费者，采取必要措施保障相关经营者和消费者的合法权益。

《办法》第三十七条规定，为网络商品交易提供宣传推广服务应当符合相关法律、法规、规章的规定。网络交易中，通过博客、微博等网络社交载体提供宣传推广服务、评论商品或者服务并因此取得酬劳的，应当如实披露其性质，避免消费者产生误解。

2013年12月7号，全国人大常委会在人民大会堂召开了电子商务法第一次起草组的会议，正式启动了电子商务法的立法进程。12月27日，全国人大财政经济委员会在人民大会堂召开电子商务法起草组成立暨第一次全体会议，正式启动电子商务法立法工作。根据十二届全国人大常委会立法规划，电子商务法被列入第二类立法项目，即需要抓紧工作，条件成熟时提请常委会审议的法律草案。

2014年11月24日，全国人大常委会召开电子商务法起草组第二次全体会议，就电子商务重大问题和立法大纲进行研讨。起草组已经明确提出，电子商务法要以促进发展、规范秩序、维护权益为立法的指导思想。

2015年1月至2016年6月，开展并完成电子商务法草案起草。

2016年12月19日，十二届全国人大常委会第二十五次会议上，全国人大财政经济委员会提请审议电子商务法草案。

2016年12月27日至2017年1月26日，电子商务法在中国人大网向全国公开电子商务立法征求意见。

2018年6月19日，电子商务法草案三审稿提请第十三届全国人大常委会第三次会议审议。

2018年8月27日至8月31日举行的第十三届全国人大常委会第五次会议对电子商务法草案进行了四审。

2018年8月31日，全国人大常委会表决通过电子商务法，其中明确规定：对关系消费者生命健康的商品或者服务，电商平台经营者对平台内经营者的资质资格未尽到审核义务，或者对消费者未尽到安全保障义务，造成消费者损害的，依法承担相应的责任。电商平台经营者对平台内经营者侵害消费者合法权益行为未采取必要措施，或者对平台内经营者未尽到资质资格审核义务，或者对消费者未尽到安全保障义务的，由市场监督管理部门责令限期改正，可以处五万元以上五十万元以下的罚款；情节严重的，责令停业整顿，并处五十万元以上二百万元以下的罚款。

2018年8月31日，中华人民共和国主席习近平签署中华人民共和国主席令（第七号），《中华人民共和国电子商务法》已由中华人民共和国第十三届全国人民代表大会常务委员会第五次会议于2018年8月31日通过，自2019年1月1日起施行。

10.3 电子商务安全管理

10.3.1 安全管理的概念

所谓管理，是在群体活动中，为了完成一定的任务，实现既定的目标，针对特定的对象，遵循确定的原则，按照规定的程序，运用恰当的方法，所进行的制订计划、建立机构、落实措施、开展培训、检查效果和实施改进等活动。其中，管理的任务、目标、对象、原则、程序和方法是管理策略的内容，一系列的管理活动是在管理策略的指导下进行的。所以，首先要明确管理策略，然后才是开展管理活动。管理的概念组成如图 10-5 所示。

安全管理是以管理对象的安全为任务和目标的管理。安全管理的任务是保证管理对象的安全。安全管理的目标是达到管理对象所需的安全级别，将风险控制在可以接受的程度。

信息安全管理是以信息及其载体——即信息系统为对象的安全管理。信息安全管理的任务是保证信息的使用安全和信息载体的运行安全。信息安全管理的目标是达到信息系统所需的安全级别，将风险控制在用户可以接受的程度。信息安全管理有其相应的原则、程序和方法，来指导和实现一系列的安全管理活动。图 10-6 示出了管理、安全管理和信息安全管理的概念关系。

电子商务的安全管理，就是通过一个完整的综合保障体系，来规避信息传输风险、信用风险、管理风险和法律风险等，以保证网上交易的顺利进行。电子

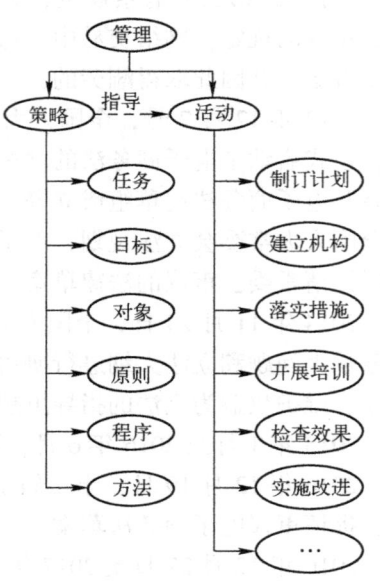

图 10-5 管理的概念组成

商务安全管理，应采用综合防范的思路，一是技术方面的考虑，如防火墙技术、网络防毒、信息加密、身份认证、授权等；二是必须加强监管，建立各种有关的合理制度，并加强严格监督，如建立交易的安全制度、交易安全的实时监控、提供实时改变安全策略的能力、对现有的安全系统漏洞的检查以及安全教育。

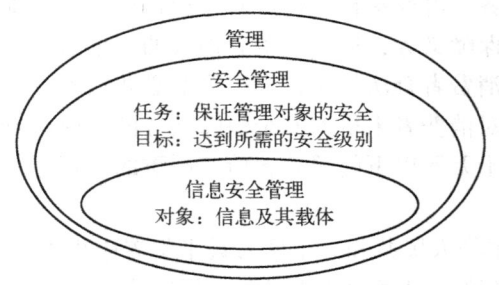

图 10-6 管理、安全管理和信息安全管理的概念关系

10.3.2 安全管理的重要性

在信息时代，信息是一种资产。随着人们对信息资源利用价值的认识不断提高，信息资产的价值在不断提升，信息安全的问题越发受到重视。针对各种风险的安全技术和产品不断涌现，如防火墙、入侵检测、漏洞扫描、病毒防治、数据加密、身份认证、访问控制和安全审计，这些都是信息安全控制的重要手段，并且还在不断地丰富和完善。但是容易给人们造成一种错觉，似乎足够的安全技术和产品就能够完全确保一个组织的信息安全。其实不然，仅通过技术手段实现的安全能力是有限的，主要体现在以下两个方面。

一方面，许多安全技术和产品远远没有达到人们需要的水准。例如，微软的 Windows

NT、IBM 的 AIX 等常见的企业级操作系统，大部分只达到了美国国防部 TCSEC C2 级安全认证，而且核心技术和知识产权都是国外的，不能满足国家涉密信息系统或商业敏感信息系统的需求。再如，在计算机病毒与病毒防治软件的对抗过程中，经常是在一种新的计算机病毒出现并已经造成大量损失后，才能开发出查杀该病毒的软件，也就是说，技术往往落后于新风险的出现。

另一方面，即使某些安全技术和产品在指标上达到了实际应用的某些安全需求，但如果配置和管理不当，还是不能真正地实现这些安全需求。例如，虽然在网络边界设置了防火墙，但由于风险分析欠缺、安全策略不明或是系统管理人员培训不足等原因，防火墙的配置出现严重漏洞，其安全功效将大打折扣。再如，虽然引入了身份认证机制，但由于用户安全意识薄弱，再加上管理不严，使得口令设置或保存不当，造成口令泄露，那么依靠口令检查的身份认证机制会完全失效。

所有这些告诉我们一个道理，即仅靠技术不能获得整体的信息安全，需要有效的安全管理来支持和补充，才能确保技术发挥其应有的安全作用，真正实现整体的信息安全。俗话说"三分技术、七分管理"，就是强调管理的重要性，在安全领域更是如此。

随着电子商务应用范围的日益扩大，呈现出大规模、跨行业、跨组织的发展趋势。但其发展也正面临着诸多瓶颈性问题，安全问题首当其冲，突出体现在交易的安全性得不到保障、电子商务的管理不规范、电子支付安全问题等方面。因此，电子商务安全管理，不应当只是单纯从技术角度考虑如何解决问题，而是应该从综合的安全管理思路来考虑，因为从电子商务的运行环境来看，技术环境是一个重要方面。但是良好的法律法规、政策环境和科学管理环境也是电子商务顺利运行不可或缺的两个方面。

10.3.3 安全管理模型

安全管理的最终目标是将系统（即管理对象）的安全风险降低到用户可接受的程度，保证系统的安全运行和使用。风险的识别与评估是安全管理的基础，风险的控制是安全管理的目的，从这个意义上讲，安全管理实际上是风险管理的过程。由此可见，安全管理策略的制订依据就是系统的风险分析和安全要求。

新的风险在不断出现，系统的安全需求也在不断变化，也就是说，安全问题是动态的。因此，安全管理应该是一个不断改进的持续发展过程。图 10-7 给出的安全管理模型就体现出这种持续改进的模式。安全管理模型遵循管理的一般循环模式，即计划（Plan）、执行（Do）、检查（Check）和行动（Action）的持续改进模式，简称 PDCA 模式。每一次的安全管理活动循环都是在已有的安全管理策略指导下进行的，每次循环都会通过检查环节发现新的问题，然后采取行动予以改进，从而形成了安全管理策略和活动的螺旋式提升。

信息安全管理也遵循 PDCA 持续改进模式。信息安全管理策略包括管理的任务、目标、对象、原则、程序和方法，将在下一节进行详尽论述。信息安全管理活动包括制订计划、建立机构、落实措施、开展培训、检查效果和实施改进等，简要说明如下。

- 制订计划。制订信息安全管理的具体实施、运行和维护计划。
- 建立机构。建立相应的安全管理机构。
- 落实措施。选择适当的安全技术和产品并实施。
- 开展培训。对所有相关人员进行必要的安全教育和培训。

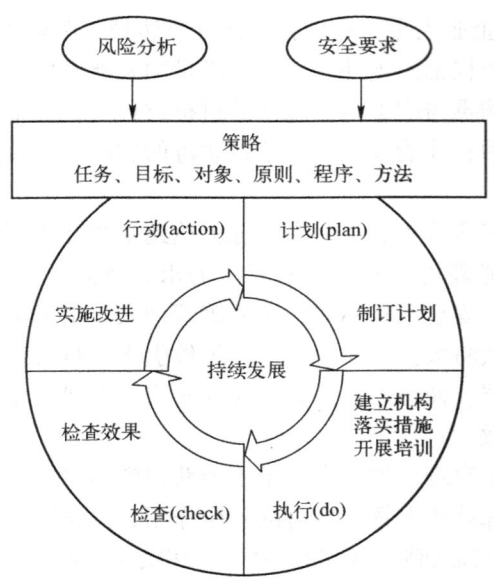

图 10-7 安全管理模型——PDCA 持续改进模式

- 检查效果。对所构建的信息安全管理体系进行符合性检查。
- 实施改进。对检查结果进行评审，评价现有信息安全管理体系的有效性，针对存在的问题采取改进措施。

遵循 PDCA 模式，电子商务安全管理活动包括四个阶段。

1. 计划阶段

制订具体的工作计划，提出总的目标。具体又分为四个步骤：首先，分析电子商务安全尤其是信息安全的现状，找出存在的问题；其次，分析生产问题的各种原因及影响因素；再次，分析并找出管理中的主要问题；最后，根据找到的主要原因来制订管理计划，确定管理要点。

2. 实施阶段

按照制订的方案去执行。全面执行制订的方案，管理方案在管理工作中的落实情况，直接影响电子商务全过程，所以在实施阶段要坚决按照制订的方案去执行。

3. 检查阶段

即检查实施计划的结果。这是比较重要的一个阶段，是对实施方案是否合理、是否可行、有何不妥的检查，是为下一阶段改进工作创造条件。

4. 处理阶段

根据检查与调查的效果进行处理。

10.3.4 安全管理策略

电子商务安全管理策略是为了管理和保护敏感信息资源而制订的一组要求、法律和措施的总和，是组织内部人员必须遵守的规则。其目的是为了保障电子商务系统的机密性、完整性、认证性、不可否认性以及访问控制性不被损坏，并且能够有序地、经常地鉴别和测试安全状态，能够对可能的风险有基本评估，安全被破坏后能及时恢复。电子商务安全管理主要涉及网上信息传输安全，信息的安全保证了电子商务的安全性要求，尤其是保障了电子商务交易的安全性。因此，从管理的视角而言，电子商务安全管理更多体现的是对电子商务信息安全的管理。信息安全管理策略应包括信息安全管理的任务、目标、对象、原则、程序和方法这些内容。

1. 信息安全管理的任务

信息安全管理的任务是保证信息的使用安全和信息载体的运行安全。信息的使用安全是通过实现信息的机密性、完整性和可用性这些安全属性来保证的。信息载体包括处理载体、传输载体、存储载体和入出载体，其运行安全就是指计算系统、网络系统、存储系统和外设系统能够安全地运行。

2. 信息安全管理的目标

信息安全管理的目标是达到信息系统所需的安全级别，将风险控制在用户可以接受的程度。

3. 信息安全管理的对象

信息安全管理的对象从内涵上讲是指信息及其载体——信息系统，从外延上说其范围由实际应用环境来界定。

4. 信息安全管理的原则

信息安全管理遵循如下基本原则。

（1）策略指导原则

所有的信息安全管理活动都应该在统一的策略指导下进行。

（2）风险评估原则

信息安全管理策略的制订要依据风险评估的结果。

（3）预防为主原则

在信息系统的规划、设计、采购、集成和安装中要同步考虑信息安全问题，不可心存侥幸或事后弥补。

（4）适度安全原则

要平衡安全控制的费用与风险危害的损失，注重实效，将风险降至用户可接受的程度即可，没有必要追求绝对的、代价高昂的安全，实际上也没有绝对的安全。

（5）立足国内原则

考虑到国家安全和经济利益，安全技术和产品首先要立足国内，不能未经许可、未能消化改造直接使用境外的安全保密技术和产品设备，特别是信息安全方面的关键技术和核心技术尤其如此。

（6）成熟技术原则

尽量选用成熟的技术，以得到可靠的安全保证。采用新技术时要慎重，要重视其成熟程度。

（7）规范标准原则

安全系统要遵循统一的操作规范和技术标准，以保证互连通和互操作，否则，就会形成一个个安全孤岛，没有统一的整体安全可言。

（8）均衡防护原则

安全防护如同木桶装水，一是，只要木桶有一块坏板，水就会从里面泄漏出来；二是，木桶中的水只和最低一块木板看齐，其他木板再高也无用。所以，安全防护措施要注意均衡性，注意是否存在薄弱环节或漏洞。

（9）分权制衡原则

要害部位的管理权限不应交给个人管理，否则，一旦出现问题将全线崩溃。分权可以相互制约，提高安全性。

（10）全体参与原则

安全问题不只是安全管理人员的事情，全体相关人员都有责任。如果安全管理人员制订的安全制度和措施得不到相关人员的切实执行，安全隐患依然存在，安全问题就不会得到真正解决。

（11）应急恢复原则

安全防护不怕一万就怕万一，因此安全管理要有应急响应预案，并且要进行必要的演练，一旦出现问题就能够马上采取应急措施，阻止风险的蔓延和恶化，将损失减少到最低程度。

天灾人祸在所难免，因此应在灾难不能同时波及的地区设立备份中心，保持备份中心与主系统数据的一致性。一旦主系统遇到灾难而瘫痪，便可立即启动备份系统，使系统从灾难中得以恢复，保证系统的连续工作。

（12）持续发展原则

为了应对新的风险，对风险要实施动态管理。因此，要求安全系统具有延续性、可扩展性，能够持续改进，始终将风险控制在可接受的水平。

5. 信息安全管理的程序

信息安全管理的程序遵循 PDCA 循环模式的四大基本步骤。

（1）计划（Plan）

制订工作计划，明确责任分工，安排工作进度，突出工作重点，形成工作文件。

（2）执行（Do）

按照计划展开各项工作，包括建立权威的安全机构，落实必要的安全措施，开展全员的安全培训等。

（3）检查（Check）

对上述工作所构建的信息安全管理体系进行符合性检查，包括是否符合法律法规的要求，是否符合安全管理的原则，是否符合安全技术的标准，是否符合风险控制的指标等，并报告结果。

（4）行动（Action）

依据上述检查结果，对现有信息安全管理策略的适宜性进行评审与评估，评价现有信息安全管理体系的有效性，采取改进措施。

6. 信息安全管理的方法

信息安全管理根据具体管理对象的不同，采用不同的具体管理方法。信息安全管理的具体对象包括机构、人员、软件、设备、介质、涉密信息、技术文档、网络连接、门户网站、应急恢复、安全审计、场地设施等。

本章小结

电子商务安全评估是对漏洞和威胁的可能性进行检查，并考虑事故可能造成的对经营业务的相关影响。风险管理是识别、评估和减少风险的过程；安全成熟度模型可用来测量组织的解决方案的效能，可用于安全评估以测量安全体系结构的安全度和成熟度。弄清威胁的来源是减少威胁得逞可能性的关键；在安全评估方法和准则的基础上，可以得出风险分析结果及对经营业务的影响水平，便于采取相应对策和保护措施。

电子商务安全立法与管理是在安全策略指导下进行的一系列管理活动，它应该是一个不断改进的持续发展过程。仅靠技术不能获得整体的电子商务安全，需要有效的安全立法和安全管理来支持和补充，才能确保安全技术发挥其应有的安全效用，真正体现整体的电子商务安全。

专业或关键术语

安全评估；风险管理；安全成熟度模型；威胁；社会工程；安全评估过程；网络安全评估；平台安全评估；应用安全评估；安全责任；对口管理；网络用户；安全管理制度；有害信息；即时通信工具；公众信息服务；安全管理模型；安全管理策略；PDCA。

思考题

1. 什么是风险？如何识别和测量风险？
2. 什么是安全成熟度模型？如何运用它来评估安全？
3. 简述安全评估过程。
4. 如何进行网络、平台、应用安全评估？
5. 安全评估应遵循哪些标准？
6. 就电子商务安全立法，谈谈你的认识。
7. 什么是安全管理？其重要性如何？
8. 简述安全管理模型和策略。

实战题

1. 许多安全问题都是由于内部的管理引起的，请你针对企业内部安全管理的各个方面谈谈相应的安全管理策略。
2. 假设某分布在全国各地的连锁超市，需要进行企业信息化管理，请针对它分布广、节点多的特点和零售行业性质，分析该连锁系统进行信息化管理面临的安全问题有哪些，如何解决？并根据所学的安全知识，为其设计一个安全管理方案。
3. 以移动交费系统为背景，简析移动商务系统中在移动支付以及移动交易、移动数据传输等方面面临什么样的安全问题，并提出安全解决方案。